南京大学
中华民国史研究中心

学术前沿系列 ················ 朱庆葆 主编
城乡研究辑

改造乡村中国

民国长江三角洲地区
乡村建设研究

朱庆葆　王科　崔军伟　牛力　著

江苏人民出版社

图书在版编目(CIP)数据

改造乡村中国:民国长江三角洲地区乡村建设研究 /
朱庆葆等著. 一南京:江苏人民出版社,2021.6
ISBN 978 - 7 - 214 - 23248 - 9

Ⅰ. ①改… Ⅱ. ①朱… Ⅲ. ①长江三角洲—城乡建设
—史料—研究—民国 Ⅳ. ①F299.275

中国版本图书馆 CIP 数据核字(2019)第 017315 号

书　　　名	改造乡村中国——民国长江三角洲地区乡村建设研究	
著　　　者	朱庆葆　王　科　崔军伟　牛　力	
责 任 编 辑	戴亦梁	
特 约 编 辑	汪思琪　胡天阳	
装 帧 设 计	刘亭亭	
责 任 监 制	陈晓明	
出 版 发 行	江苏人民出版社	
地　　　址	南京市湖南路 1 号 A 楼,邮编:210009	
网　　　址	http://www.jspph.com	
照　　　排	江苏凤凰制版有限公司	
印　　　刷	苏州市越洋印刷有限公司	
开　　　本	652 毫米×960 毫米　1/16	
印　　　张	24　插页 2	
字　　　数	311 千字	
版　　　次	2021 年 6 月第 1 版	
印　　　次	2021 年 6 月第 1 次印刷	
标 准 书 号	ISBN 978 - 7 - 214 - 23248 - 9	
定　　　价	78.00 元	

(江苏人民出版社图书凡印装错误可向承印厂调换)

序　言

　　在中国历史上，民国时期是一个独特的存在。存续时间虽不长，却给现代中国带来剧烈长远的变化。这种变化，既有中华传统文明在外来文明影响和内忧外患中的深层次危机，同时也有中华民族为挽救民族危亡、寻求国家富强进行的不懈努力。在此过程中，中国社会在历史的惊涛骇浪中艰难转型，其势如洪峰激流，奔腾而下，既有转型间的坎坷，也有历史性的成功。民国时期的城市转型和乡村建设，正是中国近代转型中至关重要的一部分，不仅建树颇多，也独树一帜，在坚持民族性、本土化的基础上，又体现出多样性、开放性、国际化和具有鲜明意识形态色彩的多重特征。虽然各地区的自然环境、资源禀赋、经济水平、制度环境、人文历史、发展机遇千差万别，但西方文化的外在影响、政治机构的宣传动员、经济组织的分工协作、社会成员的文化心理都发生了适应"现代化"进程的巨大改变。不过，鉴于各地城市和乡村的组织主体、建设思路，乃至社会各阶层对社会建设的判断和认识各不相同，要想对整个民国时期的城乡建设进行深入探讨是很难的，需要通过具体个案来进行实证研究，这样才看得更深入、更清楚。

　　南京大学中华民国史研究中心推出的学术前沿系列"城乡研究辑"所收录的这八种书，就是基于上述理解所展开的区域专题研究。

　　从选题看，这八种书研究的对象分别是民国时期的地方自治、根据地农村社会秩序的移异、交通运输发展、城市社会变迁、城市社会调控、城市社会物质生活、民国乡村实验区建设，以及长江三角洲地区城市发展路径，既有微观的城市地方自治、城市社会，也有区域乡村社会改造、交通运输发展，还有相对宏观的区域城市发展转型分析。尽管主题不尽相同，但都体现出人文关怀的社会眼光。应该说，这种从人文思入社会的视角，无疑使大家把研究的焦点对准社会，绝不是头痛医头脚痛医脚的小题小作，而是从"大处着眼、小处着手"的精雕细琢。之所以这么说，是因为这八种书的内容并非简单的历史描述和勾勒，而是具有一定的思想性。其最大特点在于，它是一套基于理念而开展研究的书系，真实记录了民国以来中国社会不断新陈代谢、革故鼎新的历史发展进程，特别是底层城乡民众在"现代化"这一历史背景下的艰难转型。虽然学界已问世的近代中国城乡转型论著不少，但是探寻城乡社会转型特别是底层社会变迁的并不多。这八种书的背后都蕴含着一种价值追求，"改变中国""富强中国"正是其所体现的思想灵魂和人文关怀。

思想取决于眼光。这八种书的另一个特点是有历史眼光与国际视野。所谓历史眼光指的是，近代中国城乡社会的变迁并不是凭空启动的，是传统中国的历史延续，但并不是简单的历史重复，而是在近代中国整体嬗变的大背景下和先进中国人的前后接续奋斗中进行的。在一定意义上，其所涉及的各地城乡变化，就是一部中国近代社会史，就是一个近代中国转型的缩影。这就需要我们把城乡社会的变化放到百年中国发展转型的背景中去理解把握，讲清楚百年中国城乡嬗变的历史轨迹，而且社会变迁的影响是长期的，对当代中国也有着深远影响。所谓国际视野指的是，近代中国城乡社会发展变化，是在外来文明尤其是西方文明影响下发生的，从传统到现代是其变化的本质特征与主要方向，因此，研究近代中国城乡变迁一定要有国际视野，要将近代中国城乡变迁置于中国现代化进程的大趋势中去把握。

近代中国城乡的转型发展，也离不开"思想""激情"和"行动"的结合，三者缺一不可。思想是前行的方向，激情是为实现理想而勇于投入，而最终思想和激情都要落实到国民党、共产党及其他各政治派别、社会团体的行动上。城乡社会变迁离不开近代中国客观条件的约束，因此，这八种书还展示了如何在外敌入侵、内战频仍、社会分裂的剧烈变动下探索实现中国现代化的变革路径。在这些探索中，既有自上而下的，也有自下而上的；既有政党引领的革命方式，也有社会推动的改良方法。各种改革方案中都有大量的历史细节，提供了从传统到现代，从思想到行动，从政党到社会，从沿海到内陆等各个环节的各种细节，从中既可以看出历史之"应然"，也可见得历史之"必然"，经各种思想、各种方案的现实筛选，历史最终选择了既有思想，又有行动，知行合一，具有思想力、组织力和行动力的中国共产党领导的社会变革道路。

这八种书虽然是讲历史，但对当前的社会改革也有重要的借鉴价值。虽然这八种书的作者主要是历史学专业研究者，但他们在思考近代中国城乡社会变迁上却有一些不同于传统历史学家的特点，具体表现在以下两方面：一是分析的思路与方法是多学科的，既有历史学的，也有政治学的，还有经济学、教育学、统计学的，特别是有了社会学的理论分析框架，我们对近代中国社会的变革路径及其分析就有了比较系统和严谨的思维方法，包括近代中国城乡发展的思路、社会对政策方针的反应的分析等。二是近代城乡社会的研究对当下的社会改革有参考价值，很多过去的历史经验在今天仍然值得人们吸收借鉴。特别是如何在社会变革中，较好地实现政治稳定、经济发展、社会进步、思想开放，而民众又有较强的幸福感、满足感和收获感。这些既是近代中国社会转型变革面临的历史使命，也是当代中国进一步推进社会治理体系和提高国家治理能力建设的现实要求。

近代中国城乡转型的主题是"现代化"，而变革的两项内容是"人的思想观念的变革"和"社会的组织化"。基于这样的思路，这八种书既真实再现了近代中国社会"为何而变"，也深刻勾勒了中国社会"如何改变"。我认为这正是其出版的意义所在。

学术贵在创新,而创新的途径各有不同。作为国内最早开辟民国史研究的学术重镇之一,南京大学中华民国史研究中心始终坚持学术上的"双轮驱动"。一方面,围绕国家发展战略需求,对关系国家民族利益和人类社会进步的重大历史问题开展研究,形成面向国家目标的系统性成果;另一方面,鼓励在学术前沿领域开展自由探索和学术创新,推动多学科的交叉融合,引领学术方向,形成新的学术生长点。近年来,中心先后推出《南京大屠杀史料集》(72 卷,4 000 万字)、《南京大屠杀全史》(三卷本),组织海峡两岸暨香港、澳门 70 位知名学者联袂打造了《中华民国专题史》(18 卷)等力作,在海内外产生了很好的社会反响和学术效应。同时,中心也不断加大学术交流及人才培养的力度,长期致力于培育更多具有前沿意识、创新精神的学术新人和学术新作。此次推出的学术前沿系列"城乡研究辑",就是基于这样思考的一个尝试。我们希望借此推动更多具有学术创新能力的年轻学者茁壮成长,也为学界奉献更多有关近代中国研究的新作!

南京大学中华民国史研究中心主任

朱庆葆

2020 年 4 月

目 录

导　论

一　问题的提出与学术史分析

中国的"三农"问题研究是当前中国学术界的显学之一,在极为丰硕的研究成果中,绝大多数研究者都将视线聚焦于现实,更加偏重于对现实政策的解读与提出对策性建议。然而,中国的农业、农村、农民为什么会"走"到今天的地步? 在全球化、工业化、信息化势不可挡的时代,中国为什么要走上新农村建设的道路? 中国的"三农"问题究竟如何破解? 对现实背后的深层次问题少有令人信服的回答。同时,大多数研究者,特别是一些政府机构的相关研究部门,多习惯于将目光和学习经验的足迹落在异国他乡。韩国的新农村运动、日本与欧盟的农村建设、美国的乡村建设成为他们的关注焦点。

简单而言,解决"三农"问题的过程实质上就是一个农业、农村、农民实现现代化的过程。中国作为一个后发外生型的现代化国家,在实现"三农"现代化的过程中,当然要借鉴西方发达国家的经验。但同时,不可否认的事实是,每一个研究者都承认中国的"三农"问题有其独特之处。这种独特性来自哪里? 源于独一无二的历史根源。当今中国的"三农"问题在一定程度上是历史上"三农"问题的延续。我们需要借鉴发达国家的成功经验，但是更重要的还是立足于中国自身的具体情况，从历史和现况中寻找出路。

在马克思主义史学大师霍布斯鲍姆（Eric Hobsbawm）看来，过去是现在和未来的模型。通常意义上，过去是打开遗传密码的钥匙，凭借遗传密码，每一代才能复制其后代并确定它们之间的关系。"我们遨游在过去之中就像鱼儿遨游在水中，我们无法从中逃遁"。人类社会的传承离不开经验，而历史学家就是经验的记忆储备库，"就历史学家已积累和建立了总的历史储备而言，当代人只有依赖他们"。人们常常通过解读过去预测未来，未来与过去具有系统的联系，所以人类社会越来越依靠历史预测，企图从中获得改变未来的知识。①

中国今天的"三农"问题是历史上"三农"问题的延续。历史的脉络理不清楚，读不懂历史上的"三农"问题，现实的困惑未必可以消解。

回溯历史，在 20 世纪二三十年代，"三农"问题也曾引起政学两界的强烈关注，"乡村建设""农村复兴"的口号"弥漫"于全国，各种建设农村的机构纷纷设立，风起云涌，桴鼓相应，可谓盛极一时，由此形成了中国历史上一次大规模的"乡村建设运动"。这场运动是在怎样的历史场景下展开的，进展如何，结局怎样？显而易见，无论是"从现在出发来理解过去"，还是"在过去的基础上理解现在"，搞清这些问题具有重要的学术价值，有助于人们更好地了解现在。正如布洛赫（Marc Bloch）所言，"即使已经消失的历史对象，也有其现实价值，因为，它能够让我们与流传下来的东西相比较"②。这就是我们选择民国时期乡村建设运动作为研究对象的现实基础。

---

① 马俊亚：《史学与史学家的社会功能——霍布斯鲍姆的〈史学家——历史神话的终结者〉读后》，载《马克思主义与现实》2004 年第 1 期。

② ［法］马克·布洛赫：《为历史学辩护》，张和声、程郁译，中国人民大学出版社 2006 年版，第 36 页。

　　20世纪二三十年代在中国大地曾经兴起过一场乡村建设运动。这场运动持续十余年之久，波及中国中东西部广大地区，对中国农村社会的发展影响深远。或许是因为时间还太靠近的缘故，这场运动的意义还没有完全彰显，虽然当时关于如何建设乡村的对策性研究比比皆是，但是关于这场运动本身的研究却乏善可陈。略可提及的是两本编年史性质的著作，一是《中国今日之农村运动》（孔雪雄著，中山文化教育馆1935年版），二是《全国乡村建设运动概况》（许莹涟等编，山东乡村建设研究员出版股1935年版）。即便是这两本书，其主要内容还是对当时的乡村建设运动做概括性的叙述，称不上系统、深度的研究。

　　中华人民共和国成立初期，由于特定的政治环境影响，社会各界曾经对梁漱溟展开了一场颇有声势的批判运动，后由对梁漱溟的批判扩及对整个民国时期乡村建设运动的批判。对于梁漱溟的乡村建设运动，毛泽东曾公开批判，社会各界也从政治、哲学、思想文化等各个角度对梁漱溟进行了深刻批判。冯友兰在《人民日报》发表《批判梁漱溟先生的文化观和村治理论》一文，徐宗勉发表《梁漱溟对帝国主义采取甚么态度》，袁方写就《批判梁漱溟的"乡村建设运动"》，吴景超写成《批判梁漱溟的乡村建设理论》，千家驹先后发表《批判梁漱溟坚持中国落后反对工业化的谬论》《梁漱溟的乡村建设运动究竟为谁服务？》。这次批判将梁漱溟的乡村建设运动定性为反共、反人民、反革命，也基本代表了这一时期国内对整个民国乡村建设运动的态度。客观而言，这场批判运动实际上不是学术研究，批判性的政治定性取代了正常的学理探讨。但是令人遗憾的是，它的影响却十分深远，在此后相当长的一段时期里，人们对梁漱溟和整个乡村建设运动的学术探讨一直陷于这场运动的窠臼。

　　改革开放带来了学术研究的春天，国内学界开始重新审视民国乡村建设运动，并进行更加深入的研究。据不完全统计，关于民国乡村建设运动的专著至少有十余本，而论文更是达到数百篇。在这些研究专著中，有的以整个民国乡村建设运动为考察对象，如郑大华的《民国乡村建设运动》(社会科学文献出版社 2000 年版)、祝彦的《"救活农村":民国乡村建设运动回眸》(福建人民出版社 2009 年版);有的以某一个实验区为考查范围,如朱汉国的《梁漱溟乡村建设研究》(山西教育出版社 1996 年版)、徐有礼等的《30 年代宛西乡村建设模式研究》(中州古籍出版社 1999 年版)、徐秀丽等的《中国农村治理的历史与现状:以定县、邹平和江宁为例》(社会科学文献出版社 2004 年版)、刘重来的《卢作孚与民国乡村建设研究》(人民出版社 2007 年版);有的研究则专门考察乡村建设举措的某一个支项,如杨菲蓉的《梁漱溟合作理论与邹平合作运动》(重庆出版社 2001 年版)、李德芳的《民国乡村自治问题研究》(人民出版社 2001 年版)。至于论文方面,限于篇幅的原因,更多的是关注个案,或者是就某一问题做全国范围的考察。[1]

毋庸置疑,上述论著的出现极大地推动了民国乡村建设运动史的研究。但是我们也注意到,目前的研究更多的是偏重个案,多以某一具体实验区为研究对象,尤以晏阳初的定县实验区和梁漱溟的邹平实验区为考查重点,即使是冠以全国名目的著作也是将研究的重点放在这两个实验区上。

据南京国民政府实业部的调查,20 世纪 20 年代末 30 年代初全国从事乡村建设工作的团体和机构有 600 多个,先后设立的实验区有 1 000 多处。这些团体"各有各的来历,各有各的背景。有的是社会团体,有的

---

[1] 如郑大华《关于民国乡村建设运动的几个问题》,载《史学月刊》2006 年第 2 期;郑大华《民国乡村建设运动之"公共卫生"研究》,载《天津社会科学》2007 年第 3 期;虞和平《民国时期乡村建设运动的农村改造模式》,载《近代史研究》2006 年第 4 期;徐秀丽《民国时期的乡村建设运动》,载《安徽史学》2006 年第 4 期;刘重来《民国时期乡村建设运动述略》,载《重庆社会科学》2006 年第 5 期;刘一民《梁漱溟乡村建设模式述论》,载《成都大学学报》(社会科学版)1994 年第 3 期;谭肇毅《评三十年代新桂系的乡村建设》,载《学术论坛》1998 年第 1 期;孙继文《梁漱溟"乡村建设"述论》,载《河南大学学报》(社科版)1998 年第 2 期;郑黔玉《试论梁漱溟乡村建设的文化哲学基础》,载《贵州大学学报》(社会科学版)2000 年第 4 期;徐秀丽《中华平民教育促进会扫盲运动的历史考察》,载《近代史研究》2002 年第 6 期;张卫军《评晏阳初平教会乡村建设的实践和理论》,载《济南师范专科学校学报》2002 年第 2 期;李在全《20 世纪二、三十年代福建乡村建设运动的社会背景探析》,载《党史研究与教学》2002 年第 3 期;等等。

是政府机关,有的是教育机关;其思想有的左倾,有的右倾,其主张有的如此,有的如彼"①,杂乱分歧。众多实验区或为"孔家店式",或为"青年会式",或为"都市化式";要么偏重教育,要么偏重生产,要么偏重自治,要么农业与教育并重,要么偏重文化。有的是地方人士有感于乡村环境的恶劣,为自谋生路计,从自己的乡村开端,自动办理各种乡村事业;有的是地方政府鉴于县政不良,划出一县作为县政建设实验区域,委托教育或学术团体社会办理;有的是学术机关不愿蹈空研究,只从书本中求死学问,而谋切合实际需要,从人群生活中求真知识;有的是大专院校为训练学生获得实际的知识,作为学术理论的验证,养成刻苦耐劳的精神,培植解决社会问题的能力;有的是教育团体鉴于乡村事业的重要,热心提倡社会事业,以推动民众、改进乡村;有的是政府谋实现其政策,指定一县先行试验,办理县政建设事业,以为其他各县模范……模式各异。②

民国乡村建设运动的最大特点在于其复杂性与多样性。限于时间与精力,面对如此复杂、多样的实验区,要做到一无疏漏,显然是不可能的。因此,个案研究不失为明智的研究方法。但是,这种研究明显存在不足,这种不足不仅仅在于出现个案的遗漏,不能反映出当时各地乡村建设的多样性,背离了历史史实。更重要的是,中国社会的超大型特征和各地区千差万别的自然环境、资源禀赋、经济水平、制度环境、人文历史、发展机遇,以及各个不同的实验区组织主体,大大增加了直接从个案实证研究中进行宏观理论抽象的难度。

中古以来,长江三角洲地区在中国具有重要的历史地位。长江三角州地区政治、经济、文化、社会的研究向来为国内外学术界所重视。特别是在近代,中国的近代历史不仅从这里开始,而且也在这里结束。民国

---

① 梁漱溟:《我们的两大难处》,载《梁漱溟全集》第 2 卷,山东人民出版社 1990 年版,第 582 页。
② 参见陈序经《乡村建设运动》,大东书局 1946 年版;苗俊长《中国乡村建设运动鸟瞰》,载《乡村改造》第 6 卷第 1 期;孙月平《从乡建的现况研究推进乡建的动力》,载《教育与民众》第 7 卷第 1 期。

乡村建设如火如荼进行之时，中国的政治、经济、文化中心也正在这一地区中的南京。在这场运动中，长江三角州地区汇集了多种社会力量，举办了多种不同模式的乡村建设实验，俨然是全国乡村建设运动的一个缩影。然而，学界已有的研究恰恰忽略了这一乡村建设实验区汇集之地，到目前为止，还没有出现研究这一区域乡村建设运动的专门著作。[①]

申晓云、左用章的《黄炎培和他的乡村改进试验活动——二三十年代中国知识分子对中国农村现代化道路的有益探索》(载黄炎培故居管理所、朱宗震、陈伟忠:《黄炎培研究文集》第 1 集，四川人民出版社 1997年版)、武启云的《一石激起千层浪——中华职业教育社农村改进实验述评》(载《教育与职业》1997 年第 5 期)两文对中华职业教育社的乡村建设活动做了初步梳理。前者侧重剖析黄炎培先生的乡村建设理念，后者意在揭示中华职业教育社的乡村建设事业为当代农村改革提供的宝贵经验与启示，虽不能全面反映中华职业教育社这一社团的乡村建设理论与实践，对徐公桥实验区的具体建设事宜也有语焉不详的地方，但毕竟向读者初步展示了其中的一个侧面，为我们打下了很好的研究基础。赵人坤的《民国安徽的乡村建设》(载《江淮论坛》2007 年第 4 期)对乌江实验有所涉及。

正是为了弥补这一不足，我们选择了长江三角洲地区的乡村建设运动作为研究对象。具体而言主要有以下几方面的考量:

首先，选择长江三角洲地区的乡村建设运动作为研究对象，单就区域历史的研究而言具有填补学术空白的重要意义。

通过对目前学界研究成果的检讨可以看出，随着中国近代乡村史研究的兴起，民国时期的乡村建设运动引起学界的足够重视，出现了一定数量的研究专著和论文，但是系统考察长江三角洲地区乡村建设运动的

---

① 朱考金、王思明著有《民国时期江苏乡村建设运动初探》(载《中国农史》2008 年第 4 期)一文，对民国时期的江苏乡村建设运动做了初步考察，但用一篇论文的篇幅展示整个江苏省的情况也是略显单薄的。

研究还是空白。因此,尽最大可能复原民国时期长江三角洲地区乡村建设运动的本来面目,厘清这场运动的起因、过程、效果,从整体上考察其间的关联与互动,尚属学界首次,具有十分重要的意义。

其次,我们以地域为界选择研究对象,也是为了再现民国乡村建设运动的多样性,这有助于追究多样性的特殊因缘及其背后蕴含的问题。

如果说目前学界普遍采用的一地一隅的实验区个案研究不能反映民国乡村建设运动的多样性,那么以个案微观研究为基础,突破实验区地域限制,一个区域一个区域地进行中观探析,通过各区域实际研究和比较,最终达致对全国乡村建设运动宏观上的深度把握,未尝不是一个可行的研究思路。以长江三角州区域为研究对象,既解除了以全国范围为研究对象时须面临的史料、精力方面的限制,最大程度地接近整体,再现运动多样性、复杂性的基本特点,又有助于我们突破特定实验区的限制,探讨各种模式之间的区别与联系。

更为重要的是,中国疆域广阔,不同地区的农村社会面临着不同的具体情况,这就决定了乡村建设模式也应当是各式各样的。然而令人意外的是,我们在对民国时期全国范围内的乡村建设运动进行初步考察时发现,在长江三角洲地区这样一个在近代中国基本可以称得上是"一定时空内具有同质性或共趋性"①的区域,竟然如同全国范围一样,也呈现出乡村建设的多样性。长江三角州地区汇集了多种社会力量,举办了多种不同模式的乡村建设实验,俨然是全国乡村建设运动的一个缩影。其原因何在? 这是一个十分值得思考的问题,以此为研究对象,更加有助于我们进一步探讨为什么在外部条件具有同质性的情况下,乡村建设运动依然呈现多样性?

最后,我们之所以选择长江三角州地区乡村建设运动作为研究对象,是为了更好地考察历史上解决"三农"问题的路径,最大限度地挖掘

---

① 王先明:《"区域化"取向与近代史研究》,载《学术月刊》2006 年第 3 期。

其借鉴意义。

时下,在中央提出社会主义新农村建设的历史任务,出台一系列方针政策的大背景下,"三农"问题的研究成为一门显学。正如已故历史学家张荫麟所说:"我们的历史兴趣之一是要了解现状,是要追溯现状的由来,众史事和现状之'发生学的关系'(Genetic Relation)有深浅之不同,至少就我们所知是如此。按照这标准,史事和现状之'发生学的关系'愈深则愈重要,故近今通史家每以详近略远为旨。"①以民国时期长江三角州地区乡村建设运动为研究对象,有利于更好地思考城市化、工业化、全球化时代背景下,乡村建设的路径选择问题,可以更好地为当前的社会主义新农村建设提供参考。

当前,政学两界普遍认为,社会主义新农村建设面临着特定的时代背景与社会背景。世界上许多国家在工业化有了一定发展基础之后都采取了工业支持农业、城市支持农村的发展战略。目前,我国国民经济的主导产业已由农业转变为非农产业,经济增长的动力主要来自非农产业,根据国际经验,我国现在已经跨入工业反哺农业的新阶段。因此,我国社会主义新农村建设是在我国总体上进入以工促农、以城带乡的发展新阶段后面临的崭新课题,是时代发展的必然要求。

相较当前的社会主义新农村建设,民国时期的乡村建设运动同样是在中国现代化的社会背景下展开的,但是,就当时中国的总体情况而言,其工业化、城市化水平还是比较低级的。这自然会限制人们解决"三农"问题的视野。然而长江三角州地区的情况却有很大不同。近代开埠以来,长江三角洲是我国经济最活跃,也是我国最早步入现代化的地区。这一地区的城市化、工业化一直走在全国前列。至抗战爆发前,随着上海中心城市地位的最终确定,以上海为核心,层层集聚、层层辐射的长江三角州城市体系已经形成。"上海这个巨大的核心象是个巨大的磁场,

---

① 张荫麟:《中国史纲》,上海古籍出版社 1999 年版,自序第 6 页。

众多的江南大小市镇在其巨大的吸引辐射之中,逐渐从无序到有序,网络成片、联系成群,并随其一起纳入世界资本主义商品经济的大转盘中"①。可以说,长江三角州地区乡村建设运动面临的时代背景,如工业化、城市化及世界经济一体化,在实质内容上与当前新农村建设不无一致性,只不过程度略有差异。这种相似的历史场景无疑有助于研究的深入。

此外,民国时期长江三角州地区农村的实际状况也与目前的中国农村有很大的相似性。"本世纪三十年代的调查资料(包括土改时华东军政委员会的《江苏省农村调查》,费孝通的《江村经济》,以及满铁对江南地区 6 个农村的深入调查)证明:当时三角洲农村之中普遍都是一家一户的小耕作,每家以自家劳动力耕种小块土地,平均一户约 5 至 10 亩,而整个苏、松、太地区可以说基本没有依赖雇佣劳动、规模较大的经营式农场"②。之所以出现这种情况,与该地区农业"高度商品化"密切相关。再如,费孝通先生也曾提及,以开弦弓村为代表的长江三角洲地区"广泛使用水上交通,有着网状分布的水路,因而城乡之间有着特殊的关系,这与华北的情况截然不同"③。这与目前中国农村拥有着便利的城乡交通极为相似。

正是在这种相似的区域背景下,南通、无锡的乡村建设侧重于兴办实业,以工促农,再配套开展乡村教育和社会公益事业等,成效显著。这与新时期"以工补农,以工促农,工业反哺农业"的"三农"建设重要方针具有很大的相似性。可见,较之全国范围内的泛泛而谈,以经济较为发达的长江三角州地区为研究对象,探讨这一运动的经验教训更具有现实意义。

退而言之,即使历史上长江三角州地区乡村建设运动的经验教训不具有全局化效果,不具备放大的可行性,单独探讨该地区发展模式的历

---

① 夏俊霞:《上海开埠与江南城市格局及发展模式的变迁》,载《中国社会历史评论》第 1 卷,天津古籍出版社 1999 年版,第 291 - 292 页。

② [美]黄宗智:《略论农村社会经济史研究方法:以长江三角洲和华北平原为例》,载《中国经济史研究》1991 年第 3 期。

③ 费孝通:《江村经济》,江苏人民出版社 1986 年版,第 18 - 19 页。

史延续性也是一件有意义的事情。时下，长江三角州地区工业反哺农业、城市带动乡村的发展模式一直为学界所推崇，这种模式是否具有其特定的路径依赖也是需要研究的。因此，对该区域乡村建设的历史进行考察，有利于我们探究其现代模式的路径选择，有益于我们正确估计这一地区时下发展模式的推广价值。

二 史料的类型与方法的选择

历史学研究最重要的方法莫过于实证研究，只有让史料说话才能最大限度地还原历史的本来面目。由于我们对长江三角州地区的选择具有在一定程度上填补学术研究空白的意义，我们在研究中更注重实证方法的运用，以期将这一区域乡村建设运动的概貌呈现给广大读者。因此，在史料的搜集上，我们力求掌握各种不同类型的证据，特别强调史料种类的多元性。

具体而言，本研究运用到的档案与资料汇编，主要有《中华民国史档案资料汇编》《清末筹备立宪档案史料》《革命文献》《中国近代农业史资料》《中国农村经济资料》《中国农村经济资料续编》《江苏工商经济史料》《张謇农商总长任期经济资料选编》《大生系统企业档案选编》《金陵大学史料集》《中国近代经济史统计资料选辑》《江苏省农村改进会议汇编》《（中华职业教育社）社史资料选辑》《中华职业教育社规章汇编》《私立金陵大学六十周年纪念册》，以及中国第一、第二历史档案馆，江苏省、浙江省、上海市的档案馆与各相关实验区所在地档案馆馆藏未刊档案等。

报刊资料主要有《农村建设》《农村改进》《地方自治》《独立评论》《中国农村》《新建设》《农村经济》《农村月刊》《东方杂志》《大公报·乡村建设副刊》《益世报·农村周刊》《民国日报》《申报》《农村复兴委员会会报》《农林新报》《农业推广》《中华教育界》《教育杂志》《民间》《教育与民众》《乡村改造》《教育与社会》《教育与职业》《无锡杂志》等。

地方志资料及调查报告主要是相关各实验区的县志、乡土志、调查资料，如《江苏六十一县志》《江宁县乡土志》《江苏省乡土志》《江宁县志》《江宁县政概况》《无锡概览》《南通县图志·选举志》《南京农业大学史志（1914—1988）》《江苏省农村调查》《浙江省农村调查》《张謇农垦事业调查》《京郊农村社会调查》《农民生计调查报告》《农村家庭调查》《江宁县淳化镇乡村社会之研究》《江宁县四百八十一家人口调查的研究》《昆山县徐公桥乡区社会状况调查报告书》《三周岁之徐公桥》《江宁自治实验县实习总报告》《昆山徐公桥乡村改进事业试验报告》《兰溪实验县政府行政整理时期工作总报告》《兰溪实验县县政府二十三年一月至六月工作总报告》《私立金陵大学农学院概况（民国二十一年至二十二年）》《山东乡村建设研究院概览》《山东乡村建设研究院及邹平实验区概况》等。

文集与文史资料主要有《孙中山全集》《梁漱溟全集》《晏阳初全集》《陶行知全集》《黄炎培教育文选》《荣德生文集》《张謇全集》《无锡文史资料》《昆山文史资料》《江苏文史资料》《安徽文史资料》《南通文史资料选辑》等。时人著述主要有《江宁自治县政实验》《全国乡村建设运动概况》《乡村建设实验》《苏鲁实验县考察记》《中华职业教育社之农村事业》《试验六年期满之徐公桥》《中国乡村建设批判》《中国今日之农村运动》《中国今后乡村建设应有之途径》《农村改进实施法》《乡村建设运动》《中国县政概论》《农村改进的实施》《中国农村建设之途径》《中国保甲制度》《中国农村经济的崩溃》《乌江乡村建设研究》等。

基于史料的类型，在研究路径上，我们强调将微观个案研究和宏观整体研究结合，既以徐公桥、江宁、乌江、无锡、南通个案研究为基础，又突破五大实验区地域限制，在整个长江三角州地区进行中观探析，希望通过各个实验区的实际研究和比较，最终达到对整个长江三角州地区乡村建设运动的深度把握。在此基础上，我们又将长江三角州地区作为一个中观个案，通过与全国其他实验区的比较形成对这场运动的宏观把握。在这一研究过程中，个案与整体的相对性表现明显。一方面可以通过具体而微的个案研究归纳出最为接近历史真实的宏观判断；另一方面又将由这些个案组成的中观区域再次置于个案的位置进行二次探讨，以检视我们宏观整体性判断的普遍性。我们认为突破单个实验区限制的区域研究才是比较理想的，这样的研究真实再现了民国乡村建设运动的多样性，更加接近历史的真实，避免了许多论题仅从一个实验区的角度去下结论。无论如何，如同费孝通先生肯定《江村经济》所言，"从个别出发是可以接近整体的"①。我们期望这种研究路径有助于深化对整个长江三角州地区、整个中国乡村建设运动的整体认识。

三　研究中的创新与不足

史学研究的创新包括填补研究空白、发现或运用新史料，也包括对已有史料用全新的方法、全新的视角进行重新解读。由此而言，结合前面的分析，本研究在以下三个方面或可算得上是稍有创新：

首先，本研究对学界尚未深入系统探讨的民国时期长江三角洲地区乡村建设运动进行了系统研究，查漏补缺，在学界尚属首次。这可以使读者更清楚地了解民国乡村建设运动的全貌，从而丰富民国乡村建设运动史乃至整个中华民国史的研究。

其次，本研究在史料的运用上有所突破。在课题经费的支持下，我们"上穷碧落下黄泉，动手动脚找东西"，尽最大能力搜集相关史料，其中不乏学界从未运用过的资料，这对于深化研究具有重要意义，有助于全面展示这一运动的面貌。

最后，本研究在进行过程中注意转换研究视角，坚持"同情理解"的原则，对乡村建设派及其活动进行了实事求是的评价。我们将民国时期长江三角州地区的乡村建设运动放到整个中国现代化的历史进程和全

---

① 费孝通：《缺席的对话——人的研究在中国——个人的经历》，载《读书》1990 年第 10 期。

球化的大背景中,通过宏观的纵向历史视角和横向对比视角进行考量,从个性中寻找共性,从共性中探求规律,不以改良与革命为终点,尽最大可能避免任何价值预设及由此引发的以价值判断代替事实判断的结果,努力以理性和客观的精神做到言必有据、事皆可征,在实证研究基础上挖掘这场运动自身的发展脉络与内在意蕴。

当然,由于主客观方面的多种原因,即使我们尽最大努力争取研究的完美性,缺憾也还是存在的。比如,在概述部分,我们对长江三角州乡村建设实验区做了总体交代,但是在个案研究上,我们还没有穷尽所有实验区。如兰溪实验县,尽管兰溪和江宁同为实验县,均是"依照江宁县成规"所制。江苏省立教育学院在无锡设立的黄巷、北夏、惠北实验区也是类似情况。尽管我们认为它们和乌江一样,都属于高等院校进行的乡村建设实验,但我们以全新视角——"有实无名"考察了这一地区的另一种乡村建设模式。

在横向比较中,我们对全国范围内其他地区乡村建设实验区的关注不够多,这也是研究的一个不足。这固然是因为我们没有足够精力对全国范围内的乡村建设运动进行充分研究,但是,客观而论,很多实验区虽有比较价值,但目前学界却没有令人满意的可供借鉴的研究成果,这也不能不算是其中的一个原因。这一不足虽让我们感到遗憾,但是又恰恰说明民国乡村建设运动实在是如时人所描述的那样"空前热烈"。我们目前的研究不可能将其完全记录和展现出来,这反而使我们更加意识到研究选题的重要学术价值,更加激励我们将这一研究进一步深化下去。本书是教育部人文社会科学研究基地重大项目"民国时期长江三角洲地区乡村建设实验区研究"成果。本书导论、第一章、第六章由朱庆葆撰写,第二章、第三章由崔军伟撰写,第四章由王科撰写,第五章由牛力撰写。

(朱庆葆)

第一章　危机意识下的乡村运动

第一节　20 世纪二三十年代中国乡村的衰败

随着中国向近代社会转型，传统农业在现代工业文明的冲击下日趋衰落，以致在 20 世纪二三十年代形成了一场全国范围内的"乡村危机"。

一　农业经济凋敝

中华职业教育社曾经自 1929 年 2 月 20 日起，历时 70 余天在江苏 17 个县展开农民生计调查。根据统计数据，研究人员认为当时中国农业经济的弊害主要有产量少、售价贱、副业少、资本短。这一结论在全国范围内是具有代表性的。中国原本是一个自给自足的农业国家，随着中西方在近代的相遇，中国农业首当其冲受到了西方资本主义经济的影响。近代以来，我国农业经济发展步履蹒跚，出现了一系列问题。特别是在 20 个世纪二三十年代，农业经济问题尤为突出。

一是农产品产量下降。据《中农月刊》介绍，民国时期的中国 8 个农民才能养活 1 个非农业人口，而同期的美国 1 个农民则可以养活 13 个非农业人口,这一时期的中国农业产量可见一斑。①《剑桥中华民国史》提到,1934 年中国"稻米收获量低于 1931 年收获量的 34%;大豆几乎下降36%,小麦下降 7%。棉花是当年唯一超过 1931 年水平的主要农作物。国民生产总值中,农业产值从 1931 年的 244.3 亿元下降至 1934 年的130.7 亿元(时价)"②。

二是农产品价格低落。20 世纪二三十年代农村经济的突出问题还表现为农产品价格低落。据估算,1934 年的谷物价格比 1930 年下降了38%,纺织原料价格下降了 25.5%,农产品价格总指数下降了 28%,其中茶叶价格较 1931 年下降 49%。③ 这一时期中国农产品价格的低落,甚至导致农民"血本无归"。以谷物为例,"据许多人调查,在江,浙等地,农民每石米的平均生产费是十三元到十五元,内地生活程度较低,如安徽,湖南,江西等地,每石米的平均生产费是十元左右;……假若农产品价格是在这生产费以上,那末农民当然是不致亏本,然而事实上去年(1932)的米价,在皖,赣,湘等地,每担米价仅五六元,江浙等地每担米价是九或十元;……这结果,农民每种一担米要亏本四五元,……现在假使再假定每户农民种田十亩,平均普通田每亩产米一担五斗,那末这农户就要亏本六十元至七十五元了"④。

三是农村副业破产。据中华职业教育社的调查,江苏 17 个县中,各县无副业家庭占总家庭数的比例分别为嘉定 70.0%,昆山 73.3%,常熟87.5%,崇明 76.7%,松江 80.9%,赣榆 94.7%,盐城 83.3%,无锡7.7%,镇江 25.6%,泰县20.0%,川沙31.1%……长江三角州地区尚且如此,其他地方自不待言。

四是农村金融枯竭。资金是农村经济发展的必备要素,然而 20 世

---

① 王乃式:《重划耕地与增加农产》,载《中农月刊》第 2 卷第 1,2 期合刊。
② [美]费正清:《剑桥中华民国史(1912—1949 年)》(下),刘敬坤等译,中国社会科学出版社1994 年版,第 173 - 174 页。
③ 中国经济情报社:《中国经济年报》第 1 辑(1934 年),生活书店 1935 年版,第 148 页。
④ 孙怀仁:《中国农业恐慌之解剖》,载《申报月刊》第 2 卷第 7 号(下)。

纪二三十年代中国农村的资金却出现严重的枯竭状况,资金集中流向都市,各色人等都从农村榨取资金,把资金用于投资城市的房地产等行业,很少有资金返还农村用于农业的改进,农村中的资金危机日益严重。据1933年的调查,现代式银行和钱庄所提供的农业信贷仅占信贷总额的10%。① 事情的另一方面是农村"现金缺乏","农村金融的日渐枯竭",农民"普遍地争着借贷"。② 据中央农业实验所1933年到1934年的调查,全国850个县中,借现金的农家占总数的56%。③

此外,土地分配不均也是20世纪二三十年代农村经济凋敝的突出表现。按照1927年武汉中央土地委员会的估计,全国农民中占全国人口44.4%的贫民(1—10亩)占有全国土地的6.2%,占24.7%的中农(10—30亩)占有13.3%的土地,占16.2%的富农(30—50亩)占有17.4%的土地,占9.5%的中小地主(50—100亩)占有19.4%的土地,占5.3%的中上地主(100亩以上)占有43.0%的土地。占14.8%的地主占有62.4%的土地,占到全国人口69.1%的当时农业生产的主力——贫民与中农则仅占有全国耕地的19.5%。1937年钱俊瑞的统计结果则是占农村人口10%的地主和富农拥有全国土地的68%。④ 位于长江三角州地区的江苏省在1933年"田权底集中也达相当高度","地主以一万亩左右的为最大",数量较淮北一带却相差很大,"淮北一带最为畸形"。⑤ 虽然近代中国土地状况的调查数据众多,很难估计其正确性,但是土地的兼并集中却是其反映的共同趋势,20世纪二三十年代中国土地集中的结论应该不容置疑。

---

① [美]阿瑟·恩·杨格:《一九二七至一九三七年中国财政经济情况》,陈泽宪、陈霞飞译,中国社会科学出版社1981年版,第335页。
② 骆耕漠:《近年来中国农村金融中的新事态》,载《中国农村》第1卷第9期。
③ 李景汉:《中国农村问题》,商务印书馆1937年版,第56页。
④ 中国农村经济研究会:《中国土地问题和商业高利贷》,黎明书局1937年版,第9—14页。
⑤ 行政院农村复兴委员会:《江苏省农村调查》,商务印书馆1935年版,第5—6页。

二 农民生活窘迫

农村经济的凋敝必然导致农民生活水平下降。

一是收入减少。由于农村经济的破产，"农民生活难以为继"是"中国各地的一般情形"。[①] 20 世纪二三十年代各地的具体调查表明，入不敷出者的比例是很高的。即便是江南富庶地区，如金华、兰溪，农家收支有余者仅仅占到14.10%，收支相抵者也只有 26.41%，59.49%的农家入不敷出。[②] 全国范围看，据卜凯 20 世纪 30 年代的调查，农家年均收入为300 元，日均 0.82 元。以最低生活费标准为 187 元来看，有 67.1%的农户常年生活在这个最低生活水平之下，也就是说有 69%的农户年均收入尚不及 187 元。收入的减少必然导致生活的困苦。据郭谦、王克霞的研究，即使是在比较富庶的山东沿海地区，普通农民生活也属于绝对贫困型。[③] 定县素为当时乡村建设工作者眼中的"模范县"，但是"绝食农民，到处可见……（农民）初则尚持草根树皮谷糠充饥，后以该项食物吃尽，遂至完全断炊"[④]。号称江南富庶之地的无锡则"抢米风潮风行全县"[⑤]。

二是受教育程度较低。晏阳初认为当时中国人有 80%是文盲。据卜凯 1921 年至 1925 年的调查，全国 7 省 17 县 2 866 户农家，未受学校教育的佃户占比 65.6%，而受教育者受教育年限平均不过 2.9 年。全国 7 至 16 岁儿童中，包括"田主""半田主""佃户"家庭，累计 69.6%的儿童未入学。[⑥]《中国农村经济资料》显示这一时期江苏省上海市虽然佃耕农受教育者占比达到了 43%，但是他们所受学校教育"止于小学，绝无就学

---

① 李景汉：《中国农村问题》，商务印书馆 1937 年版，第 178 页。
② 言心哲：《农村社会学概论》，中华书局 1934 年版，第 166 - 168 页。
③ 郭谦、王克霞：《20 世纪二三十年代山东农家收支状况及其影响》，载《山东经济》2006 年第 6 期。
④ 朱其华：《中国农村经济的透视》，中国研究书店 1936 年版，第 68 页。
⑤ 冯和法：《中国农村经济资料》，文海出版社影印本，第 422 页。
⑥ 庄泽宣：《乡村建设与乡村教育》，中华书局 1929 年版，第 37 页。

于中校者"。①

三是负担加重。南京国民政府时期,田赋为地方税种。田赋附加税成为地方政府财政收入和各地军阀筹集军费的重要来源。抗战前,全国附加税数目在 673 种以上。南京国民政府直接统治的江苏省的许多地方的田赋附加税"到 1933 年也已超过正税 10 余倍至 26 倍以上"②。"天府之国"四川竟然出现了田赋预征,1924 年以前每年一征,1925 年开始每年三征,1932 年到 1934 年竟然每年六征!③

三 农村动荡不安

20 世纪二三十年代的中国农村处于动荡不安之中。一是大规模的农民离乡。据刘芳的《20 世纪 20～30 年代江苏农民离村原因探析》一文,20 世纪二三十年代江苏人口离村率总体上呈现出上升状态,个别地方甚至达到 90% 以上。如江宁淳化镇为 97.87%,武进为 93.62%,江宁土山镇为 98.15%,常熟七村更是达到了 100%。④ 全国范围的情况可以通过 1935 年国民政府农村复兴委员会的调查进行分析。在这次调查有报告的 1 001 个县中,农民外出数在 2 000 万以上。⑤

二是乡村政权蜕化。美国学者杜赞奇指出:"到了二、三十年代……(中国)村政权落入另一类型的人物之手……他们大多希望从政治和村公职中捞到物质利益。村公职不再是炫耀领导才华和赢得公众尊敬的场所而为人所追求。"⑥"士绅阶层的分化引起了乡村政权的蜕化。士绅向城市的流动和新式知识分子在城市的滞留,使得一向把持乡村政权的

---

① 冯和法:《中国农村经济资料》,文海出版社影印本,第 248－249 页。
② 国风:《农村税赋与农民负担》,经济日报出版社 2003 年版,第 19 页。
③ 陈志让:《军绅政权——近代中国的军阀时期》,生活・读书・新知三联书店 1980 年版,第 124 页。
④ 刘芳:《20 世纪 20～30 年代江苏农民离村原因探析》,载《史林》2004 年第 3 期。
⑤ 郑大华:《民国乡村建设运动》,社会科学文献出版社 2000 年版,第 30 页。
⑥ [美]杜赞奇:《文化、权力与国家——1900—1942 年的华北农村》,王福明译,江苏人民出版社 1996 年版,第 149 页。

绅士阶层失去了最基本的力量补充。由此,基层政治权力的中空状态便被'劣绅'、'豪强'所掌控。"①

　　三是农村治安恶化。由于政局不稳,战乱四起,这一时期的农村深受其害,治安恶化。"在江北每一县中是没有一天没有盗案,没有杀人案的,洗劫一个村庄,或是掳了大批的人去勒赎,都不算什么一回事","江北散在民间的枪械有二十万。这二十万条中,三分之一乃至一半是属于匪类的,有机关枪及迫击炮的股匪也不算稀奇"。②农村烟毒也十分厉害。1934年报载,威县"毒品深入民间,黑白充斥,几至一村有六七十人食之者"③;南和"毒品犯几无村无之,吸食者尤众,每村平均有一二十人不等"④。

　　四是公用事业荒废。当时的农村调查普遍指出农村卫生环境恶化,道路失修,水利设施荒废。据国民政府中央卫生署的估计,这一时期因为社会卫生设施缺失,国内不应该死亡而死亡的人口多达 600 万,农村尤其是重灾区。当时农村治病主要是靠中医和巫医,4 亿人口的国家平均每 7 万人才能得到一个注册医师,"而其中到农村去的,又是凤毛麟角","农村之疾病死亡,只有听天由命"。⑤ 而水利设施的荒废使原本"完善而和平"的"徐海各属只要不下雨,草木就枯旱不能生长,一下雨就水积起来,淹了田地"。⑥

第二节　20 世纪二三十年代中国乡村危机的形成

　　20 世纪二三十年代的中国乡村的确呈现一片衰败景象,但是,中国乡村的解体绝不仅仅始自 20 世纪 20 年代。自步入近代,中国乡村社会

---

① [美]孔飞力:《中华帝国晚期的叛乱及其敌人》,谢亮生、杨品泉、谢思炜译,中国社会科学出版社 1990 年版,第 237 页。
② 冯和法:《中国农村经济资料》,文海出版社影印本,第 354－355 页。
③《威县毒氛弥漫》,载《益世报》1934 年 3 月 11 日。
④《南和县社会概况》,载《益世报》1934 年 5 月 22 日。
⑤ 李景汉:《中国农村问题》,商务印书馆 1937 年版,第 104 页。
⑥ 冯和法:《中国农村经济资料》,文海出版社影印本,第 353 页。

的无序状况便日益加剧,虽然有识之士对此多有呼吁,但是"乡村危机""乡村建设"的口号从来没有像20世纪二三十年代这样响彻神州大地,并最终掀起了一场轰轰烈烈的乡村建设运动。20世纪二三十年代的乡村危机是诸多因素共同作用的结果。

一 天灾人祸加剧农村破产

作为一个农业国家,自然灾害的影响不容忽视。自步入近代,中国农业经济便开始衰败,抗灾能力日渐减弱。20世纪20年代以后,中国自然灾害更加频仍。1920年华北旱灾,1921年淮河流域水灾,1922年江浙皖三省水灾,1924年九省水灾,1925年黄河决口,1928年华北八省旱灾,1929年河北水灾、陕西旱灾,1931年江淮流域十六省水灾,1933年黄河决口,1934年十四省旱灾、十三省水灾。自然灾害频发,对农业的影响首当其冲,成为促成当时"农业恐慌有力的因素"[1]。

在自然灾害频发的同时,连绵不绝的军事战争进一步加剧了农村破产。根据王寅生等人的《中国北部的兵差与农民》的统计,1916年到1924年,平均每年战争涉及省份只有7省,1925年到1930年则飙升到14省。战乱造成农村减员,负担加重。据其估计,1929年到1930年的两年时间里,全国1 941个县中,有823个县承担兵差。[2] 更为可怕的是,游兵散勇的到来,伴随着打、砸、烧、抢,直接增添了农村混乱不安的气氛。战火下的中国农村"一切金钱、粮食、牲畜、农具……扫数被搜去……大车牛马,征集一空,所有一切,损失净尽"[3]。农民何以扩大再生产?!

---

① 钱俊瑞:《中国目下的农业恐慌》,载《中国农村》第1卷第3期。
② 冯和法:《中国农村经济论》,黎明书局1934年版,第362页。
③ 马乘风:《最近中国农村经济诸实相之暴露》,载《中国经济》第1卷第1期。

二　世界经济危机雪上加霜

　　近代中国农业经济发展与国际市场的变化有着十分密切的关系。20 世纪二三十年代的世界经济危机不仅给西方各国带来了严重破坏，而且深刻影响了殖民地国家、半殖民地国家的社会经济生活，当时的中国即遭受了巨大的冲击。由于中国是个落后的农业国，这场危机对农村地区的影响尤其深刻，使中国农村业已存在的危机进一步加剧。以粮食进口为例，1931—1935 年中国粮食进口量为近代以来最高峰。① 大量农产品进入中国，"农村受灾窘急，而有甚于水深火热"。上海市商会在给财政部和实业部的呈文中表示，若任外国农产品倾销，"则我国不亡于外患，亦将亡于农村经济之破产"②。正因如此，20 世纪二三十年代论及农村危机的文章大多谈到西方经济的影响，只不过对其影响的程度认识不同而已。外国经济危机的冲击无疑使已经处于崩溃边缘的中国农业雪上加霜，因而陷入恶性循环，乡村危机进一步加剧。

三　危机舆论强化危机

　　20 世纪二三十年代中国乡村危机还与这一时期特定的中国社会背景有关。当时政学两界对农村问题高度关注。"如果稍一留心，就可看到许多杂志都在大出其农村经济专号，开头没有不谈农村经济破产的"。借助报刊杂志等现代传媒，乡村危机在"农村崩溃""乡村破产"的舆论声浪中进一步强化，越加成为当时的关注焦点。强大的舆论又进一步强化了知识分子的危机意识，使他们进一步发现中国乡村的危机。"救济农

---

① 向玉成：《三十年代农业大危机原因探析——兼论近代中国农业生产力水平的下降》，载《中国农史》1999 年第 4 期。
② 章有义：《中国近代农业史资料》第 3 辑，生活·读书·新知三联书店 1957 年版，第 415 页。

村已成为普遍的呼声,声浪一天一天的高上去"。①

乡村已经破产,"到农村去"无疑是有着乡土情结的中国知识分子的最佳选择。一场救济乡村的运动应运而生。

(朱庆葆)

---

① 梁漱溟:《乡村建设理论》,载《梁漱溟全集》第 2 卷,山东人民出版社 1990 年版,第 149 页。

第二章 教育救国与乡村生活的改造：晓庄学校
　　　　与山海工学团的实验

　　陶行知是我国现代史上"伟大的人民教育家"，他倡导建立的晓庄学校与各种工学团不仅是民国时期长江三角洲地区乡村建设的重要力量，其所代表的独特的乡村建设理念在整个民国乡村建设运动史上也颇具典型意义。任时先在《中国教育思想史》里提到，国民革命以后，中国社会的教育思想主要有四大流派，其中乡村教育思想"亦很纷歧，但归纳起来，不外下列两派"，一是"乡村生活改造派"，二是"乡村建设派"。"乡村生活改造派"便是由陶行知先生"首创此种主张的"。①

第一节　陶行知的乡村生活改造思想

　　陶行知通过教育改造中国乡村社会理论的建构最初是建立在他的"教育救国"论基础上的。陶行知始终认为，"从事社会改造的人要远处着眼，近处着手"。服务社会、改造社会"最好是从我们的最近环境着手，逐渐的推广出去。我们最近的环境要待改造的事体也很多。卫生问题、

---

① 任时先：《中国教育思想史》，上海书店 1984 年版（据商务印书馆 1937 年版复印），第 395 页。

生计问题、道德问题、娱乐问题，以及种种别的问题都待解决，都是从事社会改造者不忍放弃的问题。但是人民不能识字读书也是个待解决的问题，恐怕是一个基本的问题"。[①] 识字读书必然要借助到教育的手段，而在陶行知看来，教育又非单识字读书："寻常人最后还有一个误解，就是误认读书为教育。只要提到教育，便联想到读书认字。他们以为一切教育都从读书认字出发。他们只管劝人家识字读书，不顾到别的生活需要。识字读书是人生教育的一部分，谁也不能否认。但是样样教育都硬要从教书入手，走不得几步便走不通了。"他认为："教育就是生活的改造。我们一提及教育便含了改造的意义。教育好比是火，火到的地方，必使这地方感受他的热，热到极点，便要起火。'一星之火，可以燎原'，教育有这样的力量。教育又好比是冰，冰到的地方，必使这地方感受他的冷，冷到极点，便要结冰。教育有力量可以使人'冷到心头冰到魂'。或是变热，或是变冷，都是变化。变化到极点，不是起火便是结冰。所以教育是教人化人。化人者也为人所化。教育总是互相感化的。互相感化，便是互相改造。"陶行知还认为："社会是个人结合所成的。改造了个人便改造了社会，改造了社会便也改造了个人。寻常人以为办学是一事，改造社会又是一事，他们说：'办学已经够忙了，还有余力去改造社会吗？'他们不知道学校办的得法便是改造社会，没有功夫改造社会便是没有功夫办学，办学和改造社会是一件事，不是两件事。改造社会而不从办学入手，便不能改造人的内心；不能改造人的内心，便不是彻骨的改造社会。反过来说，办学而不包含社会改造的使命，便是没有目的，没有意义，没有生气。所以教育就是社会改造，教师就是社会改造的领导者。在教师的手里操着幼年人的命运，便操着民族和人类的命运。"[②]既然陶

[①] 陶行知：《社会改造之出发点》，载《陶行知全集》第 1 卷，四川教育出版社 2005 年版，第 496 页。
[②] 陶行知：《地方教育与乡村改造》，载《陶行知全集》第 2 卷，四川教育出版社 2005 年版，第 352 - 353 页。

行知把教育和改造联系起来并认为两者是等同的，那么他教育救国、乡村教育改造中国农村的诉求实质上就是以此挽救民族危机、乡村危机。这是当时手无寸铁而又全心全意致力于民族进步、国家富强的普通知识分子们所能达到的最高境界了。

作为一个教育家，"教育救国"理所当然地成为陶行知乡村教育挽救中国农村理论的最初起点。但是，陶行知的高明之处则在于他对中国国情，对中国乡村教育有着较同时代知识分子更为深刻的真知灼见，从而能够将泛泛而谈的教育最终归结到一个具体的乡村教育上。

早在 1921 年，陶行知便注意到了中国城市教育与乡村教育发展的不平衡性，他说："乡村教育不发达，可说已达极点。我国人民，乡村占百分之八十五，城市占百分之十五。就是有六千万人居城，三万万四千万人居乡。然而乡村的学校只有百分之十。这种城乡不平均的现象……亟当想法，怎样才可以使乡村的儿童受同等的知识，享同等的待遇，这就是师范教育的一个新趋势。"①这表明陶行知开始寻找适合中国国情的中国教育发展道路。随着陶行知平民教育实践的展开，陶行知在自己的"教育救国"道路上实现了思想认识的又一次飞跃。1924 年 10 月，陶行知在《中华教育界》发表《平民教育概论》，分别就"平民教育之效能""平民教育问题的范围""中国平民教育之经过""平民教育现行系统""教育组织""教材教具""考成""经费问题"等问题做了系统阐述。在这篇文章里，陶行知在深刻揭示中国具体国情的基础上实现了平民教育思想向乡村教育思想的转型："中国以农立国，十有八、九住在乡下。平民教育是到民间去的运动，就是到乡下去的运动。"②中国自古以来就是一个农业大国，农民占全国人口总数的绝大部分，从农民入手、从农村入手就是破解一切中国社会问题的突破口。陶行知了解了中国的特殊国情也就找

① 陶行知：《师范教育之新趋势》，载《陶行知全集》第 1 卷，四川教育出版社 2005 年版，第 319 - 320 页。

② 陶行知：《平民教育概论》，载《陶行知教育论著选》，人民教育出版社 1991 年版，第 150 页。

到了破解中国社会问题的锁钥。

基于这一认识,1925 年起,陶行知逐渐把注意力转移向了农民和乡村。9 月,陶行知发表《中国教育政策之商榷》,明确提出"以乡村学校为改造乡村生活之中心,乡村教员为改造乡村生活之灵魂",并初步提出"其具体办法,应设试验乡村师范学校以实验之"。[①] 为了尽可能多地掌握一手资料,这年底陶行知还专门聘请东南大学乡村教育学教授赵叔愚兼任中华教育改进社的教育研究部主任,两人一起深入农村学校调查访问,了解农村教育的实际情况。1926 年初,陶行知发表《师范教育下乡运动》。他在文章中对中国师范教育发展中存在的问题进行了深刻揭露:"中国的师范学校多半设在城里,对于农村儿童的需要苦于不能适应。城居的师范生平日娇养惯了,自然是不愿到乡间去的。就是乡下招来的师范生,经过几年的城市化,也不愿回乡服务了。所以师范学校虽多,乡村学校的教员依然缺乏。做教员的大有城里没人请才到乡下去之势。"陶行知认为这种教员不能久于其职,不能胜乡村领袖之重任。他对江苏义务教育期成会袁观澜、顾述之发起"每个师范学校在乡间设立分校,以为造就乡村师资之所;每分校并设附属小学一所,以资乡村师范学生之实习"的做法大加赞赏,誉其为"我国师范学校以合作及研究精神图谋乡村教育之发展"的"起点"。在这篇文章里,陶行知还明确提出了"师范教育下乡",对自己在《中国教育政策之商榷》里提及的通过师范学校改造中国乡村的设想做了补充论述:"我以为乡村师范学校负有训练乡村教师、改造乡村生活的使命。师范学校在乡村里设分校,在乡村的环境里训练乡村师资,已经是朝着正当的方向进行了。我们的第二步办法就是要充分运用乡村环境来做这种训练的工夫。我们要想每一个乡村师范毕业生将来能负改造一个乡村之责任,就须当他未毕业之前教他运用各

---

① 陶行知:《中国教育政策之商榷》,载《陶行知教育论著选》,人民教育出版社 1991 年版,第165 页。

种学识去作改造乡村之实习。这个实习的场所，就是眼面前的乡村，师范所在地的乡村。舍去眼面前的事业不干而高谈将来的事业，舍去实际生活不改而单在书本课程上做工夫，怕是没有多大成效的。我们不要以为把师范学校搬下乡去就算变成了乡村师范学校。不能训练学生改造眼面前的乡村生活，决不是真正的乡村师范学校。"①《中国教育政策之商榷》与《师范教育下乡运动》的发表既表明了陶行知对中国乡村教育现状有了准确把握，也标志着陶行知的乡村师范改造中国农村思想初具形态。

随后，陶行知接连发表《中华教育改进社创设试验乡村幼稚园》《创设乡村幼稚园宣言书》等文章，主张幼稚园也要搬到农村。至此，陶行知将分属社会教育、学校教育的平民教育、师范教育、幼稚园教育全部"搬到了乡下"，彻底实现了"教育下乡"。在此基础上，1926 年底至 1927 年初，陶行知通过讲演、写文章，以及创办晓庄试验乡村师范学校，正式宣示了自己乡村教育改造中国农村思想的成型及自己领导的中华教育改进社工作重心的转移。

1926 年 11 月 21 日，陶行知在中华教育改进社特约乡村教师研究会上做报告，提出："我们从事乡村教育的同志，要把我们整个的心献给我们三万万四千万的农民。我们要向着农民'烧心香'。我们心里要充满那农民的甘苦。我们要常常念着农民的痛苦，常常念着他们所想得的幸福，我们必须有一个'农民甘苦化的心'才配为农民服务，才配担负改造乡村生活的新使命。倘使个个乡村教师的心都经过了'农民甘苦化'，我深信他们必定能够叫中国个个乡村变做天堂，变做乐园，变做中华民国的健全的自治单位。这是我们绝大的机会，也就是我们绝大的责任。"②

1926 年 12 月 3 日，《新教育评论》发表陶行知为中华教育改进社拟

---

① 陶行知：《师范教育下乡运动》，载《陶行知教育论著选》，人民教育出版社 1991 年版，第 171 - 172 页。
② 陶行知：《我们的信条》，载《陶行知教育论著选》，人民教育出版社 1991 年版，第 184 页。

定的《中华教育改进社改造全国乡村教育宣言书》。《宣言书》指出："本社的乡村教育政策是要乡村学校做改造乡村生活的中心；乡村教师做改造乡村生活的灵魂。我们主张由乡村实际生活产生乡村中心学校，由乡村中心学校产生乡村师范。乡村师范之主旨在造就有农夫身手、科学头脑、改造社会精神的教师。这种教师必能用最少的金钱，办最好的学校，培植最有生活力的农民。我们深信他们能够依据教学做合一的原则，领导学生去学习那征服自然改造社会的本领。但要想这种教育普遍实现，必须有试验，研究，调查，推广，指导之人才，组织，计划，经费，及百折不回的精神，方能成功。本社的事业范围很宽，但今后主要使命之一，即在厉行乡村教育政策为我们三万万四千万农民服务。我们已经下了决心要筹募一百万元基金，征集一百万位同志，提倡一百万所学校，改造一百万个乡村。这是一件伟大的建设事业，个个国民对他都负有绝大的责任。我们以至诚之意欢迎大家加入这个运动，赞助他发展，指导他进行，一心一德的为中国乡村开创一个新生命。"[1]

1926 年 12 月 12 日，陶行知邀集上海的中华教育改进社社员举行乡村教育讨论会。他在演讲一开始就把矛头指向了中国旧的乡村教育："中国乡村教育走错了路！他教人离开乡下向城里跑，他教人吃饭不种稻，穿衣不种棉，做房子不造林；他教人羡慕奢华，看不起务农；他教人分利不生利；他教农夫子弟变成书呆子；他教富的变穷，穷的变得格外穷；他教强的变弱，弱的变得格外弱。前面是万丈悬崖，同志们务须把马勒住，另找生路！"接着，他旗帜鲜明地提出了自己乡村教育改造中国农村的主张："生路是甚么？就是建设适合乡村实际生活的活教育。我们要从乡村实际生活产生活的中心学校；从活的中心学校产生活的乡村师范；从活的乡村师范产生活的教师；从活的教师产生活的学生，活的国

---

[1] 陶行知：《中华教育改进社改造全国乡村教育宣言书》，载《陶行知教育论著选》，人民教育出版社 1991 年版，第 194 页。

民。"陶行知在这次讲演中还向入会社员描述了自己所提倡的活的乡村教育的特点。他提出:"活的乡村教育要有活的乡村教师;活的乡村教师要有农夫的身子、科学的头脑、改造社会的精神。活的乡村教育要有活的方法,活的方法就是教学做合一:教的法子根据学的法子,学的法子根据做的法子;事怎样做,就怎样学;怎样学,就怎样做。活的乡村教育要用活的环境,不用死的书本。他要运用环境里的活势力,去发展学生的活本领——征服自然改造社会的活本领。他其实要叫学生在征服自然改造社会上去运用环境的活势力,以培植他自己的活本领。活的乡村教育,要教人生利。他要叫荒山成林,叫瘠地长五谷。他要教农民自立、自治、自卫。他要叫乡村变为西天乐园,村民都变为快乐的活神仙。以后看学校的标准,不是校舍如何,设备如何,乃是学生生活力丰富不丰富。村中荒地都开垦了吗? 荒山都造了林吗? 村道已四通八达了吗? 村中人人都能自食其力吗? 村政已经成了村民自有、自治、自享的活动吗? 这种活的教育,不是教育界或任何团体单独办得成功的。我们要有一个大规模联合,才能希望成功。那应当联合中之最应当联合的,就是教育与农业携手。中国乡村教育之所以没有实效,是因为教育与农业都是各干各的,不学闻问。教育没有农业,便成为空洞的教育,分利的教育,消耗的教育。农业没有教育,就失了促进的媒介。倘有好的乡村学校,深知选种、调肥、预防虫害之种种科学农业,做个中心机关,农业推广就有了根据地、大本营。一切进行,必有一日千里之势。所以第一要教育与农业携手。那最应当携手的虽是教育与农业,但要求其充分有效,教育更须与别的伟大势力携手。教育与银行充分联络,就可推翻重利;教育与科学机关充分联络,就可破除迷信;教育与卫生机关充分联络,就可预防疾病;教育与道路工程机关充分联络,就可改良路政。总之乡村学校,是今日中国改造乡村生活之唯一可能的中心! 他对于改造乡村生活的力量大小,要看他对于别方面势力联络的范围多少而定。乡村教育关系三万万六千万人民之幸福! 办得好,能叫农民上天堂;办得不好,能叫农民下地狱。"在讲演最后,陶行知重申了自己在《中华教育改进社改造全国乡村教育宣言书》里的主张:"我们教育界同志,应当有一个总反省,总忏悔,总自新。我们的新使命,是要征集一百万个同志,创设一百万所学校,改造一百万个乡村。我们以至诚之意,欢迎全国同胞一齐出来,加入这个运动! 赞助他发展,督促他进行,一心一德的来为中国一百万个乡村创造一个新生命。叫中国一个个的乡村都有充分的新生命,合起来造成中华民国的伟大的新生命。"①

至此,陶行知基本完成了其通过乡村教育改造中国农村思想的理论建构,在此后的实践中,这一理论又不断得以完善、扩充,日臻成熟,成为民国乡村建设运动中的重要思想流派。

第二节　晓庄学校的设立

乡村教育的改造是一个不断递进发展的过程,中国的乡村教育既然"确实不能适应乡村的需要",那么要完成乡村教育的改造,并以此种教育改造中国的乡村社会,办这样教育的人们就必须抱着"研究的态度、科学的精神,以实际乡村生活,做他们探险的指南针"。陶行知认为这种"研究的态度、科学的精神"决定了改造中国的乡村社会必须循序渐进。他提出要分为三个时期完成中国乡村教育的改造:第一时期是试验期,在这个时期里,要设立各种试验学校试验关于乡村教育的种种方法和材料;第二时期是训练期,根据试验所得的结果,训练许多合于乡村生活的教师和其他有效的人才;第三时期是布种期,依据受过训练人才的多寡从事推广,使乡村教育可以布满全国,从而依靠全新的乡村教育实现中国农村的改造。②

---

① 陶行知:《中国乡村教育之根本改造》,载《陶行知教育论著选》,人民教育出版社 1991 年版,第 203-204 页。
② 陶行知:《中国乡村教育运动之一斑》,载《陶行知全集》第 2 卷,四川教育出版社 2005 年版,第 291-292 页。

　　晓庄试验乡村师范学校的创办可以算得上陶行知实践试验期的开始。晓庄试验乡村师范学校原称"南京试验乡村师范学校"，因为地处南京和平门外的晓庄村（"晓庄原名小庄，陶师办校后改称为晓庄。晓庄，有使村庄破晓，使村庄觉醒的意思。"①)，因地得名，故称"晓庄试验乡村师范学校"。之所以以师范院校为突破口，是因为在陶行知看来："培养乡村师资是地方教育之先决问题，也就是改造乡村的先决问题。不在培养人才上做工夫，一切都是空谈。现今各县对于乡村教育及乡村改造已有浓厚的兴趣，但是对于一县的乡村师范，每年只肯化数千元。固然也有多化的，但是寥若晨星。我们要想达到运用教育改造乡村的目的，必须出代价去培养教师，去培养教师的教师。"②晓庄试验乡村师范学校是陶行知"建设适合乡村实际生活的活教育"，是"改造中国乡村的试验机关"。时人评论："这是一个非常特殊的学校，它打破了向来一切学校的成法，试验他们的理想，为中国三万万四千万的农民服务，想从晓庄做出发，改造全国的乡村。"③

　　晓庄试验乡村师范学校从一开始的筹建就与众不同。在《中华教育改进社设立试验乡村师范学校第一院简章草案》（其实也就是晓庄试验乡村师范学校的筹建计划）里，陶行知开宗明义地指出设立试验乡村师范学校的宗旨就是"根据中心学校办法，招收中等以上各级学校末年级生加以特殊训练，俾能实施乡村教育并改造乡村生活"。其培养目标也十分明确，即"农夫的身手""科学的头脑"和"改进社会的精神"三项。④在陶行知看来"有农人的身手"，才能做农民的工作。第一，他们因此可以了解农民的困苦艰难和一切问题，并且容易做他们的朋友，帮助他们；

----

① 陈鸿韬：《忆晓庄　念陶师》，载《陶行知一生》，湖南教育出版社 1984 年版，第 160 页。
② 陶行知：《地方教育与乡村改造》，载《陶行知教育论著选》，人民教育出版社 1991 年版，第 274－275 页。
③ 孔雪雄：《中国今日之农村运动》，中山文化教育馆 1935 年版，第 281 页。
④ 陶行知：《中华教育改进社设立试验乡村师范学校第一院简章草案》，载《陶行知全集》第 2 卷，四川教育出版社 2005 年版，第 267 页。

第二,有了农人的身手,便可以利用闲暇时间做园艺林工作,以补充低额薪俸;第三,有了农人的身手在乡间便有用武之地,因此便有了办学之乐而少了办学之苦。"有科学的头脑"便可以虚心好学,"好观察和尝试"。"他们对于科学农业和科学上其他的新发明,都感到浓厚的兴趣,并且他们很切心希望把这些科学常识介绍给农民,这是乡村教师最应当有的态度。如此,才能控制一般农民社会的守旧性"。"有改造社会的精神"才能"把自己的小学变成发电机,拿电力送到农家去,使家家发出光明来","使全数村民都能安居乐业,爱乡救国"。①

全新的办学宗旨及培养目标决定了试验乡村师范学校在诸多方面都是别具一格,在根本上有别于传统的乡村师范学校。

该校招生广告分培养目标、考试科目、报考资格、报名期、投考期等部分。培养目标十分明确,即农夫的身手、科学的头脑和改造社会的精神三项。考试科目分五科,完全都是根据培养目标的需要而设,例如:农务或土木工操作一日,这与培养农夫的身手有密切的联系;智慧测验、常识测验、作汉文一篇、三分钟演说,这与培养科学的头脑有密切的联系。这种考试兼顾了文化知识与劳动技能的测试,相较一般的传统学校的入学考试颇具难度。试验乡村师范学校刻意在招生启事中强调,"本院所定投考办法及农事、建筑等项作业,均极繁重,苟非体格强健,志趣坚定者,断难任此种清苦之锻炼"②。

试验乡村师范学校的报考资格也很具特色,分为四种:第一种是初中、高中、大学末一年半程度的学生;第二种是有农事或土木工经验者;第三种是在职教师,具有一定的文化程度,愿与农民共甘苦,有志增进农民生产力、发展农民自治力者;第四种是由乡村学校选择合格学生,保送来校投

---

① 陶行知:《中国乡村教育运动之一斑》,载《陶行知全集》第2卷,四川教育出版社2005年版,第293页。
② 陶行知:《试验乡村师范学校筹备处启事》,载《陶行知全集》第2卷,四川教育出版社2005年版,第563页。

考者。在独具特色的招生广告后面,试验学校还专门提醒:"小名士、书呆子、文凭迷最好不来。"①

学校的投考时间定在 1927 年的 3 月 11 日和 12 日,第一天主要是测试国文、常识、智慧及演说辩论,第二天则是垦荒、施肥及修路等实践活动测试。3 月 13 日揭晓考试成绩,14 日办理入学手续,15 日正式开课。由于当时正值北伐军进逼南京,与盘踞南京的直鲁军阀褚玉璞对峙,战争一触即发。为了不受时局变动影响开学,学校发布《告来本院应试的同志》:"本校誓与村民共休戚。村民既须在枪林弹雨之下耕种,吾校断不因时局不靖而辍学,故投考开课均照公布之日期办理,决不变更。"②

经过招生考试,1927 年 3 月 15 日,南京晓庄试验乡村师范学校首届开学典礼在南京市郊劳山脚下的一块荒地上隆重举行。师生们一早就从燕子矶小学出发,大家穿着草鞋,扛着帐篷,手拿绳索,步行三里来到劳山脚下,参加开学典礼。在开学典礼上,陶行知发表讲话,再次讲述了晓庄学校的与众不同:"本校特异于平常的学校有两点:一无校舍,二无教员。大凡一个学校创立,总要有房屋才能开课。我们在这空旷的山麓行开学礼,实在是罕见的。要知道我们的校舍上面盖的是青天,下面踏的是大地,我们的精神一样的要充溢于天地间。所造的草屋,不过避风躲雨之所。本校只有指导员而无教师,我们相信没有专能教的老师,只有比较经验稍深或学识稍好的指导,所以农夫、村妇、渔人、樵夫都可做我们的指导员,因为我们很有不及他们之处。我们认清了这两点,才能在广漠的乡村教育的路上前进。"③

在课程设置上,试验乡村师范学校也不是按照传统的教学模式开

---

① 陶行知:《中华教育改进社设立试验乡村师范学校招生》,载《陶行知全集》第 2 卷,四川教育出版社 2005 年版,第 565 页。

② 陶行知、赵叔愚:《告来本院应试的同志》,载《陶行知全集》第 2 卷,四川教育出版社 2005 年版,第 281 页。

③ 陶行知:《试验乡村师范学校的两个特点》,载《陶行知全集》第 2 卷,四川教育出版社 2005 年版,第 282 页。

课,它的"全部课程就是全部生活","没有课外的生活也没有生活外的课"。① 课程大致分为中心学校活动教学做,共三十学分,主要包括国语教学做、公民教学做、历史地理教学做、算术教学做、自然教学做、园艺农事教学做、体育游戏教学做、艺术教学做、童子军教学做和其他学生活动教学做;中心学校行政教学做,共三学分,主要包括整理校舍教学做、布置校景教学做、设备教学做、卫生教学做、教务教学做、经济教学做;分任院务教学做,共六学分,主要包括文牍教学做、会计教学做、庶务教学做、烹饪教学做、洒扫整理教学做、缮写教学做、招待教学做;征服自然环境教学做,共十六学分,主要包括科学的农业教学做、基本手工教学做、卫生教学做和其他教学做;改造社会环境教学做,共五学分,主要包括村自治教学做、平民教育教学做、合作组织教学做、乡村生活调查教学做、农民娱乐教学做。② 此外,晓庄师范学校里的学生"只用书,不读书。他们在图书室里看书,不在课室里上书。他们看到书的难处才去问指导员。他们为生活而用书,不为书籍而读书"③。

在学校的组织建设上,晓庄试验乡村师范学校上设董事会,由中华教育改进社聘请组织。董事长为蔡元培,副董事长兼会计为王云五,监察员为江彤候,书记为陶行知,另有袁观澜、赵叔愚为董事。学校内部设校长一人,由陶行知自己担任,校内设执行部、研究部、监察部。执行部下设第一院,即小学师范院;设第二院,即幼稚师范院。校长、院长之下各设干事一人、校工一人。乡村师范的教师不称为教员,都称为指导员,"指导员和学生只有很少的区别,他们的界限实在是分不

① 陶行知:《试验乡村师范学校答客问》,载《陶行知全集》第1卷,四川教育出版社2005年版,第89页。
② 陶行知:《中华教育改进社设立试验乡村师范学校第一院简章草案》,载《陶行知全集》第2卷,四川教育出版社2005年版,第267-269页。
③ 陶行知:《中国乡村教育运动之一斑》,载《陶行知全集》第2卷,四川教育出版社2005年版,第298页。

清楚的。每个人都是教做,也都是学做"①。"他们与学生共教、共学、共做、共生活"②,"并行共同立法,共同守法。全体同志的日常行动均受先锋团的纪律之制裁"③。先锋团即"乡村教育先锋团",乡村教育先锋团是晓庄师范试行"学校自治",采用师生集体民主治校的自治组织。先锋团"采取军队组织精神,以整肃共同生活之纪律,增进团体行动之效率为目的"。校长就是团长,两院院长是副团长。团下设队,每队置队长一人,各统辖队员六七人。学校全体指导员组成指导部,担任训练队长队员及指导各项生活。此外,由团务会议公推四人组织纪律部,以维持团纪及纠正团员之轨外行动。从洒扫烹饪到校务管理、娱乐交际等事,都是由这个先锋团严密支配进行。校长、导师、学生、校工均在先锋团的"规律"之下,一律平等。在"规律"中,绝对自由,绝对服从;逾越范围或想偷懒的,不管是校长、导师、学生,一样要受团体的警告或处罚。晓庄师生在"这样集团的生活中,过法治的生活,破除了谁服从谁的观念;养成了'手脑双全,心身并用'的全才,矫正向来读书人娇养成风,不能工作并不屑工作的怪习"④。

就学校的日常安排看,晓庄学校也是与众不同的。晓庄学校每天早晨五时有一个十分钟至十五分钟的寅会,"取一日之计在于寅的意义",由校长和生活指导员或同学轮流主持,筹划每天应进行的工作。⑤ 陶行知经常在寅会上宣讲自己的生活教育理论,《生活工具主义之教育》《从野人生活出发》《如何教农民出头》《教学做合一》《生活即教育》等重要文章均

---

① 陶行知:《中国乡村教育运动之一斑》,载《陶行知全集》第2卷,四川教育出版社2005年版,第298页。

② 陶行知:《试验乡村师范学校答客问》,载《陶行知全集》第1卷,四川教育出版社2005年版,第90页。

③ 杨效春:《中华教育改进社晓庄学校报告事》,载《陶行知全集》第2卷,四川教育出版社2005年版,第589页。

④ 孔雪雄:《中国今日之农村运动》,中山文化教育馆1935年版,第290页。

⑤ 陶行知:《晓庄试验乡村师范学校创校概况》,载《陶行知教育论著选》,人民教育出版社1991年版,第207页。

是陶行知在寅会上的讲演词。寅会完毕即是早操。内容有国术训练、跑步运动……各人自行选择，分组锻炼。晓庄的早操人人参加，大家非常起劲。早操后稍作休息，师生便集合到食力厅早餐。食力厅是晓庄的餐厅，取名食力厅"意在勉励大家要自食其力"。每天早餐之后是整洁活动时间。庭院、场地、花园、通道、走廊、厕所、浴室、蓄水池，以及室内，师生无不一一地认真整理、打扫，直到收拾得干干净净、整整齐齐为止。整洁活动后两小时之内还要进行学术讲演。晓庄学校没有呆板的上课制度，也不完全按照书本去上课，而是根据各组的研究需要，讲文学，讲教育，讲农艺，讲美术，讲乡村建设，讲医药卫生……讲演的人有的是学校的导师，有的是特约的校外专家、教授。有的科目讲几个小时，有的讲两三周，有的讲三四个月或者一个学期。学术讲演完毕，大家便各自忙自己的事情。办公的办公，读书的读书，分担校务的就去处理日常工作。总之，学校的大小事务，如煮饭烧菜、担水劈柴、会计出纳、保管仪器、整理农具、接待来宾等，都由同学自己轮流分担。每天下午除了同学们分组讨论、研究问题，还有农事及简单仪器制造、到民间去等。晚间，除了守夜，同学们还有两个小时的自修时间。主要活动是记日记，整理读书笔记、学术讲演记录等。日记可以在师生之间、导师之间、同学之间互相传阅，大家彼此批评指导，相互交流，及时解决生活中出现的问题。[①]

晓庄学校的独特性就在于它的各项安排始终坚持与生活相贴近，与农民相贴近，它的设立标志着陶行知乡村教育改造中国农村的设想正式进入了实践阶段。中国教育史上一项崭新的教育试验、中国乡村建设运动史上一种新颖的试验模式拉开了帷幕。

第三节　晓庄学校与乡村改造

民国时期的著名乡村建设理论家与实践家梁漱溟在 1928 年考察晓

---

① 陈鸿韬：《忆晓庄　念陶师》，载《陶行知一生》，湖南教育出版社 1984 年版，第 164－166 页。

庄学校以后,写到晓庄学校"盼望本校的学生一面能够教导儿童,办一所良好的乡村学校,一面又能够辅导民众,将他自己所办的学校成为改造乡村社会的中心"①。晓庄学校在实践中也的确是从这两个方面着手的。

一　中心小学与乡村幼稚园的创建

晓庄试验乡村师范学校坚持"以中心学校生活为训练之中心"②,因此学校改造中国教育、中国农村的第一步是建立新式中心小学和乡村幼稚园。

所谓中心学校就是指按照陶行知教育思想设立的完全有别于传统学校的中心小学。何谓中心小学?中心小学就是以往师范学校的附属小学。陶行知反对这种叫法,他认为应该打破这种附属品的观念,称之为"中心小学"。他指出,中心小学是"改造社会的中心"③,"中心小学以乡村实际生活为中心,同时又为试验乡村师范的中心。……中心小学是师范学校的主脑,不是师范学校的附属品。中心小学是师范学校的母亲,不是师范学校的儿子。中心小学是太阳,师范学校是行星。师范学校的使命是要传布中心学校的精神、方法和因地制宜的本领"④。在陶行知看来,建设中心小学是开办试验乡村师范学校的一项重要内容,"试验的成败全在这一个问题上"⑤。

陶行知领导开办中心小学尝试过很多方法,最终采用了两种方法:

---

① 梁漱溟:《抱歉——苦痛——一件有兴味的事》,载《梁漱溟教育文集》,江苏教育出版社 1987 年版,第 23 页。

② 陶行知:《中华教育改进社设立试验乡村师范学校第一院简章草案》,载《陶行知全集》第 2 卷,四川教育出版社 2005 年版,第 267 页。

③ 陶行知:《中国乡村教育运动之一斑》,载《陶行知全集》第 2 卷,四川教育出版社 2005 年版,第 292 页。

④ 陶行知:《试验乡村师范学校答客问》,载《陶行知全集》第 1 卷,四川教育出版社 2005 年版,第 88 - 89 页。

⑤ 陶行知:《晓庄试验乡村师范的第一年》,载《陶行知全集》第 2 卷,四川教育出版社 2005 年版,第 309 页。

"一是另起炉灶来创设；二是找那虚心研究、热心任事、成绩昭著并富有普遍性之学校特约改造。"①另起炉灶主要是通过请"指导员各人指导一位学生，单身匹马，因地制宜，用最少的经费去创办一个单级小学"②。晓庄中心小学是"另起炉灶"的第一个硕果。初创时"有二十多个人，得了地方上人士的帮助，才破除了一部分人的怀疑'洋学堂'的观念，把儿童送进校里来。首先借的长生庵，长长的三间敞房，正中有一座佛座，左边也依着墙壁砌着佛座。——在佛座前有卅张矮桌，二十几个小罗汉坐着，鼻涕拉到嘴，脸黑油油的，头发乱松松，也有小辫子曲在肩背上，花的衣服，青裤子，腰间还有一条带子束着。这种简单的学校，黑板只有一小块，就放在地下；只有一张四方桌子，算教员的办公处和写字台；凳子也没有，只有一座方框的木板，不过半尺阔的。一切用具，笔、墨、砚台、纸张、闹钟、粉笔等东西，装装恰好一提篮，指导员天天的自借宿的人家拿到学校，课后又拿回去"。后来晓庄小学的校舍落成，大家才搬到新校舍里，正式行开学礼。"小学的校舍是朝南新造的茅屋四间，靠东一间还是暂时做了晓庄乡村医院。只有当中两间放一个单级教室，西边一间做预备室兼会客室；至于布置和设备，却是条条有理，且还适合乡村实际生活。那教室的土墙上，有陶先生写的小学校训，是'双手万能'四个大字，两旁边有一副对，联曰'和马牛羊鸡狗猪做朋友，是土豪劣绅军阀的对头'。"③包括晓庄中心小学在内，中华教育改进社在晓庄学校被封以前共创办了八个中心小学。

陶行知总结这些学校的特点时指出："第一，他们对于教育与人生有共同的信仰。他们以乡村生活为学校生活的中心，同时以学校为改造乡村的中心，并为小的村庄与大的世界沟通的中心。第二，他们对于方法

---

① 陶行知：《中国师范教育建设论》，载《陶行知全集》第 1 卷，四川教育出版社 2005 年版，第 81 页。

② 陶行知：《晓庄试验乡村师范的第一年》，载《陶行知全集》第 2 卷，四川教育出版社 2005 年版，第 309 页。

③ 孔雪雄：《中国今日之农村运动》，中山文化教育馆 1935 年版，第 289 页。

有共同的原则。他们的信条是：'在劳力上劳心'，'手到心到'，以实际的工作为教学的中心。第三，他们深信工具是教育的要素。人生教育须在人生工具上求实现。真的教育是教人发明工具，制造工具，运用工具。明了这点，就可以知道，书籍不过是人生工具的一种，不是人生唯一的工具。第四，全校的费用是很经济的。他们的经费与邻近小学比起来是差不多的。他们要试验出最经济的标准，使各处的小学都很容易做到。因为在中国的教育经费现状之下，费用少的好小学比费用多的好小学，效力要大得多。第五，学校既是乡村的中心，教师便是学校和乡村的灵魂。教师的人格影响于学生和乡村人民很大。"①

中心小学在具体的教学上有哪些与众不同呢？陶行知指出："要想把中心小学整个的表现出来，最简单的方法是叙述他们一天的活动。"②

乡村小学的儿童通常是六点到校，"他们第一件活动是整理学校。教师和学生同做：抹桌、扫地、擦窗……每个人担任一处地方，大家一齐做起来，不消半小时，把全校都收拾得清洁可爱了"。在轻视儿童做实际工作的人们看起来，中心小学似乎是在教学生做下贱的工作，但是在当时中国农村普遍贫困、教育资源严重紧缺的情况下，这种做法未尝不是一种既节约教育经费，又使学生"获得了生活上必需的技能"的切合农村实际的教育创新。学生入学后的第二件事是晨会。晨会里的活动有升旗、唱歌、校长或教师谈话。晨会散后学生方才到课堂里去。其间要进行"清洁检查"，就是教师和年长的学生共同检查学生的脸部、眼睛、牙齿、手指等。倘若有在家里洗得不干净的，就罚学生在学校洗干净。"这些活动完毕以后，就开始别种活动，无论读法、算术、写法，都和乡村生活或其他教材联络的。这些学校要乘各种机会运用文字到实际生活需要

---

① 陶行知：《中国乡村教育运动之一斑》，载《陶行知全集》第2卷，四川教育出版社2005年版，第292-293页。

② 陶行知：《中国乡村教育运动之一斑》，载《陶行知全集》第2卷，四川教育出版社2005年版，第294页。

上去。例如:有一个不识字的乡人,要求学校替他写一封信,教师就请年长的学生来写。经过教师的修正,便选那最好的交给乡人。这样的写作都给相当的分数。"放午学半小时之前,教师或年长的学生,用讲故事的形式向学生报告国家大事或乡民须合作的事情。这种报告必须学生回去说给家里人听,再将家里人听了以后的反应报告到学校里来。①

陶行知还列举出了中心小学开展的具体活动。他提出中心小学用灭蚊子的方法来做自然科的例子。教师事前指导学生搜集展现各种蚊子各期变化的标本,装在玻璃瓶里,逐步加以说明。因此学生知道了蚊子的变化和人生的关系。同时教师又指导学生了解吃蚊子的蛤蟆等动物,认它们为友军,从事扑灭蚊子的运动。再如,手工科包含修理校具、校舍和制造教具、校具。教师带着学生做木工和泥水工,这是学校很重要的手工。简单的科学器具,也是学生自己做的。

陶行知还以园艺课为例,描述了中心小学这种全新教学活动开展中遇到的困难及中心小学的解决之法。他说,园艺是中心小学的重要活动之一,有两种工作:学校设计与家庭设计。实行这种工作的困难既有来自家长的,也有来自学生本身的。第一个困难是农民反对教师率领儿童做学校园艺工作。他们说:"我们送孩来是读书的,不是做工的。"许多乡村教师最终失败很大程度上就是这个缘故。陶行知说,中心小学是预先估计到困难的。事先,教师邀请了许多学生的父母,对父母们说:"我们想教儿童根据地上的出产,教他们读,教他们写,教他们算,使他们所能种的都会读、会写、会算,所以要种园。地上的出产他们可以带回家去,或是卖给人家。"经过这样解释,父母都赞成学校的举动了,学校的计划也就前进无碍。第二个困难发生在单级小学里。单级小学里学生的年龄、能力都相差很多,开展这项活动也自然存在困难。但是中心小学用

---

① 陶行知:《中国乡村教育运动之一斑》,载《陶行知全集》第 2 卷,四川教育出版社 2005 年版,第294 页。

了分工法，各个儿童都依着自己的能力忙于自己的工作，困难也解决了。

除了正常的针对入学儿童的教育活动，中心小学还向广大农村民众开放。陶行知说中心小学"校舍是公开的，给全体村民公用。信用合作社、农产物展览会、村民武术会、村民结婚的礼堂和赛会的会场，都可以借用学校的校舍场地，到了夜里还开办村民夜校"①。

陶行知曾经诗云："庙小乾坤大，天高日月长。"他非常重视小学教育在整个教育体系中的作用。在陶行知通过乡村教育改造中国农村社会的思想里，小学同样扮演了非常重要的角色。在《中华教育改进社特约试验燕子矶乡村小学》里，陶行知指出，设立特约中心小学就是要"试验适于乡村生活之教材及教法，并注重养成学童尊崇劳作及服务社会之精神，以供各地乡村小学之参考；并试行以学校为社会一切活动之中心，以为乡民协力改进全乡之教育的、社会的、道德的、物质的、乡政的及经济的生活之集合所"②。通过陶行知对中心小学活动的描述，不难看出中心小学在课程设置、教学方法上的确不同于传统的乡村学校，这种学校试图以学校为媒介，沟通教育与社会，既尝试通过教育改造社会，又期望通过社会影响教育。可以说，陶行知理论指导下的中心小学是紧密联系农村实际，以乡村的实际生活为教学中心的全新乡村小学。

在筹建中心小学的同时，陶行知还领导中华教育改进社的同志们积极筹办乡村幼稚园。创设适合乡村实际需要的幼稚园也是陶行知乡村教育改造中国农村思想的重要内容。陶行知认为，"在中国乡村里，幼稚园格外来得需要"③，"乡村幼稚园确是农民普遍的永久的需求。试一看乡村生活，当农忙之时，主妇更是要忙得天昏地黑。他要多烧茶水，多弄

① 陶行知：《中国乡村教育运动之一斑》，载《陶行知全集》第 2 卷，四川教育出版社 2005 年版，第 295 页。
② 陶行知：《中华教育改进社特约试验燕子矶乡村小学》，载《陶行知全集》第 2 卷，四川教育出版社 2005 年版，第 256 页。
③ 陶行知：《中国乡村教育运动之一斑》，载《陶行知全集》第 2 卷，四川教育出版社 2005 年版，第 296 页。

饭菜,多洗衣服,有时还要他在田园里工作,那里还有空去管小孩子。那做哥哥做姊妹的也是送饭、挑水、看牛、打草鞋,忙个不了,谁也没有工夫陪小弟弟、小妹妹玩。所以农忙之时,村中幼儿不是跟前跟后,就是没人照应,真好像是个大累。倘使乡村幼稚园办的得当,他们就可以送来照料,一方面父母又可以免去拖累,一方面儿童又能快快乐乐的玩耍,岂不是'得其所哉'!……他所招收的儿童,正是农民要解脱的担负,要他们进来,正是给农民一种便利"①。然而,陶行知同时指出,当时中国的幼稚园"害了三种大病。"一是外国病。试一参观今日所谓之幼稚园,耳目所接,那样不是外国货?他们弹的是外国钢琴,唱的是外国歌,讲的是外国故事,玩的是外国玩具,甚至于吃的是外国点心。中国的幼稚园几乎成了外国货的贩卖场,先生做了外国货的贩子,可怜的儿童居然做了外国货的主顾。二是花钱病。国内幼稚园花钱太多,有时超过小学好几倍。这固然难怪,外国货那有便宜的。既然样样仰给于外国,自然费钱很多;费钱既多,自然不易推广。三是富贵病。幼稚园既是多花钱,就得多弄钱,学费于是不得不高。学费高,只有富贵子弟可以享受他的幸福。"他说,既然中国的幼稚园犯了这三种毛病,"幼稚园只是富贵人家的专用品,平民是没有份的"。因此,在"世人渐渐的觉得幼儿教育之重要"的情况下,中国的幼稚园"倘不经根本的改革,不但是乡村里推不进去,就是城市里面也容不了多少"。从将幼稚园送到乡下的角度考虑,陶行知提出了三条幼稚园改造方法:"我们现在所要创办的乡村幼稚园,就要改革这三种弊病。我们下了决心,要把外国的幼稚园化成中国的幼稚园;把费钱的幼稚园化成省钱的幼稚园;把富贵的幼稚园化成平民的幼稚园。"所谓"中国的幼稚园"就是"要力谋幼儿教育之适合国情,不采取狭义的国家主义。我们要充分运用眼面前的音乐、诗歌、故事、玩具及自

---

① 陶行知:《创设乡村幼稚园宣言书》,载《陶行知全集》第 1 卷,四川教育出版社 2005 年版,第 72 页。

然界陶冶儿童，外国材料之具有普遍性、永久性的亦当选粹使用，但必以家园所出的为中心"。所谓"省钱的幼稚园"则是要通过"打破外国偶像""训练本乡师资教导本乡儿童"及"运用本村小学手工科及本村工匠仿制玩具"三个办法同时并进，实现省钱的幼稚园。所谓"平民的幼稚园"则是要"应济平民的需要"，中国最广大的平民在农村，办理乡村幼稚园"自有彻底平民化之可能"。①

新式乡村幼稚园的开办也是采用了特约与自办两种方式。从 1927 年 11 月 18 日开办第一所新式乡村幼稚园——燕子矶幼稚园起，在短短的三年间，晓庄幼稚园、尧化门幼稚园、万寿庵幼稚园、和平门幼稚园相继而起。在陶行知等人的努力下，新式的乡村幼稚园几乎遍布所有晓庄学校开设的中心小学所在的村庄。新式乡村幼稚园改变了中国旧有幼稚园的"三种弊病"，实现了幼稚园的"下乡运动"，一方面为中国幼稚园教育事业的发展开辟了农村这一"新大陆"；另一方面也为农村带来了实际便利，使农村儿童受到了启蒙教育，为农民减轻农忙负担，带来了"最切要的帮助"。②

中心小学与乡村幼稚园的创建完善了晓庄试验乡村师范学校的事业体系。有了中心小学与乡村幼稚园，晓庄试验乡村师范学校的中心学校活动教学做、中心学校行政教学做等课程的实现便有了基本保证。陶行知和晓庄学校的师生以晓庄学校作为培养合格乡村教师的"后方"，把中心小学和乡村幼稚园当作"前方"，学生入晓庄试验乡村师范学校学习一段时间后，便"出发前方"，到各个中心小学或乡村幼稚园去参加那里的各项工作。到了"前方"的学生要在所在学校或幼稚园老师的指导下，学习如何开办乡村小学或者幼稚园。作为"后方"的晓庄学校则要每周

---

① 陶行知：《创设乡村幼稚园宣言书》，载《陶行知全集》第 1 卷，四川教育出版社 2005 年版，第 71-72 页。

② 陶行知：《幼稚园之新大陆——工厂与农村》，载《陶行知全集》第 1 卷，四川教育出版社 2005 年版，第 93-94 页。

组织举行一次"前方教学做讨论会"。讨论会轮流在有实习生的中心小学和幼稚园举行,前后方的所有老师、学生都要参加。讨论会既要听取"前方"学生本人的学习报告,又要检查学生在所在学校取得的实际成果,然后"前方"和"后方"交换意见,总结出办理乡村小学和幼稚园的工作经验,讨论如何提高办学的能力。在教学内容的选择上,晓庄与这些中心小学和幼稚园也是这样相互为用的关系。以生物教学做为例,"师范里各项教学做,都必须依据小学的课程,实行分工研究。以小学比喻作前方作战的军队,以师范部比喻作后方军队。后方师范工作,必须根据前方小学的需要,而产生材料,以供应用"。"后方生物室同志,每一人或两人认定一中心小学,对该小学生物研究,负辅导之责。每星期到前方小学去工作一次,一方面收集前方小学关于生物研究的问题,一方面帮助前方同志解决这方面的问题。研究是取分工的方法。依据前方小学所需要生物研究的材料,每人认定一种生物,或几种生物去研究,然后编辑出来,输送前方应用"。在实践中,晓庄师生还发现了一条"前后方打成一片的一种方法",即编制小学儿童生活历。后方的晓庄师生就"生物研究方面,努力编制小学生物研究方面的生活历。前方小学的功课就按照这个生活历进行,然后就按照这个生活历制造材料输送应用"。前后两方密切配合,因材施教,极大地调动了师生的教学互动性,提高了教学效率。①

二 晓庄学校的农村改造活动

农业改良。晓庄学校为了发展学校周围农村的经济生产,提倡畜牧事业,专门成立了农牧生产推广部。该部除了组织学校师生进行生产试验、新品种的宣传与推广以外,还特约了金陵大学、中央大学农学院的师生下乡协同指导,收到了良好效果。晓庄学校还专门建立农艺陈列馆,

---

① 董淳采:《晓庄科学建设第一步》,载《乡村教师》1930 年第 7 期。

在馆内陈列农民生活、农事历程、农场管理、农具改良及农业加工等方面内容，以达到宣传科学农业、增进农业知识的目的。

晓庄剧社。晓庄剧社的成立与南国剧社有着紧密的联系。南国剧社是著名剧作家田汉于1927年创建的，设有文学、戏剧、音乐、电影等部门，以戏剧为主。1928年春，田汉领导的南国剧社到南京演出，轰动了整个石头城。因此，陶行知便派专人携带他的亲笔信拜访田汉，邀请他们到晓庄公演。陶行知在信中写道："自从诸先生来到首都，城里民众唤不醒，乡下民众睡不着。唤不醒，连夜看戏，早上爬不起来也；睡不着，想看戏，路远，无钱也。诸先生以艺术天才，专攻白话剧，必能为中国戏剧开一新纪元。知行谨代表晓庄农友、教师、学生向诸先生致一最高敬礼，并欢迎诸先生下乡现身说法，以慰渴望。此地有千仞岗，可以振衣；万里流，可以洗脚。下乡一游，亦别有乐趣。兹公推陈金禄、潘一尘、赵颜如等三先生前来奉约，如蒙俯予接见，不胜感激之至。"[1]田汉收到这封信后很受感动，不顾寒冬腊月的恶劣气候条件，带领南国剧社的同志到晓庄献演。

南国剧社在晓庄成功上演了《卖花女》《湖上的悲哀》《苏州夜话》等剧目，引起了广大师生和农友的强烈共鸣，也进一步激发了他们"跃跃欲试"的兴致。在这大好形势下，陶行知因势利导，在晓庄组建了"晓庄剧社"。剧社由陶行知亲任社长，不仅排演《南归》《古潭的声音》等南国剧社剧目，还自编自导了诸如《香姑的烦恼》《爱的命令》《死要赌》等独幕剧，这些剧目寓教于乐，以倡导男女平等、批判烟毒赌等社会陋习为主旨，在校内演，在田间演，在南京演，在苏州、上海、杭州、嘉兴等地演，深受广大农民朋友的喜爱。[2]

中心茶园。南京城乡群众有坐茶馆的习惯，晓庄师范便利用这种风

---

① 陶行知：《欢迎下乡现身说法——致田汉及南国社》，载《陶行知全集》第8卷，四川教育出版社2005年版，第230页。

② 夏孟文：《回忆晓庄》，载《陶行知一生》，湖南教育出版社1984年版，第134-135页。

气开办了中心茶园。中心茶园除了喝茶以外,还备有乒乓球、围棋、象棋、胡琴等文体用品,以丰富农民的业余文化生活。晓庄的中心茶园有两处,一处在佘儿冈,是与中华职业教育社合办的;一处在黑墨营。"前者终日营业,系由农友一人经理其事。后者惟晚间营业,农友一人担任招待,售茶一碗,他得酬资铜元一枚。两个茶园的教育及娱乐等活动,均是由本校指导员及学生负责的"①。后来,为了贯彻陶行知"要唤起农友,提高农友觉悟,须先帮助农友学文化"的指导思想,师范学校的师生们把民众夜校也搬到了中心茶园。在茶园开办夜校一开始并没有得到农友们的理解与支持。"起初,在茶馆里喝点茶,和农友们海阔天空地闲扯,倒还热闹。谈到识字、学文化,有的便推说白天干活很累没有精神,借故离去"。针对这种情况,晓庄师生多方调查,了解到农友喜欢听评书,便根据农民的爱好,从《水浒》《岳传》等评书入手,"利用故事中的人名、地名、物名写成字块,进行识字教育"。此外,师生们还向大家讲述时事新闻、卫生常识。通过这些喜闻乐见的形式,茶馆调动了农友们的学习积极性。农友们也逐步开阔了眼界,增加了识字量。到这里学习的群众"从七岁的小女孩到七十岁的老太婆都有"。"茶馆内热气腾腾,融融一室",师生和农友们"水乳交融,亲同一家"。② 自中心茶馆开幕之后,"邻村未染嗜好之青年农友都到这里听书下棋了。老太太们以为这是防避儿孙赌博豪饮的好法子,个个都为中心茶园捧场"③。茶园夜校在联系群众、传播文化、开导思想、促进团结等方面收到了很好的效果。

"会朋友去"。"要想化农民,须受农民化。"④晓庄学校的师生们都抱

---

① 杨效春:《中华教育改进社晓庄学校报告事》,载《陶行知全集》第2卷,四川教育出版社2005年版,第590页。
② 夏孟文:《回忆晓庄》,载《陶行知一生》,湖南教育出版社1984年版,第133页。
③ 陶行知:《晓庄试验乡村师范的第一年》,载《陶行知全集》第2卷,四川教育出版社2005年版,第310页。
④ 陶行知:《晓庄试验乡村师范的第一年》,载《陶行知全集》第2卷,四川教育出版社2005年版,第310页。

有一个跟农民学的态度。学校设有一门"必修课"，叫作"到民间去"。后来大家觉得他们生活的地方本来就是民间，因此便改称为"会朋友去"。会朋友去就是去会农民。这是晓庄师生立足农村社会实际、受农民化的一个根本制度与方法。在与农民的交往中，晓庄师生"劝农民做应做的事，宣传自己的见解，调查各种事实问题，为农民排难解纷，或解释农友对于'学校'的疑难"。由于农民一开始不太熟悉这种形式，师生们最初碰到过不少冷面孔。但是他们以极大的耐心与热情投入到这种活动中来，尽可能地为农民做实事，解决实际问题，逐渐获得了农民的理解与支持，农民们欢迎晓庄师生，也乐于与晓庄师生交朋友。晓庄师生也是以此为乐，乐此不疲。他们以十分欢愉的笔调将这种深入民间的活动描绘得如诗如画："夕阳西下时，我们始出发，清风明月中，我们归来了。当初也碰过不少的冷面孔，但是农人多半是亲切可爱的，我们曾受了许多恳挚深厚的欢迎。我们必须与农人做朋友，而后可以了解农人的困难与问题，获得农人的同情与赞助，使我们的学校真真对于农村社会改造的事业上有所贡献。总之，我们常常会朋友去，才使我们能够农民化，亦才使我们能够化农民。"①

乡村医院。20世纪20年代的中国农村生活困苦，缺医少药，医疗卫生事业极其落后。为了解决农民看病就医难的问题，同时也是为了实践"医药卫生教学做合一"，让乡村教师从实践中获得医药卫生知识，晓庄师范设有一所乡村医院。医院因陋就简，设在学校附近的佘儿岗的一座小庙内，由留美归国医生陈志潜及其妻子主持。陈志潜不仅负责为农民看病，还担任学校的卫生教员。这所医院对农民实行免费就医，单是开业期间就先后治疗病人一千余人次。1928年下半年，学校与卫生部合作，建立学校卫生实验，又于次年扩大建立乡村卫生模范区域，在晓庄与燕子矶开办了两个乡村医院，引导附近农村开展常见病与流行病防治工

---

① 孔雪雄：《中国今日之农村运动》，中山文化教育馆1935年版，第292页。

作,改善农村饮用水条件,还举行大规模的灭蚊灭蝇活动,开辟了药材种植场。[①]

乡村医院很重视农村卫生教育的教学做合一。例如,1929年秋,陈志潜医生让自己培养的医疗卫生人员在晓庄附近的农村举行了一次大规模的农村卫生调查。在调查中,他们发现由于天花传染,农村婴儿的死亡率高达十分之六七。经过研究,陈医生给全校师生上了一堂灭天花的生活教育课。下课后,学生们又到医院里现场学习种牛痘的技术,陶行知也亲临指导。边讲、边学、边做,大家基本掌握了种牛痘的技术,然后分成小组,先到学校所属的几个幼儿园、几座小学去给小朋友种痘,再到农村逐户给小朋友种痘,很快地就止住了天花的扩散。这是一次农村卫生教育的实践。不但学生们受到了一次很好的社会活动教育,农民们也受到了一次科学卫生教育,并且密切了学校和附近农民的关系。上完这堂课,陶行知还专门向学生们指出:"我们乡村教师,要面向我国百分之九十以上的农民,要关心他们的疾苦,解决他们的困难。只是教育他们的孩子,是远远不够的。"这可以算得上陶行知"生活即教育,社会即学校"理念的具体体现之一。[②]

联村自卫。1930年国民党查封晓庄学校,其中的借口便是晓庄勾结反动军阀,图谋不轨,国民政府南京卫戍司令部军警还在晓庄搜出了几支破枪。为什么晓庄会有枪?当时社会上出现了许多有关晓庄及陶行知的谣言,陶行知本人也不得不专门致信《时事新报》,发表辟谣宣言。其实,国民政府军警搜出来的枪,不过是晓庄师生联村自卫的武器!

晓庄地处南京北部荒郊,人烟稀少,除了军阀的散兵游勇,还有打家劫舍的土匪,社会治安极不稳定,附近居民无法安居。1928年5月,陶行知正在燕子矶小学邀集了一些乡村教师和地方开明人士,商讨扩

---

① 童富勇、胡国枢:《陶行知传——纪念伟大的人民教育家:陶行知诞辰一百周年》,教育科学出版社1991年版,第131–132页。

② 严钝:《生活教育实例五则》,载《陶行知一生》,湖南教育出版社1984年版,第138–139页。

大农村教育之事。忽然有人提到,镇上昨日接到恐吓信一封,要借三千元,信上注明他们是第 27 旅的游兵散勇,没有旅费回家,限三日之内,将钱送到水西门外某地,以手电筒为号,还需带香烟七条、花露水七瓶,如不送来全镇休想安宁。陶行知听后非常重视,他建议当地开明人士谢执中与群众商量组织联村自卫加以抵制。这一建议得到了当地群众的赞同。陶行知立即派学生去各村联系,成立"晓庄联村会",并组织"晓庄联村自卫团"。晓庄联村自卫团"以晓庄附近村庄联合组织之","凡上列村庄十八岁以上之学生及有职业而能自食其力之村民,皆得为本团团员"。[①] 自卫团由陶行知亲自出任团长,学生刘焕宗任副团长。自卫团下设各村自卫大队,晓庄师范则设独立大队。自卫团的武器除了农民自有的土枪、大刀、标枪以外,经过陶行知的运作,还通过冯玉祥从国民政府军政部的军库里购买了一批经过修理可以使用的破枪残械。这样,"燕子矶一带因为有了几支枪,自然雄壮起来,对发恐吓信的土匪之流,也不放在眼中,更不谈什么送香烟、花露水之事了"[②]。

联村自卫团的成立使当地土匪的嚣张气焰有所收敛,但是同年 8 月 26 日,土匪直接针对陶行知发出了一封恐吓信,略谓:"(陶行知,)你办学校是正行,不该干涉我们的事。我们兄弟流落他乡,没有旅费回家,向你要三万元,一文不能少,限某月某日送到,如若不办,我等将你三里路之内杀得鸡犬不留。"陶行知对此一笑了之。他还风趣地谈道:"我倒想和这些土匪谈谈。劝他们改邪归正,暂时不必回乡,先到晓庄来受些教育再说。鸡犬无辜,何必将它杀尽? 来个土匪教育。哈哈!"话虽如此,恐吓信事件发生后,晓庄加紧了自卫团的训练工作。陶行知从外面请来几名有经验的军事指导员,专门训练联村自卫团。这几名军官"应用'教学

---

① 《晓庄联村自卫团组织大纲》,载《陶行知全集》第 2 卷,四川教育出版社 2005 年版,第 612 页。
② 邵仲香:《联村自卫》,载《陶行知一生》,湖南教育出版社 1984 年版,第 151 页。

做'的原理去教练。在很短的时间之内,都学会了装枪、打靶、野战以及守卫进攻的办法"。① 为了防止恶性事件的发生,自卫团加岗设防,日有警备,夜有巡逻。在土匪约定的日子里,冯玉祥还专门派了两名"神枪手"前来。由于准备得当,土匪的阴谋未能得逞。

虽然由于准备得当,这次土匪勒索事件没能成功,但是农村社会恶劣的治安状况却引起了陶行知及晓庄师生的重视。他们加紧训练,不敢松息。"除在校园中架设了警钟,修关口,积极操练,严加警戒外,自卫团部还不止一次地对全校师生及农民讲解作战之道"。在大家有所懈怠时,自卫团还组织军事演习,以实际行动教育群众重视社会治安的维护。②

联村自卫团的目的不仅仅限于防匪防盗,还在清除烟赌毒,锻炼群众身体素质等方面担当一定的责任。陶行知在《这一年》里总结自卫团的成绩时写道:"从前晓庄五里以内有烟馆二十六所,新年赌博遍地皆是,匪警也是常有的。但是自从联村自卫团组织以来,民众的武力造成,公安局及驻军联盟缔结,四十里周围之烟赌匪患便一扫而空。"③孔雪雄也评论到:"自从成立了晓联之后;附近的流氓赌棍鸦片鬼都自动远飏了,地方精神好像振刷一新,有焕然气象。"④

联村运动会。晓庄学校很重视通过体育与武术锻炼师生的体格,陶冶他们的情操。除了每天寅会结束后的武术活动,学校还请有专职教师教导师生学习武术。同时,陶行知积极倡导开展乡村体育运动,组织学校师生和周围的农村群众开展联村运动会。如同反对照搬照抄西洋教育一样,晓庄的联村运动会更多地呈现出一种土生土长的中国化气息。它的场地是由附近农村群众和晓庄师生们共同开辟的荒地,设备则以石

---

① 孔雪雄:《中国今日之农村运动》,中山文化教育馆 1935 年版,第 294 页。
② 邵仲香:《联村自卫团》,载《陶行知一生》,湖南教育出版社 1984 年版,第 148－153 页。
③ 陶行知:《这一年》,载《陶行知全集》第 2 卷,四川教育出版社 2005 年版,第 362 页。
④ 孔雪雄:《中国今日之农村运动》,中山文化教育馆 1935 年版,第 294 页。

担、石锁、刀枪、戟棍、戈为主,外加一些简易的跳高架、篮球架。联村运动会在每年春秋两季的农闲时候各举行一次,运动项目根据乡村的实际生活确定,主要有锄头舞、蓑衣舞、插秧舞,有提水竞走、挑粪竞走、挑柴竞走、爬山竞走,以及举重、踢毽子、跳高、拔河等。还有所谓牛队运动,即各村养牛农民都骑着牛,吹箫唱歌,挂红插旗,编列队伍,巡游场上。每次的联村运动会都成为一次很好的动员,有时加入竞赛的群众达上千名,附近村落来观看的农民群众更是扶老携幼,比参加盛大迎神会还要兴高采烈。①

此外,晓庄的师生们还组织周围的群众成立了联村救火会与联村法律政治讨论会等组织。联村救火会规定,三里以内各村庄年富力强、热心公益的人都可以加入该组织,从而达到预防火灾的目的。联村法律政治讨论会主要是针对农村居民"不懂政治不明法律,所以不敢以主人翁自居,未敢以公仆视官吏"的情况而设立的,主要是帮助农民通晓法律常识,明白打官司的套路,帮助农民学会应对贪官污吏及土豪劣绅的基本方法。正如孔雪雄在他的《中国今日之农村运动》里指出的:"联村救火会的最大意义,还是在借此与农人联络。他们邀集各村农友来讨论此事,就是训练他们如何组织团体,如何开会,如何选举,如何行使创制权、复决权、罢免权,目的固不仅全在消防也。"②联村法律政治讨论会的意义也更多地表现在培养农民的参与意识、提高他们的国民素质等方面。

三 晓庄宏图与被解散的厄运

在社会各界的友情支持及晓庄师生的共同努力下,晓庄的各项事业蓬勃发展。到20世纪30年代初期,晓庄已经有了八所中心小学、六所

---

① 孔雪雄:《中国今日之农村运动》,中山文化教育馆1935年版,第295页。
② 孔雪雄:《中国今日之农村运动》,中山文化教育馆1935年版,第295页。

幼稚园、三所民众学校及一个中学,还有两个中心茶园、两个乡村医院及一个中心木匠店、一个石印工厂,此外还开办了农艺陈列馆、乡村艺术馆、北固乡修路委员会、晓庄商店等。不但"荒山装点得如农民宫殿",还使"数十里周围的农民渐能握民权"①,"享受他的幸福"②。在晓庄学校的辐射带动下,方圆几里的农村在物质、精神两个方面均有了很大的改观。随着实践的成功,晓庄师生们也信心百倍,希望将他们改造中国乡村的事业提升到一个新的高度。

1929 年 12 月 26 日,晓庄学校指导会议决定起草民国十九年(1930)的计划大纲。在这份大纲里,晓庄学校对学校组织、方法改进、建筑设备之扩充,以及人员增聘、工具制造、书籍编辑、离校学生进修等方面的工作都有详细计划。在社会改造方面,晓庄学校加大了与社会各界的联合力度,他们提出要"与工程研究所水利局等机关合作,引长江之水以灌溉北固乡之田;与卫生部合作,提倡开井以裕饮水之;与源盛布厂合作,设立织布厂以替代失败之曰丝行及没有事做之农暇;与农学院合作,以谋本乡农林之改进;与卫生部合作,以谋本乡康健之进步;与教育部合作,以谋本乡教育之普及;与省政府合作,以谋本乡村治之试验;与卫戍司令部合作,以谋本乡秩序之安全;与省农民银行合作,以谋信用合作社之发展;与市政府合作,以谋交通之便利;与党部合作,提倡减租运动"③。规划不可谓不细,目标不可谓不宏大。

1930 年 3 月,也就是晓庄被国民政府解散的前一个月,陶行知按照规划大纲,踌躇满志地向江苏省民政厅提出组织试验乡,推行村治。在呈文中,陶行知指出:"在教育没有普及的社会里,乡村教师对于村治之进行,负有特殊之重要使命。……村治推行之初,乡村师范必须将村治

---

① 张宗麟:《晓庄的生命素》,载《乡村教师》1930 年第 7 期。
② 董淳采:《晓庄科学建设第一步》,载《乡村教师》1930 年第 7 期。
③ 陶行知:《晓庄学校民国十九年的计划大纲》,载《陶行知全集》第 2 卷,四川教育出版社 2005 年版,第 396 页。

列入正课,使未来之乡村之教师,都知道如何实现村治。但村治决不是单凭书本可以学来的,我们必须有参加村治的机会,然后可以得到引导村治的本领。我们干了村治的事,才算是求了村治的学。……敝校系研究乡村教育及训练乡村教师的机关,对于研究村治及训练乡村教师,做推动村治的工作,报有宏愿。所在地之北固乡人民,与敝校师生相处三年,深知无民权即无以遂民生而保民族。早思自选乡长,以副自治精神。"他提出:"恳请贵厅长指令江宁县长,将第一区之北固乡,完全划作试验乡,予以试验自由,归敝校指导进行。凡村民及乡镇邻闾长工作人员,皆归敝校负责训练,以期早日实现民有、民治、民享之乡村。"①这份呈文清楚地表明,陶行知改造乡村教育的目的就是着力于中国乡村社会的改造与建设,他将学校作为改造乡村的中心既在于改造中国的传统教育,也在于突破教育层面,实现整个中国农村社会的改造。

然而,正当晓庄师生踌躇满志,准备将他们亲手绘制的中国乡村改造宏图付诸实践时,晓庄却遭到了被解散的厄运,陶行知也被国民政府通缉。在南京市警备司令部的布告里,晓庄被解散的直接原因是"违背三民主义,散发反动传单,勾引反动军阀,企图破坏京沪交通",在司令部从"爱护学校之至意"出发,"饬令暂时停办,以待整理"时,仍然"执迷不悟,于教育部接收整理之际,竟敢非法组织委员会,发布宣言,四出诱惑,希图扩大反动风潮……,充满反革命思想与行为"。② 晓庄校长陶行知则是"勾结叛逆,阴谋不轨","有密布党羽,冀图暴动情事"。③

国民政府与警备司令部所说的这番托词是"有据可查"的。与蒋介石有利害冲突的冯玉祥曾经为晓庄捐过钱,帮助晓庄买过枪,还在晓庄

---

① 陶行知:《为组织试验乡推行村治呈民政厅文》,载《陶行知全集》第 2 卷,四川教育出版社 2005 年版,第 458-459 页。

②《南京市警备司令部的布告》,附于陶行知《护校宣言》后,载《陶行知全集》第 2 卷,四川教育出版社 2005 年版,第 464 页。

③《蒋介石以"国民政府"名义对陶行知下的通缉令》,附于陶行知《护校宣言》后,载《陶行知全集》第 2 卷,四川教育出版社 2005 年版,第 464 页。

建了个"冯村"。此外,1930 年 4 月 5 日,晓庄师生游行援助南京下关和记工厂工人罢工,途经之处,张贴标语,散发传单。远因、近因结合在一起,最终触怒了国民政府。至于晓庄作为一个"自由之园",对各种政治主张"不干涉",让其"自由竞争",①进而成为国民政府反对力量——中国共产党党员的集散地,更是让蒋介石难以容忍。因此,虽然晓庄改造中国传统教育、挽救中国农村的诉求在某种程度上切合了国民政府的需要,但是在一个专制盛行、政治斗争突出的年代,政治色彩明显浓厚于其他乡村建设团体的晓庄不可避免地要被国民政府敌视。

晓庄虽然被解散了,但是"国内谋改善乡村教育同志,也纷纷响应,蹿接前来参加生活主张、晓庄办法者,固不少,而继续模仿以改良乡村者亦所在皆是"②。晓庄的开办带来了教育界与乡村建设界的巨大震动,在国际国内产生了重要影响。

在晓庄存在的短短三年间,不仅有蒋介石夫妇、冯玉祥等军政要人数次光临,教育界上层决策者蔡元培、蒋梦麟等更是或亲临指导,或献言献计,给予关注。来参观取经的师生也是络绎不绝,不仅有市内、省内的兄弟院校,还有来自厦门、贵州、四川等地的师生代表团。有参观者谓"晓庄乡村师范,凡是留心教育的人没有不知道的,因为这是一个在中国最有希望的学校"③。另一方面,晓庄精神通过毕业学员的传播,也走出晓庄,在全国各地广泛传播。例如,操震球、程本海、王琳分别担任了浙江省立湘湖乡村师范学校的校长和指导员,陈昌蒿被江西省立乡村师范学校聘为农事指导员,等等。此外,黄麓乡村师范、集美教育推广部、河南百泉乡村师范学校、广东大埔县百侯中学、广西桂林师范专科学校等乡村教育机构都有许多晓庄师生前去服务,开展乡村教育运动。正如晓

---

① 中央教育科学研究所教育理论研究室:《陶行知年谱稿》,教育科学出版社 1982 年版,第 39 页。

② 董淳采:《晓庄科学建设第一步》,载《乡村教师》1930 年第 7 期。

③ 赵轶晨:《参观南京主要中小学校后的感想》,载《教育杂志》第 21 卷第 8 号。

庄学生陈鸿韬在《忆晓庄　念陶师》里说的,晓庄学生在学校"学习生活了三年,大家抱着牺牲奋斗的决心,愉快地走向工作岗位。有的人去担任乡师校长,有的人去接任社教馆长,有的人去做教育局长,更多的人是去做创办各县市增设的中心小学教师、校长或从事辅导研究工作。同学们在教育工作岗位上,发挥着巨大的作用,为教育革命作出了贡献"①。这些学生把晓庄的种子播撒在全国各地,凡是有晓庄人的地方,便有了晓庄精神。甚至于如陶行知所言:"在褚玉璞时代,晓庄是可以消灭的。过此以后,种子已遍撒全社会,在人所不到的地方,已经有了晓庄的生命。我们想不到人间有什么势力,可以把他们连根拔掉。"②这或许是陶行知在晓庄被解散之后最欣慰的事情吧。

1928 年和 1930 年召开的两次全国教育会议在某种程度上体现了政府对晓庄学校施与中国教育改革示范作用的认可。在第一次全国教育会议上,全体会议代表曾前往晓庄参观学习,会议还通过了《提倡乡村教育设立乡村师范案》《请大学院明令各省注意训练乡村教育师资案》等议案。1928 年 8 月,大学院公布全国教育会议议决乡村师范学校制度及办法。次年,国民政府公布教育宗旨,明确可以独立设置师范教育,并提出要大力发展乡村师范教育。第二届全国教育会议则规定办理初、中、高三级乡村师范,且明令要将各县的中学逐渐改组成乡村师范或者职业学校。这种变化,"一部分由于晓庄师范的努力所引起,也可说是一种公认的事实"③。

作为改造中国乡村社会的一种试验,晓庄学校对当时中国方兴未艾的乡村建设运动也产生了极大的影响。许多有志于乡村改造与建设的探索者们透过晓庄试验看到了中国乡村建设的美好前途。他们满怀信心,认为"晓庄不仅是为晓庄农民之晓庄,是全中国农民之晓庄,又不仅

---

① 陈鸿韬:《忆晓庄　念陶师》,载《陶行知一生》,湖南教育出版社 1984 年版,第 167 页。
② 陶行知:《护校宣言》,载《陶行知全集》第 2 卷,四川教育出版社 2005 年版,第 463 页。
③ 浙江省湘湖师范学校:《金海观教育文选》,浙江教育出版社 1990 年版,第 53 页。

现今中国农民之晓庄,亦千百年后农民之晓庄"①。当时正在主持中华职业教育社乡村改进试验的江问渔指出:"他们见着过去以至目前的一般旧式学校,只是死读书,一无实效,真的失望极了。失望之余,他们便树反叛之旗,另找路径。两年的成绩,非常可观,诚可为我国教育前途,开一生路。"②晓庄试验也引起了时任广州省立一中校长,随后在山东开办乡村建设研究院,开创了民国乡村建设运动史上"孔家店式"的"邹平模式"的梁漱溟的兴趣,得到了他的赞许。1928 年,梁漱溟连续两次到晓庄参观考察,特别是第二次,他一大早便赶到晓庄,"细细参观一天,当晚在学校里住宿,第二天才回来"。经历了亲身体验之后,梁漱溟在《抱歉——苦痛——一件有兴味的事》里赞誉晓庄"有合于教育道理","有合于人生道理","注重农村问题",他说:"照此办法看去,我们可以断定这样的学校,一定会有结果的。"他还表示:"我参观了晓庄学校,引起很多的兴趣;不知我们同事同学大家有没有高兴和心愿来改造我们的学校?"③这次参观无疑给梁漱溟留下了十分深刻的印象,以至于他在自己的乡村建设研究院初创之时还不忘向陶行知要求给予人才支援。美国学者艾恺在《最后的儒家——梁漱溟与中国现代化的两难》里指出:"陶行知的学校是唯一受到梁漱溟无保留的赞许的乡村改革方案。"④足见陶行知晓庄试验在梁漱溟心目中的地位。

晓庄试验不仅在国内引起了巨大反响,也受到了国际社会的关注。1927 年,陶行知为赴加拿大参加世界教育会议的中国代表用英文撰写了名为《中国乡村教育运动之一斑》的报告。该报告以晓庄学校为个案,向世界教育界介绍了"适应新农民生活需要"的中国新式乡村教育。继此

---

① 董淳采:《晓庄科学建设第一步》,载《乡村教师》1930 年第 7 期。

② 江问渔:《乡村教育》,载《中华教育界》第 18 卷第 4 期。

③ 梁漱溟:《抱歉——苦痛——一件有兴味的事》,载《梁漱溟教育文集》,江苏教育出版社 1987 年版,第 22 - 30 页。

④ [美]艾恺:《最后的儒家——梁漱溟与中国现代化的两难》,王宗昱、冀建中译,江苏人民出版社 2003 年版,第 115 页。

之后,国际自由平等同盟会特派两名代表来晓庄参观考察。参观者在考察后,惊叹晓庄学校"实在很适合现代潮流","将为新中国创造一种新的教育制度出来"。[①] 1929 年春,泰国首都曼谷的华侨学校也慕名到晓庄聘请教师,陶行知派夏孟文和郭美璋两位学生前往。[②] 同年 10 月,陶行知的老师——著名"设计教学法"创始人克伯屈也亲临晓庄。晓庄试验令其十分振奋,他认为晓庄的做法"可以代表整个民族的精神","办教育用这种生活,可负引导农民的使命,使合乎现代的思潮"。他还预言:"如大家肯努力,恐一百年以后,大家要回过头来纪念晓庄,欣赏晓庄! 这就是教育革命的策源地。"为了实现自己"我现在无论到什么地方,都要宣传在中国的晓庄有一个试验学校,把这里的理想和设施宣传出去,使全世界人知道"的承诺,克伯屈离开中国时还专门带走自己拍摄的晓庄师生的生活活动影片,并将晓庄的《锄头舞歌》带回了美国,后来这首歌因为黑人歌唱家罗伯逊的演唱而风靡美国。[③]

第四节　工学团与乡村改造新路

晓庄被封,陶行知也被通缉,他被迫东渡日本,离开了自己的祖国,离开了自己倾注极大心血的未竟事业。然而,杰出人物的可贵之处往往在于他们能够身处逆境而更思进取,善于将诸多不利因素转化为成功的动力。出于对自己事业的热爱与执着,在避难日本的半年间,陶行知将大量的时间与精力投入到读书、研究之中,不断思索着中国教育及中国社会的出路。等到国内政治形势稍有缓和,陶行知便迫不及待地回到祖国,重新迈上了改革中国教育、改造中国乡村的探索之路。

---

① 程本海:《在晓庄》,转引自余子侠《山乡社会走出的人民教育家——陶行知》,湖北教育出版社 1999 年版,第 224 - 225 页。
② 夏孟文:《回忆晓庄》,载《陶行知一生》,湖南教育出版社 1984 年版,第 135 页。
③《克伯屈先生演讲词》,附于陶行知《欢迎克伯屈先生》之后,载《陶行知全集》第 2 卷,四川教育出版社 2005 年版,第 381 页。

一 工学团理论的建构

1932年5月21日,陶行知应《申报》之约,以连载的形式发表长篇教育小说《古庙敲钟录》。小说通过讲述敲钟的钟儿与下乡的师范生朱先生在古庙办学的故事,具体描写了古庙村生活与教育相结合、社会与学校打成一片的情形,形象解释了"生活即教育""社会即学校""教学做合一",以及"行是知之始,知是行之成"等教育主张,向读者们展现了一幅全新的乡村生活景象。在这部小说里,陶行知借用朱先生和钟儿的对话,首次提出了"工学团"的主张。小说中,朱先生和钟儿办起了一座"森林似的大学校",围绕给学校起名字,朱先生说道:"古庙不是一个平常所谓之学校。……我们在这里所办的虽是一个小学堂,但同时是一个小工场,又是一个小社会。学堂的主要意义是长进;工场的主要意义是生产;社会的主要意义是平等互助,自卫卫人。……我们这个集团是含有这三种意义。你可以简称它为'三一主义'。你还要知道这三种意义是贯彻我们整个的集团的生活。它与平常所谓工读学校是根本不同。工读学校是半天做工,半天读书,工自工,读自读,不相联串。我们这小小实验是将工场、学堂、社会打成一片。我要把它成一个学堂吧,便难免失掉生产与社会的意义。我想不称它为学校。"他问道:"古庙工学社和古庙工学团这两个名字行不行?"钟儿回答:"古庙工学团更合我意。团字含有团结或集团的意义。社字比较宽泛。中国社会之大病就是一盘散沙,惟独集团的生活可以纠正这个毛病,并且可以发挥出众人的力量来。"①

工学团主张提出后,陶行知通过一系列文章对其概念、组织及开办法进行了论述,初步形成了一套完整的理论体系。

什么是工学团?陶行知在《对于乡村教育的一个新建议——乡村工学团之试验》中对乡村工学团做了这样的定义:"乡村工学团是一个小工

---

① 陶行知:《古庙敲钟录》,载《陶行知全集》第3卷,四川教育出版社2005年版,第76页。

场,一个小学校,一个小社会。在这里面包含着生产的意义,长进的意义,平等互助、自卫卫人的意义。它是将工场、学校、社会打成一片,产生了一个改造乡村的富有生活力的新细胞。"①在《普及平民教育》中,他进一步详细解释道:"'工'是工作,'学'是科学,'团'是团体。说得再明白一点,就是工以养生,学以明生,团以保生;以大众的工作养活大众的生命,以大众的科学明了大众的生命,以大众团体的力量保护大众的生命。要一个个小工场、一个个小学校、一个个小社会,都能包含着生产和长进的意义,包含着平等、互助、自卫、卫人的意义,务必要使工厂、学校、社会打成一片,产生一个富有生活能力的新细胞。"②陶行知还从工学团与工厂、学校及民团的区别的角度对工学团的概念做了说明。他说:"工学团是什么,工就是劳工,学就是科学,团就是团体。如果有外国朋友问起来就告诉他是 Worker Science Union。说得清楚些,工以养生、学以明生、团以保生,说得更清楚些,是以大众的工作,养活大众的生命,以大众的科学,明了大众的生命,以大众的团结的力量,保护大众的生命。说他是学校,他有工与团,不象学校,说他是工厂,他有学与团,不象工厂,说他是民团,他有工与学,不象民团。所以,工学团可以称为三不象。"③

对于工学团产生的原因,陶行知在《教育的新生》一文里通过对传统教育的深入揭批,分析了工学团产生的必然性。他说,传统教育与生活教育是对立的,"传统教育者是为办教育而办教育,教育与生活分离","为教育而办教育,在组织方面便是为学校而办学校","为学校而办学校,它的方法必是注重在教训","教训藏在书里,先生是教死书,死教书,教书死;学生是读死书,死读书,读书死"。陶行知接着指出,这个时候"改良家觉得不对,提倡半工半读,做的工与读的书无关,又多了一个死:

---

① 陶行知:《对于乡村教育的一个新建议——乡村工学团之试验》,载《陶行知全集》第3卷,四川教育出版社2005年版,第422页。
② 陶行知:《普及平民教育》,载《陶行知全集》第3卷,四川教育出版社2005年版,第522-523页。
③ 陶行知:《普及教育》,儿童书局1934年版,第106-107页。

做死工,死做工,做工死。工学团乃被迫而兴。工是做工,学是科学,团是集团,它的目的是'工以养生','学以明生','团以保生'。团不是一个机关,是力之凝结,力之集中,力之组织,力之共同发挥"。①

至于在哪里组织工学团,陶行知认为工学团可大可小,几个人的家庭、店铺,几十个人的学校、庙宇,几百个人的村庄、监狱,几千人的工厂,几万人的军队,都可造成一个富有意义的工学团。但是,工学团的重点依然放在乡村。"工学团为什么办在乡村里? 工学团是为农人服务,帮助农人解除痛苦,帮助农人增进幸福。这是从晓庄到这里一贯的方针。"②此外,"中国的乡村是新教育之新大陆。它是工学团最好的育苗场。园丁就在苗圃里连带培养。我们开辟一个苗圃便培养一批园丁。这些园丁便可带着幼苗到处栽培,使它繁殖到天尽头。传统教育没有普及,正是我们普及工学团的绝好机会。等到中国一百万个村庄,个个都变成了工学团,那末,依整个的中华民族算来,百人中是该有八十五人个个生产、个个长进、个个平等互助自卫卫人了"③。乡村为工学团事业的展开提供了大舞台,那么工学团的组建又为乡村带来了什么? 陶行知提出,工学团最根本的目的就是要通过六大训练——普遍的军事训练、普遍的生产训练、普遍的科学训练、普遍的识字训练、普遍的民权训练、普遍的人种改造训练——"具体而微的在自己乡村里尽量推进,把自己的乡村,造成中华民国的健全分子,并与全国一百万乡村联合起来,推进这六大训练,以造成一个伟大的、令人敬爱的中华民国"④。1933 年 9 月 16日,陶行知在与山海少年工学团团员谈话时又一次明确指出:"工学团是为农人服务,帮助农人解除痛苦,帮助农人增进幸福。"由此可见,有如试

① 陶行知:《教育的新生》,载《陶行知教育论著选》,人民教育出版社 2015 年版,第 381 - 382 页。
② 陶行知:《为农人服务的方针和做学问的方法》,载《陶行知全集》第 3 卷,四川教育出版社 2005 年版,第 460 页。
③ 陶行知:《古庙敲钟录》,载《陶行知全集》第 3 卷,四川教育出版社 2005 年版,第 79 页。
④ 陶行知:《对于乡村教育的一个新建议——乡村工学团之试验》,载《陶行知全集》第 3 卷,四川教育出版社 2005 年版,第 422 - 423 页。

验乡村师范学校一样,陶行知提出工学团的设想也是不仅仅局限于教育的改革,而是希望借助教育的改革,改造和重建中国的乡村社会,这是从晓庄到工学团的"一贯的方针"。①

由于工学团与乡村社会密不可分,因此陶行知最先关注的重点便是乡村工学团的组建。他提出组建乡村工学团要采用"与传统的方法根本不同"的方法:(一) 改变传统的学校与社会隔离的做法,主张以社会为学校;(二) 改变传统的生活与教育分家的做法,主张生活即教育;(三) 不再严格区分师、生界限,主张会的教人,不会的跟人学,"相师相学";(四) 改变先生教而不做,学生学而不做的传统,"主张先生在做上教,学生在做上学。教与学都以做为中心";(五) 主张在劳力上劳心,才算真正的做,否则便是瞎做瞎学瞎教;(六) 主张"行是知之始",反对"教人先费几年,把知识装满了再去行";(七) 改变传统教育教少数人升官发财,主张"与大众共甘苦,同休戚,以取得整个中华民族之出路"。② 其具体步骤可以分为三步。第一步,由发起人组织乡村改造社,掌管筹款、用人、指导事宜,同时认识本村真正农人。这里的本村真正农人是构成工学团的主体,专指"靠自己动手种地吃饭的人"。陶行知强调,在发起人组织改造社的时候,必须牢记村外人在这一过程中"只处于推动、赞助、辅导的地位……推动的宗旨在求本村之自动;赞助之宗旨在求本村之自助;辅导之宗旨在求本村之自导",因此,要以认识、调动"本村真正农人"为目的,不能代替农民做得太多、太久。第二步,由真正农人产生董事会,接受改造社助款,聘任总指导,再由总指导聘任指导员。之所以要由真正农人产生董事会,是为了使真正农人成为工学团的主体,陶行知认为,"所以要有这一个条件,是防备这件重要事业,落在坏人的手里,作为个人利益

---

① 陶行知:《为农人服务的方针和做学问的方法》,载《陶行知全集》第 3 卷,四川教育出版社 2005 年版,第 460 页。

② 陶行知:《对于乡村教育的一个新建议——乡村工学团之试验》,载《陶行知全集》第 3 卷,四川教育出版社 2005 年版,第 423 页。

的工具"。第三步,本村工学团经济独立,改造社得以此款创办他村的工学团。为了节省经费,工学团"以充分运用本村固有之力量为原则。凡新时代生活所必需而为本村所无的,才运用外来力量"。例如,房屋"以租借公共建筑物为原则,非到不得已时必不建造新屋";实验农场"特约开通农友自办,不必买地";运动场租用荒地开辟;自卫武器也集合本村原来就有的武器。陶行知认为,这样做"虽一时外观不甚整齐,但惟有肯下如此决心,才能打破装饰品的教育"。除此之外,还可以使开办费减到极少,有利于乡村改进事业的扩大。①

通过以上论述可以看出陶行知的工学团理论包含了对晓庄学校时期实践经验的总结,更多的则是在继承基础上的批判与升华。例如,其中最重要的一点便是工学团突破了晓庄时期以学校作为乡村改进中心的局限,不再为"学校"这一形式的东西所束缚。晓庄时期陶行知一直强调"乡村学校做改造乡村生活的中心;乡村教师做改造乡村生活的灵魂"。虽然这一时期,陶行知已经提出了他的著名的"生活教育"理论,但细究起来,乡村学校作为乡村生活的改造中心,依然是将学校与社会生活区分开来,两者并没有真正地完全融合在一起。反观工学团理论,陶行知不再强调学校是中心,而是"工厂、学校、社会打成一片",真正意义上实现了"社会即学校"。据此或可认为工学团理论的提出标志着陶行知教育改造中国乡村社会思想的又一次飞跃。

二 工学团的创建

工学团的组建工作由乡村改造社筹备会主持。该会由赞成工学团主张的人士组成,推举欧伟国、沈嗣庄、陈立廷、海斯、叶桂芳、丁柱中、陶行知组成执行委员会,具体主持工学团进行事宜。执行委员会的工作是

---

① 陶行知:《对于乡村教育的一个新建议——乡村工学团之试验》,载《陶行知全集》第 3 卷,四川教育出版社 2005 年版,第 423 - 424 页。

从选址入手的。按照他们的设想，试办乡村工学团的试验区最好应具备下列五个条件：（一）二里路以内，有五个小的村庄；（二）交通比较便利；（三）没有学校；（四）有破庙、民房、公共建筑物可以租借的；（五）不在大上海发展的方向。1932年7月，陶行知指派晓庄学生马侣贤、郑先文、王作舟等人，按上述要求，分两路寻找合适的试验地区。他们从上海出发，一路沿着京沪线，经昆山、唯亭直抵苏州；一路顺着沪杭线，经过梅陇、莘庄、新桥等地找到松江。然而，由于"乡村农人不大明白甚么是学校，在他们生活里，没有感觉到学校的需要。所以有些农人听到办学校就摇头不理"，又因为没有熟人介绍，人地生疏，语言不通，农人都持戒备、怀疑态度，根本谈不上租房屋办学校，再加上"乡村空着的房屋不多，古庙虽有，但里面都供着菩萨，不愿办学校。有的驻着兵，更不能办学校"的原因，这两路都没找着理想的地点，最终无果而归。9月9日，寻找试验地区的工作峰回路转，王作舟等人在沿沪太公路寻找时，终于在离大场不到三里的地方找到一座古庙。这座古庙"算是孤庙，它站在一个平坦的草地上，门前场地空旷，大树几棵交叉。一条河浜横亘庙前，四面罗列着许多小村庄"，非常符合陶行知所提出的创办乡村工学团的条件。于是，参与选址的同志便迅速在周围地区展开调查，准备工学团的筹建。①

筹建工作一开始就遇到了群众的抵触，他们不愿在庙里办学堂，认为这样会"吵得老爷（菩萨）不安宁"，会"有关一乡兴衰的"。面对挫折，创办工学团的同志们不灰心、不气馁，耐心细致做工作。他们在古庙附近的侯家租用了两间民房，带着医药用品（阿司匹林两盒、金鸡纳霜一大瓶、救急药水一箱、胶皮布一筒、硼砂一盒、纱布一盒）和娱乐设施（留声机一架、唱片十五张），用自己的"一颗忠实的心"开始了与当地农民的"接近"。他们"打开药箱，做了临时医生；开着留声机，引动了村中不少男男，女女，老老，少少来听"。借助这样的方式，工学团筹建者们和当地

---

① 马侣贤：《工学团之初生》，载《中华教育界》第22卷第7期。

农友"渐渐由陌生而熟识,不几天,生人都变成朋友了"。[①] 用陶行知先生的话说,"两年前(即 1932 年),我流浪在上海,跟随我的几个学生,也是穷光蛋,穷又不安分,还想办点教育,于是四个人背了留声机器,带了一点药,到宝山去,把留声机一开,乡下人就大家出来,听洋人哈哈笑,高兴得很。慢慢问他们有没有病,有病我这里有药,头痛送他一点阿斯匹林,打摆子就请他吃金鸡纳霜,结了感情,山海工学团就如此办起来了"[②]。

之所以在这里不厌其烦地对此加以描述,是为了说明从事乡村改造工作,必须抓住农民的需要,从扎扎实实为农民带去实惠入手,取信于民,从而调动他们的积极性,而不是依靠什么空洞美丽的虚幻承诺。同样在长江三角州地区从事乡村建设试验的黄炎培先生也提到了这一问题。1935 年 8 月 14 日,黄炎培应黎川实验区总干事徐宝谦教授之约发表《我之农村工作经验谈》,就自己"所认清农村工作的原则"做了说明。黄炎培写道:"我对农村改进的感想,从方法上讲,将累千万言不能尽。且因时,因地,因事,因人,随宜定制,万不可执一以概其余。若从原则上讲,则就我所认识,不妨为约略的贡献。且以为我所贡献,虽不敢自诩颠扑不破,如果依此施行,定然有效。不依此施行,定然无效。到农村去,第一要取得农民信仰,须先识得农民心理。农民所苦,贫第一。病次之。至于教育,乃是'有饭吃'以后之事。先富之,后教之,足见孔夫子的主张老练。既懂得农民苦痛之所在,而欲就此下手,必须做出实实在在的事绩,使农民的确减免痛苦,万不可徒托空言。若能说而不能行,不但'说'不足取信,即将来'行'时,农民亦将不信其能有效。所以农村的工作,在没有'行'时,以少'说'为妙。"

黄炎培回顾了徐公桥改进区初创时期的具体工作方法:"吾们初到徐公桥,带怎么东西去呢?吾可以实说:就是一位医生,五百尊番佛。一

[①] 马侣贤:《工学团之初生》,载《中华教育界》第 22 卷第 7 期。
[②] 陶行知:《普及教育》,儿童书局 1934 年版,第 106 页。

位陆姓的医生,确有本领,真正是'著手成春'。不但本区,连邻区都要聘他医病。有这样好医生,而又不要医金,连药钱都不要,农民那得不感激到五体投地呢?

"五百圆信用放款,先期定出章程来,借款人什么资格,什么用途,在若干数量以内,可以借给。人家二分三分息,我们只须七厘。可是到秋收时必须归还。如到期本息归清,以后可以再借。否则剥夺借款人资格。别处放款,到期不还者甚多,我们一律归还,绝无拖欠,是什么缘故呢? 说穿了,其中关键,还是在我而不在彼。离还款期一个月以前,登门警告:一个月后要还款了。半个月以前,一星期以前,亦复如是。最诚实要算农民,他们本十分重视信用的。所苦者,万一忘记,或临时不及准备罢了。今不惜工夫,不惜脚步,一次二次三次的登门警告,农民即使无力,亦尽及另行筹借归还。以保留再借的资格,而况此种精神,尤足使农民非常感动? 有等地方,放款以后,绝不闻问,何时收款,连放款机关自身亦毫无准备,还望借款人如期还款么? 所以我说,关键还在我方不在对方。

"自从这两件事,发生了良好影响,一般农民认改进会是帮助他们的。他们背后评论改进会是'做好事'的。有了这点信心,要什么,便什么。一切进行,势如破竹。大抵农民的信仰,取得固然不容易,但是取得以后,倒也不容易动摇的,而且他们有了信心,一事相信,百事相信。"

在文章之末,黄炎培深情写道:"我们相信,人类是情感的动物。尤其是农民特别富于情感。要他们这样,我先这样。要他们不这样,我先不这样。所谓'尽其在我'。在我既尽,在人方面没有不跟上来的。"[1]

这些材料足以说明扎扎实实为农民带去实惠,取信于民是从事乡村建设运动的一条颠扑不破的真理,这对当前从事新农村建设不无启示意义。

---

[1] 黄炎培:《我之农村工作经验谈》,载《断肠集》,生活书店1936年版,第294-297页。

在得到当地农民朋友的接受、支持后,9月15日,陶行知亲自下乡指导创办乡村工学团事宜,决定以孟家木桥为乡村工学团团部,并以此为中心,进行一次社会调查。调查结果发现,孟家木桥周围的大小村庄共27个,住户628家,人口3000多人。南面的村庄因离上海近,以种菜卖菜为业;北面和西面村庄,以种棉花为主。在调查研究基础上,陶行知决定先成立孟家木桥儿童工学团一所,作为基地,以后逐渐向周围村庄发展,使各村都有一个以上的工学团。9月25日,马侣贤等人根据陶行知的指示,率先在侯家宅创办青年夜校一所,吸引44位青年农友参加夜校活动。10月1日,孟家木桥儿童工学团正式成立。儿童工学团以原租定的房子为活动场所,聘请指导员4人、艺友2人,共招收团员24人。同时,工学团的小农场、木工场、袜工场、藤工场次第举办,团员也从24人增至48人。团员们一边跟随工艺师傅学习技术;一边在指导员的指导下,学习文化科学知识。由于孟家木桥附近的村庄处于宝山县和上海市的交界处,陶行知便于两地地名各取一字,将新创办的工学团命名为"山海工学团"。此外,陶行知以此为名还有更深层次的考虑:"'九·一八'日本帝国主义侵占东北,打到上海,天下第一关——山海关早已关不住了,敌人即将入关侵占华北,侵占全中国。取名山海语义双关,意在实施国难教育,唤醒祖国人民,收复一切失地,要日寇还我河山。"①

为了得到政府的承认,从而有利于工作的展开,乡村改造社筹备会执行委员会在山海工学团成立以后,由陶行知、沈嗣庄、陈立廷等人联合向宝山县政府提交了筹备山海实验乡村学校的呈文。在呈文里,陶行知等人提出:"乡村教育为建国要图之一,非实验无以确定进行之路线,立廷等历年研究所得,深信工学团为一最有效力之教育方法,亦即最有效力之乡村改造方法……本校实验即以工学团为中心……拟以余庆桥二华里内之村庄为初步实验区域……定名'山海实验乡村学校'。"这一呈

---

① 朱泽甫:《山海工学团诞生前后》,载《陶行知一生》,湖南教育出版社1984年版,第229页。

文以学校名义向政府提出申请，各项规定"与部颁私立学校规程之规定，尚无不合"，很快得到了政府的批准，山海实验乡村学校成为合法的教育机构。名称的变化并不影响其事实上"工学团"的性质，这一点不仅可以从"以工学团为中心"的规定中看出来，其校董会章程也清楚表明这完全是一个以农民为主导的团体。该呈文附有学校校董会章程，章程规定学校"设校董会，主持本校一切进行方针"；"校董会设董事九人，其中至少五人，由学校所在地之农人任之"；"校董会设董事长、副董事长、书记、会计各一人，由董事互选任之。惟董事长必须是真农人，方能当选"。学校校董会章程还规定了校董会的职权。例如，校董会有权规定学校的教育方针及进行计划、任免校长、核准校长关于任免人员之建议及审核预算决算等。这些规定完全不是一般的私立学校校董会所能做到的。江苏省政府教育厅在批复呈文时有这样一句话："该创办人等热心兴学，改进乡村，殊堪嘉尚。"①这足以证明山海实验乡村学校绝不是一般的传统学校，而是试图沟通教育与乡村，着眼于乡村改进的团体，是"以学校为乡村教育建设之中心"的。它的办学精神"是从晓庄来的一贯精神"②，完全是对陶行知通过教育改造乡村生活理念的继承与发扬。

借成功在政府备案的东风，工学团事业获得了快速发展。1933 年春，增设幼稚园一所，妇女日夜校各一所，并举办合作社，试验养鸡养蜂等事业，妇女工学团、青年工学团、儿童工学团也次第成立。随着工学团渐成规模，原有活动场所不敷应用，因而又另租孟港、石阁坟两处房屋作为妇女工学团袜工场及养鸡场之用；租用沈家楼房屋三间，作为寄宿者宿舍之用。此时山海工学团已经发展到团长 1 人，工师 10 人，工头 10 人，工人 116 人，小工 135 人。11 月，工学团进一步利用在政府备案的有利条件，与宝山教育局合作，在离孟家木桥西约二里处成立了一所萧场

---

① 陶行知：《山海工学团创立文件》，载《陶行知全集》第 3 卷，四川教育出版社 2005 年版，第 434－436 页。
② 程方：《中国县政概论》，商务印书馆 1939 年版，第 242 页。

工学团。原有的青年工学团根据农友的生活需要在沈家楼成立棉花工学团,在侯家宅成立共和茶园一所。这时工学团"才算是成立雏形"。[1]

山海、萧场工学团成立以后,附近村庄受其影响纷纷要求加入,一切事业已非原有的两个工学团所能容纳,改造社执行委员会便因势利导,创设了红庙工学团、赵泾港工学团、尚家角工学团、沈家楼工学团、夏家宅工学团等。这些新设的工学团都和孟家木桥相去不远,原来的山海工学团便改为联合办事处,以为各工学团联合之枢纽。除此之外,上海地区还涌现出徐明清主办的北新泾晨更工学团,朱泽甫主办的光华工学团,方明主办的报童工学团、流浪儿工学团,朱冰如主办的浦东女工读书班,等等。这些组织"尽管有的名称不叫工学团,其实质都是工学团,都是山海工学团的姐妹团,兄弟团;都是环绕着山海之光放出来的卫星,循着山海的轨道在运行旋转;都是在陶先生的亲切关怀和直接指导下培养起来的,都是陶先生教育思想的体现与实践"[2]。

三 工学团与农村生活改造

工学团在从事农村生活改造时"按所在地的需要,儿童方面的事业,设有幼儿团、儿童工学团;青年方面,根据青年从事的职业,分别组织,计有棉花工学团,茶园,各(合)作社等"[3]。

幼儿团。陶行知一贯重视开办乡村幼稚园,工学团成立后,陶行知提出:"过去几年,我们在乡村摸了一下,可是工厂区域,我们还没有走进去呢。……现在我想在上海工业区办一个劳工幼儿园,作为我们倡办'工学团'教育事业的一个部分。"1934 年 1 月 24 日,陶行知写信给孙铭勋、戴自俺,就举办劳工幼儿团提出了自己的具体计划和办法。他在信中说:"近日所谈的劳工幼儿工学团,应是儿童年中最大的贡献,我们必

---

① 马侣贤:《工学团之初生》,载《中华教育界》第 22 卷第 7 期。
② 朱泽甫:《山海工学团诞生前后》,载《陶行知一生》,湖南教育出版社 1984 年版,第 230 页。
③ 马侣贤:《工学团之初生》,载《中华教育界》第 22 卷第 7 期。

须在这一年里面聚精会神的创造出一个真正工人的幼儿工学团。这事虽由我们发动，但主体是工人，管理权须在一年半载之内移转于工人之手。我们开办时即须有此认识……这个幼儿工学团要包含寻常托儿所及幼儿园之优点。说得更确切些，我们要跳出传统的托儿所及幼儿园的圈套，而创造出一个富有意义的幼儿工学团。"[1]孙铭勋、戴自俺接到信后，根据陶行知的要求，于同年 4 月 1 日，在沪西女工集中区劳勃生路，创办了第一个劳工幼儿团。劳工幼儿团建立后，戴自俺又按照陶行知的指示于 5 月初来到山海工学团创办乡村幼儿团。

山海工学团的乡村幼儿工学团团址设在孟家木桥山海工学团总部，最初只招收孟家木、石阁坟、夏家宅、林家角几个乡的幼儿。乡村幼儿团的创办按照"因陋就简、力求节约、少花钱、多办事"的原则，一切设施均由创办者自己动手或者请农友帮忙，花销极少。这样创建的幼儿团设施齐全、成本极低，根本不需要向入团幼儿收取任何费用，家长"十分高兴，都说创办山海工学团的陶先生是个'了不起的先生！'是'最看得起我们穷人的先生'"。[2]

幼儿工学团成立之初入团的幼儿人数比较多，可是到了农忙时节却有很多缺席的。经过调查，戴自俺等人了解到农忙时节小孩要在家帮助劳动或者带更小的小孩。针对这种情况，他们主动走进农民的家里，凡是在带领幼儿或是家中幼儿无人照料的，他们都把孩子领到幼儿园。这一做法减轻了农忙时节农家的生产负担，也保证了适龄幼儿的入团率。

在幼儿团创办过程中，戴自俺等人还按照陶行知的指示，大胆使用八九岁的小朋友作幼儿的小陪伴。一方面，这些孩子比大人更了解幼儿，又"肯尽力而为"，"没有成人的势利眼"，既节省了师资，又在实际看护中收到了很好的效果。另一方面，这种方式可以达到"训练孩子们运

---

[1] 戴自俺：《为劳苦工农谋福利——回忆山海乡村幼儿园》，载《行知研究》1985 年第 6 期。
[2] 戴自俺：《为劳苦工农谋福利——回忆山海乡村幼儿园》，载《行知研究》1985 年第 6 期。

用他们的力量以解决他们现实生活的困难"的目的,"是顶好的公民训练之一",一举两得。[1]

儿童工学团。儿童工学团顾名思义是由儿童组成的工学团。它的目的就是要"使一村或数村的儿童,联合起来,自动过'工以养生,学以明生,团以保生'的集体生活,以参加新村新国新世界的创造"[2]。山海工学团的每个分团都设有儿童工学团。儿童工学团设小团长一人,掌理全团指挥,由全体团员公选。团长之下设小工师、小先生若干人,分别担任技术或文字指导之职。凡是有一技之长,或者粗识字意者均可担任。团部会议为工学团的最高机构,制定全团共同遵守的规约及共同进行的计划。工学团又公推考核员若干人,监督全体团员的言行。每个儿童还设有专任辅导员一人,由导师担任。儿童工学团团员分为两种:每天都能到团部受教学做指导的团员称为电子团员;每星期只能在团部受集合指导一次的团员称为电核团员。

儿童工学团的活动是依据乡村实际生活决定的。电子团员每日到团部接受的教学做指导包括朝会、用书、用数、唱歌、种菜、工艺等内容。虽然儿童自动工学团的生活"尚偏于唱歌,游戏,识字,写字,故事等方面。但这决不是法定的范围",按照设计,儿童工学团还有十项任务:"1. 调查本村实况,以创造自知的村庄;2. 培养本村体力,以创造健康的村庄;3. 开发本村交通,以创造四通八达的村庄;4. 增进本村生产,以创造足衣食的村庄;5. 启发本村知识,以创造科学的村庄;6. 改良本村风俗嗜好,以创造进步的村庄;7. 提倡本村艺术,以创造美的村庄;8. 锻炼本村武艺,以创造自卫卫人的村庄;9. 共济本村急难,以创造互助的村庄;10. 报告现代大事,以创造与大世界沟通的村庄。"[3]

1933 年 10 月,山海儿童工学团还组织成立了赤色儿童团。该团"学

---

[1] 戴自俺:《为劳苦工农谋福利——回忆山海乡村幼儿园》,载《行知研究》1985 年第 6 期。
[2] 操震球:《工学团的理论和实际》,载《教育与民众》第 6 卷第 5 期。
[3] 操震球:《工学团的理论和实际》,载《教育与民众》第 6 卷第 5 期。

习和传递进步书刊;提高政治思想觉悟;当好小先生,教青年农民和小朋友识字;宣传抗日救国;积极参加社会公益活动,尊老携幼;宣传卫生知识,作一些简单的治疗"。此外,在国耻节日和五一劳动节日时,参加文艺表演。有的表演《活捉日本鬼》,有的表演《锄头舞歌》和《农夫歌》,"受到农民和小朋友的欢迎"。①

由于国民政府特务的监视,1935年春,赤色儿童团解散,另外一个儿童团体——儿童社会又成立了。酝酿成立儿童社会时,陶行知指出:"现在山海工学团,名誉上是小先生干的,实际上还是大先生替你们干的。这样下去,你们儿童力量发展很慢,我现在想了一个办法,就是把山海工学团的儿童事业交给您们自己管理,自己干,成立一个儿童社会。"2月4日,儿童社会正式成立。根据陶行知的设想,儿童社会"实行学生自治,自己管理自己,自己教育自己","小先生代替大先生的教育任务和各种活动"。他们继承了赤色儿童团的传统,在辅导员的帮助下,"组织领导小组,负担起六个儿童自动工学团的教学任务和社会工作,团结周围三十二个村庄几百个小朋友"。② 他们还加强家访,和儿童家长"交朋友、联络感情,向他们宣传文化知识,国内外形势、民主运动及阶级斗争等"。儿童社会的小先生还举办夜校,教《老少通千字课》,通过这种方式"随时了解群众的各种情况,有针对性的进行各种宣传教育"。③

青年工学团由青年组成,但是"青年的定义不根据年龄而根据求学的态度。老年人而有青年求学精神者,得入乡村青年工学团"④。

棉花工学团。在宝山,棉花种植面积占总农田面积的十分之七,共

---

① 俞文华:《山海工学团的生活和"赤色儿童团"、"儿童社会"的活动》,载政协上海市宝山县委员会、上海市山海工学团编《山海工学团》,(内部发行)1987年版,第32页。

② 俞文华:《山海工学团的生活和"赤色儿童团"、"儿童社会"的活动》,载政协上海市宝山县委员会、上海市山海工学团编《山海工学团》,(内部发行)1987年版,第33页。

③ 周瑞锦:《山海工学团片断》,载政协上海市宝山县委员会、上海市山海工学团编《山海工学团》,(内部发行)1987年版,第43~44页。

④ 陶行知:《对于乡村教育的一个新建议——乡村工学团之试验》,载《陶行知全集》第3卷,四川教育出版社2005年版,第422页。

计有 22 万亩。棉花是宝山农作物的主体，也是当地农民生计命脉的所在。因此，青年工学团结合当地实际，首先组织成立了棉花工学团。下文对其创建过程、组织机构及工作实践做简要概括，以期明了工学团的工作方法。

第一个棉花工学团在沈家楼成立。沈家楼是山海工学团团部附近最大的村庄，人口在 250 人以上，农田 485 亩，其中棉花 308 亩，约占农田总面积的 63.5%。① 1933 年 7 月 6 日，工学团张劲夫等人冒着酷暑来到当地热心农民沈翼飞家中，向他说明了组织农民成立棉花工学团的事情。先找熟识的农友是工学团开展工作的经验总结，"因为话语从他们自己嘴里说出，农人至少要多信三分"。在沈翼飞、徐端清等人的协助下，当天即有 16 位植棉大户表示愿意加入棉花工学团。第二天，有意加入的村民与组织者在村中操场举行了一个工学团成立谈话会，沈家楼棉花工学团正式组建。

沈家楼棉花工学团设团长一人，由全体团员选举产生，首任团长由当地农民沈禹生担任。团长下设干事会议，干事会议以下又分设文书、社会、技术、事务、会计五个股，处理日常团务。全体团员大会是该团的最高权力机构，重大决定须由全体团员大会通过。陶行知、张劲夫等筹划、倡导者担任该团顾问。在棉花工学团成立谈话会上，大家自由发表意见。村民除了讲讲各家的棉花生产外，普遍对"啥叫棉花工学团"表示关注。张劲夫等组织者围绕本地棉为什么竞争不过外国棉、农民为什么在棉花价格上吃亏等问题向农民讲解了组织棉花工学团的必要性。在他们不厌其烦地反复申述下，农民明白了"本棉所以比不过外棉是因为少科学，价钱所以吃亏是因为缺少团结而不能抵抗帝国主义之侵略与奸商之操纵"。"他们于是感觉棉花工学团的需要"，"异口同声地说：'是格！''不错！'"

---

① 操震球：《工学团的理论和实际》，载《教育与民众》第 6 卷第 5 期。

在取得了农民的信任、调动了他们的积极性后，张劲夫等人进一步展开工作，向农民展示了宝山实验农民教育馆改良品种——宝山白籽棉的产量情况，并将陶行知接洽参观教育馆的事情向农民提出，征询他们的意见。农民"个个愿意去"，恨不得"明天就去"！

7月12日，棉花工学团开始参观宝山实验农民教育馆。棉农们先参观试验田棉花生产状况。这里棉杆高数尺、花实累累的改良品种让棉农们"看得咋舌不置"，羡慕不已。随后他们又参观了新式农具。棉农民们个个"看得出神"，"不自禁地都说了"一声"交关便当"。而后，教育馆专家向棉农们讲解了植棉的各种科学方法。下午，棉农到宝山县实地察看了新品种棉花的种植情况。返回时，棉农们专门带了五颗棉铃丰富的棉杆，以备向未去参观的农民展示新品种的优良特性。

在返回途中，棉农们兴致高涨，说干就干。经过讨论，决定推举沈云卿、陈泉生担任交际员，负责联系新式棉种、农具的购买及棉花销售事务；推举沈禹生和张劲夫为技术员，负责各种技术的推广、指导。①

棉花工学团的组建工作可谓一帆风顺。这其中的原因不外乎以下两点。一是棉花工学团的组建满足了农民的需要，能够给他们带来利益；二是组织者循循善诱、尊重农民的工作态度。这是当前新农村建设工作中需要借鉴的。

棉花工学团实质上就是"依据着当地已有的工，加以科学的理解，和现代化的组织，教农夫们联合起来，从只知其当然的工，进到知其所以然的工，从劳动而不得衣食的工，进到有劳动就当有享受的工"②。棉花工学团成立后运用科学知识、团体的力量给农村带来了实实在在的实惠。单以1934年棉花生产为例，每亩新式品种的棉花平均产量75斤，比旧式亩产42斤增产73％。每担新式棉花的价格也比旧式贵0.5元。除了

---

① 张世德：《山海沈家楼棉花工学团之诞生（一）》，载《生活教育》第1卷第3期。
② 操震球：《工学团的理论和实际》，载《教育与民众》第6卷第5期。

按照规划开展科学选种、品种改良、新式农具推广、组织棉花合作社等与本团事务密切相关的活动外,"因为有了这个组织,村民有了集会的机会,村中公共的问题,可以商量进行"①,工学团还积极开展了社会公益活动。例如,修桥筑路,方便交通;运用抽水机,抗止旱灾;修堤筑坝,深挖池塘,以裕水源;合作养鱼,提倡农村副业;团结识字;等等。②

除了棉花工学团,青年工学团还办有养鱼工学团。养鱼工学团有两处,一处在侯家宅,一处在沈家楼。该地区农民原本就有在小河浜养鱼的习惯,但是有的农家养的鱼经常被偷去,防不胜防,损失不断。有了养鱼工学团后,"河浜的范围扩大,设备也周密些。同时这鱼是全村共有的,全村的人都监视着,偷窃的事件发生得格外少"③。

共和茶园。共和茶园成立于 1933 年 8 月 5 日。开办时由工学团补贴十元购置用具,农友自己处理园内事物,每人每月三角钱饮茶费用,农友轮流起火烧水。共和茶园"是农友休闲娱乐的中心,里面设有石担,滚灯,丝竹等娱乐器具。也是农友们一个学习运用政治的场所,公共的纠纷可以在这里解决。公共的事业也可在这里讨论进行"。仅仅在公共茶园开办头一年的时间里,广大农友就在这里议决了修路(鲍家桥到侯家宅一条,侯家摘到孟家木桥一条,共三里)、组织合作社、创办工学团及举办村民同乐会等公共事务,"至于喝酒闹事,无谓的纠纷,那是少得稀有了"。④

合作社。建设乡村,必须了解乡村的实际。农民生活上的痛苦和需要就是乡村建设所要解决的问题。山海工学团周围原本也是一个"太平世界",但是经过"一·二八"事变以后,情形可就大不相同了:"社会上遭了这一场空前的破坏,农人们流离失所,等到战争停止,里舍毁的毁了,

---

① 方与严:《乡村教育》,大华书局 1935 年版,第 183 页。
② 操震球:《工学团的理论和实际》,载《教育与民众》第 6 卷第 5 期。
③ 马侣贤:《工学团之初生》,载《中华教育界》第 22 卷第 7 期。
④ 马侣贤:《工学团之初生》,载《中华教育界》第 22 卷第 7 期。

幸存的也空虚了。种田为业的农人,每每没有钱买肥料,种籽为苦,就是有了肥料种籽,种出来的农作物,销路也不畅达。加以这两年来的谷贱伤农,更把农人的生活一天一天陷入窘境之中。"工学团的发起者们"迫切的感觉到,合作事业在本乡是有提倡的必要"。① 山海工学团先后开办了山海信用兼营合作社、红庙信用兼营合作社、萧场合作社和沈家楼合作社。由于一开始农民加入合作社"只知有借款的权利,忘记每个社员对合作社应尽的义务",合作社便变成"合借社"了。工学团创办的第一个合作社——山海信用兼营合作社——便在这种不健全的状态中生长出来,结果也很快便在无形中解体。红庙信用兼营合作社的开办吸取了山海信用兼营合作社的经验教训,从一开始的宣传组织便特别强调"尽力运用本身固有的力量,来解决本身感觉的问题",强调要"自觉自动的结合""平等互助的结合",力图通过运用"互助""合作""前进"的精神,进而达到"工以养生,学以明生,团以保生"的目的。由于组织得当,严格按照国民政府实业部规定的合作社法进行,红庙信用兼营合作社的创办获得了成功。"参加合作社的有几十户人家,信用合作社发扬互助精神,运用集体力量,解决农友在经济上的具体困难,免除了高利贷的剥削"②。

此外,还有一些不属于各工学团,由联合办事处直接主持的农村改进事业。

医疗卫生。20 世纪二三十年代的中国农村缺医少药,医疗卫生事业十分落后。山海工学团从这一实际出发,"列健康生活为首要","开始即着力于卫生活动",不过那时限于人才,规模较小。③ 后来由于工学团与女青年协会合作,在女青年协会的主持下,这一事业有所发展。1933 年暑期,女青年协会主持医疗事业的孙布馀女士离团,工学团"觉得卫生事

---

① 马侣贤:《红庙信用兼营合作社发端》,载《生活教育》第 1 卷第 12 期。
② 上海市陶研会编辑组:《山海工学团五十周年大事记(初稿)》,载《行知研究》1985 年第 6 期。
③ 操震球:《工学团的理论和实际》,载《教育与民众》第 6 卷第 5 期。

业非常重要,万不可停顿"①,五个较大的团部都有由儿童工学团组织的卫生队,"管保药箱,负救护,清洁,广播之责"。青年工学团和妇女工学团在有儿童工学团的地方,"则合任卫生事项,否则自成一队"②。夏家宅村又成立了一个联合卫生室,由操震球主持,并派查淑怡、陈仪珍专门到浦东高桥卫生事务所开办的公共卫生助理员训练班学习,担负起专职卫生辅导之责。联合卫生室备有药品36种、药具33件、模型19件、挂图20幅、书籍30种、家具19件、清洁用品9件,每天上午派人到各工学团指导卫生队活动,每天下午都安排接诊,日接诊量在30人左右。卫生室还承担工学团附近农村的预防接种任务,仅1934年夏秋两季就接种301人次。各卫生队也备有各种药品、消毒清洁用具。由于没有专职医师,卫生队只是在联合卫生室人员指导下进行如沙眼诊治、轻性外科伤病的治疗等简单医疗卫生事务。

各种教育辅助活动。除了各个工学团内部组织的教育活动外,联合办事处还在整个改进区组织一些教育辅助活动。电化教育、开办科学馆和普及教育车就是这些活动中比较有影响的内容。工学团认定"电化教育,效力最大,急需提倡实行",组织成立了电化教育委员会,购买了移动发电机一座、放映机一架,轮流在改进区各地放映电影节目。除了放映一些科教电影,电化教育委员会还注意通过电影入场券和电影说明书对农民进行识字教育。例如,在第一次开展电化教育时,入场券上写着"山海工学团,教育电影,入场券,当日可用,过期作废,三月三十日下午七时",委员会规定读得出这些字的人就可以免费入场,不认识的则要交纳十枚铜圆。如果不想交纳铜圆,则要跟着小先生现场学习,直到完全学会才可以免费入场。这种新颖的教学方式针对农村文化生活缺乏、农民对电影充满兴趣的实际情况,变不利因素为有利条件,调动了广大农民

---

① 马侣贤:《工学团之初生》,载《中华教育界》第22卷第7期。
② 操震球:《工学团的理论和实际》,载《教育与民众》第6卷第5期。

读书认字的积极性。"农友们为了不失看影戏的良机，事前争着去拜小先生为师，学习气氛活跃"①，活动收到了意想不到的教育效果。随着群众认字增多，入场券也变成了电影说明书，包含的内容也越来越多。例如，委员会在萧场工学团成立一周年时放映了介绍全国运动会的影片，在电影的说明书里，详细介绍了中华民国第五次全国运动会的举办地点、运动员人数，并指出存在的不足，提出"必定要有劳苦大众参加进去，才能算是真正的全国运动会"。这样既扩大了农民识字、学字的范围，也开阔了农民的视野，让他们了解到了更多的国家大事。② 工学团的科学馆设立于孟家木桥联合办事处内，馆内陈列有自制的科学玩具、仪器、动植物标本等，供给各个工学团实用的科学材料。普及教育车则是一种专门制作的、方便在乡间崎岖小路上行走的推车。车子载有书籍、药品、文具、留声机等，由小先生推至各个村庄用以巡回指导失学儿童、青年，倡导健康向上的娱乐风气。联合办事处举办的这些教育辅助活动形式灵活多样，成为各个工学团工学活动的有益补充。这些活动也反映出工学团组织者在深入民间、改造农村社会中的的确确是做到了陶行知先生所说的，是捧着一颗心来，向农民烧"心香"，用尽心思、想尽办法。

移风易俗。婚丧过于铺张浪费、讲究排场的陋俗在中国农村很常见，民国乡村建设运动中，各种试验团体均注意对此进行改造。陶行知在调查山海工学团所在农村后，指出："农村破产无日：破于帝国主义，破于贪官污吏，破于苛捐杂税，破于鸦片烟，破于婚丧不易。"③因此，婚丧改革成为山海工学团移风易俗活动的重点。"他（陶行知）首先在山海同仁中提倡'三元大洋结婚'，教师汪秋平和王曼雯结婚，只备茶点，不摆酒

---

① 上海市陶研会编辑组：《山海工学团五十周年大事记（初稿）》，载《行知研究》1985 年第 6 期。
② 马侣贤：《工学团之初生》，载《中华教育界》第 22 卷第 7 期。
③ 陶行知：《五块大洋的棺材歌》，载《陶行知全集》第 7 卷，四川教育出版社 2005 年版，第 159 页。

席。陶先生高兴地为他们当证婚人，并赠诗一首：'三块大洋钱，结婚过新年，每人出一半，开创新纪元。庙小活佛多，事忙吃不消。幸是双双到，担子两人挑。'教师带头，农友响应。孟根根、张福元等结婚也是三元大洋。"①陶行知对这样的婚礼也很满意，称之为"富有意义的婚礼"，并指出："我近年对于贵族式的婚礼，一概拒绝参加，就是好朋友，也毫不通融。我觉得当这民穷财尽的时候，在结婚的喜事上，还要摆出排场，彼此争风，简直是一个罪恶。穷光蛋结婚不自量力，甚至于借恶债来和富人比赛，不但是可笑，而且是可怜。"②"这事（即婚事新办）初看很小，仔细想来，实在是一件破天荒的大事。秋平与曼雯两位青年是抱着绝大信念，下着绝大决心，鼓着绝大勇气，忍受数千年传下来的狠毒讥诮，突出重围，来创造他们的幸福的世界。他们所开的路线，在不知不觉之中，是引导着许多穷青年解除烦恼，避免破产，追取简单的幸福。这是多么可贺的一件事啊！"③在婚事新办的同时，工学团还提倡丧事简办。1934 年夏天，工学团小先生沈某某的叔父去世，"驮债治丧，几致倾家荡产"，陶行知深以为害，提出："治丧新法之提倡，不容再缓。"④经过多方协商，山海木工场专门为农民打造简易棺材。这种简易棺材"省工、省料、省钱、得到农友的赞成"⑤。陶行知也专门写了一首"五块大洋的棺材歌"，宣扬"养生重于送死的要义"。⑥

从晓庄学校到工学团，陶行知在中国农村改造道路上不断探索。他倡导的"教育必须下乡"和"农不重师，则农必破产"为近代中国教育发展、农村改进提供了一种新模式，产生了深远影响。周恩来就曾经说过，

---

① 上海市陶研会编辑组：《山海工学团五十周年大事记(初稿)》，载《行知研究》1985 年第 6 期。
② 陶行知：《三块大洋的结婚》，载《陶行知全集》第 7 卷，四川教育出版社 2005 年版，第 150 页。
③ 陶行知：《三块大洋的结婚》，载《陶行知全集》第 7 卷，四川教育出版社 2005 年版，第 150 页。
④ 陶行知：《五块大洋的棺材歌》，载《陶行知全集》第 7 卷，四川教育出版社 2005 年版，第 159 页。
⑤ 上海市陶研会编辑组：《山海工学团五十周年大事记(初稿)》，载《行知研究》1985 年第 6 期。
⑥ 陶行知：《五块大洋的棺材歌》，载《陶行知全集》第 7 卷，四川教育出版社 2005 年版，第 159 页。

"'五四'以后，毛主席参加了革命运动，就先在城市专心致志地搞工人运动。那时陶行知先生提倡乡村运动。恽代英同志给毛主席写信说，我们也可以学习陶行知到乡村里搞一搞"①。

（崔军伟）

---

① 《周恩来论陶行知》，录自《周恩来选集》上卷，载《陶行知全集》第 12 卷，四川教育出版社 2005 年版，第 715 页。

第三章　"江浙一带农村建设的模范"：徐公桥乡村改进实验

　　长江三角州地区"名实相副"的乡村建设当属中华职业教育社在昆山设立的徐公桥乡村改进实验区。昆山徐公桥乡村改进实验区被誉为乡村建设运动时期"江浙一带农村建设的模范"①,对乡村建设持否定意见的陈序经称之为"足以代表这个运动的整个方面之较早者"②。改进区在政治、经济、文教、保安等各个方面颇有建树,不仅促进了当地的区域现代化,也大致反映了乡村建设运动时期社会力量参与农村建设的基本路径。

第一节　徐公桥乡村改进区的筹建

　　徐公桥乡村改进区是由中华职业教育社负责主持筹建的。职教社作为中国近代历史上第一个民间职业教育团体,于 1917 年 5 月在上海成立。其成立的目的在于倡导职业教育,"为个人谋生之准备,为个人服务社会之

---

① 李紫翔:《中国农村运动的理论与实际》,载千家驹、李紫翔编著《中国乡村建设批判》,新知书店 1936 年版,第 21 页。
② 陈序经:《乡村建设运动》,大东书局 1946 年版,第 27 页。

准备,为国家及世界增进生产力之准备"①。1925 年 8 月,职教社领袖黄炎培提出"划区试办乡村职业教育"的计划。在这份计划里,黄炎培提出:"乡村职业教育之设施,不宜以职业教育为限。就交通较便地方,划定一村,或联合数村,其面积以三十方里为度,其人口以三千至五千为度,地方治安,取其可靠者,水旱偏灾,取其较少者,先调查其地方农产及原有工艺种类、教育及职业状况,为之计划:如何可使男女学童一律就学;如何可使年长失学者得补习知能之机会;如何养成人人有就职业之知能,而并使之得业;如何使有志深造者得升学之准备与指导,职业余间如何使之快乐;其年老或残废者如何使之得所养,疾病如何使之得所治;如何使人人有卫生之知识;如何使人人有自卫之能力。凡一区内有利之天产,则增益而利用之;所需要之物品与人事,则供给之。无旷土,无游民;生产日加,灾害日减;自给自享,相助相成。更如何养成其与他区合作之精神,以完成对省、对国、对群之责任。凡此种种,先设一中心教育机关,就其固有之自治组织,用其当地之人才,量其财力,定设施之次第。在试办时间,或由上级酌予补助,但经常费用必以当地担负为原则。划定办理期间与成绩标准,依次考核,试办有效,再推广于各地。"②由是,该社将工作重心转向农村改进事业。他们在山西当局的支持下在该省境内选定了几处实验区。然而,由于"时局影响",山西的实验最终归于失败。职教社成员"散归南北,觅地试办"。③

1926 年 2 月,趁在南京参加中华文化教育基金董事会会议之便,黄炎培代表职教社与中华教育改进社及平民教育促进会总会"商定发起改进农村生活之运动"。④ 5 月 3 日,职教社邀请上述三家单位和东南大学教育科及农科等机关的代表汇集上海"议决合作条件",通过《试验改进农村生活合作条

---

① 参见中华职业教育社官网。
② 黄炎培:《在山西三星期之工作》,载《黄炎培教育文集》第 2 卷,中国文史出版社 1994 年版,第 426 - 427 页。
③ 江恒源、沈光烈:《职业教育》,正中书局 1937 年版,第 15 页。
④ 联合改进农村生活董事会:《昆山县徐公桥乡区社会状况调查报告书》,中华职业教育社 1926 年版,第 1 页。

件》,决定"试办农村教育,以期改进农村生活"。5月15日,根据《合作条件》"组织董事会,主持计划改进农村事宜"的规定,上述四个合作团体推举的代表于南京召开董事会成立会,决定董事会定名"联合改进农村生活董事会"。大会还通过《联合改进农村生活董事会简章》,选举黄炎培为会长,陶行知为副会长,公推杨卫玉、唐御仲、赵叔愚、顾述之、冯梯霞五人组织调查设计委员会,勘定地点,规划进行。

"当时决定划区试验办法以后,对于所要选择的地方,曾经揭出四个条件,以为选择的标准:一、交通便利;二、地方无极不治安的情形;三、地方有领袖人物,可以帮同办理;四、地方人民财力,足以自给。"①按照这一标准,调查设计委员会在沪宁路一带展开调查。经过反复调查比较,委员会向董事会提议以江苏昆山县徐公桥为第一实验区。

一 徐公桥地区的基本状况

"徐公桥"本来是一个桥名。据桥下石碑记载,该桥"建于元朝至正二十一年八月,重建于明朝正统九年三月,又于天启二年四月,复又坍颓,即于是年仲冬复建。至大清嘉庆十三年五月,适逢夏雨连绵,水涨壅塞,致又坍毁。此系通衢要道,岂容坐视?是以公等奉公舍己⋯⋯特命良工,重为建立"②。又,昆新两县续修合志载:"徐公桥跨徐公浦,在菜区北四图,嘉庆十四年,里人重建,二十五年,里人重修。"③根据因桥名地的原则,人们把当地命名为"徐公桥镇"。

徐公桥在安亭镇西3里处,距离安亭车站约有6里,河道纵横,交通极其便利。全境完全是低平原,地土肥沃,其中水田居多,约占全区面积的90%,旱地仅居10%。据调查者估算,全区人口总数应在2 500左右。也有另一种估算:"三千有零,与前说二千五百名口虽不无出入,然二者均由

---

① 江恒源:《徐公桥》,中华职业教育社1929年版,第10页。
② 江恒源:《徐公桥》,中华职业教育社1929年版,第7页。
③ 陆叔昂:《三周岁之徐公桥》,中华职业教育社1931年版,第1页。

推测而得之结果。"该地区人口方面变化不大。虽稍有增进,多属于自然生育的;外迁之民不多,移入者也很少,基本上可以说是"固定无变迁"。

徐公桥镇为乡区的中心,总计有杂货店3家、茶馆3家、酒店2家、米店2家、理发店2家、豆腐店2家、药店1家、肉店1家、染坊1家、砻坊1家、木匠店1家、官盐店1家,共计20家。这"二十家系商户,其余居民几全系业农者。因人工极感缺乏,故多系自作农,为人作长工者亦绝少,偶有佣工,亦均系短工"。

农产方面主要作物是稻、麦两种。两种轮种,春季收麦而秋季获稻。小麦产出有90%要输出,仅留10%自用;稻产则以自食为主,仅30%外售。故可谓之"农利在麦,而民食在稻"。此外,旱地也会种棉、豆等作物,但其面积仅占10%,不为该地区的主要农产。

徐公桥地区凡有田二三十亩的农家多喂养牛一头,猪四五头,鸡二三十只。牛为耕作之用,鸡为产蛋之用,猪则不为食肉,主要用于产肥。因为该地区"基本肥料"为河泥与紫云英,除此之外便是猪粪及人粪,化学肥料甚少使用。该地区"种桑养蚕之家极少","果品仅有西瓜,然种者亦不多,菜圃则家家有之,多则二三亩,少亦一亩"。

徐公桥地区"不闻有水旱天灾。盖雨量充足,灌溉便利,旱既不成问题。而沟渠纵横,过量之水随时顺流排泄而去,故水灾亦绝无仅有。至于为害较烈之昆虫则当推螟虫一项,其他亦无所闻"。

经济状况方面,该地区80%的农户属于佃户,"然此项佃户并非纯粹的,乃小地主而兼充佃户者。盖自作小农有地,而不敷耕作,乃兼租他家之田少许以为补充。故此百分之八十,实系小地主而兼充佃户者。至于所谓地主亦非绝对坐食厚利之资本家,而为田地较多之小农,故除将剩余之田地租出外,自家尚留少许耕作,以自食其力。地主既同系居住本乡之农民,所有收租等事均可亲自经理,无须假手于人",并且,"收纳租金者不多,仅占百分之一二十。纳租谷者较多,约占百分之七八十。然纳租仅就稻米一项有之,其他农作物,如小麦等均完全为佃户所有,地主并不过问。地主除地亩外且须供给灌溉需用之水车于佃户"。"地主与佃户之间感情极融洽,绝无丝毫阶级间之恶感"。

该地区五口之家只需种田 20 亩即可谋得丰足的生活。"极贫之户绝无仅有,而多数均系小康之家"。农闲时男子"颇有出外做小生意者"。农民借贷人数约占 40%。借贷用途多为购买种子、肥料、农具、田地等。利率平均一分半,最低的一分二,最高也不超过二分。其他用途则为结婚、丧葬等,前者比后者要多很多。至于债主多是本乡比较富裕的农民,该地没有专门以放利债为业的。

徐公桥地区由他处运入本地的货品多为洋油、豆饼、杂货、草帽、雨伞等,输出的则只有稻米、小麦两项。小麦最多,稻米次之。全部农民中有 60% 的在收获后"即须将所有之农产出售",由此可以证明贩卖合作组织在该地"实属急需"。

教育方面,徐公桥镇设有安亭乡第三公立小学,共有学生 110 名,其中男生居多,女生仅有 20 名。教学程度仅局限于前期四个年级。学生年龄最大的 14 岁,最小的 6 岁。平均每生每年需花费 720 元。全区曾受中等教育的有 30 人左右,但"升学者并不多",继续升入大学的仅 8 人。徐公桥区还有私塾 3 处,多的有学生十二三人,少的有七八人。徐公桥镇西 3 里处还新建教会小学 1 所,但是在实验前并未正式开学招生。该乡成人识字的不多,仅占到 25%,其中能写的又不到 50%,"平民教育尚未提倡"。

徐公桥地区农民的房顶多覆以茅草,墙则用砖,外加竹篱笆,以防止盗贼入室行窃。屋内地面均是土筑,并无地板。窗小而且少,空气不是非常流通,居住条件不佳。夏秋季节蚊虫不少,苍蝇更多。据当地居民反映"农民不知卫生",此语"可表现卫生状况之一般"。

娱乐风纪方面,该地赌博有麻雀牌,多在茶馆内举行。吸鸦片烟的也有,全乡有 30 多名。"本乡所最感缺乏者乃正当之娱乐",每年虽有春社、秋社,但"演剧、出会均无有","不能满足农民娱乐方面的需要"。据当地领袖人物说:"闷的了不得,也不过抬个菩萨来,大家吃一顿就是了。"缺乏由此可见一斑。

其他方面，徐公桥乡组织有自卫团"维持秩序，抵御溃兵，战后办理清乡"。自卫团有团员 40 名，均为有身家的良善商、农志愿者。徐公桥还设有电话与县城及各乡互通消息，并筹建了自卫团办公处一所。①

二　徐公桥乡村改进区的成立

通过以上对徐公桥风物人情的大概了解，我们可以发现其还是具备董事会提出的候选条件的：首先，徐公桥"境内田畴交错，水道纵横，风景极佳，对于外界交通，也甚便利"②。徐公桥距离沪宁铁路安亭车站约 6 里，距离安亭本镇约 3 里。其次，该地"民风纯厚"③，互助风尚盛行，"一家得力的人生了病，稻麦下种时，不能去种，收获时不能去收；这个时候，他们的邻居，一定要争先恐后，合力同心，替他去种去收。这种情形，在他们看起来，已成为天经地义，行所当然"④。并且，该地有地方保卫团"持械防御"，社会治安也相对稳定，⑤虽未必能够夜不闭户、路不拾遗，但是"家家安居乐业，鸡犬不惊"。⑥ 再次，该地领袖如蔡望之曾做过江苏省议会议员，"清刚正直，名振一时"，他从职教社最初派员到徐公桥起，"无事不予以相当的帮助。他的弟弟蕴之……当然遇事更能为会帮忙"。"中华职业教育社，最初敢于放心放手，在这一个地方试办改进事业，可以说完全是因有蔡先生及其他诸位先生"。⑦ 最后，徐公桥具有很好的经济发展的区位优势，该区域大部分"系低平原，地土肥沃"，宜于稻作，境内还有徐公

① 以上未加特别说明的引用内容均引自中华职业教育社 1926 年版《昆山县徐公桥乡区社会状况调查报告书》。
② 江恒源：《徐公桥》，中华职业教育社 1929 年版，第 1 页。
③ 黄炎培：《试验六年期满之徐公桥·代序》，载姚惠泉、陆叔昂编《试验六年期满之徐公桥》，中华职业教育社 1934 年版，第 3 页。
④ 江恒源：《徐公桥》，中华职业教育社 1929 年版，第 51 页。
⑤ 江恒源：《徐公桥》，中华职业教育社 1929 年版，第 13 页。
⑥ 江恒源：《徐公桥》，中华职业教育社 1929 年版，第 51 页。
⑦ 江恒源：《徐公桥》，中华职业教育社 1929 年版，第 13 页。

浦横亘南北,吴淞江环绕于南,"河道纵横,交通极便"①,并且本地区常年低温,气候适宜,因此农业发达,出产"甚丰厚"②,基本符合董事会的第四点要求。

1926年7月5日,联合改进农村生活董事会再次在南京开会。经过讨论,入会者认为徐公桥符合董事会的要求,议决以其作为第一实验区。同年10月,徐公桥联合改进农村生活事务所正式成立,聘李企常、程寿安为干事,常驻徐公桥办理一切。同时公布《改进农村生活事业大纲》。但是,由于"时局与经济关系",1927年春,除职教社以外的其他团体纷纷退出,这次实验未能持续多久便陷于停顿。

1928年4月,职教社独立负责,重新恢复徐公桥的改进实验。这次实验持续六年之久,在组织、经济、文化、教育、保安等各个方面取得了一定的成功,为人们了解职教社农村改进工作提供了一个完整个案。而自"中华职业教育社帮助徐公桥改进乡村后,江苏各地纷纷起而仿效"③,徐公桥改进实验也拉开了整个长江三角州地区的农村改进运动。

设立徐公桥乡村改进区的意义还不仅仅在于开长江三角州地区农村改进事业的先河,我们甚至可以认为它就是整个民国乡村建设运动的嚆矢。陈序经在他的《乡村建设运动》里不止一次指出:"近来有好多人,一谈起乡村建设运动的理论,往往就会联想到邹平的山东乡村建设研究院的梁漱溟先生,而一谈到这个运动的实验工作,又多会联想到晏阳初先生所指导之下的定县工作;但是我们也不要忘记,这种理论既并非始自邹平的梁漱溟先生,而这种实验工作也非始自定县的晏阳初先生……然而严格来说,所谓乡村建设试验最先成立的,好像要算中华职业教育社,中华教育改进社,中华平民教育促进会,与东南大学农科,在江苏昆

---

① 联合改进农村生活董事会:《昆山县徐公桥乡区社会状况调查报告书》,中华职业教育社1926年版,第3页。
② 赵叔愚著、方与严编:《乡村教育丛辑》,上海儿童书局1933年版,第190页。
③ 庄泽宣:《中国农村改进运动》,载《教育与民众》第4卷第2期。

山所合办的徐公桥乡村改进区。"①他还说："好多人都以近代乡村工作始于定县翟城，而山西继之。可是前者无论在工作上，在影响上，在地理上，范围都小，而后者却偏于地方行政方面。其足以代表这个运动的整个方面之较早者，要算中华职业教育社在昆山所办的徐公桥实验区。"②职教社的江恒源也指出："说到乡村改进区的由来罢：最初发起设立的，要算是中华职业教育社了。""自有徐公桥改进区以来，各方面创办这一类事业的，风起云涌，着实不少啊！"③沈光烈则言："中华职业教育社提倡职业教育之初，对于是项事业，早先注意，民国七八年，即有农业研究会之组织，调查进行，不遗余力。至民国十五年创办徐公桥改进区，乃为试验实行之嚆矢。推动以后，情况殊佳，各方闻风响应者甚多，一时蔚成空前热烈之农村复兴运动，全国农村改进机关普遍皆是，实开农村教育史上之新纪元。"④

第二节 徐公桥乡村改进区的组织机构

一 徐公桥乡村改进会

徐公桥乡村改进会是徐公桥"改进乡村的惟一机关"，"主持改进事业的重要团体"，成立于 1928 年 4 月。⑤ 关于徐公桥乡村改进会的组织系统，有关记载留下了不同时期的两个图例。最初的如图 1 所示，后来又进行了重新调整，如图 2 所示。

---

① 陈序经：《乡村建设运动》，大东书局 1946 年版，第 3 页。
② 陈序经：《乡村建设运动》，大东书局 1946 年版，第 27 页。
③ 江恒源：《关于农村教育的三个重要问题》，载《农村改进的理论与实际》，生活书店 1935 年版，第 136、139 页。
④ 沈光烈：《农村改进的实施》，中华书局 1941 年版，自序第 1 页。
⑤ 江恒源：《徐公桥》，中华职业教育社 1929 年版，第 10 页。

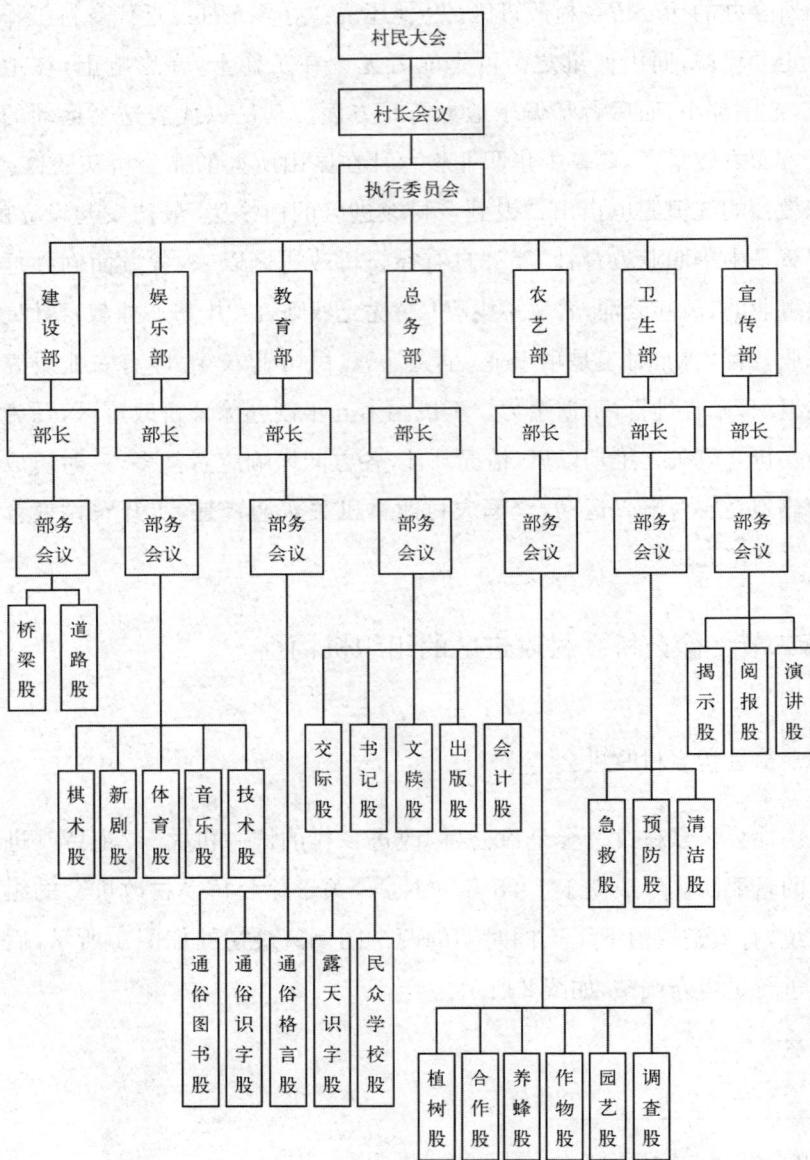

```
                        ┌─────────┐
                        │ 村民大会 │
                        └────┬────┘
                        ┌────┴────┐
                        │ 村长会议 │
                        └────┬────┘
                        ┌────┴────┐
                        │执行委员会│
                        └────┬────┘
```

图1①

① 江恒源:《徐公桥》,中华职业教育社 1929 年版,第 12 页。

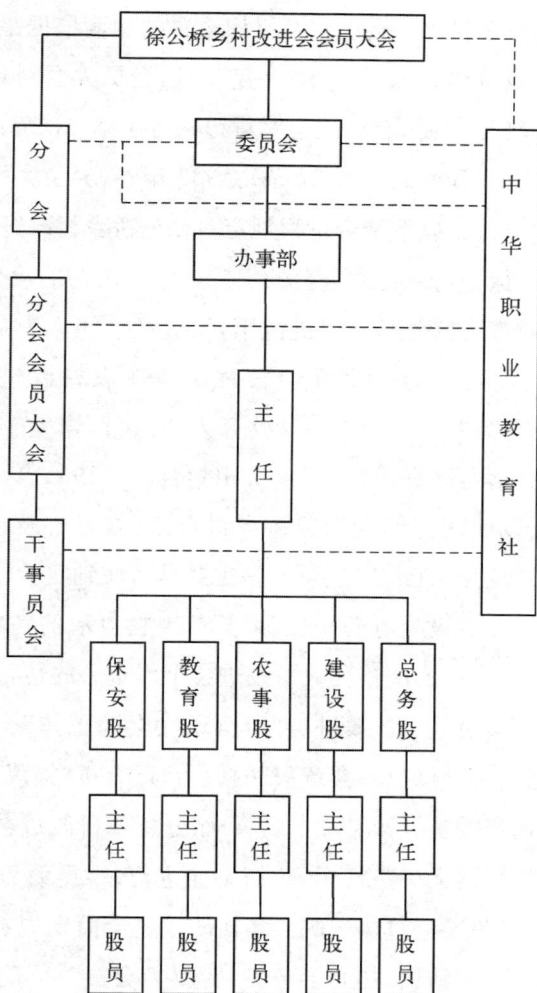

图 2①

---

① 《徐公桥乡村改进会概况》，载《教育与职业》第 156 期。

徐公桥乡村改进会设立及机构设置的制度依据是《徐公桥乡村改进会简章》，该章程共 10 条。1929 年 4 月，会员大会对章程进行了第一次修改。1931 年 1 月，会员大会对章程进行了第二次修改，更名为《徐公桥乡村改进会章程》，共 7 章 27 条。1933 年春，会员大会对该章程进行了最后一次修改。以下结合章程规定对徐公桥乡村改进会做简单述评：

第一，徐公桥乡村改进会的宗旨。建立之初的徐公桥乡村改进会便"以普及教育，提高娱乐，促进健康，增进经济能力为宗旨"①。这一规定反映出职教社作为一个社会教育团体在农村改进运动中的自我定位——充分发挥自身优势，以教育为切入口，谋整个农村面貌的改观。这也是与职教社"富教合一"主义相契合的。1931 年 1 月修订的章程规定："本会以计划并促成徐公桥乡村自治，教育普及，生计充裕，健康增进，娱乐改良为宗旨。"②这一调整主要是考虑到实验将近期满，各项事业小有成就，在各级政府的积极参与下，乡村自治的各项工作已经进入了准备阶段。章程的调整反映了改进会工作重心的转移。

第二，会员大会。改进会"以会员大会为主体"。会员大会有"审查委员会之报告""修改本会章程"的权力，还有权"提议并决定本区举办之事业"，"选举委员及候补委员"。③ 徐公桥乡村改进会"当然以全体农民为对象，但会内无中坚份子，一切事业进行，难得助力"④，所以会员大会的组成人员是要经过遴选的。最初的改进会简章规定"凡属徐公桥乡区各村村友，身家清白，热心会务者，皆得为会员"⑤，不必经过什么入会手续，只要口头申请即可成为会员，参加会员大会。后来，考虑到"入会太易，往往不易使一般农友重视"⑥，1931 年 1 月修订的章程规定："凡徐公

---

① 江恒源：《徐公桥》，中华职业教育社 1929 年版，第 16 页。
② 陆叔昂：《三周岁之徐公桥》，中华职业教育社 1931 年版，第 13 页。
③ 陆叔昂：《三周岁之徐公桥》，中华职业教育社 1931 年版，第 14 - 15 页。
④ 姚惠泉、陆叔昂：《试验六年期满之徐公桥》，中华职业教育社 1934 年版，第 7 页。
⑤ 江恒源：《徐公桥》，中华职业教育社 1929 年版，第 16 页。
⑥ 姚惠泉、陆叔昂：《试验六年期满之徐公桥》，中华职业教育社 1934 年版，第 7 页。

桥区各村已成年之男女村友，了解本会宗旨，有志改进乡村，热心社会事业者，均得为本会会员。会员入会时，须有本会会员二人以上之介绍，并经委员会之通过，方得为正式会员，在未经委员会通过前，为预备会员。凡正式会员，除由本会将姓名揭示会中外，并给予证章。"新的章程还明确了会员与预备会员的权利与义务："会员均有提议、表决、选举、被选举、及享受本会设施上利益之权，但预备会员，概无被选举权。会员入会后，对于本会章程或议决案，如有违背，经委员会查实后，轻则剥夺其应享权利之一部或全部，重则开除会籍，追还证章，撤除揭示姓名，并公布其事实。"①新的章程严格了会员的入会资格，提高了会员大会的行政效率。1934 年春，改进会再次将全体会员重新登记，徒负虚名者淘汰，合格者缴纳会费，发给证章。"经此一度整理后，会员总额，虽较前减少，而会员办事之精神，反见增加"②。会员大会每年举行全体会议一次，选举出委员 9 人，"先用推选法，继用圈选法，终用票选法，不识字者，由旁人代写"③。遇有重要事宜，会员大会可以召开临时会议。

第三，委员会。会员大会下设委员会，委员会原定 9 人，1931 年增为 12 人，其中委员 9 人，包括由职教社推选的 4 名委员及会员大会选出的 5 名；候补委员 3 人，均由会员大会推选。委员会设主席 1 名，由委员互选产生，任期 1 年，连举连任。委员会在每月的第一个星期日开常会，由委员会主席召集，主要负责"规划本会进行事宜"；"决定办事部之请议案"；"评议办事部工作效能，并加指导与协助"；"陈述意见于中华职业教育社"。④

第四，办事部与五股。委员会下设办事部。通过前文中的图 1 可知，最初的改进会设有总务部、建设部、农艺部、教育部、卫生部、娱乐部、

① 陆叔昂：《三周岁之徐公桥》，中华职业教育社 1931 年版，第 13－14 页。
② 姚惠泉、陆叔昂：《试验六年期满之徐公桥》，中华职业教育社 1934 年版，第 7 页。
③ 李宗黄：《考察江宁邹平青岛定县纪实》，正中书局 1935 年版，第 373 页。
④ 陆叔昂：《三周岁之徐公桥》，中华职业教育社 1931 年版，第 15 页。

宣传部七个部,每部又下设多股。后来考虑到内部分工太细,不利于提高工作效率,于是取消了部下设股的安排,并将原来的七部合并成五股,即总务股、建设股、农事股、教育股和保安股。办事部设主任一人,办事员若干,由职教社聘任,并交委员会备案。办事部是委员会的执行机构,"根据委员会之议决案,分别执行,每星期六开常会一次"。办事部办事以"忠实勤敏为主,处理事务,非不得已时,不宜延搁"。① 五股各设主任一人,股员若干人,由委员或办事员兼任。总务股主要负责区内村政、会务、文牍、会计、庶务及交际等事宜;建设股主持区内道路、桥梁及市政的建设与维护;农事股负责农场、副业、研究及经济等事务;教育股负责开展社会教育、家庭教育、学校教育;保安股负责卫生、保卫及消防等事项。

第五,分会。根据1931年1月修订的《徐公桥乡村改进会章程》第十条的规定,"遇必要时得经委员会之通过,于本区内设立分会"②,徐公桥乡村改进会还设有七个分会。这是因为,改进会成立以后设驻所于徐公桥镇,就全区地势而言,该地点稍嫌偏东,在联络上存在一定的不便。"各村——有四十二村——平时对于会内声气,不易沟通,又无其他机关,为之领导",因此,改进会成立的最初两年里,"改进事业之进展,仅在徐公桥镇附近,有所表现,较远之区,仍一无举动,更不知有改进会之设。——即附近民众亦不知改进会三字,群称之为新村。——情感既无联络,事业自难普及"。③ 于是,"为集中民力训练民众起见"④,改进会将全区划分为七个小区,每个小区成立一个分会。根据分会章程,改进区内的每一个分会定名为"徐公桥乡村改进会第几分会",其次序依照成立先后划定。户数较少的村子可以联合两个以上组织成立。各个分会以谋改进区改进事业之充分发展为宗旨,仿照改进会总会模式设立干事

---

① 陆叔昂:《三周岁之徐公桥》,中华职业教育社1931年版,第23-24页。

② 陆叔昂:《三周岁之徐公桥》,中华职业教育社1931年版,第14页。

③ 姚惠泉、陆叔昂:《试验六年期满之徐公桥》,中华职业教育社1934年版,第8页。

④ 李宗黄:《考察江宁邹平青岛定县纪实》,正中书局1935年版,第373页。

会,干事三至五人,由分会全体会员公举,任期一年。干事会下设总务、建设、教育三股,每股设股员一至二人,由干事分任。干事会每月一次,开会时徐公桥乡村改进会派员列席指导。"自设分会后,改进会之精神,贯注于全区四十二村,全区改进事业,亦得同时发展。"①

需要指出的是,改进会分会会所多设立在小学校内,如第一分会设在珠翠小学,第二分会设在南戴小学。驻会办事员也多为小学校长。这似乎与改进会"以本地农友当选为原则,俾多予练习做事机会,养成当地领袖人才"的原则相违背。出现这种情况的原因在于当地村民"有较高知识者不易得,平时计划指导,不可无相当之人,是以分会以所在地小学校校长为驻会办事员,无直接办事之实权,有指导设计之责任"。如此变通,学校与改进会联络一气,学校与社会打成一片,政治与教育合一办理,"各干事因得校长之协助,随时咨询商讨,亦觉做事便利"。② 这一安排也反映了职教社对两种农村改进组织模式的倾向性,即开始由复式组织逐渐向单式组织过渡。

第六,改进会与职教社的关系。改进会是由"中华职业教育社会同徐公桥热心人士,发起组织的","受中华职业教育社之监督指导",改进会的"一切议决,经中华职业教育社同意后执行之"。职教社负责改进会的常年经费,"但以逐年酌减,归地方自筹为原则"。③

乡村改进会是职教社在农村改进中的一项重要制度创新,开江南农村改进组织建设风气之先。

首先,乡村改进会是职教社进入乡村的桥梁,为其改进工作提供了合法性。职教社进入徐公桥进行农村改进,必须形成自己的权威,通过调动当地资源,推行自己的农村改进政策。但是由于职教社没有制度上的合法性,很难形成在当地的领导权威。乡村改进会的建立为职教社同

① 姚惠泉、陆叔昂：《试验六年期满之徐公桥》,中华职业教育社 1934 年版,第 8 页。
② 姚惠泉、陆叔昂：《试验六年期满之徐公桥》,中华职业教育社 1934 年版,第 8 页。
③ 陆叔昂：《三周岁之徐公桥》,中华职业教育社 1931 年版,第 13、16 页。

当地乡村领袖建立了联系通道,从而使其成为"权力的文化网络"的组成部分,获得了控制社会资源的合法性。社会学关于社会资源控制模式的理论认为:"特定的社会组织和个人通过占有和分配各种短缺的政治、经济、文化、社会资源、利益和机会,造成一种依赖的社会环境,迫使社会成员不得不以服从作为代价换取短缺的资源、机会和利益,进而达到约束人们社会行为,实现社会整合目的的社会过程。"[①]这对于职教社在徐公桥推行自己的农村改进理念与措施具有至关重要的意义。

职教社主要是通过掌握委员会委员及办事部办事员的任命实现这种合法性。即,它通过会员大会产生委员会的合法性,然后再通过推选人选进入委员会,使自己的意志获得合法性。由于职教社推选的委员在委员会会议中不占多数,所以它又通过掌握办事部办事员的聘任权确保自己意志的顺利推行。通过这种运作,职教社很顺利地取得了在改进区的合法性,相当程度上掌握了改进区的资源控制权,从而为其改进工作的进行奠定了基础。

其次,乡村改进会保证了当地农民对改进事业的参与,成为维护农民利益的有效组织。通过前面一章的讨论,我们可以发现职教社的农村改进非常强调农民的主体地位,强调发挥农民的积极性。乡村改进会为农民参与农村改进,并发挥其主体作用提供了平台。同时,乡村改进会的组织设计非常合理,确保了这是一个能代表最广大会员利益的组织。乡村改进会设计了会员大会。根据改进会章程,会员大会显然是改进区民众对农村改进的直接参与,具有最高的法律地位。如果会员大会运行良好,它必然可以通过选举及监督委员会成员,使这个委员会廉洁高效,真正代表全改进区民众的意愿。此外,由于会员大会具有最广泛的代表性,它通过的决议会照顾到最广大的改进区民众的利益。

---

① 李汉林、王奋宇、李路路:《中国城市社区的整合机制与单位现象》,载《管理世界》1994 年第 2 期。

当然，我们也应当看到，会员大会存在一定的缺陷，那就是参与人员众多，召集开会相对较难。然而，职教社似乎也意识到了这一问题，在整个改进会的制度设计中，他们又安排了委员会，这一设计弥补了只设置会员大会的不足，使改进会制度更加完美。委员会是由会员大会产生的，对会员大会负责，因此它就代表了会员的最高权威，它的利益在本质上与全体改进区会员的利益是一致的。并且，委员会这种形式人数相对较少，召集方便，易于充分讨论，议事相对深入，决策将会更加科学。同时，该会还直接负责领导办事部的工作，这样又将确保办事部在具体工作中不会背离全体会员利益，从而使整个改进会系统围绕全体改进会会员利益运行，而能够体现会员利益的组织在推行改进措施的过程中必然会得到会员的拥护。

最后，乡村改进会还充当了改进区内资源动员的组织形式。职教社的农村改进是一个系统的工程，涉及农村的方方面面，其中很多内容本质上是要为农村提供更多、更优质的公共产品与公共服务。由于"公共产品和公共服务具有很强的外部性"[①]，而当时中国社会的实际及职教社自身的实际都决定了这些公共产品与公共服务的相当一部分只能靠徐公桥自身提供（这也正是黄炎培强调发展农村公共经济的原因所在）。这样，要完成职教社的改进计划，必须将整个改进区内的各种经济资源动员起来，将分散在各个农家的资源筹集起来共同举办公共事业。乡村改进会的建立就为这种资源动员提供了可能性，因为如上文所言，它设计的合理性确保了它能够为改进区内的农民提供一个共同支配有限资源、谋取最大利益的平台。乡村改进会成为改进区资源动员的平台，也就为农村改进计划的实现提供了保证。

---

① 贺雪峰：《乡村治理与秩序——村治研究论集》，华中师范大学出版社2003年版，第81页。

二　经济稽核委员会与款产保管委员会

改进事业需要大量的资金做保障,改进会的财务、公产的流向是每一个会员关注的焦点。为了做到财务公开,"使地方人士,明白本区经费之用途,及平日收支之实况"①,改进会专门组织了经济稽核委员会。该委员会负责"稽核会内全部账目,随时公布之","每月第一星期日开常会,稽核前一月之账目。每年度终了后第二星期开大会,稽核全年决算"。委员会由五人组成,委员从改进会办事员中公推,但是"办事部主任及会计员,不得当选为委员",以真正收到监督、稽核的效果。② 所有的委员均为义务职,任期一年,连举连任。款产保管委员会的设立主要是因为改进区设立以后出现了大量的"自置或捐入之款产。为避免少数人把持嫌疑,并谋永远保管之合法计,乃有款产保管委员会之组织"③。款产保管委员会也设委员五人,但是公推范围扩大到了徐公桥乡村改进会全体会员。该委员会每季度开常会一次讨论会务,并向改进会委员会报告保管状况。每年度终了,委员会还要向全体会员报告款产保管状况。同经济稽核委员会一样,款产保管委员会委员也为义务职,任期一年,连举连任。

经济问题涉及改进区内每一个会员的切身利益,经济稽核委员会的设立使改进区账目公开,有效避免了经济纠纷对改进事业的不良影响。实验六年,改进区"经费之出纳,人无闲言,稽核会之功也"④。款产保管委员会不仅使改进会款产账目清晰、保管有序,而且积极采取奖励措施,吸引款产捐助,为改进事业添砖加瓦。例如,杨公伯、徐文元分别向改进会捐款 1 300 元和 500 元,款产保管委员会便为他们设立专门的纪念碑

---

① 姚惠泉、陆叔昂:《试验六年期满之徐公桥》,中华职业教育社 1934 年版,第 9 页。
② 陆叔昂:《三周岁之徐公桥》,中华职业教育社 1931 年版,第 31—32 页。
③ 姚惠泉、陆叔昂:《试验六年期满之徐公桥》,中华职业教育社 1934 年版,第 9 页。
④ 姚惠泉、陆叔昂:《试验六年期满之徐公桥》,中华职业教育社 1934 年版,第 9 页。

予以表彰。这样的荣誉光大门楣，深受农村群众喜欢，极大地调动了他们的捐助热情。而募捐来的款产对改进会事业发展起到了重要作用。改进会设立农场、举办合作鱼池、修筑道路都曾从该会借用了不小数目的捐款。经济稽核委员会与款产保管委员会的设立锻炼了农民的政治、经济参与能力，为改进区内各项事业的发展提供了不可缺少的经济援助，成为改进区内最重要的组织机构之一。

三 民事调解委员会

改进区内人口众多，素质不一，难免发生争执。这就需要一个机关来预防争讼、解决争端。于是，改进区民事调解委员会便应运而生。调解委员会以"处理本区域内民众纠纷事项，谋和平解决，减少诉讼为目的"，凡是改进区内民众发生纠纷，除了违反刑律、案情重大以至无法调解的，均由民事调解委员会负责解决。民事调解委员会由乡村改进会公推的七名委员组成，七人互推三名常务委员负责委员会日常工作。"普通纠纷，由常务委员，随时会商处理之，特殊纠纷，召集全体委员办理"。调解委员会的调解方法"以公理为标准，绝不借用行政力量，使当事人，得公平之判断而息争，并无丝毫物质上之损失"。此外，委员会还坚持以取得各方同意为原则，如果有任一诉讼方不满意，委员会便重新办理，直到双方握手言和。这种工作方法对委员人选提出了较高的要求，因此改进会规定凡负调解之责者，应具几个必要条件："第一处理要公允，不可有丝毫感情杂其间；第二要事理明白，不可有一些误会；第三要常识丰富，以免判断不合情理；第四要各方兼顾，以免相持不下，而本身的人格感化，尤为不可少之要素。"①

中国有"衙门向南开，有理没钱莫进来"的俗语，生动揭示了民众对诉讼的抵触情绪。其实，一般的农村争讼诱因往往是家长里短，微不足

---

① 姚惠泉、陆叔昂：《试验六年期满之徐公桥》，中华职业教育社 1934 年版，第 11 页。

道,如果处置得当,数语即可解决。然而一经好事者从中挑拨,也很容易一发不可收拾,诉之公堂。"土劣警吏,更从中渔利,无知愚民,受其剥削而犹不自觉悟"。从这一角度讲,"息讼亦挽救农村经济破产之一法"。自民事调解委员会设立后,改进区内"经过调解者不下千余件,互讼公庭者,已绝无仅有。绝贪污土劣恶警方便之门,减人民拖累纠缠损害之苦"①。这不仅有利于帮助农民解决各种纠纷,构建和谐的人际关系,而且也为农民减少了经济损失,从一定程度上挽救了日益凋敝的农村经济。

第三节　徐公桥乡村改进区的经济建设

一　改良农业

根据改进会对徐公桥实验区的调查,该区 50% 的居民从事纯农业生产,25% 的居民半工半农,20% 的居民半商半农,还有 4.5% 的居民半耕半读,农业生产是该区农民的主要职业。因此,农业收入的多寡直接决定了该区居民的经济水准。要提高农民的收入、改善农民的生活必须从农业入手。

徐公桥的农业生产并不能让人满意。首先,该区农作物种类单一,品种老化。根据 1928 年的调查,夏季收获作物中仅麦就占到了全区作物的 70%,而秋季收获作物中水稻更是占到了 80%。由于品种老化,麦、稻的亩产量也十分有限,水稻平均亩产 550 斤,合米 1 担 2 斗,麦平均亩产 1 石。其次,农民的耕种方法相对落后。"本区农具,全系旧式,对于耕种方面,殊感不便",②如小麦的生产与收获均是采用旧式农具。每年 10 月中旬,农民先用锄头、钉耙、犁耙将土地犁松,而后手工播种。次

---

① 李宗黄:《考察江宁邹平青岛定县纪实》,正中书局 1935 年版,第 374 页。
② 江恒源:《徐公桥》,中华职业教育社 1929 年版,第 71 页。

年5月下旬,再用铲刀收割成小捆,运到场上打落。原始的生产方法将大量的劳动力束缚在土地上,却没有丝毫效率可言。据改进区农艺部主任杨懋青调查,该区农家平均种田25亩,"在农忙之时,颇感农工缺乏,因此农作物不能得充分栽培,农产减少"。他提出,"为增加农工,改良农产起见,非使用改良农具不可"。① 最后,病虫害的盛行也是当地农业生产中亟待解决的问题。"该地螟虫为害颇烈"②,几乎年年发生;"麦之患黑穗病者,遍地皆是"③;再加上棉花的卷叶病,"每年损失,约在万元以上,如此巨大之损失,而农民竟束手无策"④,令人痛心。

针对上述不足,改进会从以下四个方面对当地农业进行了改良。

1. 推广优良品种。

改进会对种子的改良主要以麦、稻为主,采用两种途径:一是指导民众选种方法,"每于收获之际,择产品之优良者,或令农民自行选藏,或由本会购买保存";二是介绍良种,"代购各地优良种子,转售于农民"。⑤ 改进会推广的新品种主要有金陵大学26号麦种、苏州改良稻种和江阴白籽棉种、山东的济南棉种。这些新品种产量丰、市场价高,深受农民欢迎。到实验期满,"推行金大二十六号小麦已达全区十之六七,收获量自八九斗增为一石四五斗,稻种改良亦知注意"⑥。

2. 杀灭病虫害。

早在职教社与其他机构联合办理徐公桥农村改进事宜时,杀灭病虫害就成为当时的工作重点。徐公桥乡村改进会成立后更是把除害作为农事改良的重点项目来抓。改进会一方面通过民众教育、试验农场向农民介绍防治病虫害的方法,另一方面派技术人员亲自下到田间地头帮助

---

① 江恒源:《徐公桥》,中华职业教育社1929年版,第73页。
② 赵叔愚著、方与严编:《乡村教育丛辑》,上海儿童书局1933年版,第190页。
③ 姚惠泉、陆叔昂:《试验六年期满之徐公桥》,中华职业教育社1934年版,第17页。
④ 江恒源:《徐公桥》,中华职业教育社1929年版,第72页。
⑤ 陆叔昂:《三周岁之徐公桥》,中华职业教育社1931年版,第43页。
⑥ 姚惠泉、陆叔昂:《试验六年期满之徐公桥》,中华职业教育社1934年版,第67页。

农民除害。为了彻底消灭稻田螟害,改进会发动群众将招病的稻根统统拔除、焚烧。经过连续几年的努力,徐公桥"螟遂绝迹"①。对于大麦、裸麦的黑穗病,改进会要求群众在麦作下种时,用碳酸铜粉浸泡麦种消毒。这一方法虽未能彻底消除病害,但是效果还是明显的。据参观者观察,"在区外,麦患黑穗病的,其成数实可惊,而区内,发现很少"②。到实验期满时,黑穗病"已减少十之七八"③。

3. 推广新式农具。

"工欲善其事,必先利其器"。没有精良的农具,农业生产率的提高只能流于口头。为了推广农具,杨懋青专门拟定了《使用新农具办法》。在办法中,他提出购买新式农具可以采取三种筹款方法:一是集股法,选择各村有志改良农业的农民,集股购买,每股10元,分100股,集资1 000元;二是集款法,由乡村改进会"设法集款购买";三是合作法,通过与农具公司接洽合作,或与热心农民合作购买。对于农具的使用,杨懋青也设计了四个途径:一是出借使用,改进会的所有新式农具,"均可借给村友试用,(打水机不在此例),概不取资,以利改进";二是出租使用,对于打水机这样消耗大的器具,为了避免经济上的损失,采用出租的方法;三是轮流使用,"一切新式农具使用,应谋普及,使个个村友脑海里,都有新式农具的观念,明白此为改进农业之唯一工具",但是,由于新农具所备有限,为了防止出现供不应求的情况,可以采用轮流的方法;四是充分使用,即在冬闲的时候可以利用抽水的引擎,作轧棉花、碾米之用,以充分利用,补救购买上的花费。④

由于改进会的大力倡导与中华新农具推行所的赞助,到实验期满,改进区内的新农具大部分都"为职业教育社附设之新农具推行所之出品",打

---

① 姚惠泉、陆叔昂:《试验六年期满之徐公桥》,中华职业教育社1934年版,第17页。
② 王璋:《到徐公桥去》,载《教育与职业》第90期合刊。
③ 姚惠泉、陆叔昂:《试验六年期满之徐公桥》,中华职业教育社1934年版,第59页。
④ 江恒源:《徐公桥》,中华职业教育社1929年版,第73-74页。

稻机、砻谷机、打水机、碾米机、弹花机等新式农具"已推行有效"。①

4. 举办耕牛比赛。

新农具的推广固然重要，但是限于财力，大部分农民还得依靠原有的农具。改进区多为水稻田，耕牛尤显重要。为了使群众重视耕牛健康，提高耕作技术，同时也是为了提倡家庭畜牧业，改进会每年春季都要举行耕牛比赛。比赛"不独评判牛身之优劣及畜养健康等事情，并试验各种耕法及新农具之应用，以引起农民改进农业之兴趣"。由于凡是改进区群众所养的耕牛均可参加比赛，凡是参加比赛的均可得奖，农民们的参赛兴致非常高，每次的耕牛比赛"出席黄牛、水牛总有一百余头，参加者数百人"②。改进会借耕牛比赛推广农业改良的做法得到了社会各界的认可。1931年4月4日举行的耕牛比赛有132头耕牛参加，吸引了600余民众，连昆山县政府、建设局也都派有代表参加，取得了很好的社会效益。

二 提倡副业

在步入近代以前，中国社会一直是自给自足的小农经济社会，男耕女织、农副业并行成为农村的主要经济现象。然而，到了近代，大量的机器制造品随着西方的坚船利炮涌入中国市场，并逐渐渗透到农村。外国货物物美价廉，很容易在土洋竞争中占据优势，中国农村原有的家庭副业迅速走向衰落。中国农村副业的衰落并非经济发展的必然结果，并不代表其在农村经济中无足轻重。相反，家庭副业生产对于增加农民收入、壮大农村经济具有非常积极的意义。这是因为，农业是一个季节性很强的经济活动，农民并非整年忙于农事，他们一年中总有几个月的农闲。例如，以每月工作的总时数为标准，徐公桥农民一年12个月中除了

---

① 孔雪雄：《中国今日之农村运动》，中山文化教育馆1935年版，第150页。
② 孔雪雄：《中国今日之农村运动》，中山文化教育馆1935年版，第151页。

5、6、9、10 月四个月的工作量达到 100 个小时外,7 月约为 80 个小时,11 月约为 70 个小时,4、8 月约为 40 个小时,3 月约为 30 个小时,2 月仅约为 20 个小时,12 月仅约为 10 个小时,1 月才约为 5 个小时,农民农忙时间不过就四个月,大量剩余时间的消耗必须借助于手工业、畜牧业及商业等家庭副业生产来弥补。此外,由于中国农业还基本停留在原始的靠天吃饭阶段,一旦遭遇天灾,农民就会颗粒无收,衣食成忧。要想摆脱被动的局面,真正增加农民收入,就必须培植新的经济增长点。家庭副业在平常的年景可以补助家庭收入,到了天灾为患、收成无望的时候,它更可以成为解救农民生计的关键所在。再者,随着近代农事改良的实施,农业生产效率逐渐提高,相当一部分农民从土地上解放出来,发展家庭副业又成为安置剩余劳动力的有效途径。所以,凡是农村经济发达的地区,其家庭副业生产必然具有相当好的基础,副业依然是中国农村社会经济发展的一个亮点。

历史上长江三角州地区之所以成为经济富庶之地,正在于它的家庭副业发达。然而,步入近代,由于地处开放口岸,长江三角州地区的农村副业最先受到了西方洋货的冲击,家庭副业渐失往日的繁华。据职教社 1929 年初对整个昆山县的抽样调查统计,该县有副业家庭仅仅占到 26.7%。①具体到徐公桥镇,赵叔愚在对其进行专门考察后指出:"该地农家副业极不发达,如蚕丝,养鸡,养蜂等副业,均饶有提倡发达之机会。""宜调查当地可供利用之原料,使男子于农暇时,亦可制造简单适用之工艺品。并当按时举行农产工艺品展览会,以资观摩比较,而收促进之功效。"②根据赵叔愚的建议,改进会成立后便针对改进区的具体情况,大力提倡家庭副业生产。

第一,提倡养鱼。徐公桥属于江南水乡,区内河道纵横,具有养殖鱼

---

① 中华职业教育社:《农民生计调查报告》,中华职业教育社 1929 年版,第 25 页。
② 赵叔愚著,方与严编:《乡村教育丛辑》,上海儿童书局 1933 年版,第 190-191 页。

类得天独厚的条件,当地养鱼的农户不在少数。然而,由于缺乏必要的科学常识,农户大多放任自流,既不懂得施以饲料,又不知道加以保护,因此获利很少。为了提高养鱼农户的经济效益,改进会专门与江苏省立水产学校昆山畜殖场取得联系,请求他们派技术人员到改进区指导农户养鱼。改进会的提倡加上技术人员的指导,改进区农民"养鱼之兴趣,益见浓厚"①。为了因势利导,改进会于1931年底筹集200元款项,组织成立了改进区养鱼合作社,专门划定了油车浜等两处水塘,投放鱼苗2 500条进行养鱼实验。养鱼实验取得了意想不到的成功,仅1933年就推广鱼池9处,全区投放鱼苗2万余尾。② 到实验期满,"至副业之推进,以养鱼最为发达,已有合作鱼池十三处"③。改进会还要逐年推广,以期取得更大的效益。

第二,推广植树。种植树木既可以美化环境、调节气候,又可以增加经济收入。徐公桥乡村改进实验区内的农民大多有植树的习惯,每逢春夏之交,改进区内到处绿树成荫。改进会成立后,同样重视推广植树。改进会每年的植树节都组织各个学校的师生成立植树队,带领农民进行植树;每年的民众运动会也要组织专门的植树活动。针对区内树苗供应不足的情况,改进会自辟苗圃培育良种,向农民无偿发放树苗。苗圃占地9分4厘,培育白杨、千头柏等树苗7 312株,单是1931年植树节就向农民提供树苗1 136株。甚至有的年份,苗圃上年培育的苗木还会分赠一空,供不应求。推广植树和养鱼一样成为改进会推进副业活动中"最为有利"的事业。④ 到1934年7月,改进区农民的"植树兴趣,较六年前大进,平均每年增加树本三千株以上"。改进会苗圃分给农民的树苗"历年不下万株"。⑤ 除了种植绿化苗木以外,改进会还推广果树种植。改进

---

① 陆叔昂:《三周岁之徐公桥》,中华职业教育社1931年版,第64页。

②《徐公桥乡村改进区概况》,载《教育与职业》第156期。

③ 姚惠泉、陆叔昂:《试验六年期满之徐公桥》,中华职业教育社1934年版,第59页。

④ 姚惠泉、陆叔昂:《试验六年期满之徐公桥》,中华职业教育社1934年版,第25页。

⑤ 姚惠泉、陆叔昂:《试验六年期满之徐公桥》,中华职业教育社1934年版,第59、66页。

区内建有许多果园,这些果园不仅品种优良,培植方法上也具有较高的技术含量。例如,改进会已经在果树种植中推广套袋技术。这种技术"一则可以防虫蛀鸟啄,二则颜色好,三则皮薄水多"[1],时至今日依然为一些果农所运用。

第三,推广良种鸡、猪。对于养鸡、养猪,改进会特别注意优良品种的推广。1930年改进会在改进区民众墓园旁设立了一所养鸡场,专门从事各种鸡品种的比较与改良。鸡场一方面大量繁殖新引进的产蛋率比较高的意大利"来格亨"种白色卵用鸡;一方面试验本地良种母鸡与"来格亨"种鸡的交配改良,希望通过对比,选择出产蛋率比较高的鸡种。经过试验,改进会决定从1931年春开始推广比较优良的"来格亨"种卵用鸡。为了提高农民更换鸡种的积极性,改进会依然先行选择一部分农家进行表征实验。改进会向这些农家提供优良鸡种、饲养器具,派专人指导他们饲养方法。这些农家的家禽饲养很快便取得了实实在在的成绩。这些成绩的出现打消了广大农民改良鸡种的顾虑。据统计,仅1931年的2—4月,改进会就推广了427只"来格亨"种卵用鸡,从最初的2月一个月仅仅推广32只,到4月一个月推广342只,农民改换鸡种的热情不断高涨。除了"代办种鸡及种蛋",推广优良品种外,改进会养鸡场还"指导饲养的方法,鸡舍的设计,杂具的制作;组织鸡蛋运销合作社",尽可能地替改进区农民解决养鸡中出现的一切问题。[2] 和改良鸡种一样,徐公桥改进区推广养猪也十分重视猪种改良,通过引进和推广外国的优良猪种,取代本地劣质猪种,达到农民增收的目的。在改进会的积极扶持下,到实验期满,实验区中农家饲养的基本上都是优质的"来格亨"种卵用鸡,且平均每家农户养猪数不止一头。农民通过养鸡、养猪获得了可观的经济收入。

---

[1] 王璋:《到徐公桥去》,载《教育与职业》第90期合刊。
[2]《徐公桥养鸡场简章》,载《教育与职业》第115期。

第四,提倡家庭纺织,进行土布改良。江南地区素有纺纱织布的传统,但是,由于农民不重视技术革新,其产品花色单一,根本无法与西方现代工艺生产出来的纺织品相媲美。有鉴于此,改进区经过周密筹划,举办了一次土布展览运动会,展示各种花色的土布,由到会群众评分优劣、去劣存精。尔后,改进会根据评选结果派员去各家指导改良。经此示范,徐公桥土布在"花色方面,改良不少"①。为了配合土布改良,改进会要求"会里干部和区内各分会的办事员、教师也一律穿着本地土织的衣服,推广全区,形成一种俭朴的风气。由于全区不买洋布做衣服,估计每年可节约 8 000 元以上,这个数字,在当时认为是相当大了"②。1934年实验期满之前,改进会还在积极集资,准备兴办一家小规模的土布厂,以便进一步改良土布的花色品种。此外,徐公桥乡村改进会还举办过几期家庭工艺训练班,招收青年妇女进班学习花边和刺绣,学成后每月发给材料,组织她们从事家庭工艺品生产。这样,她们每个月也可增收七八元。

第五,推广养蜂、养蚕。这是改进会推广失败的项目。如前文所言,在改进会开始推广副业前,赵叔愚先生就把养蜂、养蚕想当然地当作了改进区农民增收的一个途径。改进会成立之后"鉴于养蜂之利",专门成立了养蜂场,购进两箱意大利黄金种蜜蜂和一箱土种蜜蜂,进行试验,准备大力推广。"在夏秋二季,蜂之活动,尚觉满意。一至冬初,渐现呆滞之象,所有储蜜,亦日见减少"。这是因为该地冬季很少有开花植物,根本不能提供足够的蜜源,蜜蜂活动自然迟滞。改进会只能"用糖浆饲之,勉强度日"。经过这次实验,改进会不得不承认"区内蜜源缺乏,实不宜

---

① 姚惠泉、陆叔昂:《试验六年期满之徐公桥》,中华职业教育社 1934 年版,第 61 页。
② 阮南田:《徐公桥乡村改进区追述——黄炎培手创的第一块实验园地》,载中国人民政治协商会议江苏省昆山县委员会文史征集委员会编《昆山文史》第 6 辑,内部资料 1987 年版,第66 - 67 页。

养蜂"。[1] 养蚕也遭遇了同样的命运,"蚕丝因无桑园,故难提倡"[2]。改进会推广养蜂、养蚕失败说明,改进农村只能从当地的实际情况出发,任何想当然的做法都是不可取的。幸运的是,改进会在副业推广中也采用了类似农事改良的方法,在推广之前,先在自办蜂场里进行试验,从而确保了能够及时发现问题,避免农民的更大损失。

三 推广合作

徐公桥乡村改进区最早成立的合作组织是借贷合作社。1928 年初夏,徐公桥乡村改进会的工作人员发现区内一般没有力量的农民自从插秧以后,天天在田里工作,但其结果除了纳租和一切开支外,几乎没有什么剩余,生活实在痛苦。推其原因,"就是没有力量购买肥料,以资农产,终为经济所限制"。即使那些较有力量的农民,"不是受高利借贷,就是押当,或者将小麦籴换,所得价钱,亦为奸商所压低"。农民的经济"真所谓'入不敷出',困难极了"。[3] 为了用低利借贷的方法救济农民,提高他们的农业生产力,从而帮助他们解除痛苦,徐公桥乡村改进会组织农民在 1928 年 7 月成立了徐公桥乡村改进会借贷合作社。

徐公桥乡村改进会借贷合作社以"流通农民经济,增加生产效能"为宗旨,凡是居住在改进区的农民,只要身家清白、无不良嗜好、有正当职业、经合作社执行委员会审查合格的,都可以加入合作社成为社员。由于当时合作社没有基金,无钱可贷,贷款是向职教社借的,仅为 500 元,因此,合作社最初对放贷条件规定得比较严苛:借贷周期仅为 5 个月,贷款额以农家所种田亩数为标准,贷款用途限制在"专作农民以购买肥料为限"。[4]

---

[1] 陆叔昂:《三周岁之徐公桥》,中华职业教育社 1931 年版,第 64-65 页。
[2] 姚惠泉、陆叔昂:《试验六年期满之徐公桥》,中华职业教育社 1934 年版,第 59 页。
[3] 江恒源:《徐公桥》,中华职业教育社 1929 年版,第 104 页。
[4] 江恒源:《徐公桥》,中华职业教育社 1929 年版,第 106-107 页。

虽然合作社的放贷条件相对严苛,但是,由于当时农村金融极度匮乏,合作社的放贷迎合了群众的需要,加之利息较低(仅7厘),合作社的举办还是受到了农民们的热烈欢迎与积极配合。据统计,1928年7月26日借贷合作社正式放款时就有98户农民借款,借款人中有63岁的老者,也有11岁的孩童。借款人均为佃农,耕种田亩最多的有45亩,最少的仅为2亩,借款额为2—10元不等。到了年底,农民们"一律归还,绝无拖欠"[①],表现出了极高的信誉。

徐公桥乡村改进会借贷合作社先后举办9期,借出款数从每期500元增加到1 000元,累计放贷8 000元,轻利薄息,极大缓解了农民在生产过程中因资金不足出现的生产困难。

继借贷合作社之后,徐公桥乡村改进会又组织成立了徐公桥乡村信用合作社。信用合作社成立于1929年6月,其宗旨:"以社员联合信用,向社外借贷于社员,作正当之经济用途,及使社员得储金之便利。养成社员俭朴自助及合作之精神。"[②]其业务主要是办理存款、放款、代理收付款项,以及其他关于社员之公共事业。由于这次的信用合作社被定位为"正式信用合作社",不仅要满足农民的经济要求,还要通过合作社培养社员的自治能力,因此,改进会对信用合作社社员的资格、入社和出社,以及合作社的组织安排、盈亏处分都有严格和详细的规定。村民只有"年满二十岁以上,居于家主之地位。有正当职业。品性纯正,行为忠实。无不良嗜好"的才有资格申请加入信用合作社。农民入社"须经社员二人之介绍,全体社员之同意,署名于本社章程,始得入社"。入社时,每个社员还得至少认购社股一股(每股一元),定期一次缴清。关于社员的出社,社员可以自请出社,但是"须于六个月以前,通知社务委员会,其社股须于出社年度营业结算后,始得退还本人"。社员如果不遵社章,丧

---

① 黄炎培:《我之农村工作经验谈》,载《断肠集》,生活书店1936年版,第295页。
② 江恒源:《徐公桥》,中华职业教育社1929年版,第120-121页。

失信用,或者不再满足入社资格要求,合作社理事会有权先行停止其各种应享权利,然后提交社员大会将其除名出社。对于合作社的组织安排,《徐公桥乡村信用合作社简章》规定,信用合作社设理事会、监事会两部。理事会由五名理事组成,任期三年,"负经理社务之全责,对外代表本社,理事会得就理事设会计一人,负保管银钱及登记账目之责,书记一人,管记录文件事项"。监事会由五名监事组成,任期两年,"有监查社内各种事务及财产状况之责,每半年至少须查账一次,对于理事之执行业务,有监察之权"。理事、监事不得兼任,均由社员大会选举产生。社员大会"对于社内事务,操最高之表决权"。社员大会不仅有选举理事和监事的权利,还有审查合作社预算、决算,讨论营业方针,决议进行事项,承认或开除社员,处理一切社务纠纷和修改社章的权利。对于合作社的盈亏处分,《徐公桥乡村信用合作社简章》规定:"本社每年结账后,于纯益项下,应提百分之二十,作公积金,按期存入农民银行,或其他殷实金融机关生息。"合作社每年的纯益"除提付公积金外,其余以百分之七十,按借款者应付之利息,分配于借款人,以百分之三十,作发展本社事业区域内合作事业费"。"如有亏损,除将公积金社股金抵补外,不足之数,由全体社员负责清偿"。同徐公桥乡村改进会借贷合作社相比,这次的信用合作社所有权属于农民,最高决策权在农民,盈亏与农民直接挂钩,真正体现了合作社的内在要求。

徐公桥乡村信用合作社的贷款由江苏省农民银行提供,该行是民国时期最早成立的合作金融机关。由于有了坚强的资金后盾,信用合作社在放款用途及数目、期限上放低了要求。"放款以贷于社员作合于正当用途为限,放款数目及期限等,由理事会议决之"[①]。此举受到群众的欢迎,合作社"事业蒸蒸日上,信用著于全区"。到实验期满,信用合作社社员已由成立之初的 12 人增至 467 人;股金由 50 股、100 元

---

① 江恒源:《徐公桥》,中华职业教育社 1929 年版,第 120－126 页。

增至 252 股、1 780 元;①发放贷款也由原来的 2 212 元逐步增长,到实验的第五年已变成每期5 000元,一年两期,信用社先后举办 9 期,共发放贷款 26 000 余元。②

当然,徐公桥乡村信用合作社的成绩并不能让徐公桥乡村改进会完全满意,他们认为合作社还有三个方面需要改进:"以三千五百余之民众,入社者,仅四百六十七人,受实益者,可谓微之又微,此宜补救者一。只有借款,而无其他业务,合作竟同合借,此宜补救者二。每届借款,粥少僧多,难以普遍调剂,此宜补救者三。"③

针对这些问题,改进会提出:"逐年在各分会内单独成立一个合作社,而业务以生产为先,储蓄为辅,借款乃一种补助事业。对于全体社员,更宜时时加以相当之训练,俾数年之后,多数民众,均得为社员,且人人能生产,能储蓄,并人人为健全之公民。"④方针既定,改进会先后于1933 年 1 月在第一分会区成立珠翠合作社,4 月在第六分会区成立有光合作社。然而,新成立的合作社并没有实现改进会的原定目标。珠翠合作社仅仅办理"信用借款、公共储押",近半年时间不过吸引社员 75 人,股金 150 元。有光合作社虽"以举办一切合作事业为宗旨",最初也只有22 人入社,股金 500 元。⑤

除了上述合作社以外,改进会还在 1931 年 12 月成立了生产合作社,合作养鱼;1933 年 3 月成立了花边合作社,教授并代销花边。然而由于"办法太觉枝节",最终都分别归并信用合作社了。⑥ 此外,改进会还举办了合作碾米厂、砻谷机厂和肥料合作社,前两个厂里,"每天有不少农

---

① 姚惠泉、陆叔昂:《试验六年期满之徐公桥》,中华职业教育社 1934 年版,第 17 页。
② 《徐公桥乡村改进会概况》,载姚惠泉等编《中华职业教育社之农村事业》,中华职业教育社 1933 年版,第 15 页。
③ 姚惠泉、陆叔昂:《试验六年期满之徐公桥》,中华职业教育社 1934 年版,第 17 页。
④ 姚惠泉、陆叔昂:《试验六年期满之徐公桥》,中华职业教育社 1934 年版,第 17 页。
⑤ 《徐公桥乡村改进会概况》,载姚惠泉等编《中华职业教育社之农村事业》,中华职业教育社 1933 年版,第 15 页。
⑥ 姚惠泉、陆叔昂:《试验六年期满之徐公桥》,中华职业教育社 1934 年版,第 18 页。

民送去糙米和谷子,依次要求碾砻轧白,两厂营业,从未间断"①。肥料合作社使当地农民"不致再像以前向店内欠账,付二分钱的重利息"②。

合作运动的另一项重要内容是举办公共仓库。改进会在工作中发现"每届冬季米价必较平时为贱,而农民需款既殷,不得不以贱价出售,待至来春,则以贵价籴入,此中损失,为数甚大"③。为了减轻农民负担,他们决定组织农民成立公共仓库,凡秋冬谷贱又需要用款时,农民可以用白米向仓库典当借款,等到春季米价增高时,再赎回出售。

1931 年 12 月,徐公桥乡村改进会公共仓库在徐公桥镇正式成立。公共仓库设在乔家祠改进会医诊所的后面,一共三间屋,分为徐字号、公字号和桥字号。按照《徐公桥乡村改进会公共仓库办法大纲》的规定,仓库储押米粮分为两种方式:存库储押和保证储押。存库储押就是押户将米粮送公共仓库统一保管;保证储押就是押户请两个殷实保证人出保,经公共仓库派员查明认可,大米由押户自行存储,不必入库。典押大米必须是农户自家生产,每户押款不得超过 100 元。押款利息因人而异,会员不超过 1 分 2 厘,非会员不超过 1 分 3 厘。该年 12 月至翌年 5 月,公共仓库举行了第一期典押,全区共典米 1 004 石,贷款 7 000 元。由于农民典米时米价仅为 8.7 元,而赎出时米价上涨到 12.8 元,本期典米农民每石获利 4.1 元。1932 年 12 月至 1933 年 5 月,公共仓库扩大业务,在珠翠庵、杨家角增设了两个分库,三处仓库同时举行典米,全区共典米 1 825 石,贷款 9 000 元。虽然"受时局影响",本次典米价格上涨并不明显,但是每石还是增收 1.5 元,累计为农民获利 2 727 元。④

---

① 阮南田:《徐公桥乡村改进区追述——黄炎培手创的第一块实验园地》,载中国人民政治协商会议江苏省昆山县委员会文史征集委员会编《昆山文史》第 6 辑,内部资料 1987 年版,第 67 页。

② 王璋:《到徐公桥去》,载《教育与职业》第 90 期合刊。

③ 姚惠泉、陆叔昂:《试验六年期满之徐公桥》,中华职业教育社 1934 年版,第 18 页。

④ 《徐公桥乡村改进会概况》,载姚惠泉等编《中华职业教育社之农村事业》,中华职业教育社 1933 年版,第 16 页。

由于"徐公桥的农民，对于储押仓库，很信任，也很拥护"①，改进会随后又在固巷增设公共仓库第三分库，继续举办典米贷款业务。不过由于第二期的保证储押出了问题，仓库储押米粮改为只采用存库储押一种方式了。

从整体上看，徐公桥乡村改进实验区的合作事业并没有收到预期效果。此中最重要的一个原因便在于资金的缺乏。一方面农村投资回报周期长、风险大，银行不愿意过多投入资金；另一方面农村资金匮乏，农民将合作变为合借，需要大量资金，处于夹缝中的合作社很难有所作为，不得不充当银行与农民的中介。这种合作社很难发挥其应有的作用。

当然，徐公桥合作运动的推行并非一无是处。信用合作社的建立改变了旧中国农村中高利贷一统天下的局面，不仅冲击了高利贷的盘剥，减轻了农民负担，还促进了城乡金融流通，活跃了城乡经济。合作社还具有改造农村社会的功效。通过合作社运动，农民们可以受到平等、民主、诚信、互利等观念的影响和熏陶，逐渐形成新的道德价值观，从而促使农村社会风尚发生改变。正是有鉴于此，职教社才满意地指出，改进会"经济之调剂，则以提倡合作为中心"，从而使"在此农村经济破产声中徐公桥区农民得免高利之贷款，人人终岁温饱，免于饥寒"。② "又靠了合作社经济的关系，无形中约束社员，日渐向上，嗜雅片的自然淘汰之列，（区内雅片绝迹）即喝酒和到区外赌博的人，也大形减少，这是合作社成立后莫大的收获"③。也正是出于这样的理由，江恒源先生才把推广合作社作为农村改进的三个中心之一："农村经济问题，如避免高利贷，购入廉价种子肥料农具，联合卖出农产品，不致再有人欺凌剥削。结合经营集团农场，采用科学的新方法等等，皆可凭借合作社之力以解决之。并且团体生活的练习，互助精神的养成，服务德性的增进，皆可于进行合作

① 王璋：《到徐公桥去》，载《教育与职业》第 90 期合刊。
②《徐公桥乡村改进会概况》，载姚惠泉等编《中华职业教育社之农村事业》，中华职业教育社 1933 年版，第 32 页。
③ 江问渔、姚惠泉：《中华职业教育社农村工作报告》，载乡村工作讨论会编《乡村建设实验》第 2 集，中华书局 1935 年版，第 244 页。

社时逐渐得之。"①

第四节　徐公桥乡村改进区的教育事业

作为一个社会教育团体,职教社对徐公桥乡村改进区的教育改造颇为用心。改进会从普及义务教育、推广民众教育和加强青年训练三个方面对改进区教育进行了改进,取得了很好的效果。

一　普及义务教育

赵叔愚在设立徐公桥改进区前曾对该区教育进行考察。他指出: "当地小学教育,尚称发达;惟教学训练如何可使适应环境,增加效能,似尚待研究改良;而未就学之学龄儿童,犹有百分之三十之多,更应该设法劝导,或施相当之奖励,惩罚,以期教育之普及。"②在此思想指导下,改进会十分重视普及义务教育。

第一,加大劝学力度,提高儿童入学率。1928 年 10 月,改进会再一次对全区学龄儿童入学情况进行了统计,发现全区学龄儿童未入学者205 人,入学者仅为 110 人。各村情况差异很大。例如,固巷村共有学龄儿童 42 人,入学的只有 12 人;徐公桥情况稍好,入学、未入学儿童分别为 21 人、19 人。为了提高入学率,改进区各年度教育进行计划大纲中都要将举行劝学运动作为重要内容。改进区的十大信条、通俗格言也都将劝学作为一项重要内容。除此之外,教职员工平时还"多作农家访问,以诚恳之态度,吸引学生"③,改进会"平常与农友接谈,当然兼司劝学的任务"④,每个学期结束后还"推定劝学员若干人,会同各校教职员分赴各学

---

① 江恒源:《试验六年期满之徐公桥·序》,载姚惠泉、陆叔昂编《试验六年期满之徐公桥》,中华职业教育社 1934 年版,第 4 页。

② 赵叔愚著、方与严编:《乡村教育丛辑》,上海儿童书局 1933 年版,第 190－191 页。

③ 姚惠泉、陆叔昂:《试验六年期满之徐公桥》,中华职业教育社 1934 年版,第 32 页。

④ 江恒源:《徐公桥》,中华职业教育社 1929 年版,第 135 页。

校区,劝导尚未入学之儿童入学"①。下文将要提到的私立观澜义务教育试验学校更是多种方法交互使用:集会劝学,即召开大会,宣传教育的重要性;相机劝学,即利用村民采购的时间,"招呼谈话,诚意劝导";访问劝学,即利用村民"农作休闲的时候,一家一家的轮流往访,告以儿童入学的重要"。据说,该校"时间制——妇女——的开办,大半是第二第三两种方法的结果",学校"教师除掉室内做事外,和村友们在田埂家庭谈话的时候,很占不少"。②

尽管改进会对普及义务教育进行了大张旗鼓的宣传,但是,由于当时农村生产力低下,农民增产增收主要靠增加劳动力投入,因此,对经济利益的追求往往战胜农民对教育的向往,义务教育的普及还存在着不小的困难。为了顺利实现普及义务教育的目标,1931 年 7 月,改进会制定并颁布了《徐公桥乡村改进区普及义务教育办法大纲》。该大纲一方面针对徐公桥教育资源相对紧缺的具体情况,提出用增设学校、分年入学的方法实现"全区男女学童,一律修了义务教育,达到普及目的";另一方面则提出了参加义务教育与否的奖惩规则,推行强制入学。大纲规定:凡是能够让子女在就学时期按时入学的家长,"如遇需款时,得尽先就改进会合作社贷款。完全佃农,由改进会商得田主之同意,每生每年酌赠米一斗于其家庭。如遇家庭困难事项,得请改进会予以相当之协助"。凡不能依规定送孩子就近入学的家长,始则"学校当局,派员警告",继而"通知公安局,派警警告","施以相当之处罚"。③ 类似的强制劝学的做法贯穿在改进区的许多工作中。例如,改进会推广家庭养鸡时,选择表征家庭的一个重要规定便是"凡民众学校学生及本区中心小学及分校之学生家长,有选定之优先权"④。这些规定将农民的经济利益与儿童入学紧

①陆叔昂:《三周岁之徐公桥》,中华职业教育社 1931 年版,第 73 页。
②陆叔昂:《三周岁之徐公桥》,中华职业教育社 1931 年版,第 98 页。
③姚惠泉、陆叔昂:《试验六年期满之徐公桥》,中华职业教育社 1934 年版,第 30 - 31 页。
④《徐公桥养鸡场简章》,载《教育与职业》第 115 期。

密结合,抓住了当时农村儿童入学率低的根本症结,极大地刺激了家长送学生入学的积极性。

第二,增设学校,实行"流动教室"制。要普及义务教育必须解决学校数量不足的问题,改进会成立以后加大了学校的修建力度。据统计,1928 年以前,徐公桥实验区只有一所小学,入学儿童 110 人。1929 年,学校增加到两所,学生数增加到 140 人。到 1931 年,全区有"小学五,均系初级程度,内公立者三校,私立者二校,凡七教室,学生三百八十七人"①。此外,改进会合理调整了学校布局,徐公桥中心小学位于徐公桥镇上,南戴初级小学位于杨家角,珠翠初级小学则建在珠翠庵,私立观澜义务教育试验学校建在固巷,私立陆景初级小学建在唐家角。这样,改进区内不仅学校数目增多了,还形成了合理的学校布局,从而方便了改进区学生入学,优化了教育资源配置。及至 1934 年 7 月实验期满时,改进区又增设梅浦小学,"小学公立者四,私立者二,流动教室二,就学儿童五百三十五人"②。短短六年间,学校数增长六倍,学生数增长五倍,取得如此成绩实属不易。

需要特别介绍的是私立观澜义务教育试验学校。

私立观澜义务教育试验学校是为纪念著名义务教育家袁观澜先生而设,由钱新之、江问渔斥资兴建。学校成立于 1931 年 3 月 8 日,位于徐公桥乡村改进区内的固巷村。"就固巷村高真堂古庙,移去木偶,加以修理,庙左空地为游息之所,庙前空地为校园,又借用张越人先生空地三亩,为观澜桃李园"。学校"经常费全年六百元,由钱新之先生捐助,开办费一百元,由江问渔先生捐助,修理校舍费二百三十一元九角五分六厘,由张越人先生筹集",此外再由职教社补助临时费 80 元。③

私立观澜义务教育试验学校的开办因陋就简,其内部设施及师资配

---

① 陆叔昂:《三周岁之徐公桥》,中华职业教育社 1931 年版,第 65 页。
② 姚惠泉、陆叔昂:《试验六年期满之徐公桥》,中华职业教育社 1934 年版,第 25 页。
③《私立观澜义务教育试验学校概况》,载《教育与职业》第 156 期。

备也极为有限。工读室的布置"避免形式之铺张,以省费为原则……四壁贴着自制的农作物,害虫益虫,和关于卫生方面的图表,以及学生之作品"。学生用的桌子是"向改进会要了一只很大的破木箱,雇工拆做了五只方桌……很经济,很合用";用的凳子是"向村友们裹借来,有的是学生自己带来,都是两人合坐的长凳"。[①] "全校组织至为简单,设校长一人,处理全校事务,所有教学、训育、行政等事宜,统由校长一人兼任"[②]。然而,就是这样一个设施简陋、师资有限的私立小学却要"担任五个村庄共八十四户四百人口的全部义务教育"[③]。为了最大限度地利用有效的教育资源,配合农村改进事业的推行,观澜义务教育试验学校在教学编制、教学内容与教学目标上采取了与普通学校不同的做法。

在教学编制上,学校分为全日制、半日制、时间制。全日制"容纳家道稍丰预备升学之儿童"[④],由于他们"年龄幼稚,晨间多户外自由活动,十点起室内工作,注重下午的工作"[⑤];半日制,"凡农家子女欲协助其家长农作者入之"[⑥],他们的课程"到上午十点五十分就完了"[⑦];时间制容纳那些"日间完全须工作者"[⑧]。"于农忙时,半日制得改行时间制"[⑨]。这部分学生年岁较大,在晚上七点半以后开始学习。私立观澜义务教育试验学校这种"活动编制、轮流教学"的方法既抓住了不同年龄段学生的学习特点,又照顾了不同家庭生产需要,还最大程度地利用了有限的教育资源,不仅在当时不失为一种行之有效的创举,也为当代经济落后的偏远山区解决义务教育问题提供了一条可资借鉴的道路。

---

① 陆叔昂:《三周岁之徐公桥》,中华职业教育社 1931 年版,第 103 页。
②《私立观澜义务教育试验学校概况》,载《教育与职业》第 156 期。
③ 孔雪雄:《中国今日之农村运动》,中山文化教育馆 1935 年版,第 152 页。
④ 孔雪雄:《中国今日之农村运动》,中山文化教育馆 1935 年版,第 152 页。
⑤ 陆叔昂:《三周岁之徐公桥》,中华职业教育社 1931 年版,第 98 页。
⑥ 陆叔昂:《三周岁之徐公桥》,中华职业教育社 1931 年版,第 109 页。
⑦ 陆叔昂:《三周岁之徐公桥》,中华职业教育社 1931 年版,第 98 页。
⑧ 孔雪雄:《中国今日之农村运动》,中山文化教育馆 1935 年版,第 152 页。
⑨ 陆叔昂:《三周岁之徐公桥》,中华职业教育社 1931 年版,第 109 页。

在教学内容与教学目标上,私立观澜义务教育试验学校注重全日制学生团体生活习惯的养成和创造能力的培养,主要开设国语课(占21.5%的课时),算术课(占 21.5%的课时),常识课(占 21.5%的课时),艺术、写字课(占21.5%的课时)及音乐、康健活动(占 14.0%的课时)。学校重视教学质量,每月都要进行测验,每一教学阶段终了也要进行测验,为学生的升学做尽可能充足的准备。对半日制、时间制学生,学校则以改进区十大信条为标准,针对不同的教育阶段,逐步培养他们的生产、生活技能。例如,基本阶段"以识字为中心",开设识字课(占 62.5%的课时)、算术课(占 37.5%的课时),要求学生识用日用单字1 000个,了解 99以内加减乘除的运算,认识石、斗、升、元、角、分等单位;进修阶段"以常识为中心",开设常识课(占 62.5%的课时)、算术课(占 37.5%的课时),要求学生了解卫生常识、公民常识及史地常识、国耻史,能够进行 999 以内的四则运算,认识并能应用丈、尺、寸、亩、分、厘、斤、两等单位;补充阶段以"日常应用文为中心",开设日用文(占 62.5%的课时)、算术课(占37.5%的课时),查漏补缺,要求学生能够写书信、便条及柬帖,懂得利息计算、折扣计算。[①] 学校企图通过这样的培养方式,把他们"养成适合农村社会生活,及爱群互助精神兼备的中国农民"[②]。

由于生计问题还是当时农村的根本问题,要想把义务教育的普及落到实处,必须注意生产,充实民生。在做好普及识字运动的同时,针对当地"副业极少,农隙之时无工可做,而妇女生活,尤为薄弱"[③]的实际情况,结合本校半日制、时间制学生"女生尤多"的特点,私立观澜义务教育试验学校还把积极提倡副业作为一项重要的教育内容。学校与刺绣公司合作推行绣花,由刺绣公司供给每人一副木架,聘请一名义务女导师随时指导。半日制的学习时间安排在每天的下午一时到五时,时间制则在

---

① 《私立观澜义务教育试验学校概况》,载《教育与职业》第 156 期。
② 陆叔昂:《三周岁之徐公桥》,中华职业教育社 1931 年版,第 102 页。
③ 《私立观澜义务教育试验学校概况》,载《教育与职业》第 156 期。

家里自行安排时间。这一活动刚刚开始便显示出良好的经济效益,学生"未届娴熟时期每人每月最多六元,最少三元"①。通过这种方式,学生不仅掌握了一门实用的技术,还可以取得报酬补贴家用,从而减轻家庭负担,确保学业的继续进行。

私立观澜义务教育试验学校独到的教学编制与切合实际的教学内容、教学目标设计受到了时人的赞叹。

曾经到徐公桥参观的王璋在《到徐公桥去》里多次称赞观澜义务教育试验学校的制度"很好,既经济,又切实",其教育方式"最合乎经济"。②《中国今日之农村运动》一书的作者孔雪雄也指出,私立观澜义务教育试验学校是"用最少的费用来实施义务教育的一种试验","教育方面采取活动编制,分全日、半日、时间三组,在一间简陋的工读室中,轮流交替教学,殊为最经济之学校组织"。③

学校也得到了广大村友的认可。当时的农村普遍迷信,"迎神赛会建醮祀灶之迷信,年耗于此者,实属可惊"④,"每户每年所耗香烛等费,足供儿女之教育费而有余"⑤。然而,村民对于开办之初的"改庙为校"非但没有反对,"并且帮助迁移偶像的工作"。这既是改进会移风易俗的结果,也是广大村民对学校的认可与最大的支持。

广大学生及家长更是倍加珍惜这一学习机会。原来该区"十之七八,都不送子女去读书,尤其女的更多"。可是私立观澜义务教育试验学校开办半年便招到学生 38 人,其中女生占 22 人,"最长的十六岁,也有少数在二三十岁之女子"。⑥ 最能说明问题的是该校对学生缺席情况的调查(见表 1)。半日制、时间制学生们无一逃学的优良表现不仅仅反映

---

① 《私立观澜义务教育试验学校概况》,载《教育与职业》第 156 期。
② 王璋:《到徐公桥去》,载《教育与职业》第 90 期合刊。
③ 孔雪雄:《中国今日之农村运动》,中山文化教育馆 1935 年版,第 152 页。
④ 陆叔昂:《三周岁之徐公桥》,中华职业教育社 1931 年版,第 130 页。
⑤ 江恒源:《徐公桥》,中华职业教育社 1929 年版,第 145 页。
⑥ 陆叔昂:《三周岁之徐公桥》,中华职业教育社 1931 年版,第 97、99 页。

了他们对学校的支持,而且更多地反映了他们对科学知识的向往。可以说,私立观澜义务教育试验学校正是找到了一条适合当时农村普及义务教育的道路才能取得成功,"颇著成效"①。

表1　私立观澜义务教育试验学校 1931 年 3 月—6 月学生缺席情况调查表

		帮助工作		疾病	其他		
		农作	家事		雨阻	逃学	庆吊
全日制	次数			12	24	9	27
	百分比			16.5%	33.5%	12.5%	37.5%
半日制	次数	80	35	15	10		19
	百分比	50%	22%	9.5%	6.5%		12%
时间制	次数		18	25	17		28
	百分比		20.5%	28%	19.5%		32%

原表载陆叔昂编《三周岁之徐公桥》,中华职业教育社 1931 年版,第 107 页。

　　除了增设学校外,改进会还在《徐公桥乡村改进区普及义务教育办法大纲》中提出用流动教室的办法普及义务教育。1933 年,改进会正式开始实行"流动教室"制。

　　所谓"流动教室",顾名思义就是不固定的教室。改进会认为当时"普通办学最大弊病,但为学校本身便利计,不为儿童就学便利计,于是义务教育,终无普及之希望,非义务教育之不能普及,乃办理义务教育之无普及方法"。为了"励行义务教育",让僻远乡村的学童也能得到接受教育的机会,改进会在交通不便的地方设立了流动教室。这种教室"得因事实之需要,随时更易其他地点,惟至少时间,应存立半年"。② 本着节省经费的原则,通常"一个教师教两只教室,校舍利用庙宇,课桌均由民

① 姚惠泉、陆叔昂:《试验六年期满之徐公桥》,中华职业教育社 1934 年版,第 26 页。
② 姚惠泉、陆叔昂:《试验六年期满之徐公桥》,中华职业教育社 1934 年版,第 26 页。

众自己供给"①,教室里只有黑板一块、计时钟一只,以及其他自制图表。流动教室的课程主要开设国语、算术和常识,授课时间"以半日为限,或上半日,或下半日,视地方情形酌定之,儿童不在学校授课之半日,助理家务"②。上、下半日的划分一般是第一流动教室在上午上课,第二流动教室就在下午,反之亦然,极大地提高了教室的利用率。同普通学校相比,流动教室最大的优势就是更加灵活方便,哪里有需要就可以设在哪里,更有利于解决偏远地区儿童的就学困难,从而将义务教育送到最偏远的地方,提高义务教育的普及程度。

第三,强化义务教育普及工作的领导、监管力度。不以规矩,不成方圆。为了确保改进区义务教育普及工作的顺利实施,改进会制定了一套相应的措施和制度,加大了监管、领导力度。

首先是重视各项工作的有序进行。除了在职教社徐公桥农村改进实验分年进行计划里对教育事业做了专门规划外,改进区每一年度还要制定专门的教育计划大纲,合理安排义务教育的普及工作。例如,《徐公桥区十九年度各项教育进行计划大纲》就对徐公桥中心小学增设班级、开设分校、实施强迫教育、劝学运动等工作做出了安排;《徐公桥中心小学区民国二十年教育进行计划大纲》对全区的劝学运动、划分校区、各种考试及毕业典试等工作也有细致安排。除了这些总体的教育计划外,1931 年 7 月制定的《徐公桥乡村改进区普及义务教育办法大纲》专门对改进区普及义务教育工作进行了分年计划,明确提出了"自民国二十年八月起,至二十三年七月止,全区男女学童,一律修了义务教育"的目标。该大纲对"将来推广学校数""分年入学办法""奖惩办法""经费""劝学"均有详细规划。③ 不过因为当年秋天大水成灾,改进区又出现了一点小麻烦,计划不得不推迟一年实施而已。

---

① 王璋:《到徐公桥去》,载《教育与职业》第 90 期合刊。
② 姚惠泉、陆叔昂:《试验六年期满之徐公桥》,中华职业教育社 1934 年版,第 26 页。
③ 姚惠泉、陆叔昂:《试验六年期满之徐公桥》,中华职业教育社 1934 年版,第 30 - 32 页。

其次，设立专门的协调领导机构。为谋整个改进区教育的平均发展，1931年春，全区教育会议成立。该会以协调本区教育发展为目的，于每月第一个和第三个星期日举行例会。参加会议的有全区小学教职员及与本区教育有关的人员。大会设主席一人主持会议，通常由中心小学校长担任，如遇缺席，由到会会员公推。会议议题主要围绕义务教育的普及、教学设施的改善、教育教学改进计划的实施与调整等内容展开。大会在每学期终了还要专门进行全学期会务的报告审定，提出下学期的工作计划。虽然职教社及改进会对改进区的教育均有详细规划，但是各校的具体情况不是一成不变的，计划的推行必须留有活动的空间。全区教育会议的设立便为工作在教学一线的教职员工搭建了一个交流平台，使那些直接掌握教育计划推行过程中出现的新情况的教职员工可以通过这个会议针对具体情况进行广泛交流，及时协调并更改计划，提出更为切合实际的新措施。这是有利于教育发展的。

最后，推行教育视导制度。改进区把整个实验区划分为六个学区，实行中心制，"一切行政，由中心校长主持"，制定《徐公桥中心小学区公私立小学校视导标准》考核学校。《徐公桥中心小学区公私立小学校视导标准》规定，行政上，公私立小学在每学期开学后一周内，编定学历，拟定计划，送中心小学备查。教育局要求填报的表册、查报的事项必须遵限办妥。有教职员三人以上的学校，必须组织校务会议，按期开会；不足三人以上的学校，可以联合附近学校组织会议。每学月各级学生出席之百分比要达到80％以上。每月经济收支状况必须校内公布，并按期送教育局稽核。每所学校必须在每学期检查学生体格一次。校内各地不得随地吐痰及乱涂乱抹，全校要随处整理清洁。教务方面，除了具体规定学生作业标准、成绩考核方法外，标准要求各个学校每学期开始时，"编就教授预定要目，照预定数量授足，教员缺课时，能设法代课"；要根据地方需要，"励行生产教育"。训育方面，绝对禁用体罚；课外要有相当数量之儿童活动组织并要有实际效能。①《徐公桥中心小学区公私立小学校视导标准》确立了学校行政、教学及训育工作的标准，有利于学校工作的量化考核，对于提高教学质量、推进义务教育普及具有重要意义。

通过以上种种举措，改进区义务教育普及工作取得了令人瞩目的成绩。在短短六年间，学龄儿童入学率由创办之初的不足 50％增长到90％以上。② 1933 年，改进区被昆山县教育局指定为第二义务教育实验区，这既是对改进区义务教育普及工作的肯定，又为普及工作赢得了更多的经费支持，为其进一步展开提供了必要的经济保障。

二 推广民众教育

改进会成立以前，徐公桥地区民众教育设施缺失，民智闭塞。据赵叔愚和冯锐对徐公桥社会状况的调查，"当地成年男子之不识字者，竟占百分之七十五"③。为了提高民众的知识水平，改进会成立之初便举行露天识字、露天讲演等民众教育活动，但是效果并不明显。1929 年起，改进会开始创办民众夜校、书报阅览室，民众教育工作渐有成效。1931 年，改进区制定《徐公桥乡村改进区普及民众教育办法大纲》。大纲提出："自民国二十年八月起，至二十三年七月止，全区三十岁以下之男女民众，一体识字，并教以国民应备之常识。"④大纲还规定了实施民众教育的办法，民众进夜校轮训的分年计划，民众教育工作推行过程中的奖罚规定及经费划拨计划。《徐公桥乡村改进区普及民众教育办法大纲》的颁布成为徐公桥改进区民众教育推广工作的助推器，在大纲的指导下，推广工作循序渐进，进行得有声有色。《试验六年期满之徐公桥》对改进区内成人

---

① 姚惠泉、陆叔昂：《试验六年期满之徐公桥》，中华职业教育社 1934 年版，第 27－30 页。
② 参见江恒源《徐公桥》，中华职业教育社 1929 年版，第 135 页；江问渔、姚惠泉《中华职业教育社农村工作报告》，载乡村工作讨论会编《乡村建设实验》第 2 集，中华书局 1935 年版，第244 页。
③ 赵叔愚著、方与严编：《乡村教育丛辑》，上海儿童书局 1933 年版，第 191 页。
④ 姚惠泉、陆叔昂：《试验六年期满之徐公桥》，中华职业教育社 1934 年版，第 33 页。

识字数有这样的统计:1928 年全区识字人数 560 人,1929 年为 799 人,1930 年为 826 人,1931 年为912 人,1932 年为 1 041 人,1933 年为 1 183 人,1934 年为 1 524 人。成人教育的推广毕竟不同于儿童教育,短短六年间,改进会能够从还没有根本解决温饱问题的农村里拉出近 1 000 人接受教育,其工作不能不算是取得了成功。

徐公桥乡村改进会推广民众教育主要从以下方面入手:

(一) 指导民众识字

1. 开办民众夜校。民众夜校是指导农民识字的重要途径,但是,一开始改进区"连年开办夜校,屡受失败"①。究其原因,不外乎教材不适应、道路往来不方便或者家庭贫困。针对这些不足,改进区将民众夜校改为流动性质,除了在中心小学设立民众夜校外,还按照原来划分的学区,根据各区不识字民众的多寡决定设立民众夜校分校的地点与先后顺序。这一做法解决了农民入校不便的难题。关于教材的选用,改进区结合当地的实际需要,选用《农民千字课本》,加授农民常识、公民常识、乡村信条。农民夜校的劝学工作由各村村长及村副负责,校舍一般借用原有的小学教室或各学区的公共房屋及村长家里。夜校主要招收 16 到 30 岁的男女民众。每年利用农闲时节开办 1 到 2 期,每期 4 个月。上课时间都安排在晚上,每晚 7 至 9 时,共 2 个小时。学校不收学费,书籍用品由校方提供,这又解决了农民的经济负担,成为吸引民众的亮点。对于修业期满、考查成绩及格的,学校发给毕业证书,准予毕业;不合格的,发给修业证,还需继续补习一个月,直到成绩及格。经过改进会的改革,新的民众夜校切合农村实际,吸引了大批民众参加。徐公桥乡村改进区先后设立六所夜校,取得了令人满意的教学效果。村民不仅仅从这里识字脱盲,有的还由此走上了进一步的治学之路,如朱耕源。朱耕源,原名根源,幼年丧父,平日依靠叔父抚养。他的叔父是贫农,根本没有力量送侄

---

① 江恒源:《徐公桥》,中华职业教育社 1929 年版,第 38 页。

儿去读书。村里办了农民夜校后,朱耕源积极参加,努力学习,读了三个月后,因考试成绩优良,便被改进会送入徐公桥中心小学读书。此后,改进会负担了朱耕源的一切上学费用,使他能够顺利地升入昆嘉青三县联立安亭中心小学高小部,尔后考入上海强恕园艺学校,最终成长为农业方面的专家。① 可以说,没有农民夜校,没有改进会,就不可能有作为农技专家的朱耕源。

2. 设立识字指导团。识字指导团附设于区内各小学校,利用已识字的民众和高年级学生,给予材料,教给他们指导的方法,由他们就近指导不识字的民众。

3. 设问字处。问字处附设在改进区的各个商店里,备有字典及信笺、信封,可以供农民随时就近询问不识之字或识字之方法,并代阅、代写信札及其他文书。

4. 办壁报。民众壁报以"启发民智,灌输常识,养成头脑清楚之公民"为目的,内容包括谈话记录、报告、批评、民歌、插图五大类。壁报主要设在出入要道,每周编贴一次。编辑的原则取"文字浅显有味","形式优美","材料贵精不贵多","多用图画"。② 这种图文并茂的形式,既可以使民众熟悉字词,又能让他们增长知识,深为广大村民所接受。

(二)增进民众知识

1. 设立农民教育馆。农民教育馆是由昆山县教育局于 1933 年在徐公桥镇上设立的,馆址在改进会驻所无逸堂内。农教馆负责全区的社会教育。农教馆设娱乐室,备有各种民众娱乐器具;设书报室,摆设各种民众书报;设陈列室,陈列新式农具及农医标本。三室每天上午 9 时至 11 时半、下午 1 时至 5 时向村民开放,是为他们提供娱乐及增长知识的场所。特别是陈列室还有专人为村民答疑,对于新农具的使用方法,遇有

---

① 朱耕源、张果、石鼎和:《徐公桥乡村改进区琐记》,载中国人民政治协商会议江苏省昆山县委员会文史征集委员会编《昆山文史》第 6 辑,内部资料 1987 年版,第 80－81 页。
② 陆叔昂:《三周岁之徐公桥》,中华职业教育社 1931 年版,第 2 页。

必要时,改进会还派专人实地演示。陈列室的开放有力地推动了改进会的新农具推广工作。

2. 开办民众茶馆、改良茶馆。徐公桥镇上原来有三家茶馆,当地农民多有上街坐茶馆的习惯,借以休息闲聊、互通信息。遇有民事纠纷,村民们也喜欢"吃讲茶",即到茶馆评个是非。因此,茶馆往往成为村民聚集的地方。改进会抓住这一特点,利用茶馆作为宣教工作的主要阵地。改进会指定会内职员张越人设立的茶馆为民众茶馆,在馆内陈列通俗图书、挂图,供村民吃茶时翻阅。茶馆每天早晨有专人"代写代阅书信","解答各项问题","作有系统之讲述","指导难字生字"。① 茶馆还定期举行通俗讲演,宣传农村生产常识、卫生常识。民众茶馆融休闲与学习于一体,"省费而易行",受到广大村友及改进会方面的欢迎。为了扩大教育效果,改进会根据"地点适宜""房屋合用""设备较全有改进之希望"的原则,将镇上的另外两家茶馆整改,"指导其注意整洁,并略加教育布置,定期举行通俗演讲",承认它们为改良茶馆。② 新成立的改良茶馆由原馆主主持营业,改进会负责主持办理内部设备及评定开办效果,凡是在年终考核中成绩优异的改良茶馆业主均可以得到改进会的名誉奖励。改良茶馆内部悬挂教育图表、标语,摆放娱乐用具,举行通俗讲演、时事报告,其功能与最初开办的民众茶馆基本相同。

3. 设立公共阅报处,张贴时事简报。在农民教育馆设立书报室之前,改进区为了方便一般民众读报,在徐公桥镇交通热闹的地方设立公共阅报处。改进会还在热闹场所张贴时事简报,以方便农友及时了解时事动态。

4. 设讲演厅,举办巡回通俗讲演。讲演以"开通民智,改进乡村,接近民众"③为目的,由改进会职员会同学校教职员负责主持,主要分为固

① 姚惠泉、陆叔昂:《试验六年期满之徐公桥》,中华职业教育社1934年版,第32页。
② 陆叔昂:《三周岁之徐公桥》,中华职业教育社1931年版,第81页。
③ 陆叔昂:《三周岁之徐公桥》,中华职业教育社1931年版,第84页。

定与流通两种方式。固定讲演主要在民众茶馆、改良茶馆进行,除此之外,改进会每一分会均设有讲演厅,每月定期召集附近的民众举行讲演。流通讲演则巡回于各村进行。

5. 开设常识展览。改进会设有常识展览会,设主任一人,"平时留意民众所需要之常识,随时搜集资料"。常识展览"以灌输常识,使民众对于普通之事物,有相当之认识为目的",包括农事、理科、卫生、家事、政治五方面的内容。[①] 每逢节假日,常识展览会便邀集全区村民到会参观。会员们通过实物、图片对村民进行讲解,向他们灌输各种科学常识。

6. 播放电影。电影在农村还属于新生事物,改进会每年初春都要放映农事电影,"农民印象甚佳"[②]。利用电影增进民众知识,"为民众所欢迎",效果不错,"影响亦大"。[③]

(三)锻炼民众体格

1. 修建体育场,举行体育会。1931 年春,改进会将民众公园以东的开阔地加宽,设置简易运动器材,建成新的民众体育场。为了使民众的体育运动有组织地蓬勃发展,改进会还组织了体育会。体育会以"引起民众研究体育,锻炼体格,指导其适当之运动"[④]为目的,吸收改进区内18 周岁以上的男女民众入会。会员不必缴纳会费,拥有使用体育会各种器械的权利。体育会设国技、球类、器械、田赛、径赛等部门,每月举行分组比赛,每年还组织全区的民众运动会。全区民众运动会规模大,人气旺。例如,1931 年 5 月 9 日,改进区举行全区学生与民众联合运动会,"各校学生,一律参加,运动节目,分团体竞技两种,政学商各机关赠送奖

---

① 陆叔昂:《三周岁之徐公桥》,中华职业教育社 1931 年版,第 86－87 页。
②《徐公桥乡村改进区概况》,载《教育与职业》第 156 期。
③ 姚惠泉、陆叔昂:《试验六年期满之徐公桥》,中华职业教育社 1934 年版,第 32 页。
④ 陆叔昂:《三周岁之徐公桥》,中华职业教育社 1931 年版,第 79 页。

品极多"①。"民众无不踊跃参加"②,"参观者,凡八百余人"③,昆山县县长、教育建设局局长也亲临现场。运动会上还有三位 50 岁以上的清朝武秀才"欣然加入表演"。他们畅言武术,提出:"我国欲谋民族主义之实现,非从健全民众体格入手不可。"他们试演百斤以外的石担,"或高擎飞舞,或左右横挥,或背上旋转,或足下腾飞,莫不精神抖擞,勇气百倍"。④三位武秀才的言传身教受到广大民众的热烈欢迎,群众参加体育锻炼的热情更加高涨。

2. 组织婴孩幸福会。儿童时期身体素质的优劣对长大后的发展影响极大,为了指导家长正确的育儿方法,谋求儿童身心素质的提高,改进会每年都组织区内 6 岁以下的孩童参加婴孩幸福会。会上除了举行有关育儿的幻灯片放映、图片玩具展览外,还有专人检测儿童的体格,评判儿童的演讲或表演。成绩优良的孩子可以得到实物或名誉上的奖励。从 1930 年第一届婴孩幸福会成功举办后,大多数家长都能逐渐注意儿童的科学养育。之后每年的婴孩幸福会都吸引了大批的家长、儿童参加。组织婴孩幸福会成为改进区提高民众体格的一个重要途径。

3. 组织国技研究团。改进会联合各村青年,组织国技研究团,聘请专门的技师指导,使一般的农村青年得到相当的锻炼。在训练时间,国技研究团还向青年灌输各种常识,教导防御外患的方法。

(四)丰富群众娱乐

1. 修建民众公园。改进区成立后将徐公桥镇西南的黄氏墓园改建为公园,供民众游览。1931 年 2 月,改进会以"地点太偏,民众游览不便"⑤为由,又在改进会会所前重设公园,供民众业余休息、游览。近代公园是供群众游乐、休息、进行文娱体育活动的公共园林,中国过去只有官

---

① 陆叔昂:《三周岁之徐公桥》,中华职业教育社 1931 年版,第 73 页。
② 陆叔昂:《三周岁之徐公桥》,中华职业教育社 1931 年版,第 78 页。
③ 陆叔昂:《三周岁之徐公桥》,中华职业教育社 1931 年版,第 73 页。
④ 陆叔昂:《三周岁之徐公桥》,中华职业教育社 1931 年版,第 120-121 页。
⑤ 陆叔昂:《三周岁之徐公桥》,中华职业教育社 1931 年版,第 78 页。

家或私家园林,公园这一公共娱乐活动空间完全是近代西方文明进入中国后的产物。民众公园的修建扩展了农民的娱乐空间。更为重要的是,改进会往往在公园举行一些文娱活动或者教育活动,民众公园不仅仅是一个娱乐场所,还是一个教化民众的教育场所。

2. 举办同乐会。农村娱乐生活单调,每逢旧历新年等民间传统节日,村民往往以吃喝等旧习打发时间。为了让健康的娱乐方式走进农民的生活,改进会注意在节假日召集全区农民参加同乐会。同乐会上,由本区旅外学生组织的通俗新剧社及本区其他文体组织会表演各种通俗新剧、说书,放映电影、幻灯片,举行篮球、象棋比赛。这些新式娱乐"颇受观众欢迎",参加同乐会的村友往往每日"有六七百人"。[①] 同乐会推广了新的娱乐方式,丰富了群众的节日生活,对于改进区村民精神面貌的改观大有裨益。

3. 组织音乐会。音乐会的设立是为了满足部分群众对音乐的爱好。该会每周三集会,对会员进行指导,每个季度举办一次比赛,逢农闲时节还组织公开表演,以提倡新式音乐,陶冶群众德行。

4. 举行纳凉会、消寒会。纳凉会是在夏季举行的。夕阳西下、皓月初升的夏日,改进区的村民聚到一起,先打开留声机听歌听书,而后大家一起唱歌、讲笑话、说故事,甚或谈论时局,轻松娱乐。到了风雪隆冬,村友们则聚在大火炉的旁边唱歌、谈笑,举办消寒会,"不但满室春风,一场和乐,而种种教育,即可于无形之中,为有效的实施了"[②]。

(五)改良社会风俗

1. 组织长寿会,尊老敬老。长寿会旨在敬老扶耆、敦厚风俗,一般在春节举行。改进会总干事、干部和教师都到会参加,以茶点招待老人,表示对老人的祝贺。会上由总干事致祝词,将老人们中的好人好事,作一

---

① 江恒源:《徐公桥》,中华职业教育社 1929 年版,第 37 页。
② 江恒源:《徐公桥》,中华职业教育社 1929 年版,第 139 页。

表扬。① 有人对改进会最初举办的长寿会做了这样的回忆：

> 1928年春末夏初，改进会在"无逸堂"里隆重地邀请了全区十几位老人，(内有一位姓蒋的女老人，请而未到)开了个"长寿会"，最高年龄七十左右，这在当时算是难得的高龄了。黄炎培先生特地从上海赶来，参加盛会并祝词，小学生唱起了《祝寿歌》，是以"昆山运动会会歌"之曲谱配词，其词云：
>
> ① 来！来！来！徐公桥畔，欢！欢！欢！欢祝长寿会。
>
> ② 听！听！听！无逸堂前，洋！洋！洋！乐韵悠扬扬。
>
> ①② 明媚春光，万花齐放！全区耆老，齐集一堂，鹤发童颜，虽老犹壮。
>
> ①② 肌体身康德高望。愿我寿星，儿孙满堂，盛欢曼舞乐泱泱！
>
> 会后，给每人发了一包糖果和纪念品，在鼓乐声中，寿星们满面笑容地各自健步回家。②

同样，对于为地方上做了好事而又年老的死者，改进会也不忘寄以哀思，为死者举行追悼会。徐伯才先生长期在徐公桥中心小学当教师，是一个无家可归的鳏老，患肺痨病而死。改进会为他购买了棺材入葬，并组织师生送葬，埋在汤家桥河东公安路旁新辟的公墓里。江问渔先生还专门撰了一首追悼词以示尊重与追忆。

长寿会与对尊老爱老习俗的提倡不但增加了老人们继续上进、老有所为的信心，而且扭转了社会上轻视老人的不良习尚。

2. 宣传通俗格言。宣传通俗格言的目的是培养民德、改良习俗。格言的选择以富有革命性与时代性、浅显通俗为标准。为了引起群众的注

---

① 阮南田：《徐公桥乡村改进区追述——黄炎培手创的第一块实验园地》，载中国人民政治协商会议江苏省昆山县委员会文史征集委员会编《昆山文史》第6辑，内部资料1987年版，第69-70页。
② 朱耕源、张果、石鼎和：《徐公桥乡村改进区琐记》，载中国人民政治协商会议江苏省昆山县委员会文史征集委员会编《昆山文史》第6辑，内部资料1987年版，第82-83页。

意,格言主要置放在改进区内的电线杆上,以及交通热闹的地方。改进会每年都对全区的格言进行一次大规模的整理,以保证字迹清楚、形式整齐。格言的内容很丰富,有提倡节俭的:"省吃省用,老来受用";"勤俭是无价的宝贝";"每天省用几个钱,一年算算几十斤"。有提倡勤劳的:"要想收获丰,只要勤耕种";"勤耕勤种,家道兴隆";"勤勤苦苦有饭吃,不勤不苦讨饭吃"。有戒烟戒赌的:"不赌钱,不吃烟,既省功夫又省钱";"吸烟赌钱,吃着不牵连"。有提倡卫生的:"家家扫除龌龊,年年没有瘟疫";"苍蝇蚊子扫除尽,包你不生传染病"。有提倡邻里互助的:"你帮我,我帮你,一生一世最便宜。"除了这些移风易俗的格言外,还有劝学的:"识字一千,到处方便";"读书不趁早,老来哪会好"。提倡副业的:"种竹养鱼千倍利。"这些格言几乎包罗了改进事业的每一项内容,通俗易懂,朗朗上口,再加之格言的张贴随意方便,很容易为广大群众接受。

3. 订立十大信条。在宣传通俗格言的基础上,为了进一步激发村民在改进事业中的自觉性与主动性,明确改进会对村民的基本要求,改进会专门考察了当地情形及一般农民的知识程度,制定了改进区十大信条。十大信条内容广泛,大到农村改进的意义、改进的要求及个人的品德修养,小到种田的方法、读书的重要性,语言通俗易懂、简单易记。改进会十分重视十大信条的宣传。每逢改进会开会完毕,必有一人诵读一遍十大信条,有时还专门加以简短的解释。所有的民众夜校都将十大信条列为课程,由授课教师每日向农民讲读,"不必求文字认识,但求意义明了"①。徐公桥改进区本来民风淳朴,改进会对十大信条的大力提倡犹如"锦上添花",村民之间的和亲友爱精神大放异彩,信条中的许多设想变为现实,改进区农民的精神风貌大为改观。例如,信条中提倡:"吾们相信:地方公益,要大家合力来办的,所以筑路呀,开河呀,造桥呀,我们

---

① 江恒源:《徐公桥》,中华职业教育社 1929 年版,第 133 页。

要万众一心,有钱的出钱,有力的出力。"①这一点在徐公桥改进区的桥路修建中得到了很好的体现。改进区在六年时间里,"狭窄不平的小道,改筑成宽大石子路共有六华里,泥路共有十一华里。修筑石桥木桥共有三十一架"②。"在一般巨商大贾观之,此区区小数,曷足道哉? 然蚩蚩之民,竟能明大体,知急公,或捐其田以扩展公道,或尽其力以义务筑路,不可谓非'急公好义'。"③又如,信条中提倡:"吾们相信:世界上头等好人,不但靠自己的劳力,过自己的生活,还是随时随地,帮助别人。"④改进区内的汤家桥村有章、毛两姓三家,1931 年 6 月 10 日下午 2 时,因为邻居借烧茶水时大意失火,加上其时东南风大作,草屋着火,火乘风势,虽然镇消防队及时赶到,但还是"全家被毁,衣服粮食,牲畜农具,完全付之一炬"。"被灾之家,计老幼男女十二人"。焦头烂额之情、号啕悲泣之声,惨不忍闻。面对这种情形,村民们或帮助扑灭余火,或温言抚慰,或送衣送饭,表现出一种和亲互助的精神。为了从根本上解决受灾家庭的衣食住行问题,改进会召集地方人士共商对策。广大村民纷纷表示:"救灾恤邻,吾辈不能辞其责。"当会议决定筹集 700 元作为救灾抚恤款时,村民更是"争相认助、顷刻而集"。此情此景令人感动,当时参与此事的改进会成员感叹道:"地方人士之热肠古道,当仁不让,求之晚近,诚难多得。"⑤

4. 成立婚嫁改良会。改进会成立以前,徐公桥地区的婚嫁程序非常烦琐,浪费很大。"中上之家不必言,即贫苦家庭,亦为虚荣心所迷,日趋奢华,不惜举债以争一时之荣"⑥。一场婚嫁往往最终导致"小康者变成

---

① 江恒源:《徐公桥》,中华职业教育社 1929 年版,第 132 页。
② 江恒源:《试验六年期满之徐公桥·序》,载姚惠泉、陆叔昂编《试验六年期满之徐公桥》,中华职业教育社 1934 年版,第 1 页。
③《徐公桥乡村改进会概况》,载姚惠泉等编《中华职业教育社之农村事业》,中华职业教育社 1933 年版,第 31 - 32 页。
④ 江恒源:《徐公桥》,中华职业教育社 1929 年版,第 131 页。
⑤ 陆叔昂:《三周岁之徐公桥》,中华职业教育社 1931 年版,第 122 页。
⑥ 姚惠泉、陆叔昂:《试验六年期满之徐公桥》,中华职业教育社 1934 年版,第 23 页。

负债,负债者更高筑债台"①的结果。为了改变这种陋习,改进会组织成立了婚嫁改良会。婚嫁改良会以"改良全区婚嫁事宜,矫正习俗,提倡俭德"为宗旨,凡是赞成该会宗旨,能够按照规定办法进行婚嫁庆典的村民均可在填写入会志愿书后加入该会。改良会规定,凡是本会会员在其本人或是子女婚嫁时,需要按照以下六点斟酌办理:(1)"宴请亲友酒席,以一全日为限";(2)"自愿不受贺,不设酒席,但备茶点者听";(3)"凡繁文缛礼,以减除为合";(4)"本会设公共礼堂于无逸堂内,会员均得借用";(5)"会员得委托本会襄助婚嫁事宜,并代办酒席";(6)"本会会员,有互相担任证婚,司仪,司帐等职之责任"。② 改良会的规定既堵且疏,一方面严禁大操大办,杜绝铺张浪费;另一方面提倡婚事新办,用新式的婚嫁礼仪代替了传统的繁文缛节。在有破有立中,改进会既引导群众节省了婚嫁费用,又使婚礼不失排场与热闹。婚嫁改良会受到群众的欢迎,"全区有过半数以上青年男女,接受试验区改良婚嫁的劝导"③。改良的实际效果也很明显。例如,改进会主席蔡望之先生在婚嫁改良会成立前为次子完婚,大摆筵席五天。到了1932年嫁长女,1933年三子结婚,1934年嫁幼女,正式宴请仅有一日。据估算,"三次节省之费,当在一千五百金以上"④。由此扩而大之,假设全区平均每年有30家婚嫁,如果每家省100元以上,全区就可以节省3 000元。这一数目对于缺乏经济增长点的广大农民来说实为不小的数目。婚嫁改良会的成立不仅仅有利于树立新的社会风气,而且对于开源节流、增加农民收入也不无裨益。

5. 组织时节节省会。依据江南风俗,每逢清明节、七月半、十月朝、冬至等节,当地群众不分贫富都要假祭祖为名,大宴亲朋。例如,在清明节,除了民间普遍的踏青扫墓习俗外,当地农家均要祭祖、扫墓。仪式多

① 王璋:《到徐公桥去》,载《教育与职业》第90期合刊。
② 陆叔昂:《三周岁之徐公桥》,中华职业教育社1931年版,第90－91页。
③ 阮南田:《徐公桥乡村改进区追述——黄炎培手创的第一块实验园地》,载中国人民政治协商会议江苏省昆山县委员会文史征集委员会编《昆山文史》第6辑,内部资料1987年版,第69页。
④ 姚惠泉、陆叔昂:《试验六年期满之徐公桥》,中华职业教育社1934年版,第23页。

为先燃香点烛、焚化纸锭,而后或置一桌酒饭,或供奉青团子、熟藕及水果,按辈份长幼依次跪拜行礼。祭扫礼毕后还要在坟头插杨柳枝条,并用状如定升糕的两块土坯压置几张纸钱于坟墓顶端,以示此墓已有亲人祭扫。七月半,俗称"鬼节",各家要祭祀祖先,并吃蟹壳饭。有新亡人的家庭还要请僧道诵经超度,谓之为"新七月半"。农家还要祭祀田神,以糕团、鸡鸭、瓜果及蔬菜等供奉田岸的交叉口,叩拜祈祷。① 利用节日举行祭祖仪式无可厚非,然而许多群众不能正确估量自己的经济条件,盲目跟风攀比,大摆宴席,还要摆设供品,铺张浪费。结果,每过一次节,用于酬酢宴请、供奉的花费往往挤占普通农家的生产费用,影响农家的扩大再生产与技术更新。为了"节省习惯上岁时无谓之酬应费用",提倡俭德,改进会组织成立时节节省会。节省会按照循序渐进的原则,先从节省普通时节费用入手,逐步谋求重大节日的习俗改良。按照节省会的规定,入会者可以自行安排清明节的过法,但是,七月半、十月朝及年节必须在固定的日子里(七月半定为十四日,十月朝定为初二日),各家自行过节,不得彼此往来酬应。这一改变看来极小,但是影响却不容小视。据改进会的估计,全区全年节省之费,以极少数计,当在六千元以上。甚至还有估计认为"每年即可省去七千三百元"②。

6. 剪发辫行动。男人留发辫是伴随清军入关而形成的一种习俗。男人留辫既不美观,也不卫生,还为日常活动带来极大的不便。清朝灭亡、民国肇造,整个社会万象更新,人们竞相剪掉发辫以示庆祝。然而,由于农村相对闭塞,一些遗老遗少往往拒不剪辫。1928年春,改进区内曹世荣茶馆前人声鼎沸,门口站满了人,原来是改进会负责人正在给拖着清朝留下来的长辫子的老人剪辫子。③ 民国建立十六年后,遗老们的

---

① 吴苗林、张歧福:《昆山民间习俗调查实录》,载中国人民政治协商会议江苏省昆山县委员会文史征集委员会编《昆山文史》第12辑《昆山习俗风情》,内部资料1994年版,第54—56页。
② 姚惠泉、陆叔昂:《试验六年期满之徐公桥》,中华职业教育社1934年版,第24页。
③ 朱耕源、张果、石鼎和:《徐公桥乡村改进区琐记》,载中国人民政治协商会议江苏省昆山县委员会文史征集委员会编《昆山文史》第6辑,内部资料1987年版,第82页。

封建余韵才在徐公桥这样的农村消失,这固然是民主共和观念深入人心的结果,但与改进会的推动也不无关系。

三 加强青年训练

青年是农村的中坚力量。青年人朝气蓬勃,容易接受新的思想、新的观念,如果能够把农村中的青年人团结起来,激发他们爱国、爱乡的热情,传授他们振兴农村的本领,真正把他们调动起来,那么整个农村必将呈现一派生机勃发的景象,整个改进事业亦将随之长盛不衰。所以,从一定意义上讲,改造青年的成败决定着改进区改进事业的成败。徐公桥乡村改进会非常重视对青年的训练,除了在日常的各种工作中时时加以留意外,主要通过建立青年服务团和小青年服务团加以强化。

徐公桥乡村改进区的青年服务团创建于 1932 年,"以集合区内青年,用严格之训练方法,鼓舞其向上志气,锻炼其强健体魄,涵养其优良德性,并增加其合于实际生活之知识技能,俾成乐于农村工作之健全国民为目的"。青年服务团团员分为三种:名誉团员、特别团员和普通团员。名誉团员是由服务团团长推荐改进区内有名望学识及对于青年服务团事业热诚赞助者加入。特别团员主要是改进区内的行政人员、党部领袖及学校教职员。普通团员是青年服务团的主干,凡是居住在徐公桥乡村改进区内、年龄在 18—25 岁、体检合格的男性村民均可加入服务团成为普通团员。普通团员需要按照规定接受训练。青年服务团的主要服务内容包括智育、德育、体育、生产、服务实习五方面。这些内容的设置紧密围绕服务团的宗旨,注意与整个农村改进事业的具体内容相结合。智育方面:本国文字之诵读与练习、文艺之奖励、常识讲习会、演说比赛会、做学旅行。德育方面:国庆及重要纪念日之参加、敬老会、共同储金、警备练习、团员入团式及退团式之举行、模范人物之服膺、服务道德之培养、同情心之养成。体育方面:国术训练、军事训练、寒天早起会、体育竞赛会、夜警训练、身体检查。生产方面:农事讲习会、副业研究会、农产比赛会、手工艺品比赛会、牲畜比赛会。服务实习方面:地方自治组织之参加、道路桥梁修筑整理之实行、街道及房屋之清洁、疾病灾害之救治与慰问、各种娱乐会之召集、通俗演讲之实施、各种公益事业之担任。青年服务团设正副团长、评议员、理事、教练等职员管理服务团事务。正团长一人,由改进区委员会从名誉团员中推举,主持服务团的一切事务;副团长二人,由改进区委员会从小学校长及乡镇长中推举,协助团长工作,团长不在时,可代理之;评议员九人,由团员直选,组成评议会,为服务团的立法机构,参与审议服务团的预决算、负责事业计划大纲及各项规章制度的订立与修改等事宜;理事、教练由团长选任,无定额,秉承团长命令,分别具体处理本部事务、实施训练计划。服务团下设多个分团,其职员设置基本和总团一致,只是不再设立评议会。这种职员设置充分重视团员权利的行使,有利于培养青年团员们的政治参与能力,为改进区向自治实验区的过渡打下了基础。[①]

徐公桥中心小学区小青年服务团是继青年服务团之后成立的又一个青年训练组织。该团的宗旨在于培养儿童服务、尽责等习惯,并且教给他们日常需要的知识、艺术,以期他们将来成为善良有为的合格国民。小青年服务团设在徐公桥中心小学,改进区内的其他小学校均设有分团。团员包括两种:预备团员,各校三四年级学生、年龄在 10—17 岁、品性驯良、经校长认可的均可入团成为预备团员;正式团员,预备团员经过四个月的训练即可成为正式团员。除了不举办生产方面的活动外,小青年服务团的服务内容与青年服务团的基本相同,也包括智育、德育、体育、服务实习几方面。但是考虑到小青年服务团成员的年龄较小,在具体内容的安排上,小青年服务团的活动种类明显少于青年服务团,如体育方面,小青年服务团只有健全体格训练、体格检查、夜警训练和竞赛

---

① 姚惠泉:《中华职业教育社之农村事业总说》,载姚惠泉等编《中华职业教育社之农村事业》,中华职业教育社 1933 年版,第 12 - 17 页。

会。至于职员设置,小青年服务团和青年服务团也是基本一样的,不过,小青年服务团的团长是由学校校长兼任的,教练及评议员是由团长聘请的。由于小青年服务团在实际上充当了青年服务团的预备役组织,因此,它的各项安排较青年服务团的更加细致周到。例如,《徐公桥中心小学区小青年服务团初级课程训练纲要》详细规定了小青年服务团的训练内容包括三民主义、总理事略、改进会意义及事业概况十大信条,以及服务团的讯号、操法、徽章、礼节等共 17 项内容,甚至详细到规定讲授三民主义要包括什么叫三民主义、三民主义内容、民生主义的实施方法等。改进会培养青年、改进农村的良苦用心可见一斑。[1]

对于徐公桥教育改进的成绩,时人或谓之"成绩优异",或赞其"人无不学乐陶陶"。[2] 曾于 1930 年在徐公桥乡村改进讲习所学习过的阮南田先生有这样的评价:

> 几年来,在农村改进区教育部的指导下,改进区的各小学不断地得到改善和扩充,由于面向了社会的实践,沟通了学校与社会的关系,增强了教师和农民间的友谊。村民对学校和改进区建立了深厚的感情,寄予了无限的信赖。
>
> 与此同时,民校学生和一般村民受到改进会各方面的教育与熏陶,思想上都有了不同程度的提高,品性也受到了相应的感化,彼此间和睦共济,互帮互学,个个心情舒畅,面现笑容,充满了平和、康乐的新气象。[3]

改进区教育改进事业之所以能够取得如此成绩,究其根本在于改进会找到了一条符合农村教育改进的道路。

---

① 姚惠泉、陆叔昂:《试验六年期满之徐公桥》,中华职业教育社 1934 年版,第 36 - 47 页。

② 陆叔昂:《三周岁之徐公桥》,中华职业教育社 1931 年版,第 127、133 页。

③ 阮南田:《徐公桥乡村改进区追述——黄炎培手创的第一块实验园地》,载中国人民政治协商会议江苏省昆山县委员会文史征集委员会编《昆山文史》第 6 辑,内部资料 1987 年版,第 70 页。

江问渔先生在论及改进区普及教育时假设了这样一段对话：

> 你真要抓住乡下一位种田的朋友，硬教他读书，说："这是和你的生活有关，你如若不读书，便不能识字，不能看报，不能吸收种种知识，不能做一个很好的公民，你的'人的生活'，便不能圆满。"

> 他听了之后，一定是现出很怀疑很焦虑的态度答道："先生的话，不错啊；可是，我收的粮粟，不够吃，老婆小孩子，光着身子，要穿衣服，没有钱去买布，又怎样办呢？照你先生说，读了书，能识字，看报，够做一个公民，就可以有衣穿有饭吃么？并且还要请教先生，是不是一到了公民程度，一有了公民资格，就有人来给我们衣服穿，给我们粮米吃呢？"①

> 黄炎培更是明白无误地指出："乡村经济，……农友们眼光里，怕要占第一位，他们总想学堂是有了饭吃的人才得进去。要使我们没有法子在他们的生活上，尤其是生产上，增加些利益——至少减少些损害，随你讲多么好听的话，全不中用。"②

这些论述深刻揭示了农村教育发展的阻碍因素。在 20 世纪 20 年代的中国农村，生产力水平还相当低下，发展生产、解决温饱问题依然是广大农村居民的迫切要求。无论是农村改进，还是教育的推广、普及都不能回避这一问题。职教社的"富教合一"无疑是适合当时农村实际的一条正确道路，这种富教合一不仅仅是指在农村改进中要将发展教育同发展经济结合起来，把农村改进看作一个政治、经济、教育、文化协调发展的系统工程，也意味着在每一项具体的改进事业中要兼具两者。徐公桥乡村改进区的教育改进正是紧紧抓住了经济生产这个关键，始终围绕经济生产展开工作，才取得了令人满意的效果。

---

① 江恒源：《富教合一主义》，载《农村改进的理论与实际》，生活书店 1935 年版，第 55 - 56 页。
② 黄炎培：《与安亭青年合作社谈乡村事业——讯合作记者》，载《黄炎培教育文选》，上海教育出版社 1985 年版，第 172 页。

第五节 徐公桥乡村改进区的保安事业

徐公桥乡村改进区的保安事业包括加强公共卫生建设①、查禁烟赌、扩建保卫团、训练警察、试办警管区、组建消防队及设代赈局、设立警钟、济贫、共度等方面。

一 加强公共卫生建设

农村地区由于经济、文化落后，卫生条件恶劣，缺医少药，加之村民自我保健意识低下，往往容易发生疾病的流行，广大农民也很容易因病致贫，反过来又因贫致病，形成恶性循环，由此带来农村的一系列问题。因此，加强农村公共卫生设施建设，建立有效的卫生保障机制是提高农民生活质量、改变农村面貌的一项重要举措。

陆叔昂在谈及农村卫生事业时，曾经感慨道："中国的社会，在过去很少有人注意大众健康问题，卫生二个字，人民脑筋中，向来没有观念的，个人无卫生，家庭亦无卫生，公共更无卫生，一生靠天吃饭，疾病死亡，都是视为天命，卒致酿成今日农村破产，民族衰弱的两种恶果。"②徐公桥地区也不例外，"由于缺乏文化和卫生常识，乡里很多农民在疾病侵袭时，都搞迷信活动。他们不了解传染病的由来，所以一些传染病，在乡里流行很广：如肺结核、伤寒、霍乱等，其中尤以农忙季节流行的霍乱，农民称为'瘰螺痧'，危害性最大，甚至竟出现一人罹病，全家死亡的恐怖场面，造成一家无人耕种的惨状"③。赵叔愚及冯锐在完成对改进区的调查

---

① 按照当代学界的一般观点，公共卫生建设当属市政设施建设的重要内容。本文将其归于保安事业主要是从尊重前人的角度考虑。当时职教社在汇报改进事业时均将公共卫生建设统划于保安事业。在此也可见当时"保安"的内涵与当代大不相同。

② 陆叔昂：《农村改进实施法》，中华书局1937年版，第33页。

③ 朱耕源、张果、石鼎和：《徐公桥乡村改进区琐记》，载中国人民政治协商会议江苏省昆山县委员会文史征集委员会编《昆山文史》第6辑，内部资料1987年版，第81页。

后指出:"灌输卫生常识,宜注重具体之卫生问题,而设法解决之。查乡间种痘不易,儿童因此夭折者,数见不鲜……此外如时疫之传染,亦应设法预防,可就固有节季,提倡大扫除,并从事演讲,散布卫生挂图,及传单浅说等印刷品,以为宣传之一助。"[①]在科学调查的基础上,徐公桥乡村改进区的卫生事业逐步展开。

第一,开展卫生状况大调查,积极宣传卫生常识。改进会成立后在赵叔愚及冯锐的调查基础上展开了详细的卫生状况大调查。大到当地群众的生活状况、公共卫生事项及传染病的种类及状况,小到农民个人平时的疾病种类、卫生嗜好、有无妨碍卫生的迷信事项,事无巨细,一无遗漏。针对调查中发现的问题,改进会在平时的民众教育中有针对性地加强卫生常识的宣讲教育,通过图书、报纸、表演、讲演等形式,将有关公共卫生、家庭卫生、个人卫生的知识灌输给群众,极大地提高了农民的自我保健意识。

第二,积极推广卫生改良措施。除了通过宣传卫生常识提高农民的卫生保健意识外,改进会还提出了具体的卫生改良措施,如厕所改良、大扫除、灭蚊蝇等。在农村,厕所蚊蝇密集,许多病菌由此传染,因此厕所改良成为改善农村卫生状况的关键环节。然而,由于村民的厕所"不仅是用以储粪,还有经济的关系在内。要想把他迁移地方,第一层,要使个人经济方面,不受损失;第二层,才能讲到卫生清洁问题"。所以改进会从长计议,专门制定了《改良厕所之计划》,提出了科学的厕所改良方法:1. 粪池及底,须用砖或水泥砌成;2. 厕所就池上建筑门窗,须严密,务使苍蝇无飞入之余地,门以随启随闭为佳;3. 粪池地面,除留小孔为排泄粪尿外,须不留空隙,能附备小盖,随用随盖更佳;4. 如用双层盖之便桶为最佳。为了消灭蚊蝇,改进会专门制定了灭蝇方法,要求农民每日整理厕所,限期出粪;垃圾入箱,箱子加盖;随时保持门首清洁,不乱泼污水;

---

① 赵叔愚著、方与严编:《乡村教育丛辑》,上海儿童书局1933年版,第192页。

食物加罩;污秽之处注意消毒;等等。

各种改良措施的提倡固然会起到一定的效果,但是要想真正培养农民良好的卫生习惯,把各种改良措施落到实处,单靠农民的自觉是不可能的。为了解决这一难题,改进会对每一种改良都做了相应的制度安排,希望通过公众的监督把外在的要求内化为农民的自觉。例如,改进会为配合厕所改良制定了《厕所规则》:不得任意在厕所外小便;厕所内宜保持清洁;厕所内不可任意吐痰;厕所内宜每天洒扫一次;挑粪时间,定为每天下午3时起5时止。改进会还把《厕所规则》制成简单的木牌,钉在每家厕所的墙上,要求全体民众共同遵守。[1] "据说,自从《改良厕所计划》和《厕所规则》制定并实施后,厕所不卫生的状况有了明显的改进。到试验期满前,严重影响卫生的露天厕所已全部消灭。"[2]更有趣的是灭蚊蝇活动,改进会竟然规定在夏秋季节"小学生每天交百只苍蝇作为考试成绩的内容之一,教育他们消灭病源"[3]。改进会还制定了《卫生公约》,要求村民比照公约签订《卫生誓约》,表示"愿绝对遵守卫生公约以谋公共卫生及家庭卫生之幸福,如有违背愿受处罚"。该公约规定:公共卫生方面,绝对不可以在河中洗涤不洁之物,每天要清扫住宅前的街道,每遇大扫除全家必须至少一人参加;家庭卫生方面,要随时注意家庭整洁,随时注意厕所整洁,随时注意扑灭蚊蝇。如有违背始则劝告,继则警告、提示,最终可能会被报告公安局,其惩罚力度不可谓小。当然,这一誓约并不强求人人填写,只是"赞成本会公约而愿始终遵守,为一般民众模范者"自愿入约,普通民众只须尽力遵守,接受改进会成员的随时督促、劝导就可以了。[4] 有多少民众比照公约签订《卫生誓约》终不可考,但是,改进区卫生状况的改善却是不争的事实。时人认为:"村民卫生智识

---

[1] 江恒源:《徐公桥》,中华职业教育社1929年版,第129-131页。

[2] 郑大华:《民国乡村建设运动》,社会科学文献出版社2000年版,第396页。

[3] 朱耕耘、张果、石鼎和:《徐公桥乡村改进区琐记》,载中国人民政治协商会议江苏省昆山县委员会文史征集委员会编《昆山文史》第6辑,内部资料1987年版,第81页。

[4] 陆叔昂:《三周岁之徐公桥》,中华职业教育社1931年版,第116-118页。

之普及，似得力于卫生运动之举行；关于市街之整洁，则得力于卫生公约之约束。"①

第三，进行卫生运动。每年改进会都要组织卫生运动。卫生运动就是将平时提倡的卫生展览、宣传、灭蝇、大扫除等活动在固定时间段内以群众运动的方式加以强化，以期收到良好功效。

以 1931 年的卫生运动为例，这一年的 4 月 1 日至 7 日为改进区卫生运动时间，"参加之民众，先后凡一千余人"②。运动期间，改进会在会所驻地无逸堂内设立展览处，陈列卫生模型及卫生图表供民众参观。改进会还在驻地组织了一场以卫生常识为主题的表演活动，而后派宣讲队分赴全区讲演。通过这些不同种类的宣传活动，改进会向群众介绍了各种普通传染病的症状和预防方法、天花的危害、苍蝇的危害、改进会卫生运动的利益、设立医疗所的意义及内容，不仅增长了群众的卫生常识，还提高了群众参与卫生运动的自觉性。

同时，改进会还组织了两场大的活动。一是大扫除。乡村，污物处处皆是，如果不注意，很容易孳生蚊蝇，引发疾病，所以改进区十分重视大扫除活动。大扫除是每年卫生运动必不可少的活动。1931 年的年度大扫除活动安排在 4 月 4 日下午开始。改进会、公安局、讲习所、中心小学四个部门的有关人员将徐公桥镇划分为四段，在每家每户派出的一名代表的协助下，展开了集体大扫除。为了给村民平时的大扫除活动做示范，除了运动期间的这一次活动外，持续到 8 月底，扫除每周六都得举行一次。③ 另一大型活动是开展疾病预防工作。改进区内"春季之天花，夏季之霍乱，秋季之疟痢，冬季之肺疾，不知断送多少生命"④。因此，改进会很重视改进区内的疾病预防工作。由于 1931 年卫生运动是在春季开

① 孔雪雄：《中国今日之农村运动》，中山文化教育馆 1935 年版，第 154 页。
② 陆叔昂：《三周岁之徐公桥》，中华职业教育社 1931 年版，第 113 页。
③ 陆叔昂：《三周岁之徐公桥》，中华职业教育社 1931 年版，第 116 页。
④ 姚惠泉、陆叔昂：《试验六年期满之徐公桥》，中华职业教育社 1934 年版，第 47 页。

展,改进会规定,运动七天内村民均可进行免费种痘,第一天到会参与活动的村民还可以获赠一份卫生药品。活动期间,改进会共"分送卫生药品一千余份"[1];初次种痘 175 人,二次种痘 314 人,累计 489 人种痘。[2]

卫生条件的改善、卫生习惯的养成绝非一日之功,用群众运动的方式开展卫生工作未必是良策,但是徐公桥改进会平时就注意向农民宣讲卫生常识,引导他们开展卫生活动,因此,徐公桥的卫生运动是建立在平时的工作基础上的。正是有了平时养成的习惯,改进区的卫生运动才能够吸引众多的民众参加,取得良好的效果。而运动期间产生的从众效应又会强化、吸引更多的民众加入活动中来,这不失为改进农村卫生事业的一条捷径。

第四,成立医疗保健机构。改进区最初没有专门的医疗保健机构,只是在会所驻地"备有简易药品,村友需要时,可以赠送"。鉴于"农村医院,在乡间地位,非常重要,村民每遇疾病,医治颇感不便,甚至问津无门",改进会于 1931 年 2 月设立了徐公桥乡村改进会公共医诊所。[3] 该所旨在改进实验区内的卫生事项,谋民众健康幸福,并以实施防疫、急救、诊治为目的。医诊所设于改进会总会,聘请一名医师主持医务及全区的卫生改进事宜。如遇时疫流行,医诊所还会增加医务人员。如 1932年,医诊所便"请临时医师二人协助之",并增设时疫救济所。[4] 医诊所上午门诊,下午则是由医生出诊,以方便群众。医诊所看病不以盈利为目的,仅收十枚铜圆挂号费,"药资照原价出售"[5],遇到家境贫寒的还免费施药。当地农村经济总体水平不高,农民不愿意支付高昂的医疗费用,以致出现了"有患疟疾因不肯就医而数年不愈者",医诊所的这种收费方

---

① 陆叔昂:《三周岁之徐公桥》,中华职业教育社 1931 年版,第 113 页。
② 陆叔昂:《三周岁之徐公桥》,中华职业教育社 1931 年版,第 116 页。
③ 江恒源:《徐公桥》,中华职业教育社 1929 年版,第 39、41 页。
④ 姚惠泉、陆叔昂:《试验六年期满之徐公桥》,中华职业教育社 1934 年版,第 63 页。
⑤ 陆叔昂:《三周岁之徐公桥》,中华职业教育社 1931 年版,第 110 页。

式能为群众所接受,深受群众欢迎,"乡人有病时均乐于前往就诊"①。据推算,每天到诊所看病的群众达 15—20 人之多。医诊所不仅承担着改进区的医疗诊治任务,还要为区外的村民开药治病。医诊所开诊的头四个月就接待病人 1 356 人,其中区外群众就有 393 人。② 1931—1932 年,医诊所接待病人 3 470 人,区外的占 1 466 人。③

防疫也是医诊所的一项重要工作。每年夏季,医诊所都要免费为全区居民注射血清。全区接受注射的群众从最初的 100 多人增加到 1 800 多人。到了春秋两季,医诊所则组织布种牛痘。1931 年全区仅有 489 人次接受种痘,此后接收种痘的群众迅速增多。到 1934 年 6 月实验期满时,实验区内的没有一名儿童未种牛痘,并连续三年没有一个人感染天花。④

医诊所的急救也很成功,为其赢得了群众的信任。1931 年 4 月间,临近改进区的安亭镇猩红热猖獗,小儿夭折于此的不一而足。其时有一位两岁男童患病,他的家人半夜到医诊所求诊。待医诊所医生赶到小孩家中,"病童仰卧床上,一息尚存,势极危险",医生迅速为其注射强心剂一次,随后补注血清,"未及天明,病已霍然,市人惊相走告以为奇异"。改进区村民陈喻之的儿子也患有此病,病势多变,险象环生,每次都是医诊所及时救治,最终得以痊愈。"以后凡患此症者,必来求治,半月之间,公安道上,往来不绝,而民众之信仰益深矣。"⑤后来,根据需要,改进会"把医诊所迁到乔氏宗祠,并扩大成为医院"⑥,医诊所的业务也随之扩

---

① 陆叔昂:《三周岁之徐公桥》,中华职业教育社 1931 年版,第 129 页。
② 陆叔昂:《三周岁之徐公桥》,中华职业教育社 1931 年版,第 113 页。
③《徐公桥乡村改进会概况》,载姚惠泉等编《中华职业教育社之农村事业》,中华职业教育社 1933 年版,第 30 页。
④ 姚惠泉、陆叔昂:《试验六年期满之徐公桥》,中华职业教育社 1934 年版,第 63 页。
⑤ 陆叔昂:《三周岁之徐公桥》,中华职业教育社 1931 年版,第 124 页。
⑥ 阮南田:《徐公桥乡村改进区追述——黄炎培手创的第一块实验园地》,载中国人民政治协商会议江苏省昆山县委员会文史征集委员会编《昆山文史》第 6 辑,内部资料 1987 年版,第 70 页。

大。"为要将送诊施药防疫等的工作范围扩大，（医院）在每乡的小学里面，分设简易医库，并将医药常识，传授给各校教师，使他们一方为乡民诊病防疫，同时还可将医药的常识，广为传播到乡间去"①。

经过改进会的不懈努力，徐公桥改进区的卫生状况大大改观，改进区"街道清洁……无垃圾堆"。更重要的是保持环境卫生的干净、整洁已经成为当地农民的"习惯"。② 职教社在 1934 年举行的"乡村工作讨论会"第二次年会上报告改进区的"死亡率比四年前减少了百分之四十五，疾病统计，比四年前减了百分之五十八，改进会的诊疗所，近来简直门可罗雀"③。外来的参观者也指出，改进区的农民"知道讲求卫生"，人口死亡率"已大大地减少"。④ 这在当时的中国农村不能不算是一大奇迹了，足以证明徐公桥乡村改进实验区的卫生建设事业取得了相当的成功。

二 查禁烟赌

近代中国的落后挨打是从鸦片开始的。烟赌不仅消耗钱财，而且损害国民的身心健康，还有许多人因为烟赌或妻离子散、家破人亡，或负债累累，走向盗窃甚至杀人犯罪的道路。鸦片、赌博几乎成为近代中国社会的万恶之源。

陆叔昂指出："农村……鸦片赌博，风行各地，其流毒无以异于毒蛇猛兽，农村破产，虽原因甚多，而烟赌盛行，实为主要，故扑灭烟赌，万分急迫。"⑤他认为："欲救农村之破产，应先严禁烟赌。"⑥"乡下没有了烟赌，不但农民经济，可免意外的损失，即是地方风俗，也可敦厚不少。个

---

① 周浩如：《回转隔别二年的徐公桥》，载《教育与职业》第 148 期。
② 姚惠泉、陆叔昂：《试验六年期满之徐公桥》，中华职业教育社 1934 年版，第 63 页。
③ 江问渔、姚惠泉：《中华职业教育社农村工作报告》，载乡村工作讨论会编《乡村建设实验》第 2 集，中华书局 1935 年版，第 245 页。
④ 周浩如：《回转隔别二年的徐公桥》，载《教育与职业》第 148 期。
⑤ 陆叔昂：《参加全国乡村工作讨论会后》，载《教育与职业》第 148 期。
⑥ 陆叔昂：《改进农村与整顿地方警察》，载《教育与职业》第 145 期。

人不烟不赌，就是好人，一地方无烟无赌，就是好地方。好人居好地方，自然游民乞丐，可以绝迹，盗窃案终年不会发生，农村到了这样景象，至少可享受'安居乐业'的幸福。"①

在划为改进区之前，徐公桥固然民风淳厚，却也是"四乡烟赌未能尽绝"，难脱整个旧中国"乡村普通之现象"。② 烟赌的公然流行引起乡村建设者们的极大关注，在职教社与中华教育改进社、中华平民教育促进会总会及国立东南大学教育科、农科共同在徐公桥进行改进事业时，查禁烟赌就是建设者们的重要工作。徐公桥乡村改进会成立后，采取积极手段和消极手段相结合的方法，继续推行烟赌的查禁工作。改进会的积极手段着眼于"防"，通过发展正当娱乐、宣传卫生常识，丰富农民的业余生活，引导农民形成正确的娱乐观、消费观，使广大农民自觉告别烟赌。这在前文已有所论及，此不赘述。消极手段的主要目的在于"止"。第一步，劝诫民众领袖，引导普通群众。改进会在对全区烟赌状况进行摸底后，首先要求那些嗜烟赌的改进会成员以身作则，戒烟戒赌，起到表率带头作用。然后改进会工作人员登门拜访那些在农民中间有一定影响力而又嗜烟赌的民众领袖，动之以情、晓之以理，感化他们带头不吸食鸦片，不参与赌博。最终通过他们的模范表率作用，使一般群众取法仿效。第二步，重点突破，强制推行。经过改进会第一阶段的努力工作，大部分嗜烟赌的群众都能够主动放弃这些恶习。对于余下的拒不悔改的顽固分子，改进会则重点攻关，动用罚款，甚至强制迁出改进区等行政手段，迫使其最终放弃烟赌或者离区而去。为了确保强制戒烟戒赌的效果，改进会还专门要求警管区警士即时报告、缉查鸦片赌博事件，加强了强制戒烟戒赌的工作力度。

改进会积极的手段与消极的手段相结合、感化引导与强制推行相结

---

① 陆叔昂：《民众教育只能做到开源节流的地步》，载《教育与民众》第 5 卷第 5 期。
② 陆叔昂：《三周岁之徐公桥》，中华职业教育社 1931 年版，第 11 页。

合的做法收到了明显的效果。黄炎培先生曾提及他查访徐公桥时发生的一件事情。当时黄先生在大王庙偶遇一位老婆婆,便与其闲谈。黄先生问:"你们村中为什么演戏?"老婆婆说:"他们不许人家新年赌钱,所以演戏给我们看。"黄先生又问:"是谁的意思呢?"老婆婆答:"都是蔡望之。"黄先生追问:"蔡望之自己赌钱不赌钱呢?"老婆婆答:"他不许人家赌钱,自己当然不赌的了。"①由此可见,改进会的工作人员实实在在地将戒赌戒烟落到了实处,他们的率先垂范也确确实实在群众中间产生了影响。

在改进会与广大民众的共同努力下,到实验期满,"镇上茶馆三家,不独平时无赌博,即旧历新年,亦绝对无之,全镇全区,均无聚赌好赌之恶习。鸦片不特无出售之所,民众染有嗜好者,亦均戒绝,尚有三四年老病夫,因身体关系,未能断瘾,则迁居区外,任其自然淘汰。全区烟赌绝迹"②。徐公桥乡村改进会在查禁烟赌上的成功,既免除了部分群众不必要的开支,客观上增加了他们经济收入,又在该地形成了良好的社会风气,对于地方的治安稳定起到了积极作用。

三 扩建保卫团

自晚清以来,民间团练盛行。到了民国年间,军阀混战,很多地方为了维护区域治安纷纷加强了地方民团的建设。徐公桥地区的地方保卫团在地方领袖蔡望之等人的主持下,更是"有极完备之组织,声誉卓著"③。据《徐公桥》记载,当齐卢战争"溃兵四溢,到处骚扰"时,徐公桥保卫团"持械防御","保卫得十分得法","所有溃兵,屡次想来尝试,竟不能

---

① 黄炎培:《试验六年期满之徐公桥·代序》,载姚惠泉、陆叔昂编《试验六年期满之徐公桥》,中华职业教育社 1934 年版,第 4 页。
② 姚惠泉、陆叔昂:《试验六年期满之徐公桥》,中华职业教育社 1934 年版,第 64 页。
③ 姚惠泉、陆叔昂:《试验六年期满之徐公桥》,中华职业教育社 1934 年版,第 48 页。

越雷池一步","从未入过境"。①

改进会成立后,出于维护地方治安的考虑,保留了保卫团。保卫团团部设在改进会驻地,雇用了8名团员在团内服务,另有60余人属于义务团员,团员"每天早晨在民众体育场集中训练,每晚各团员轮流分区分段向交通要道渡口进行巡查,以防宵小活动"②。遇到紧急情况,团员们便"人人荷枪而出"③。由于基础较好,保卫团事业发展迅速,除了徐公桥镇上的总部外,改进会又在梅浦、珠翠两地增设了保卫团分团,保卫团人数也有所增长,达到80余人。

徐公桥的保卫团声名远扬,以至于在那个战乱的年代"盗匪不敢闯境"。据阮南田回忆,1931年冬天,吴淞江上驶来几艘匪船,图谋洗劫改进区。劫匪最初试着鸣放了几枪,以探虚实。改进区内的保卫队员沉着冷静,不动声色。劫匪们怀疑有埋伏,终于没敢进入改进区。阮南田认为,"徐公桥自建立改进区后,由于组织健全,几年来从未有匪徒抢劫和宵小盗窃之事发生。因为区内户口,一向调查清楚,烟赌已告绝迹,游民不能立足,坏人难以产生",所以"没有内线,外人不敢轻入"。④ 保卫团在维护社会治安、保卫改进区群众生命财产安全方面做出了重要贡献。

这样一个组织完备、训练有素,而又声名远扬的保卫团本应该更好地为实验区的改进事业保驾护航,取得更大的成绩,然而遗憾的是,在随后的几年里,改进会放松了对保卫团的要求,"保卫训练反而松懈下来",只是"偶或招集旧保卫团,团员操演一下,既没有冬防之组织,也没有想

---

① 江恒源:《徐公桥》,中华职业教育社1929年版,第13、50页。
② 阮南田:《徐公桥乡村改进区追述——黄炎培手创的第一块实验园地》,载中国人民政治协商会议江苏省昆山县委员会文史征集委员会编《昆山文史》第6辑,内部资料1987年版,第71页。
③ 江恒源:《徐公桥》,中华职业教育社1929年版,第51页。
④ 阮南田:《徐公桥乡村改进区追述——黄炎培手创的第一块实验园地》,载中国人民政治协商会议江苏省昆山县委员会文史征集委员会编《昆山文史》第6辑,内部资料1987年版,第73页。

新团的训练",①最终引发了一场意外的悲剧,在其改进史上留下了瑕疵。而这次意外也警醒了改进会及保卫团,使他们不得不抓紧时间"做着鼓吹训练新团员的材料",重新重视保卫团的工作。

这次意外发生在 1933 年的除夕夜。这一天"区外附近的客民"趁着改进区群众忙于庆祝节日,放松了社会治安方面的警惕,携带刀棍手枪从吴淞江登岸,明火执仗地打劫了改进区内一张姓农家。该家青年大声呼叫,拼命抵抗,"竟至小腹上受了一刀,连肚肠都拖出来"。在听到他的呼喊后,四周邻居及时赶出来鸣锣开枪,迫使劫匪落荒而逃。医诊所在得到邻居的报告后也迅速赶来救护,伤者"终算没有死掉"。至于劫匪,在群众的配合下,保卫团团部和公安局合力搜捕,仅仅用了不到一天的时间就在区外的安亭镇上将其一网打尽。②

除夕夜的意外固然是改进事业不小的损失,然而也为我们审视职教社的农村改进事业提供了一个新的思考角度。我们需要思考:意外缘何发生?很明显,改进区内部放松警惕和"区外附近的客民"乘虚而入是引发这次意外的两大因素。为什么改进区会放松警惕呢?职教社虽然没有明确的解释,但是在《中华职业教育社农村工作报告》中却给出了改进会放松保卫团训练工作的原因:"因为保卫的需要大行减低;一则地方实在太平无事,有夜不闭户之概。二则警管区保甲制实行后,奸人更无混入。"这一说法也基本可以作为解释改进区会放松警惕的原因。徐公桥本来民风淳朴,设立改进会不到一年便取得了"盗匪,无。小窃案两件"③的喜人成绩。随着各项工作的有序展开,徐公桥每每被参观者誉为"模范村""世外桃源",社会治安得到很大改善这是不争的事实,改进会依此得出保卫需要"大行减低"的结论不足为奇。一般群众在除夕夜放松警

---

① 江问渔、姚惠泉:《中华职业教育社农村工作报告》,载乡村工作讨论会编《乡村建设实验》第 2 集,中华书局 1935 年版,第 245 页。

② 江问渔、姚惠泉:《中华职业教育社农村工作报告》,载乡村工作讨论会编《乡村建设实验》第 2 集,中华书局 1935 年版,第 245 页。

③ 江恒源:《徐公桥》,中华职业教育社 1929 年版,第 32 页。

惕更是情有可原。为什么"区外附近的客民"会乘虚而入,"劫你一个冷不防呢"? 抢劫就是为了钱财,唯一的解释是劫匪家庭贫困得难以生活,而改进区这户人家则相对殷实。如果这番推理成立,那么我们可以得出这样的结论:职教社在徐公桥的农村改进事业取得了成效,甚至可以说是很大的成功。因为社会治安是一个各种因素交织在一起的复杂问题,社会治安的改善不仅仅是保卫工作做得好。但是,改进会的成功仅仅局限于徐公桥一隅,整个中国农村,哪怕是徐公桥毗邻之地的经济及社会治安状况也仍然没有根本的好转。没有周边大环境的改善,局部地区的些许改良很容易被断送前景。因此,改进会虽然吓跑了 1931 年的劫匪,却无法逃脱 1933 年除夕夜的洗劫,这似乎是个必然结果。

陈序经在探讨乡村建设运动的工作途径时就说过这样的话:"因为交通不便,以及其他的好多原因,离开都市较远的乡村或区域,治安很成问题,这个治安问题,又并非一个乡村或一个区域的问题,而是与其他的乡村或区域的治安有了密切的关系。在甲村或甲区从事实验工作的人,在其乡村或区域之内,也许对于治安问题有了解决的办法,然而假使其相近的乙丙村丁村或其他的乡村的治安有了问题,则在甲村的工作,必受影响而致于停顿。"①此言不可谓不精到。农村改进就是一盘棋,它需要从全局出发,宏观把握,整体推进。这不是职教社这样的社会团体组织所能实现的。

当然,我们也不能因为一场意外否认了整个改进事业。必须看到,没有医诊所,受害者可能会命丧黄泉;没有保卫团和公安局,犯罪分子可能会逍遥法外。可以肯定地说,没有职教社在徐公桥的农村改进事业,除夕夜的意外会带来更大的损失。职教社的农村改进在推动着徐公桥地区逐渐进步。

---

① 陈序经:《乡村建设运动》,大东书局 1946 年版,第 95 页。

四 训练警察,试办警管区

依现在的观点看,建设农村很难与训练警察联系起来。那么两者究竟有什么关系?"就表面观察,一若农村是农村,警察是警察,风马牛不相关,从实际言,则随时随地,有密切之关系。从消极方面讲,欲救农村之破产,应先严禁烟赌,而警察则为庇护烟赌之先锋队,欲解除农民痛苦,应尽力保护善良,而警察则敲剥愚民,无所不至,欲澄清地方,应严惩奸宄,而警察则暗相联络,朋比为奸。再从积极方面讲,警察健全,则烟赌不难扑灭,奸宄不难绝迹,风纪不难改善,政治不难光明,他若促进卫生,调查户口,劝学运动等等,皆可得其助而次第实行。凡上所述,非臆断之言,乃系事实问题;故改进农村,与地方警察,有重大之关系……复兴农村,应先改善地方警察"[1]。

警察本为维护治安,安定社会秩序而设,然而旧中国的警察,特别是乡村警察,鱼肉百姓,贪污腐化。"在上者能尽忠服务,著有成绩者有几人? 能奉公守法,操守不阿者有几人? 在下者能洁身自爱,勤其职任者有几人? 能爱护地方,临财无苟者有几人?"[2]旧中国乡村警察"无一善足录,有万恶可纪,去之则为功令所不许,留之则为社会之大害"[3]。在这种情况下,乡村改进会于 1933 年 8 月开始训练警察,试办警管区。

训练警察、试办警管区是徐公桥乡村改进会同昆山县政府、昆山县公安局联合举行的活动。徐公桥乡村改进区内原来就驻有警察分驻所,属于昆山县公安局第四分局,定名为第三分驻所,管辖区域南北约十五里,东西十余里。分驻所除了巡官、巡长、书记、伙伕四人外,共有警士八名,警力稍嫌不足。经改进会提出,昆山县公安局同意改进区分驻所增加警员四名,并委任青年警官黄璞齐担任巡官,招考警士,成立警察训练

<hr>

[1] 陆叔昂:《改进农村与整顿地方警察》,载《教育与职业》第 145 期。
[2] 陆叔昂:《改进农村与整顿地方警察》,载《教育与职业》第 145 期。
[3] 姚惠泉、陆叔昂:《试验六年期满之徐公桥》,中华职业教育社 1934 年版,第 49 页。

班,开始进行警察训练。

设立徐公桥乡村警察训练班是为了改善警察队伍,提高工作效率,使之更好地为乡村改进服务,因此,训练班的训练主旨是紧密结合农村改进事业的需要安排的。道德方面,由于乡村警察的一举一动尤为村民的表率,改进会规定,"总理诏示之亲爱精诚,及忠孝、仁爱、信义、和平,诸要义,尤须详为讲解",以期身体力行,示范百姓;纪律方面,由于农民"大都缺乏互助精神",所以要对农村警察施以纪律训练,"俾得指导民众"。改进会特别指出,由于农民知识浅陋,警员在农村执行公务与城市不同,必须"于干涉之中,仍寓维护之意",所以训练农村警察时,"凡属和平处理方法,必须切实讲解,以便将来实施"。①

徐公桥乡村警察训练班招收的警员,年龄为二十至三十岁,身体健康,无不良嗜好,至少具备高小毕业的文化知识水平,品行端正,言动敏捷。训练班的训练期为一年,分为三个阶段,每一阶段结束,昆山县公安局会派人实地考核,不及格的警员给予退班处分。警察训练班对警员的训练方式主要有三种:课堂训练,即对警员进行各种文字、知识及道德方面的灌输;军事训练,即练习作战技术、防御本领;服务训练,即进行农村巡逻、户籍调查、人事登记,以及办理卫生、维持交通等协助农村改进和自治的事务。

由于临近实验期满,徐公桥乡村警察训练班第一期训练仅进行了六个月,"经政府当局,派员考验,认为满意"②,改进区便开始了试办警管区。

按照《徐公桥试办警管区办法》的规定,昆山县公安局将第三警察分驻所的辖区划分为八个警管区,成立警管区驻所,各设警士一人,专负其责。警士"除执行警察行政事项外,以训练保卫团,协助自治,改进农村,为其重要任务"③。对于警管区发生的事件,警士要分清缓急,按时上报。

① 姚惠泉、陆叔昂:《试验六年期满之徐公桥》,中华职业教育社1934年版,第52页。
② 姚惠泉、陆叔昂:《试验六年期满之徐公桥》,中华职业教育社1934年版,第49页。
③ 姚惠泉、陆叔昂:《试验六年期满之徐公桥》,中华职业教育社1934年版,第54页。

诸如水火灾变、命盗案件等紧急事项，鸦片赌博及人民违警事件均须立即报告。警管区警士每三天就要对所辖警管区进行一次巡查，每个月需要召集闾邻长及地方父老，开谈话会一次，"协商改进事宜"，平时还要注意与农民"讨论有利农业之计划"。① 分驻所允许各警管区在各负专责的同时，联合附近两个或三个警管区为联巡组，轮流巡逻本组地面，以利工作的展开。

警管区的工作由警察分驻所实施指导与监督。为了配合警管区实验，分驻所特设一名统计警，除办理通常文书外，负责警管区的调查报告及其上报事宜的汇集整理；两名传达警，负责上传下达，并接受巡官、巡长的命令，随时巡查各警管区警士的勤惰。分驻所巡长每周还要巡视各警管区三次以上，督促指导警管区的办事方法；分驻所巡官每月也要巡视各警管区四次以上，监督各个警管区一切应办事宜的进行情况。

1934 年 7 月，徐公桥乡村改进工作计划期满，职教社将改进区移交地方政府。此时距改进会开始训练警察不足一年，距第一期警察训练期满、试行警管区不足半年，时间短暂，因此，很难判定改进会在这一方面实验的绩效。

五　组建消防队

消防是社会应急机制的一种。中国农村经济凋敝，房屋多为土木结构，村里村外柴木堆积，极易发生火灾。如果农村没有必要的消防机制，一旦遇到火警，就唯有求助都市消防组织，然而往返需要时间，远水救不得近火。这样，本是小康之家的家庭往往会因火而破产，甚至一家着火，殃及邻里，全村被毁。所以在农村不仅要防火于未然，而且要建立必要的应急机制，消灾于已发。

为了应付突发的火灾事故，徐公桥乡村改进会组织成立了消防会，

---

① 姚惠泉、陆叔昂：《试验六年期满之徐公桥》，中华职业教育社 1934 年版，第 57 页。

"领导区内各镇村办理消防事务"。根据消防会章程,徐公桥改进区内各个村镇都要设立消防队,"惟户口较少之村,得联络两村以上组织之"。消防队采义务制,全区20至50岁的村民均有担任本地消防队队员的义务。为了鼓励队员在工作中尽职尽责,保障队员的人身安全,消防会规定遇有"队员如因公损伤身体,由本会酌量情形优恤之"。消防队的活动经费按照"取之于民,用之于民"的原则,就地筹集。如遇改进会经费富余,可以申请补助。消防队平时很注意队员的技能培训,每个月都要召集他们参加集训,实习消防方法;每半年还要组织全区消防技能大比武,成绩优良的队员可以得到奖励。遇到火灾,镇消防队鸣钟为号,召集队员参加灭火;村队则鸣锣为号。消防时取联动制,"一村有警,邻村队员,应全体出发协助之"。①

消防队作为一种应急机构,其装备配置、人员训练都有很高的专业要求,不是一般农村所能达到的,因此,虽然改进会不懈地努力,最终也无法取得大的成绩。"消防虽小有设备,终觉简陋,尚难应付危急,且区内草屋,占十之七八,一遇火警,仓卒应救,火急途远,往往不及",是故才有了本章第四节所提到的那次救火失败——消防队虽然及时赶到,囿于设备,也只能望火兴叹了。这似乎是改进会成员直到改进期满仍耿耿于怀的事。②

六 设代赈局,设立警钟、济贫、公渡

面对改进区内"贫苦之户及流寓中贫不能自给者,每遇死亡无处赊棺"③的凄惨景象,改进会成立后在徐公桥设立了代赈局。代赈局向地方富裕人家募得基金40元,购置了一批棺木,供改进区内无依无靠的死者或者过路身亡者使用。

---

① 陆叔昂:《三周岁之徐公桥》,中华职业教育社1931年版,第118-119页。
② 姚惠泉、陆叔昂:《试验六年期满之徐公桥》,中华职业教育社1934年版,第48页。
③ 姚惠泉、陆叔昂:《试验六年期满之徐公桥》,中华职业教育社1934年版,第48页。

　　警钟设立在改进会会所内，平时在每天的早上 6 点、中午 12 点、晚上 6 点均报时一次，以养成村民遵守时间的良好习惯；遇有火警、盗警等紧急情况则先撞乱钟，尔后火警连打两声，盗警连打三声，以警告各村村民，使其预为防备或加入援助；遇到纪念节日则鸣钟志庆或志哀，以激发村民的爱国热情。

　　20 世纪 20 年代，中国农村根本谈不上保障机制。一些老弱残疾、鳏寡孤独困苦无依，根本没有任何慈善机构为之救济。徐公桥乡村改进会成立了专门的济贫机构，由改进会和地方名望共同出资救助区内需要帮助的村民。前文提及的朱耕源能够顺利完成学业正是得力于改进会的济贫措施。

　　徐公桥镇的徐公口是往来青浦各乡镇的交通要道。为了方便群众，交流经济，改进会出面设摆渡船一只，托付附近的渔户负责摆渡，"渡河的人，不收分文，艄公的生活费，由改进会每月发给，其子女入学，不收学费"①。

第六节　徐公桥乡村改进区的路政、市政建设

　　如果说前几节提到的乡村改进事宜更多的是注重内在建设，那么徐公桥乡村改进区在市政、路政等方面的建设则属于外在形式的改进。

　　黄炎培先生曾在职教社年会——"农业教育及农村教育组会议"上指出，农村改进"形式是很有关系的"，进行农村改进"要替乡村造成优美的环境，第一是种植草木，可以使乡村的儿童，常常看见四时不断的美丽悦目的花草，而得到快乐，而且花还可以卖钱，也有补经济；第二要利用音乐，把好的民歌等等谱成简易歌曲，使人人易学会唱"。② 这段话揭示

①　阮南田：《徐公桥乡村改进区追述——黄炎培手创的第一块实验园地》，载中国人民政治协商会议江苏省昆山县委员会文史征集委员会编《昆山文史》第 6 辑，内部资料 1987 年版，第 71 页。
②　《会议纪事》，载《教育与职业》第 116 期。

了农村改进中外在"形式"建设的必要性。

提到旧中国的农村,浮现在人们脑海里的往往是杂乱破败的茅草屋、狭窄弯曲的泥土路、乱飞的苍蝇、横行的鸡鸭……总之是一幅脏乱差的景象。徐公桥亦难独异。就市政环境而言,"垃圾满街,露天坑到处皆是,半公开之卖雅片者,随地可吸,茶馆中终日赌博,檐头横晒衣服,妨碍交通"①;就路政而言,乡间道路"全系泥土小径,天雨泥泞难行,殊感不便"②;就桥梁而言,"桥梁石造者仅占十分之三,大都用木制,多年失修者,尤居多数"③。自然环境与社会环境的恶化成为当时农村危机的一项重要标志。还在职教社与其他教育机关联合试办徐公桥改进事业时,徐公桥联合改进农村生活事务所就开始注意从修整道路做起,对整个改进区的公共环境进行改良。改进会成立后,这一工作全面展开。

路况优劣与改进区每一个人的生活息息相关。虽然徐公桥路政之差为农民所诟病,但是为什么"农民虽深感道路狭小之害,然始终不知谋建设"④?其原因不外乎两个:一是无人组织。民国时期中国社会的传统乡村权威日渐解体,新的乡村权威尚未形成;在这一社会转型期间,国民政府又不能及时将控制权力深入基层,中国农村失去了传统的组织公共事业建设的领导阶层,许多公益事业无人过问。二是牵扯经济利益。修桥筑路必然需要耗费大量的人力、物力,然而20世纪二三十年代的中国农村饱受天灾人祸的蹂躏,生计尚且难以解决,何来多余的资金与精力投入公共事业?再者,农村道路拓宽要么需要侵占田地要么需要触及庭院,这又涉及农家的切身利益。正是因为这些原因,路政建设在农村绝非易事。

徐公桥乡村改进会的成立解决了改进区路政建设中遇到的难题。

---

① 姚惠泉、陆叔昂:《试验六年期满之徐公桥》,中华职业教育社1934年版,第15页。
② 赵叔愚著、方与严编:《乡村教育丛辑》,上海儿童书局1933年版,第193页。
③ 姚惠泉、陆叔昂:《试验六年期满之徐公桥》,中华职业教育社1934年版,第16页。
④ 姚惠泉、陆叔昂:《试验六年期满之徐公桥》,中华职业教育社1934年版,第15页。

在改进会最初的组织系统中,建设部和总务部、教育部等一起成为改进会七部之一。建设部下设道路股、桥梁股,专门负责路政建设中的规划设计、资金筹备。有时改进会建设部还会根据实际情况的需要组织专门的筑路委员会,具体负责所修道路的协调组织。按照改进会建设部的规划,改进区内的道路分为干路和支路两种。干路为平时出入的要道,阔度"定为十英尺",主要包括由徐公桥镇直达他镇,或学校所在地与较大之村庄之间的道路。支路则是由某村到某村,或某校到某校有联络之必要的道路,阔度定为"六英尺"。在同一标准下,如果修路损害了农户的利益,为了使农户顾全大局,建设部要么动之以情晓之以理,要么适当补偿,使其让步。对于修路筑桥的步骤,由于意识到了"谋路政之改进,诚非易事……欲整理道路,不宜操之太急",改进会建设部提出筑路要"先筑泥路,以立基础,用征工方法,田主助路基,佃户助人力,进而谋筑石路,以利天雨时之往来"。至于路政资金,"或就地筹集,或公家补助,或向外募款"。村里修建桥梁,经费由改进会认"十分之二,请求区公所补助十分之二,委员会主席蔡望之先生独力捐助十分之二,就地筹集十分之四"。从个人到团体,从政府到社会,改进会调动了一切可以调动的力量筹划基金。①

改进会最先动工修筑的是公安路。公安路起自徐公桥,经汤家桥、王家库、大王庙、玉皇庙,与安亭镇相接,属于镇与镇之间的干路。全路长660丈(一丈约为3.33米),原路宽度多则八尺(一尺约为0.33米),少则五六尺。沿线还有石桥五座,工程浩大。为了统筹道路改造,徐公桥乡村改进会建设部专门和安亭乡行政当局合作成立了筑路委员会,负责解决道路改造中出现的问题。在筑路委员会的领导下,1929年3月,道路测量工作正式开始;4月,道路修筑正式展开。为了理顺内部关系,便于管理,筑路委员会将施工人员分为两组,每组设主任一人,管理组内事

① 姚惠泉、陆叔昂:《试验六年期满之徐公桥》,中华职业教育社1934年版,第15页。

务、领导施工。两组施工队伍以大王庙为界,分两段同时展开高效率的施工,很快便完成了泥土平整与加宽,随后用石子铺砌。沿线桥梁除了对较坚固的唐家桥、王家库桥加宽桥面、筑平步级,拆除已近坍塌的玉皇庙桥改造成石脚木面平桥外,还根据实际需要将大王庙桥拆除填平,下置水泥阴沟,给所有的大小桥梁加设铁栏杆。由于规划合理、领导有序,1930 年 3 月,号称改进区内"路工最巨之工程"①的公安路顺利竣工。公安路共花费石料 868.67 元,工资 476.05 元,除了职教社补助 250 元,改进会还争取到安亭乡行政局赞助 800 元,昆山建设局赞助 220 元,不足的部分均是改进会向当地名门望族和普通群众募捐的。

市政建设方面,整个改进区只有一个小小的徐公桥镇,居民不过 52户,人口 310 人。但是作为整个改进区的领导中心所在地,徐公桥镇对整个改进区有着较强的示范引导作用,改进会十分重视徐公桥镇的市政环境建设。

1928 年底建成的改进会会所有东西五大间。东首三间,是一个能容纳 500 人的大会堂,取名"无逸堂",以示事业改进,一息不懈;西首两大间,分成四个单独的小间,各有用途。五间大屋气势磅礴,"一入村境,过了石桥,踏上公安路,便望见暗红的屋巅,从日光中透露出来,那便是会所的新屋。稍近一些,便望见竹墙上东西两面有若干大黑圈,写着斗大白字,正面有三句,说:'农村自治,是救国的根本。农产增进,是富国的根本。农民教育,是人类进化的根本'"②。会所四周绕以苗圃花园,设有运动场,呈现出一派现代都市建筑的景象。

除了修建标志性建筑以外,改进会对改进区的街道卫生、通讯设施及市容建设也给予了专门的关注。通过卫生运动,"全市厕所一律改良……街道极为清洁";通过通讯设施建设,改进区里建立了专门的电话

---

① 陆叔昂:《三周岁之徐公桥》,中华职业教育社 1931 年版,第 36 页。
② 江恒源:《徐公桥》,中华职业教育社 1929 年版,第 15 页。

处、邮政代办处;通过整饬市容,改进区"论市容则有民众晒衣场、停车场、布告处等,雏形略具"。①

下面是改进区试验期满前一年时,参观者对徐公桥市政的描述,徐公桥乡村改进的成绩由此可见:

> 徐公桥的本镇,当中一条碧绿澄清的小河,两旁生长着参差不齐的古树,中间横卧着一座高耸的石桥,桥的侧面刻着"徐公桥"三个大字,桥上竖立一方木制的壁报牌,桥下时常停泊着大大小小的船。桥的东岸,躺着一条笔直的长街,桥的西岸横着一条较短的短街,合成一个丁字形。全镇约有二三十家商店,各种货色,均略有具备,足供村民的需求,是一个具体而微的小市场。至于店房街道之整洁,固不待言,街上有镇公所,保卫团,公安分驻所,邮政代办所等机关之设立。走尽东直街的尽头,便可看见中心小学和乡村改进会,改进会的门口,有体育场,有小公园,距改进会左边数十步外,有乔家祠,祠内设有医院和仓库,出了乔家祠,沿着石路东行数十步,便有汤家石桥,桥头有测侯所,再东行数十步,便是王家库石桥,桥头有果园和养鸡养蜂场。过了王家库石桥再向东走去,便有涂着红墙的大王庙,庙内设有流动学校和施茶所,庙前有高耸参天的银杏古树二株,这是徐公桥东乡的风景。

> 若由徐公桥向西南北三方向走去,那更有乡村的风味:一湾一湾的绿水,间着一段一段的田亩,划成一个一个的村落。每一个村落里,都栽着一丛一丛的绿树,在绿荫深处,隐藏着一栋一栋的草房——这便是一般农民的住宅,每一个住宅门前,都有一块洁净的空坪,空坪之外,编着矮矮地竹篱或栽四季常绿的生篱,举目四顾,前前后后,左左右右,都有浓绿的树,和碧绿的水,配合着菜绿色的秧田,居然混成一个绿色的农村。此外在每一个村子里面,还可看

---

① 陆叔昂:《三周岁之徐公桥》,中华职业教育社 1931 年版,第 39 页。

见许多公园似的墓园,凉亭似的车水亭。在每一个住宅旁边,都有一湾绿水,一架板桥,桥下面泊着小小地船,岸旁植着稀疏的柳。每逢夕阳西下,宿鸟归巢的时候,村前村后的草地上,有着三五成群的牧童,横在牛背上,合唱着"呀荷嘿,咦荷嘿……"的锄头跳舞歌。许多上街购物的村民,亦在此时洋洋得意的驾着扁舟,满载而归,在溪水潆洄碧波中,发出悠扬"款乃"声,与牧童们的歌唱声,很有节奏的唱和着……。这种充满了诗意的乡村风景,便是徐公桥全景的真实写照。

或许在看惯了都市建设的现代人看来,徐公桥的这一成绩并不见得稀奇,但是在当时的中国,特别是对于刚从战区归来的参观者而言,"对这完整纯洁的乡村,却不能不当它是凤毛麟角了!从我肤浅的眼光中看来,认为今日的徐公桥虽离我们的理想建设还很远,可是它已经跑上了理想的轨道,在迈步的前进着。我相信,在不久的将来,是可以完成它更伟大的建设!"①

(崔军伟)

---

① 周浩如:《回转隔别二年的徐公桥》,载《教育与职业》第148期。

第四章　政府主导下的乡村变革：江宁县政实验

　　民国时期长江三角州地区乡村建设中还有一个不容忽视的案例就是南京国民政府在江宁实验县开展的县政建设。该实验区与河北的定县、浙江的兰溪，以及山东的邹平、菏泽并称"五大实验县"，在民国乡村建设运动中"有名有实"，为我们探讨政府主导模式下的乡村建设提供了案例。

第一节　江宁社会生态环境透视

一　江宁县的史地沿革与自然生态

　　江宁的名称、治地，历代以来多有变更。据《同治上江两县志》所记，"周武王有天下，封周章于其地，国号吴。元王四年，越灭吴。显王三十六年，楚灭越，置金陵邑"①。秦始皇统一天下后，分天下为三十六郡，将金陵划归彰郡，并改金陵邑为秣陵。后东汉建安十七年（212），孙权又改秣陵为建业。② 晋武帝太康元年（280）夏四月，"平吴，除其苛政，改建业

---

① （清）莫祥芝、甘绍盘修，（清）汪士铎等纂：《同治上江两县志》（一），清同治十三年刊本，台湾
　　学生书局 1968 年影印本，第 151－152 页。
② （清）莫祥芝、甘绍盘修，（清）汪士铎等纂：《同治上江两县志》（一），清同治十三年刊本，台湾
　　学生书局 1968 年影印本，第 155 页。

为秣陵,又分秣陵为临江县,二年春二月,丹阳地震,扬州刺史周浚自寿春移镇秣陵,是岁更临江县为江宁县"①。今天江宁的县名即是源自于此。

大观元年(1107),宋徽宗诏以"江宁险固足守,改江宁府为帅府"②。元承宋旧,变更不大。至明太祖洪武元年(1368)八月,以应天为南京,南京之名即自此始。后清代又改应天为江宁府,上元、江宁二县均属之。中华民国成立以后,废除州府制度,仍留道县,改江宁为金陵道,令江宁、上元为一县,曰"江宁"。③ 至南京国民政府成立前未有变更,直至1933年春江宁自治实验县成立。

江宁地处长江与秦淮河交汇地区,境内有山有水,有丘有岗,平原与丘陵相间。气候地带属北亚热带季风气候区,温暖湿润,四季分明,雨水充沛,日照充足。全县有丰富的金属和非金属矿藏资源。④ 其县境西北濒临长江,西南与安徽省接壤,东南与句容毗连,南与溧水相接,而城厢及附近要区如下关、浦口、明孝陵、玄武湖、莫愁湖等处均已划归京市管辖。⑤ 据民国十九年(1930)江宁县土地局测定,江宁县政府所在地为118°46′32″E,32°03′38″N,县境的四极分别为极东的汤水镇(119°07′00″E,32°03′38″N),极西的铜井镇(118°31′00″E,31°47′00″N),极南的横溪桥(118°43′00″E,31°30′00″N),

---

① (清)莫祥芝、甘绍盘修,(清)汪士铎等纂:《同治上江两县志》(一),清同治十三年刊本,台湾学生书局1968年影印本,第161页。

② (清)莫祥芝、甘绍盘修,(清)汪士铎等纂:《同治上江两县志》(一),清同治十三年刊本,台湾学生书局1968年影印本,第256页。

③ 江宁地方志编纂委员会:《江宁县志》,档案出版社1989年版,第56页。

④ 江宁地方志编纂委员会:《江宁县志》,档案出版社1989年版,第89页。

⑤ 田阜南:《江宁自治实验县实习总报告》,载萧铮主编《民国二十年代中国大陆土地问题资料》,成文出版社、(美国)中文资料中心印行1977年版,第57022页。此处牵涉到县市划界问题,国民政府定都南京后,县市划界成为一重要问题。江宁民众曾于1928年6月举行全县各区民众会议讨论此问题,并选举代表监视江苏省政府与南京市划界,主张维护江宁县整个县治。同年11月,内政部又召集江宁县县长、南京市市长及省府各相关厅人员协商本问题。具体可参看田阜南《江宁自治实验县实习总报告》"县市划界问题"(第57029页)。据田所记,"自国府奠都南京以后,所有市街等区域悉隶属南京市政府管辖,县府亦属暂寄市区,自今春改江宁为江宁自治实验县以来,力图实施地方自治,而树全国县自治之先声,且有迁治于土山镇之计划。一则所以离开京市,另图新局。一则所以图县府得位于全县之中心,便于将来一切县内建设得以县治为基点而行施设"

极北的三河口(119°07′00″E,32°11′00″N)。[1]

根据民国二十一年(1932)公布的江苏各县土地面积统计表,江宁总面积为9 089方里(一方里为250 000平方米)[2],共分十区,计第一区为2 462.21方里、第二区为778.10方里、第三区为873.53方里、第四区为1 860.56方里、第五区为1 701.60方里、第六区为1 718.48方里、第七区为1 811.30方里、第八区为933.33方里、第九区为2 301.90方里、第十区为1 306.81方里。土地总数据江苏各县土地面积统计表所载,计分为平地面积1 587 375亩,土地面积1 683 000亩,水道湖泽面积138 000亩。[3] 江宁全县人口户数缺精确统计,根据县政府民政科所制的全县各区现状一览表所载,共有户数96 156户,人口475 413人,其所载数目当较为可靠。[4]

社会习俗方面,民众既保守而又迷信。"昔人谓金陵之俗,长于持论,短于有为。勇于发端,怯于临事,斯语也,于宁邑一般人民之性质,言之最为真切。盖南方水土柔和,生其间者常少刚毅之气、坚忍之志。又自六代以来,金陵为东南都会,五方杂处。人情涣散,故无团结之力。用是安于惰

---

① 富靖:《江宁自治实验县县政府实习总报告》,载萧铮主编《民国二十年代中国大陆土地问题资料》,成文出版社、(美国)中文资料中心印行1977年版,第54748页。

② 成自亮:《江宁自治实验县实习报告》,载萧铮主编《民国二十年代中国大陆土地问题资料》,成文出版社、(美国)中文资料中心印行1977年版,第55858-55859页。此处统计应包括南京全市面积,但自国民政府定都南京,南京特别市成立后,城厢附近等处均已划归南京市政府管辖,所以江宁县政府所辖范围大为缩减。另有其他方面的统计,数据也不尽相同,本文所取为其离实验县最近时期之统计。据《同治上江两县志》所载,计为6 755方里,后有陆军测量局的报告,统计面积则为6 788平方华里,数据不同的原因之一当为各时代度量衡不尽相同,具体可参看富靖《江宁自治实验县县政府实习总报告》,成文出版社、(美国)中文资料中心印行1977年版,第54749-54755页。

③ 富靖:《江宁自治实验县县政府实习总报告》,载萧铮主编《民国二十年代中国大陆土地问题资料》,成文出版社、(美国)中文资料中心印行1977年版,第54753页。另据田阜南《江宁自治实验县实习总报告》所记实验县县政府土地科科长李启云所言:"本届办理土地陈报结果总计全县田地亩数约在百二十六七万亩左右,其亩数反较前时之估计与税册所载之数略少者,因近年境内因修筑公路所占用之地不少,与市政府分管之地亦有相当数目如八卦洲及第一区所属之一乡,加之一般人民亦难免隐报之弊故也。"可见田亩数仍难有确数,详见其报告第57025页。

④ 田阜南:《江宁自治实验县实习总报告》,载萧铮主编《民国二十年代中国大陆土地问题资料》,成文出版社、(美国)中文资料中心印行1977年版,第57027页。

弱,而不能建伟大之事业。"①"且习俗既崇尚恬退,于是富于保守性质,遂少进取之志。"②鬼神之说在乡间亦十分畅行。"迷信鬼神以乡人为最甚。各乡镇俱有社庙。每届春季相率为迎神赛会之举,或一村为一社,或合数村为一社,大率合四十八社而建一庙。赛会之时,每社合树神旗一,鸣锣击鼓,兴高采烈。敛钱演戏,肆行赌博。其所祀之神,亦诞妄不经。"③

此外,赌博、饮茶之风十分盛行。"向来赌风之盛,以乡村社会为最。荡财毁产,为害甚大。夫振兴农业,当以兴水利为要务。如能以演戏赌博之资为修塘坝埂之用,则获益当无穷矣。"④"若嗜茶习俗,全县皆然,故到处茶肆林立,诚非他县之所及也。"⑤

至于江宁交通,则是"舟车交会,便利之极"⑥,陆路有京沪铁道横贯西北,宁杭公路由南京市东隅起经境内一、二两区达句容,宁芜公路由南京起经九、十两区至安徽,其他由东向西与宁杭路平行者有宁句县道,由南而北与宁芜路平行者有宁当、宁溧两条县道,境内宁杭公路已通汽车,其他仅通人力车、小车及骡马,水运由句容、溧水入境,经四、五、七、十等区达秦淮,唯通行限于夏秋,其他如便民河、运粮河均不便行船。⑦ 水利则"全恃秦淮便民运粮三河,惟年久失修,河身淤塞,淫雨之后,每有溃决之虞,倘遇旱魃为虐,则又滴水无存,频年荒歉,类皆受此影响"⑧。

江宁的重要市镇第一区有龙潭、栖霞等镇,第二区有孝陵、马群等镇,第三区有汤水、东流等镇,第四区有殷巷、禄口、秣陵等镇,第五区有淳化镇,第六区有湖熟、龙都等镇,第七区有谢村、秦村等镇,第八区有横溪、小丹

---

① 孙濬源、江庆沅:《江宁县乡土志》,中华书局 1916 年版,第 20 页。
② 孙濬源、江庆沅:《江宁县乡土志》,中华书局 1916 年版,第 12 页。
③ 孙濬源、江庆沅:《江宁县乡土志》,中华书局 1916 年版,第 14 页。
④ 孙濬源、江庆沅:《江宁县乡土志》,中华书局 1916 年版,第 14 页。
⑤ 王培棠:《江苏省乡土志》,商务印书馆 1938 年版,第 459 页。
⑥ 殷惟龢:《江苏六十一县志》,商务印书馆 1936 年版,第 75 页。
⑦ 田阜南:《江宁自治实验县实习总报告》,载萧铮主编《民国二十年代中国大陆土地问题资料》,成文出版社、(美国)中文资料中心印行 1977 年版,第 57025 - 57026 页。
⑧ 江苏省民政厅编:《江苏省各县概况一览》,1931 年版,第 10 页。

阳等镇,第九区有江宁、铜井等镇,第十区有上新河、西善桥、大胜关等镇。

江宁实验县县政府建立前夕,江宁县的基本面貌大致如上文所述,虽有出入,但应该不至出入太大。这些基本状况正是江宁实验县县政府开展县政建设活动最基本的"土壤"和最原初的起点,县政举措的每一步都以此为基点展开,而其所取得的种种效果、所面临的种种困难也或多或少与这种"土壤"环境紧密相关。

二　江宁人口与农村衰落的状况

20世纪二三十年代,"农村危机""救济农村""复兴农村"的呼声甚嚣尘上。那么农村的情况究竟如何呢? 根据土地委员会的调查报告,"收支有余者不及总户数四分之一,而收不敷出者反逾三分之一。其收支相抵者亦生活程度甚低,非将生活费用减至极少,不能勉强相抵或有余。大多数农家皆陷于经济困难之中"①。具体而言主要体现为土地兼并加剧、地租率上升、苛捐杂税繁重、农村金融枯竭等。

第一,土地兼并造成土地占有越发集中的严峻局面。据1927年国民党农民部的统计,全国无地农民占农民总数的55%,地主、富农仅占有地农民人数的32%,而地主、富农的土地则占全部土地的81%。② 土地的高度集中,使不少自耕农和半自耕农失去土地,成为无地的雇农或只有少量土地的贫农。如在20世纪30年代初的浙江崇德,6.17%的中农沦为贫农,雇农增加了2.47%。③

第二,地租率的上升。20世纪30年代,地主对佃农的剥削有增无减,全国地租率普遍在45%以上,远远高出国民政府所规定的37.5%的最高限额。地主为获得高额地租收入,常将土地分块出租,租率很高。1927年

① 中国第二历史档案馆:《中华民国史档案资料汇编》第五辑第一编财政经济(七),江苏古籍出版社1994年版,第37页。
② 章有义:《中国近代农业史资料》第2辑,生活·读书·新知三联书店1957年版,第248页。
③ 行政院农村复兴委员会编:《浙江省农村调查》,载《近代中国史料丛刊三编》第88辑,文海出版社1999年版,第127页。

时江苏省的地租一般占农民收获的60%，相比1922年，实物地租增长37%，货币地租增长124%。① 地租率越来越高，导致农民负担越来越沉重。

第三，苛捐杂税极为繁重。农民除受地主剥削外，还遭受各级政府的暴敛。单单军阀们混战所用军费，每年都在数亿元，1927年达7亿元，1928年增至8亿元。而这些军费又大多以举借公债、滥发钞票和征收苛捐杂税的形式转嫁到农民头上。就苛捐杂税而言，名目繁多，不下20种。单田赋一项少则2元，多则竟达20多元。农民除被征收正税外，还有附加税和预征税。据《银行周报》所载，"江苏的田赋附税，已经超过正税十六倍"。还有许多地方出现田赋预征现象，如1927年四川郫县竟然预征至1939年。② 繁多的苛捐杂税加剧了农民的贫困化。

第四，农村金融严重枯竭。20世纪二三十年代，农村社会动荡，促使资金流至相对稳定的城市，形成了城市资金大量集中而农村金融濒于枯竭的现象。农民缺乏资金，自然就无力购买必要的耕畜、农具、肥料和种子，无力维持正常的农业生产。据卜凯在20世纪20年代末30年代初的调查表明，全国22个省的167个地区内，65%的小型农场没有耕畜，38%的中等农场没有耕畜，18%的中大型农场无耕畜，15%的大农场无耕畜。③ 南京内政部1933年公布，十年间全国耕牛数量减少了1/3。④ 缺少耕畜和农具是全国农村的普遍现象。农村金融的枯竭也导致了农村高利贷活动猖獗。高利贷的利率大多甚高，"年利大都在二分至四分之间，占总户数四分之三强，四分以上者亦不少，间有高至十分以上者"⑤。农村金融的枯竭使得高利贷者"可以凭借着他们更形优越的地

---

① 桑润生：《中国近代农业经济史》，农业出版社1986年版，第112页。
② 章有义：《中国近代农业史资料》第2辑，生活·读书·新知三联书店1957年版，第577页。
③ ［美］卜凯：《中国土地利用》，金陵大学农业经济系1941年版，第328页。
④ 章有义：《中国近代农业史资料》第3辑，生活·读书·新知三联书店1957年版，第613页。
⑤ 中国第二历史档案馆：《中华民国史档案资料汇编》第五辑第一编财政经济（七），江苏古籍出版社1994年版，第37页。

位,自由运用各种有效的方法来加强对贫苦农民的盘剥"①。农村金融的枯竭不仅使农民生活更加艰难,而且直接影响了国民政府的财政收入。

那么江宁是否也陷入了同样的境地呢?江宁地处江南,交通便利,又曾为历代故都,单凭想象,理所当然应为富庶之地。然而实际情况却与此大相径庭。据江宁实验县县政府调查,"自南京定都以后,江宁位首都附廓,首都为一大消费市场,以常理度之,江南农村状况,宜必家富户足,欣欣向荣,顾乃不然。一出城外,村落凋零,试与农夫接谈,异口同声,谓经济破产。县政府对此广大五十万民众之农村社会,虽欲多方救济,图谋复兴,顾或限于财,或格于势,且农村经济,范围极广,究难如愿以偿"②。此种状况可由江宁人口问题的变迁略窥一二。

每一地的人口虽然每隔一时段就会有种种变更,但若变化太快,总是可以反映一些问题。据富靖所记,江宁自治实验县建立之初,有关江宁人口统计的记录主要有两个,一是民国二十年(1931)江苏省各县概况一览表,二是民国二十二年(1933)三月江宁自治实验县各区现状一览表。具体内容见表2和表3。

表 2　江宁县人口统计表(1931 年)

类别	总数
花户	96 902
人口	490 222
男性	264 453
女性	225 769
壮丁	10 434

资料来源:富靖《江宁自治实验县县政府实习总报告》,载萧铮主编《民国二十年代中国大陆土地问题资料》,成文出版社、(美国)中文资料中心印行 1977 年版,第 54758 页,为富靖依据民国二十年(1931)江苏省各县概况一览表所整理。

---

① 骆耕漠:《近年来中国农村金融中的新事态》,载《中国农村》第 1 卷第 9 期。
② 江宁自治实验县县政府编:《江宁县政概况》"建设",1934 年版,第 30 页。

表 3　江宁县人口概况表（1933 年）

	第一区	第二区	第三区	第四区	第五区	第六区	第七区	第八区	第九区	第十区	全县总计
土地面积（方里）	2 462.21	778.10	873.53	1 860.56	1 701.60	1 718.48	1 811.30	933.33	2 301.90	1 036.81	9 089
乡镇数	59	21	19	36	36	27	20	25	30	22	295
户数	14 184	6 985	5 124	12 300	10 974	9 759	5 156	9 131	12 747	9 796	96 156
人口	74 603	36 996	25 646	55 961	53 530	47 707	25 455	42 209	64 573	48 733	475 413
学校数	23	13	12	9	5	11	3	6	16	5	103
不识字人数	34 895	21 790	12 930	15 640	45 500	23 116	13 816	23 080	27 174	30 270	248 321
农	95%	90%	95%	80%	85%	50%	95%	农居多数	农居多数	农工居多数	75%
工				10%		9%	2%		工商次之		7%
商				10%	10%	26%	1%	商次之		商次之	13%
其他职业						7%	春夏输出丝茧很多				5%
居民生活	尚可自给	尚堪自给	经济窘迫	仅足敷用				呈恐慌之现象		经济困难	

资料来源：富靖《江宁自治实验县县政府实习总报告》，载萧铮主编《民国二十年代中国大陆土地问题资料》，成文出版社（美国）中文资料中心印行 1977 年版，第 54758 页。富靖依据民国二十二年（1933）三月江宁自治实验县各区现状一览表整理。

上述两表使我们对江宁的人口现状一目了然，比较两表，问题凸显。首先是人口增减问题。据上述两表统计，1931年江宁尚有96 902户、人口490 222人，至1933年即减至96 156户、人口475 413人。两年之间，人口不但没有增加，反而减少14 809人。那么江宁在20世纪30年代初人口减少的原因是什么呢？据富靖所称，"考夫人口减少之原因，其最主要者非为天灾即为人祸，江宁人口之所以减少者，既非水旱蝗螟之灾，复非兵徭疾疫之祸。盖处于农村破产经济窘迫之环境下，人民离乡而趋市也"①。这段记录说明江宁人口的减少是由于人口的迁移，而迁移的原因则为农村经济的破产。其次是江宁民众识字程度较低问题。据表3数据，江宁人口总计475 413人，而不识字人数为248 321人，超过总人口一半有余。此处为江宁全县的统计，或有不准确之处。另有冯和法先生曾对江宁民众的受教育程度做过抽样调查，详见表4。

表4　江苏省江宁县四百八十一家人口之受教育程度

		不识字	略识字	能写信	总数
男性	人数	666	258	290	1 214
	百分比	54.9%	21.2%	23.9%	100%
女性	人数	986	62	3	1 051
	百分比	93.8%	5.9%	0.3%	100%
男女合计	人数	1 652	320	293	2 265
	百分比	73.0%	14.1%	12.9%	100%

资料来源：冯和法《中国农村经济资料》，华世出版社1978年版，第446—447页。
说明："不识字"的人，或者也认得几个字，可是他还看不懂便条，完全得不到文字上的功用；"略识字"的人，虽然能看看白话书信，可是他还不能提笔，得不到用文字来传达思想的利益；"能写信"的人，不但可以看得懂，并且可以写得出，已经能够充分地利用文字。

从表3、表4可看出江宁民众的知识水平严重不足。识字人数的多

---

① 富靖：《江宁自治实验县县政府实习总报告》，载萧铮主编《民国二十年代中国大陆土地问题资料》，成文出版社、（美国）中文资料中心印行1977年版，第54763页。

寡与学校的多寡成正比。江宁全县人口有 47 万余人,学校则仅有 103 所,平均每 4 700 人有小学 1 所,以户计,则每 933 户有小学 1 所。而各区之中尤以第五区最为严重,人口 5 万余,学校则仅有 5 所,每万余人才约略有小学 1 所。若以乡镇计算,则每 7 个乡镇有小学 1 所。教育的不普及由此可见一斑。农民们不识不知,国家、民族的观念可说是非常淡漠,强邻压境而熟视无睹,对于官员的贪污苛削和土豪劣绅的鱼肉则俯首帖耳、无不服从。更重要的是,这在某种程度上也或多或少地反映了江宁农村经济的贫困。因为若想改变农民的知识结构,必须兴办学校,普及教育,而教育普及则须有大量资金投入,江宁地近首都,开展教育事业本应比其他地方顺利。然而,实际情况与此相反,这正合江宁经济状况的实情。

再次是江宁县民众职业的分布问题。据表 3 可知,江宁人口中农民占比最高。以全县论,农、工、商占比分别为 75％、7％、13％,其他职业为 5％。第一、第三、第七区农民占比更高达 95％,远远超过全国平均数值,且"农民之中又以自耕农为最多,惟上新河、湖熟镇等处人民经商者较多"①。因此农民的生存状况基本上就反映了该县的基本面貌,当此农村破产、民生凋敝之时,江宁农村也并无二致。据表 2 统计推断,全县平均每户人口约为 5.06 人;据表 3 统计推断则约为 4.94 人,故全县每户人口当以 5 人计算。而根据表 3 可知,江宁农户约有 7 万户,以前引江宁实验县土地陈报后的数据 127 万亩计算,每户约有耕地 18 亩,以此数目养一个五口之家,平均每人每年约有 3.6 亩的收益。如果得遇丰年,加之农民终年省吃俭用,或许可以自给。但一旦遭逢凶年,则不免经济窘迫乃至有破产之虞。据表 3 显示,有些区域实已出现困难之情形,如第三区经济窘迫,第十区经济困难,第八区则已呈现恐慌之现象,第一、第二区也仅仅是

---

① 田阜南:《江宁自治实验县实习总报告》,载萧铮主编《民国二十年代中国大陆土地问题资料》,成文出版社、(美国)中文资料中心印行 1977 年版,第 57027 页。

尚堪自给,一旦遭遇天灾人祸,即难免陷于窘迫乃至破产之局。

20世纪二三十年代的中国,农村破败,农民破产,而江宁虽然地处畿辅,也不能避免此等命运,江宁人口问题虽仅为一端,亦可想见江宁农村破落的景象。诚如富靖在其实习报告中所言:"民殷物阜,首推江南,江宁与焉,人祸天灾,纷乘各地,江宁无之,江宁得非黄金之世耶,是不然,江宁乃一农村破产、经济窘迫之区也。南朝文学,炳耀千古,迄于今日,未尝稍衰,近人统计江苏教育为全国冠,江宁六朝之故都,民国之畿辅,江宁教育蔚蔚盛哉,是不然,江宁乃一教育落后之区也。首都之地,政治中心,四郊规模,国之观瞻,众目所视,众手所指。江宁吏治,应较修明,是又不然。乃田亩附捐,倍于正税。民有重负,官无新政,教育公安,费欠半载。教育无力,陷于停顿,公安有势,就地勒索,政治至斯,轨道全失。"[①]

江宁农村既如此破败,也就蕴含了变革的因素,但变革的方式却是不确定的。当其时南京国民政府出于自身目的也想改变农村现状并借此渗入农村社会时,一场县政建设运动也就随之展开了。

第二节 江宁自治实验县的建立及建设活动的初步展开

一 江宁自治实验县的建立及其行政组织

(一)江宁自治实验县的建立

1928年,国民党结束了长期的军阀混战局面,完成了国家形式上的统一。新政权的建立也意味着国民党治理中国的开始,20世纪二三十年代的中国,农村破败,迫切需要变革,而国民政府同样面临在乡村社会构建合法性的问题。北伐结束后,国民政府的权力实际上只限于沿海、沿

---

① 富靖:《江宁自治实验县县政府实习总报告》,载萧铮主编《民国二十年代中国大陆土地问题资料》,成文出版社、(美国)中文资料中心印行1977年版,第55038页。

江的江苏、安徽、浙江等省,国民党的权威遭到中国共产党、国民党地方实力派、日本三个方面的严重挑战。① 更为重要的是,国民政府的统治根基主要在城市,对农村的实际控制力则相对薄弱,江宁实验县的设立无疑正是国民政府向乡村社会渗透的努力和尝试。

孙中山早就提出过以县为单位的地方自治的构想,他认为,"建设之事,当始于一县,县与县联,以成一国,如此,则建设之基础,在于人民,非官僚所得而窃,非军阀所得而夺"②。这是国民党人对地方自治的早期构想,而程方在《中国县政概论》中有一段简明扼要的描述,大致可代表时人对县政的基本看法:"何谓'县政'? 简言之,即是'基点政治'。'基点政治'又何解? 就现实的政治属性而论,析其性能,约有两端:第一,以政治区域言,自来我国地方制度皆以县为最低层的行政单位,今后则为自治单位;第二,以政治组织言,县政府为最下级的行政机关,今后则为自治机关。其上层的政治区域——省及中央,与其上级的政治组织——省政府及中央政府,皆以县政为基础,凡关于国家政治设施的原则和政策之决定,多发动于中央,递及于省,而达于县,这是'发自上';而一切政令推行的责任,则皆分寄于各县政府,而实施于一般民众的里层,这是'起自下'。而'起自下'的意义,即是国家政治之'基础的作用',亦即'基点政治'之性能的所在。"③

基于这样的认识,国民政府"深觉民族国家的复兴大业,应从'庶政'改革入手,而改革庶政的基础,是在于为'政治骨干'的县政建设。所以,二十一年十二月间,内政部举行第二次全国内政会议时,就认定县政改善为当今之急务"④。1932 年 12 月,国民政府第二次全国内政会议在南

---

① 参见温波、张红《南京国民政府成立初期的合法性危机》,载《赣南师范学院学报》2004 年第 1 期。
② 陈旭麓、郝盛潮:《孙中山集外集》,上海人民出版社 1990 年版,第 36 页。
③ 程方:《中国县政概论》,商务印书馆 1939 年版,第 1 页。
④ 程方:《中国县政概论》,商务印书馆 1939 年版,第 71 页。

京召开,并通过了《县政改革案》。① 1933 年 2 月,江宁自治实验县成立,实验期为四年。

（二）江宁自治实验县的行政组织

江宁在改为实验县之前,被江苏省政府按照区域的大小、事务的繁简、户口和财政的多寡定为江苏省一等县,但此时县政府的行政组织与其他县并无不同。通过前后行政组织的比较,我们当可看出江宁自治实验县行政组织的特点。

江宁实验县建立之前,县政府设县长一人,并于县长之下设秘书一人,第一科、第二科科长各一人,科员八人,事务员一人,雇员六人。县政府在省政府指挥监督之下处理全县行政、监督地方自治事务。在不抵触中央和省法令范围内县政府可以发布县令,制定县单行规则。县长职权则为综理县政并监督所属机关及职员。县政府下辖公安局、财政局、建设局、教育局、土地局。公安局掌管户籍、警卫、消防、防疫、卫生、救灾和保护森林渔猎等事项;财政局掌管征税、募债、管理公产和其他地方财政事务;建设局掌管农矿、水利、道路、桥梁工程等各项公共事业;教育局掌管学校、图书馆、博物馆、公共体育场、公园等公共设施及其他文化社会事项;土地局掌管土地测丈、登记、调查转移及厘定境界等事项。②

江宁实验县建立后,一改旧制。江宁实验县县政府虽然在名义上仍隶属于江苏省省政府,但实际上负直接指导与监督责任的却并非省政府,而是江宁县政委员会,省政府若有例行文书下达江宁实验县县政府,亦仅仅供其参考,至于该县政府实际上遵行与否,省政府并不过问。江宁实验县县政府一切建设大计与县单行法规条例的制定,只须经县政委员会议决或核定即可,县政委员会委员由省政府任命若干人,共设正副

---

① 当时共成立五大县政建设实验县,分别是河北的定县、山东的邹平与菏泽、江苏的江宁和浙江的兰溪。

② 富靖:《江宁自治实验县县政府实习总报告》,载萧铮主编《民国二十年代中国大陆土地问题资料》,成文出版社、(美国)中文资料中心印行 1977 年版,第 54769－54771 页。

委员长各一人,其委员有顾祝同、陈果夫、叶楚伧、陈立夫、罗家伦、余井塘、张道藩、李范一、吴挹峰、梅思平共十人,顾祝同、陈果夫分任正副委员长。县政委员会直接指导监督县政府,县政委员会所有决议案均交县政府执行,同时由县政府呈请省政府备案。[①] 故而江宁县政委员会才是江宁实验县县政府的最高设计机关。

县政委员会之下则为江宁自治实验县县政府,内设县长一人,秘书二人,并裁撤原先各局,于县政府内分设民政、财政、教育、建设、公安、土地六科。县长梅思平是中央政治大学政治系主任,其他各科科长、各股股长也大多是政治大学的教师或毕业生。[②] 此外还有公产公款保管处、警士教练所、农业改良场等附属机构及县政会议、区长会议等。县长的选任据《江宁自治实验县县政府暂行组织条例》第二条的规定,由县政委员会推选省政府后加以任用。县长的职权主要包含以下几个方面:"综理全县行政,监督地方自治事务之职权,得以县政府名义发布县令并经县政委员之核准得制定县单行规则,县长得任免各科科长聘任专门人员及雇用办事员及书记之职权,县政府设秘书二人,由县长委任之,其科长秘书之任用,须呈报省政府备案,县长对于所属人员执行奖惩之职权,为县政会议及区长会议之主席。"[③]

此外,实验县对各科室的组织及职权亦有很明确的规定。首先是秘书室。秘书室设秘书二人,协助县长处理政务及办理不属于各科的事务,负责文书、衣服办理事务。下设收发室及庶务股,前者主要是收发文件,每日填日报一份呈送秘书核阅;后者则受秘书室的监督指导,办理庶

---

① 田阜南:《江宁自治实验县实习总报告》,载萧铮主编《民国二十年代中国大陆土地问题资料》,成文出版社、(美国)中文资料中心印行 1977 年版,第 57035 页。
② 梅思平:《江宁实验县工作报告》,载乡村工作讨论会编《乡村建设实验》第 2 集,中华书局 1935 年版,第 301 - 302 页。
③ 田阜南:《江宁自治实验县实习总报告》,载萧铮主编《民国二十年代中国大陆土地问题资料》,成文出版社、(美国)中文资料中心印行 1977 年版,第 57035 - 57036 页。

务事宜,该股设主任一人,办事员二人,书记一人。① 其具体职责:"关于县长交办机密函电,关于县长交办经要文件,关于审核文稿事项,关于会议记录事项,关于印信典守事项,关于法规编审事项,关于收发文件事项,关于档案保管事项,关于文电校对事项,关于本府职员考绩事项,关于人士登记事项,关于庶务事项,关于其他不属各科事项。"②

　　民政科设科长一人,秉承县长之命,指导监督所属各职员,办理各科一切事务。该科下设民政(地方自治股)、社会行政二股,每股设主任科员一人,并根据事务的繁简酌情设立办事员、书记若干人。该科同时还设有观察员二人,秉承县长命令,视察全县区政、社会状况,兼任调查案件事项。至于具体职责,民政股主要为"关于区政事项,关于保卫事项,关于人事登记事项,关于选举乡镇间邻长及督促训练事项,关于户籍调查事项,关于自治区域之划分及变更事项,关于视察区政报告事项,关于乡区镇长考核奖惩任免事项"。社会行政股则为"关于宗教及礼俗事项,关于保存古迹古物事项,关于育幼养老济贫救灾等事项,关于国籍得丧及变更事项,关于集合结社事项,关于粮食储备及调节事项,关于纠纷调节事项,关于褒恤事项,关于监督慈善团体事项"。③ 同时规定每月必须召集科务会议一次,必要时则可由科长临时召集。④

　　财政科亦设科长一人,下分设经征股及会计股,该科所管事务较为繁杂,因而组织也较为繁杂,所用人员也较多。经征股设主任一人,下设科员、办事员、书记若干人,另设粮柜征收主任二人,监串员二人,杂税征收员一人。该股具体职责:"关于赋税之征收事项,关于赋税之整理事

---

① 田阜南:《江宁自治实验县实习总报告》,载萧铮主编《民国二十年代中国大陆土地问题资料》,成文出版社、(美国)中文资料中心印行1977年版,第57037页。
② 胡品芳:《江宁自治实验县实习总报告》,载萧铮主编《民国二十年代中国大陆土地问题资料》,成文出版社、(美国)中文资料中心印行1977年版,第56516-56517页。
③ 胡品芳:《江宁自治实验县实习总报告》,载萧铮主编《民国二十年代中国大陆土地问题资料》,成文出版社、(美国)中文资料中心印行1977年版,第56518-56520页。
④ 田阜南:《江宁自治实验县实习总报告》,载萧铮主编《民国二十年代中国大陆土地问题资料》,成文出版社、(美国)中文资料中心印行1977年版,第57043页。

项,关于税收之核算事项,关于税捐表册之编造事项,关于县债之募集事项,关于本股文件之撰拟事项,关于本科不属于他股之事项。"①同时关于该股人员具体的职权也有极为详细的规定。主任一人,秉承县长、科长之命指挥监督所辖各职员,综理经征事务。科员二人,一人掌管契税与其他制定事项,另一人掌管各股文件的撰拟保管及其他指定事项。办事员一人,掌管该科文卷的收发及其他制定事项。书记一人,专司缮写校对及其他事项。管卷员一人,专司卷宗的保管与整理,并兼任书记职务。粮柜征收主任二人,一人为元柜主任,一人为宁柜主任,专管地税的征收并督促所属经征催征各员役催缴税款、计算比额及其他事项。监串员二人,专司串票保管并照章造表及分类整理等事项。杂税征收员一人,佐理杂税的正税事宜。②

会计股亦设主任一人,秉承县长、科长之命指挥监督所辖各职员,综理股务兼办稽核事宜。簿记员二人,一人掌管传票分类账及收支明细表之编制,一人掌管记账总账及各种报告表册的登制并保管传票。出纳员二人,一人掌管现金出纳,一人掌管库存表现金出纳账登制及有价证券的保管等事项。稽核员一人,掌管文件单据及各种报销表册的审核事宜。该股具体职责:"关于本府预算决算之编造事项,关于本府会计规程、会计科目及会计方式之订定事项,关于本府财政报告之编造事项,关于现金出纳之点验及登记事项,关于现金契据及证券之存管事项,关于本府及附属机关决算之审核事项,关于本股文件之撰拟事项,关于本股之其他事项。"③

公安科暂分警政、司法、勤务三股,各置主任一人,外置办事员及书

---

① 田阜南:《江宁自治实验县实习总报告》,载萧铮主编《民国二十年代中国大陆土地问题资料》,成文出版社、(美国)中文资料中心印行 1977 年版,第 57044 页。
② 胡品芳:《江宁自治实验县实习总报告》,载萧铮主编《民国二十年代中国大陆土地问题资料》,成文出版社、(美国)中文资料中心印行 1977 年版,第 56533-56534 页。
③ 田阜南:《江宁自治实验县实习总报告》,载萧铮主编《民国二十年代中国大陆土地问题资料》,成文出版社、(美国)中文资料中心印行 1977 年版,第 57049 页。

记等若干人。县政府为防剿盗匪、巩固治安起见，特编有保安警察队，另为执行特种警察任务，特设特务警察队。保安警察队以总队为单位，总队管辖六队，每队管辖三班，每班设长警十名。总队设总队长一人，总队副一人，每队设队长一人。每班设警长一人，一等警士一人，二等警士一人，三等警士七人。总队部设特务长一人，文书员一人，每分队设特务员一人。特务警察队以队为单位，队设队长一人，管辖三班，每班置警士十名。每班设警长一名，一等警士二名，二等警士三名，三等警士五名。队设特务员及文书办理日常事务。至于公安科的具体职责："查户籍、警务、消防、防疫、卫生、救灾、保护森林渔猎等事项。"[1]

建设科设科长一人，下置工务、实业二股。各设主任一人，并设有技术人员、办事员及书记等若干人，其组织较先前的建设局更大。其主要管理范围为农矿、森林、水利、道路、桥梁、建筑、公用事业、合作事业及农工商行政。[2]

教育科设科长一人，秉承县长、科长之命指挥监督所辖各职员办理该科一切事务，下分设三股，分别为学校教育股、社会教育股、视导股，分工各有不同。具体而言，学校教育股的职责主要为"初等教育及中等教育之计划及实施事项，学校之设立及变更事项，有关法令之执行事项，学区及校区之划分事项，各级学校课程之查核事项，各级学校编制及组织之核定事项，学校假期变更之审核事项，教材审核事项，学校经费标准之订定事项，教师登记及检定事项，学校行政人员之奖惩任免事项，教师之奖惩任免事项，教师进修事项，私立学校之管理事项，私塾管理事项，学龄儿童之调查事项，学校训育事项，捐资兴学之奖励事项，全县教育效率之测定事项，其他关于学校教育事项"。社会教育股的职责为"民众教育

---

① 胡品芳：《江宁自治实验县实习总报告》，载萧铮主编《民国二十年代中国大陆土地问题资料》，成文出版社、（美国）中文资料中心印行 1977 年版，第 56521 - 56523 页。

② 胡品芳：《江宁自治实验县实习总报告》，载萧铮主编《民国二十年代中国大陆土地问题资料》，成文出版社、（美国）中文资料中心印行 1977 年版，第 56529 页。

之计划与实施事项,公共体育场运动会及其他民众健康教育事项,图书馆及民众阅书报社等事项,民众公民教育事项,民众生计教育事项,民众家事教育事项,民众礼俗改良事项,民众休闲教育事项,公园事项,科学馆及博物馆等事项,特殊教育事项,感化教育事项,其他关于社会教育事项"。视导股的职责则主要为"各级学校及其他教育机关之视导事项,视导方针及目标之决定事项,视导时间及区域之分配事项,视导表格之调制事项,视导历之拟定事项,各区辅导员会议之参加事项,筹划及建设地方教育之一切改进事项,各级学校及其他教育机关服务人员之成绩考查事项,新添学校地址之调查事项,添设学校之决定事项,考核各级学校及其他教育机关之经费事项,调查并处理各级学校及其他教育机关所发生之纠纷事项,私塾之视导事项,各种教育统计材料之搜集事项,其他关于视导事项"。①

土地科下设测丈、登记二股,另因办理土地陈报,特设立土地陈报处,其职责主要为"土地调查、土地测丈、土地登记、厘定经界等事项"②。

各科之外,县政府还设有警士训练所和农业改良场。警士训练所以改进警务为宗旨,设所长一人,副所长一人,教务主任一人,总队长一人,队长三人,教官事务员及书记若干人。具有以下资格者均可投考,即"高级小学毕业或有相当程度者,年龄在二十岁以上二十四岁以下者,身体健全并无不良嗜好者,身长在五尺以上者,未受刑事之宣告者"。教练科目主要有三民主义浅说、警察要旨、警察法令、违警罚法、勤务要则、刑法大意、侦探要义、户籍法、自治浅说、精神讲话、军事学摘要、兵操等。教练期间,该所暂定为四个月,期满即举行毕业考试,成绩合格者即分发县

---

① 胡品芳:《江宁自治实验县实习总报告》,载萧铮主编《民国二十年代中国大陆土地问题资料》,成文出版社、(美国)中文资料中心印行 1977 年版,第 56523-56529 页。
② 胡品芳:《江宁自治实验县实习总报告》,载萧铮主编《民国二十年代中国大陆土地问题资料》,成文出版社、(美国)中文资料中心印行 1977 年版,第 56530 页。

内各警察机构服务。① 农业改良场设场长一人,场长之下设技术员二人,调查员及事务员各一人。其主要职责:"关于示范培养事项,关于优良种苗之繁殖事项,关于民办农林蚕桑渔牧等事项之指导事项,关于新式农具之推广事项,关于防除病虫害之指导事项,关于农事调查统计及奖励事项,关于农业推广事项,关于协助合作事项之推广事项,关于测候事项。"②

以上各科、警士训练所及农业改良场俱为江宁自治实验县县政府开展县政建设的具体操作运行机关。此外,县政府"为求行政措施之允当,行政效率之增进,为集思广益计,乃有各种会议之召集"③。此处主要是指县政会议及区长会议。但这两个会议的决议案仅能供县长采择,并不具备法律效力,故而县政会议及区长会议类似顾问机关的性质。县政会议参会人员由县长、秘书及各科科长组成,开会时由县长任主席。至于区长会议的召集,则主要为了推进地方自治事业。江宁共有十个区,下分295个乡镇,区位于县与乡镇之间,起沟通作用,而区长更是秉承县长之命综理全区自治事务,可见区长在推行地方自治事务的过程中极为重要。区长会议参会人员由县长、各区区长、民政科长、民政科地方自治股主任、视察员组成,开会时亦由县长任主席。④

综览江宁自治实验县建立前后的县政府行政组织,可知二者差别很大。最明显的差别当为裁局设科,以及江宁县政委员会的设立。一般而言,科之范围小而局之范围大,科之职权小而局之职权大。就组织规模的实际情况而言,现在江宁县政府的科,比此前县政府的所谓局,范围不

---

① 田阜南:《江宁自治实验县实习总报告》,载萧铮主编《民国二十年代中国大陆土地问题资料》,成文出版社、(美国)中文资料中心印行1977年版,第57060-57062页。
② 田阜南:《江宁自治实验县实习总报告》,载萧铮主编《民国二十年代中国大陆土地问题资料》,成文出版社、(美国)中文资料中心印行1977年版,第57063页。
③ 成自亮:《江宁自治实验县实习报告》,载萧铮主编《民国二十年代中国大陆土地问题资料》,成文出版社、(美国)中文资料中心印行1977年版,第55883页。
④ 成自亮:《江宁自治实验县实习报告》,载萧铮主编《民国二十年代中国大陆土地问题资料》,成文出版社、(美国)中文资料中心印行1977年版,第55885-55887页。

但未稍缩小，且有扩张之处，而组织较前更加完密，人才较前更加充实。以建设科为例，其下设有工务和实业两股，以前的建设局仅负责现在工务股所辖的事务，而今建设科新添实业股，管辖实业事务，同时农工商诸种事务实亦兼辖。[①] 具体来说，江宁自治实验县建立前后的行政组织的差别还体现在以下几个方面。

首先，前县政府上级机关甚多，虽然隶属于省政府，但省政府各厅均能直接对县行使命令，因此产生不少纠纷。即便法令合理，也往往不能贯彻施行，更有人上下其手，牟取私利。号令不一，确实贻害无穷。实验县成立后，虽然县政府仍隶属于省政府，但实际上直接受县政委员会指挥监督，县政委员会一切决议案均交县政府执行，同时由县政府呈报省政府备案即可，号令得以统一，政令也得以上传下达。

其次，前县政府职权极为广泛，兵差徭役以及革新建设，可谓无事不办，实际上却也无事能办。对于省政府而言，县政府仅为征税机关，县政府的行政经费一向不充裕，每办一事，即须临时筹措，或者增加赋捐，将负担转移到江宁民众身上。现在实验县则既无兵差徭役又无强制严禁之限，专事建设，而且可自行相机度势，因时制宜，效率大为提高。并且田赋收入尽数归县政府所有，经费大为充裕。

最后，前县政府组织相对过于简陋，对于无事不办的县政府来说，机构人员颇嫌不足，实际只有一位秘书和两位科长。至于各局局长，名义上受县长指挥，实际各有后台，尾大不掉。组织既然简单，人才必然也相对较少。县政府的待遇报酬又很简薄，一般人并不太愿入县政府工作。实验县则裁局设科，并置各科于县府之内，分各局之权而集于县长一身，县政府本身的组织亦日渐完备。并且实验县在人才方面大为改观，县长、科长自不用说，即便科员也多是大学毕业，具有专门学识，其详细经历可参见表5。

[①] 田阜南：《江宁自治实验县实习总报告》，载萧铮主编《民国二十年代中国大陆土地问题资料》，成文出版社、（美国）中文资料中心印行1977年版，第57054页。

表5 江宁自治实验县县政府重要人员经历简表

	县长	秘书	秘书	民政科科长	财政科科长	公安科科长	建设科科长	教育科科长	土地科科长
姓名	梅思平	王敏中	张焕彤	王受泰	刘支藩	蔡秉禄	陈敦仁	王国斌	李新銮
籍贯	浙江永嘉	浙江瑞安	河北北平	河北宝坻	湖南株洲	江苏泗阳	福建厦门	江苏盐城	河北元氏
经历	中央大学及中央政治学校教授	北京高师毕业		中央政治学校毕业	中央政治学校毕业	中央政治学校毕业	中央政治学校毕业	中央政治学校毕业	中央政治学校毕业

资料来源:田阜南《江宁自治实验县实习总报告》,载萧铮主编《民国二十年代中国大陆土地问题资料》,成文出版社、(美国)中文资料中心印行1977年版,第57067-57068页。

二 江宁自治实验县的人事管理及其运作经费

江宁自治实验县为了推进地方自治事业,在县政府组织上一改旧制。与之相应的,江宁自治实验县对于县政府行政管理人员的任用、管理乃至公文处理都制定了一系列相配套的制度与方法。

(一)县政府行政管理人员的任用

江宁自治实验县的所有办事人员可粗略地划分为两类:一为公务员;一为雇员,如书记等。其中以公务员为主体。根据1929年国民政府公布的公务员任用条例,公务员任用方法约可分为四种:特别任用(特任)、甄别任用、选拔任用、考试任用。特任无标准可言,其他则皆有标准可循。其中选拔任用为选拔任用有才能且贤德的人,又可分为简任、荐任、委任三种。[①] 如前文所述,江宁自治实验县县长由江宁县政委员会推选,而县长之下的秘书及各科科长则均由县长委任。当时法令对于委任官的任命亦有明确规定,即"曾致力革命五年以上者,在国内外大学或高

---

① 成自亮:《江宁自治实验县实习报告》,载萧铮主编《民国二十年代中国大陆土地问题资料》,成文出版社、(美国)中文资料中心印行1977年版,第55888-55889页。

等专门学校毕业者,现任委任官或曾任委任官经审查合格得有委任官合格证书者,经普通考试及格者"①。而江宁县政府各科科长及秘书基本上是符合以上条件的,可见此种任用方式类似于选拔任用。出于自治需要,县长梅思平是中央政治大学政治系主任,其他各科科长、各股股长也大多是政治大学的教师或毕业生。其重要人员状况可参见表5"江宁县政府重要人员经历简表",至于总体办事人员状况则可参见表6。

表6　各科现有办事人员一览表

	民政科	财政科	公安科	建设科	教育科	土地科	合计
科长	1	1	1	1	1	1	6
科员	2	8	2	3	3	1	19
办事员	2	4	3	1	4	2	16
书记	1	1	3	2	2		9
其他	视察员2人	契税员1人,监串员2人,助理督征员5人	督察员3人,巡官1人,警士教练官1人,保卫团副1人	技士3人,技术员3人,工务员2人,合作指导员1人	督学1人,教委2人		
合计	8	22	15	16	13	4	78

资料来源:胡品芳《江宁自治实验县实习总报告》,载萧铮主编《民国二十年代中国大陆土地问题资料》,成文出版社、(美国)中文资料中心印行1977年版,第56537-56538页。各科人员除表中人员外,尚有元宁两粮柜管册员25人,公安科督察股主任1人,临时侦缉员1人,度量衡检定员1人,以及其他附设机关之人员,难以一一统计。另秘书室有秘书2人,科员3人,办事员1人,书记2人,监印员1人,校对员1人。

(二)行政人员的管理办法

任用仅仅只是开端,更为重要的是对这些人员的管理。良性的管理制度可以有效地促进县政建设不断进展,反之亦然。江宁自治实验县以

---

① 富靖:《江宁自治实验县县政府实习总报告》,载萧铮主编《民国二十年代中国大陆土地问题资料》,成文出版社、(美国)中文资料中心印行1977年版,第54794页。

此为出发点,对于县政府所属行政管理人员制定了详细而明确的管理办法,甚至对职员起居生活亦有明确规定。

关于人事管理,江宁自治实验县县政府分别定服务规则九条以资遵守,定考绩规则十一条以凭奖惩。一个机关对于办事人员制定的种种规则是指示办事人员办事的方向,也可作为对于日后的考绩奖惩重要的参考依据。以下即为江宁自治实验县的具体服务守则:"(一)本府办公时间规定上午自八时至十二时,下午一时半至五时半,并于法定时间向外派员值日。(二)职员应按时到府办公不得迟到早退。(三)职员到府办公须亲自在考勤簿上签名,上下午各一次,每次在过办公时间二十分钟内,后则呈送县长核阅。(四)职员承办文件最要不得过一日,次要不得过三日,寻常不得过五日,如有特别原因须陈呈县长展期。(五)未发文件各职员应守秘密责任,机要文件即发出后亦须严守秘密。(六)职员因事或病不能到府办公者,应先期请假。(七)职员在办公时间内均须守秩序,不得高声谈笑,或做其他有妨工作之行动。(八)各室科于每星期六应将本星期内工作概况编就报告表二份,一送秘书室转呈核阅,一份存科。(九)各科科长每月终就各该科职员工作成绩编造考绩表加注考语送秘书室呈县长核阅。"[①]

考绩为管理办事人员最重要也最有效的方法之一,江宁县对于考绩规则亦有明确规定,主要为奖励和惩戒。奖励的目的在于劝其奋发,努力迈进。惩戒则主要是防其懈怠,功能在于消极防弊。二者同时使用则可有效提高行政效率。就江宁县而言,奖励分为嘉奖、记功、加俸、晋级、升用五种,凡符合下列条件者均得受奖励,即"工作勤劳著有成绩者,对于主管公务办理敏捷无积压迟延者,半年之内未曾请假且无迟到早退者"。惩罚分为申诫、记过、减俸、降级、免职五种,凡是有以下过错者均要

---

① 田阜南:《江宁自治实验县实习总报告》,载萧铮主编《民国二十年代中国大陆土地问题资料》,成文出版社、(美国)中文资料中心印行1977年版,第57068-57069页。

受惩罚，即"故意违反命令者，玩忽公务者，败坏本府名誉有据者，一年之内事假超过一月、病假超过两月者，违背本府暂行办事通则第十四条至第十九条者"。[①] 考察日期每年分为两次，六月、十二月各一次，且每个年度内晋级及升用者每人不得超过一次。[②]

至于职员起居，本是个人私事，各人习惯自有不同。但对于江宁自治实验县的办事人员来说，这种自由必须受到县政府有关办事规定的限制。江宁自治实验县县政府对办公时间和办公时的行为有着种种规定，县政府工作人员遂不得不据此调整私人生活。规则不立，奖惩不明，自然容易产生弊窦，乃至百政荒废，而今江宁自治实验县则立规则、明奖惩。如此，办事人员在实际工作中既有规则可循，而成绩好坏又有考绩在后，行政效率与以前相比确实在很大程度上得以提高。

除以上规则，江宁实验县对于公文处理、请假、财务管理、赋税征收等具体事务也都有很详细的手续规定，详述如下。

公文处理程序及手续。根据不同性质，文件分为普通文件和重要文件。普通文件有县长交办的，也有外来文件。来文有须存档的，也有须复文的。简略而言，其公文处理程序大致如下：(1) 外来文件由收发拆阅摘由送交秘书室分配，后转送各科办理；(2) 收发室收到机密或紧要文电后，应立即送秘书室；(3) 秘书收到机密或紧急文电后应即翻译或拟办送呈县长核阅；(4) 重要文件由秘书撰拟例行文件，分科拟稿事件涉及两科以上者由各该科会同拟稿；(5) 撰拟各项文件由拟稿人盖章或签字；(6) 各科室指定职员兼理收发文件并置簿登记；(7) 文件送发后应将原稿连同附件分类编号归档，如须调阅应填卷单，归还时应收回原单。[③]

---

① 富靖：《江宁自治实验县县政府实习总报告》，载萧铮主编《民国二十年代中国大陆土地问题资料》，成文出版社、（美国）中文资料中心印行 1977 年版，第 54797－54799 页。
② 成自亮：《江宁自治实验县实习报告》，载萧铮主编《民国二十年代中国大陆土地问题资料》，成文出版社、（美国）中文资料中心印行 1977 年版，第 55906 页。
③ 田阜南：《江宁自治实验县实习总报告》，载萧铮主编《民国二十年代中国大陆土地问题资料》，成文出版社、（美国）中文资料中心印行 1977 年版，第 57063－57064 页。

请假手续。县政府办事人员因事或因病不能到县府办公,应先期请假。请假时应填写请假单呈请长官批准,各科室办事人员请假时间在半日内的,由该科主管长官批准;半日以上的,由该主管长官转呈县长批准并须呈验证明文件。若秘书和科长请假,则均须呈请县长批准,时间在一月以上的须呈报省政府备案。办事人员如因在办公时间事出紧急未及请假先已离岗,仍需将请假单及证明文件补呈主管长官或县长批准。办事人员请假,因特殊事故于期满后仍不能销假,必须呈请续假,但以一次为限。[①]

财政管理手续。江宁实验县县政府的财务管理主要由财务科的会计股负责,其具体手续如下:"凡首府款项的公文单据经稽核员审核后交簿记员制作传票。传票经稽核员审核后,交由出纳员收付款项,但收款于必要时得先收后制传票。出纳员凭传票收付款项后,将传票单据随时交簿记员登账并保管。凡支领款项不依照该县政府规定之手续者,一概拒绝付款。账款计算以国币(一元)为单位,小数至分位为止,分以下五舍六入。计算薪水一律以三十日为一月,付款时间定为每日上午八时至十二时,下午一时至四时。会计股审核各种表册书据及一切报销均依照审计部所颁法规及该县政府制定之单行法规办理。会计股审核各种表册单据,于必要时得用财政科名义向各科调阅有关案卷。会计股稽核员得随时稽核各缴款人应解比额之盈绌,并稽核各种经费使用之是否经济。会计股应办之各种报告表册须一律由股主任秉承科长办理。须按日填具工作日记表呈科长核阅。"[②]

赋税征收手续。江宁实验县财政科所征赋税分为地税和杂税,具体由经征股征收。地税征收手续分为自完和代完两种。自完手续为"由管

---

① 成自亮:《江宁自治实验县实习报告》,载萧铮主编《民国二十年代中国大陆土地问题资料》,成文出版社、(美国)中文资料中心印行 1977 年版,第 55918－55919 页。

② 成自亮:《江宁自治实验县实习报告》,载萧铮主编《民国二十年代中国大陆土地问题资料》,成文出版社、(美国)中文资料中心印行 1977 年版,第 55920－55922 页。

册员按照征册与通知由单核对,并计其应缴数额,通知收款员验收税款。后柜收款员专司截串单及缴簿之填写。监串员根据截串单核发串票。粮柜主任应将征起税款按日缴交会计股,不得稍有稽延。每日上午九时前,监串员应将先日截串单及通知由单汇呈科长或经征股主任核阅,并造日报旬报月报表册。每日上午九时前,粮柜主任应将缴款簿送呈科长或经征股主任核阅,并按旬报告缴款总额。科长或主任核阅后,即将缴款簿发还,并将截串单发交稽核员审核"。地税如由催征吏代完,手续则为"各催征吏应按承催区域向各业主努力挨户催缴。各催征吏应按承催比额每卯如数缴足"。杂税征收手续主要是"验收税款并发给临时收据,检查白契并填写官契,分类登记呈科长或主任核阅后送盖县印,发交官契撤回临时收据,每日将征起税款送交会计股并填具旬报表及月报表送呈科长或经征股主任查核"。①

（三）实验县经费的来源及预算

江宁为农业社会,故而百分之九十以上的税收均出自田赋。具体来说,江宁自治实验县的经费来源有以下六个方面:一是田赋,包括忙银、漕米和带征亩捐;二是契税,包括卖契税、典契税和契纸出售;三是营业税,包括牙税、屠宰税和杂捐;四是地方行政收入;五是地方财产收入;六是中央补助收入。② 除中央补助一项外,其他各项皆是固有经费来源。

江宁财政向来紊乱不堪,历来未曾有较正确的预算编制。自改为自治实验县后,江宁实验县开始编制二十二年度（1933）全县收支预算,其主要在三个方面不同于先前的预算:一是根据新制,每年该县税收不必上交省政府,而全用于地方建设事业;二是中央补助每月 10 000 元;三是

---

① 成自亮:《江宁自治实验县实习报告》,载萧铮主编《民国二十年代中国大陆土地问题资料》,成文出版社、(美国)中文资料中心印行 1977 年版,第 55923－55925 页。
② 田阜南:《江宁自治实验县实习总报告》,载萧铮主编《民国二十年代中国大陆土地问题资料》,成文出版社、(美国)中文资料中心印行 1977 年版,第 57075－57076 页。

举办土地陈报，田赋等收入必将有所变更。据江宁自治实验县二十二年度 (1933)全县收支概算书提要可知，该年岁入经常为809 257.62元，加上中央 每月补助10 000元，全年收入为929 257.62元。全年支出则主要为岁出经 常和岁出临时。岁出经常包括行政费、民政费、公安费、教育费、建设费、土 地费和财务费，计有606 745.20元。岁出临时包括民政费、公安费、教育费、 建设费和财务费，计263 229.77元。两项合计，全年支出为869 974.97元。 收支相抵，尚有盈余59 282.65元。①

三　江宁自治实验县的特殊性及其预设目标

江宁县既名为"实验县"，自然有其特殊之处。具体而言，其特殊性 可通过与普通县的比较、与其他实验县的比较来加以考察。

（一）与普通县的比较

组织职权方面，为了利于县政的推行，江宁县政府的职权范围远比 普通县政府大。"必要时并得设立县政建设委员会，集合专家，负调查事 实，订定计划，训练人才及实地试验的责任。""对于中央及省的法令之执 行，确认为有碍难时，得自行斟酌变更，但须呈转中央核准备案。应事实 上的需要，并得自行制定单行法规。实验区的事权范围，可总括为下列三 种：（一）依法令属于县者，（二）虽非县之事权而有实验性质者，（三）上级

---

① 富靖：《江宁自治实验县县政府实习总报告》，载萧铮主编《民国二十年代中国大陆土地问题 资料》，成文出版社、（美国）中文资料中心印行1977年版，第54811页。江宁自治实验县二十 二年度(1933)全县收支概算书提要对于全年经费支出的具体科目、所占比例及用途都有极 为详细的说明。以岁出经常为例，行政费主要包括俸给、县长办公费、办公费、预备费四项； 民政费包括自治费、保卫费两项；公安费包括分局所经费、保安警队经费、特务警队经费三 项；教育费包括行政事业费、学校教育经费、社会教育经费三项；建设费包括测量队费、养路 工程队经费、农业改良场经费、合作事业经费、统一度量衡经费、无线电话布音事业费六项； 土地费主要为清丈队经费；财务费包括地税经征费、杂税经征费、预备费三项。具体数目、其 他各项用途及其所占比例可参看富靖《江宁自治实验县县政府实习总报告》，载萧铮主编《民 国二十年代中国大陆土地问题资料》，成文出版社、（美国）中文资料中心印行1977年版，第 54804－54813页。

政府特别交办者."①

经费方面,实验县的经费也远非普通县政府可比。"规定由地方收入款内(国家收入以外之一切省县收入)保留百分之五十以上充之,此所谓地方收入,是以二十年十一月二日国民政府公布之办理预算收支分类标准案内所列举的地方收入各项为限。如果这应留的地方收入数额还不足时,可以呈请省政府酌量由省库补助,其原有之一切附加及苛捐杂税,则应分别蠲免或整理之。凡属于省经营之事业,或具有全省一致性质之试验事业,其经费均由省库筹拨应用。实验区之财政,是要剔除一切积弊,实行公开,并厉行统收统支办法,绝对不许各机关任意分割或挪用。"②据有关统计,1933 年江宁岁入经费约有 929 257.62 元,岁出 869 974.97 元,有盈余59 282.65 元,经费之充足远非他县可比。

(二) 与其他实验县的比较

一般而言,在当时的五大县政建设实验县中,江宁与兰溪为同一类型,邹平、菏泽与定县为同一类型,两者的区别主要在三个方面:

第一,实验的目的不尽相同。"江宁和兰溪是政制的实验,事业的实验,根据现实环境之需要,努力于各种县政的兴革,看新制度新事业之是否可行而有效。而邹平与菏泽以及定县则是哲理的实验,科学的实验。他们心目中先怀着一种理想,同时又不满于现实政治,所以就找一地来做他们的理想的实验。前者重在政制的革新,然后促进其他的革新;后者重在社会教育之改进,然后渐渐使其他的改进。"③

第二,实验的推动主体不同。江宁和兰溪认为县政的建设应自上而下用政治的力量去推进。江宁县县长梅思平曾说过,江宁县救济农村的办法主要是利用行政力量、行政组织和技术来促进农村建设。而邹平、菏泽与定县则认为政治的改造,应先启发民智,使其自动觉悟起来解决

---

① 程方:《中国县政概论》,商务印书馆 1939 年版,第 74 - 75 页。
② 程方:《中国县政概论》,商务印书馆 1939 年版,第 75 页。
③ 程方:《中国县政概论》,商务印书馆 1939 年版,第 81 页。

他们自身的问题,即主张自下而上的进行。

第三,实验的方法不同。江宁和兰溪主要是依靠地方政府的推动,故其办法是"灌注的、强制的、直接的";而邹平、菏泽与定县则是由民间的社会力量来主导,故其办法是"启发的、感化的、间接的"。

此外,江宁和兰溪虽属同一类型,但二者亦有区别。就职权范围而言,两县均较普通县政府为大,但就二者本身相较,则兰溪不如江宁大。江宁自治实验县组织规程第八条规定"江宁县政府对省政府令办之事,遇有特殊困难情形时,得叙明理由,呈复请予展缓执行"①。这意味着江宁县县政府对于省府章制享有一种无限制的否认权。而兰溪县政府则仍须受现行法规及省厅命令的拘束。经费方面,"江宁实验县尤有一种与众不同之权益,即该县税收不必解交省府,以所有收入尽用之于该县事业是已"②。因此江宁建设经费亦多于兰溪,"二十五年度概算,江宁建设经费共133 076元,兰溪则为83 238元;二十四年度,江宁为126 658元,兰溪则为81 318元"③。

(三)江宁自治实验县的特殊性及其预设目标

江宁自治实验县最大的特殊性即在于它的政治主导性,它的运作主要依靠政府自上而下的强力推动,诚如梅思平所言:"救济农村,必须从经济方面下手,还须要采取大规模的、急进的进行办法,方能有效。然而这终须有行政的力量,办起来方可减少困难。江宁县尽可以利用行政的力量,故救济农村的办法,主要的是利用行政力量、行政组织和技术来促进农村建设。"④而其在具体运作层面所体现的特殊性,诸如组织职权及经费方面的优越性,都是源自于它的政治主导性。以合作运动为例,江宁的合作运动是一场带有浓厚政治色彩的政治主导型的经济运动,具体

① 程方:《中国县政概论》,商务印书馆1939年版,第88页。
② 程方:《中国县政概论》,商务印书馆1939年版,第82页。
③ 程方:《中国县政概论》,商务印书馆1939年版,第107页。
④ 梅思平:《江宁实验县工作报告》,载乡村工作讨论会编《乡村建设实验》第2集,中华书局1935年版,第301页。

表现在两个方面:第一,政府主导合作运动的运行,就金融机构而言,无论是湖熟农民抵押贷款所的设立,还是农村抵押仓库的创办,都是由江宁自治实验县县政府主动联络银行界所办理,在运行过程中,江宁实验县县政府在人力、行政、资金等方面予以相当的支援,并从政策上来推动江宁合作社组织的运营;第二,经济运动是为了实现政治目标,乡村合作运动本是为了解决农村经济衰败的问题,而在江宁,合作运动变成了政府重建乡村社会合法性权威这一政治目标的工具。

江宁自治实验县的县政举措是多层面的,既有以地方自治为中心的政治层面的建设,又有以复兴农村经济为中心的经济层面的建设。但前者显然是主要的,江宁自治实验县的政治主导性决定了复兴农村经济的各种举措只是一项政策性工具,它的种种推广和开展必然以政府的运作为中心。而如果说江宁自治实验县的目标是地方自治,显然也是不准确的,因为国民政府还面临在乡村社会构建其合法性的问题。因此在江宁,江宁自治实验县的预设目标是通过改善农村金融、发展农村生产、推动地方自治来加强对农村的渗透,改善基层控制的状况,进而重新对乡村社会加以整合,以增强国民政府在乡村社会统治的合法性。

第三节　江宁自治实验县县政建设的两大基础要政之一
——户籍行政

一　江宁自治实验县成立前的户口调查

户籍行政主要包括户口调查和人事登记。江宁县在民国十七年(1928)曾举办过一次户口调查,并为此设立了一个专门机构——户口调查处。但是,此次调查所颁发的户口调查表项目繁多,调查人员又多任用各乡镇长、闾邻长,加之调查经费没有预算,该年调查没有完成。延至民国十八年(1929),该县继续举办户口调查,但撤销了原先的户口调查处,代之以县清乡局总负责,至该年九月调查结束。江宁县政府令各区分别制造并上交该区户口人口总数表,根据各区表册统计,"全县户数为九万六千一百五十六户,人口四十七万五千四百十三,其中不识字者二十四万八千二百十一人"①。与前一年的调查相比,该年调查得出了一个关于江宁人口户数的统计数据,但是此次调查事先没有规定统计方法,事后也没有加以审查,因而其所得出的统计数据并不能确定与实际情况相符。

民国十九年(1930),县清乡局又举办壮丁调查,由于事先没有做一定的宣传,引起民众误会,调查没有结果。至于人事登记,虽然省政府屡次下令办理,但江宁县政府从未举办。户口调查和人事登记本是密切相关的,因为人事随时在变动,如果在调查后,对于此种变动情形不加登记,则户口统计数据的准确性必然随着时间消逝而降低。

江宁自治实验县成立之前举办的户口调查情形大致如上。不难发现,这几次调查都是很不成功的。究其原因,大致有以下几个方面。第一,调查时间过长。人员每天都在流动,今日尚住在此地,明日就可能移居他地。因此一旦调查时日过长,必然会产生重复、遗漏的现象。一般的户口调查,多是动员大量人员于一日或短时间内举行,而江宁的这几次调查迁延时间竟至一年有余,其统计结果的有效性可想而知。第二,调查员缺乏训练。江宁这几次调查人员以各乡镇长、闾邻长为主,这些人员是地方行政人员,本身并未经过有关户口统计的相关训练,加之自身敷衍塞责,不仅调查的材料不完备,而且填报的表册也很难说得上可靠。第三,调查项目繁多。江宁一般民众的文化程度很低,即便是一般性的简明调查,填报都有困难。而这一阶段的调查表项目竟然多达二十余项,如人民出生的年月日时都在调查之列,这不仅在事实上难以据实填报,而且从效用角度看也不是完全必要。相对而言,关于人民行业的调查项目又相对简单,表中仅列士农工商四大分类,而人们对各种职业

---

① 江宁自治实验县县政府编:《江宁县政概况》"民政",1934年版,第15页。

究竟属于哪一行业却并不知晓。而就调查目的而言,人民行业的重要性显然要高于人民出生的年月日时。第四,整理统计方法不完善。户口调查结束之后,县政府对于表册如何整理统计没有统一的规定,仅由各区公所制表呈报,然后根据各区所报之表做一个总括统计表,其中有无错误,既未加审核又无从稽考。统计表仅仅列有户口及人口的数量,其户口的组合状况如何,人口的质量、教育、职业等状况又如何,这些情形从统计表中都无法看出。所以此次调查不仅统计结果不可靠,其效用更是微乎其微。[1]

二 江宁自治实验县的户籍整理过程

江宁自治实验县成立之前的户口调查虽然因没有统一规划而导致效用甚微,但却使得江宁民众对于所谓户口调查有所熟悉了解,因而具有实验的性质。江宁自治实验县成立后即着手户口调查的筹备工作。调查之初,为了防止窒碍,实验县政府先从自治实验区着手办理,于1933年10月1日开始调查,于第五日调查完毕,调查情形尚属完好。至11月1日,开始调查其他九区,大多都如期于五日内全部完成。此次调查之所以能取得上述结果,很大程度上是源于江宁自治实验县县政府的计划周详。其调查过程主要可分为事前筹备、具体调查、调查善后三个阶段。

(一)事前筹备阶段

鉴于实验县成立前的几次调查缺乏计划的弊端,江宁实验县政府在展开具体调查工作前进行了周密的筹备工作,包括事前宣传、编造调查经费概算书、印制各种表册、确定调查日期、划分调查区与监察区、编装临时门牌、对调查人员进行选择和训练。

1. 事前宣传

当时的一般民众对于户口调查的目的并不清楚,很容易将此调查与

---

[1] 江宁自治实验县县政府编:《江宁县政概况》"民政",1934年版,第16-17页。

抽丁联系起来，因此报告难以获得真实的结果，而减少这种疑惧心理正是开展户口调查工作要注意的重要事项之一。在江宁自治实验县成立前的几次调查中，县政府当局竟然明示"壮丁调查"，导致调查全无效果。① 鉴于这样的弊端，江宁自治实验县为了避免引发同样的误会，对于事先的宣传极为重视。除了发布文告宣示户口调查的意义之外，江宁自治实验县县政府还商请县党部派员分赴各乡宣传，以使其后的调查工作能够得以顺利进行。

2. 编造调查经费概算书

江宁自治实验县县政府原先在民政费的预算项目下列有户籍费一项，但数目太少，根本不足以应付调查所需，在此情况下，江宁实验县县政府决定重新编造临时经费概算书，并提交县政委员会通过。该经费概算书，主要包括户口调查费及户口调查整理费两部分。户口调查费总计为 13 500 元，包括人事登记各种表册费及开办费，其中训练员、稽查员、监察员、调查员津贴为 7 350.2 元，印刷、文具、交通、杂费、办公费等为 5 720 元，预备费为 424.8 元。户口调查整理费总概算为9 500元，其中统计员、制图员、编列员及实习员薪金为6 550元，文具、杂费、办公费等为 1 400 元，设备费为 750 元，预备费为 800 元。②

3. 印制各种表册

表册格式及其所包含的各种项目是进行户口调查首先要考虑的问题之一。过于理想化，自然在实际过程中难以推行，但如果一味迁就事实，则又很难达到调查的目的。因此调查时既要兼顾实际情形，也要尽量达到调查真正的目的。在此原则之下，江宁实验县政府编制了各种表册。

人口调查表。此表无论男女老幼各填一张，内分"姓名""省县人"

---

① 江宁自治实验县县政府编：《江宁县政概况》"民政"，1934 年版，第 17 页。
② 江宁自治实验县县政府编：《江宁县政概况》"民政"，1934 年版，第 18 页。

"家长的""行业""职务""男/女""现年口岁""已娶/已嫁""住满口年""妻在/夫在""瞎哑跛聋疯""识字""住宿""客居/他往"等项。此表共印66万张。①

户口调查表。此表以户为单位，每户一张。凡同居共食共同担负生活费用的一家人为一户。此表具体项目包括"姓名""家长的""年岁""男""女""住宿""客居""他往"各项。每表可填十人。此表又分为两种，一种为栗色封套，装置各户口调查表于其内；另一种为卡片式，凡超过十人的家庭，将超过的人数填在这一卡片之上，亦装入户口调查封套内以便清查。计印封套14万个，卡片2万张。②

公共场所调查表。此表适用于公署、兵营、监狱、习艺所、学校、工厂、医院、祠堂、会馆、公所等公共场所的调查。表列"场所名称""寄宿人总计""主管人姓名性别""办事人数及性别""雇工人数及性别""其他人数及性别"等项。表为栗色封套，共印1.2万个。③

户证。此证是户口调查结束之后发给已调查各户的证明凭证。表列"姓名""家长的""年岁""男""女""住宿""客居""他往"各项。其封面依项填载各户人口，封内则置"出生""死亡""迁移"三种人事登记表。

户口登记清册。各项调查表于调查结束后，均须呈送江宁实验县县政府统计存核。各区乡镇公所及警察局所，则须根据各项调查表将所辖户口情形编造成户口登记清册，以便随时抽查考核。内列各项与户口调查表同。

人事登记表。此表分为"出生""死亡""迁移"三种。出生表内分为"出生者姓名""性别""家长的""年月日""备考"各项。死亡表内分"死亡者姓名""性别""年岁""年月日""死亡原因""备考"各项。迁移表内分"迁移者姓名""迁往何处""何处迁来""迁移原因""年月日""备考"等项。

① 江宁自治实验县县政府编：《江宁县政概况》"民政"，1934年版，第19页。
② 江宁自治实验县县政府编：《江宁县政概况》"民政"，1934年版，第19页。
③ 江宁自治实验县县政府编：《江宁县政概况》"民政"，1934年版，第20页。

人事登记簿。该簿存于各乡镇公所，各乡镇公所于所属住户人事登记时，即于此簿上登记表明。此簿共分为"出生""死亡""迁出""迁入"四种。出生簿分为"出生者姓名""性别""家长的""年月日""父母姓名""出生之村里门牌第□号""备考"各项。死亡簿分为"死亡者姓名""性别""年岁""职业""年月日""死亡原因""现住村里门牌第□号""备考"各项。迁出簿分"迁出者姓名""性别""年岁""职业""迁前之村里门牌第□号""迁往地址""年月日""迁移原因""备考"各项。迁入登记簿分为"迁入者姓名""性别""年岁""职业""原籍""迁前住址""迁住之村里门牌第□号""年月日""迁来原因""备考"各项。且迁往或迁前住址在江宁县者均须填明区、乡、镇、村、门牌号，以便查考。①

4. 确定调查日期

为了获得有效而准确的统计数据，户口调查的时日越短越好，越短越可防止调查之中出现重复、遗漏等种种不利现象。但江宁住户分散，不可能像城中一样于数小时内调查完毕，但也是越短时间越好，因而江宁实验县县政府规定各区的调查日期均为五日，除自治实验区自 10 月 1 日至 5 日先完成外，其他各区均限定于 11 月 1 日至 5 日调查完毕。

5. 划分调查区与监察区

为了调查的便利，江宁实验县分别划分了调查区与监察区。根据规定，每一百户为一个调查区，特殊情况下可以酌情变更。每一位调查员负责一个调查区，于五日之内完成调查工作。调查区的划分，由各乡镇长于 10 月 15 日前（自治实验区于 9 月 15 日前）划定送交区公所查核并转报县政府备查。监察区主要监察各调查区的调查是否确实。规定以每个乡镇为单位，即以每一个乡或镇为一监察区。全县共划分调查区 1 104 个，监察区 295 个。②

---

① 江宁自治实验县县政府编：《江宁县政概况》"民政"，1934 年版，第 20－21 页。
② 江宁自治实验县县政府编：《江宁县政概况》"民政"，1934 年版，第 21 页。

6. 编装临时门牌

江宁各区门牌,有的已由自治机关或警察机关装订,但大多数都未装订。即便已装的,也存在装置方法不良或者年久不可靠等问题,因此仍有重新装置全县门牌的必要。但是在短时间内装置耐久的门牌势不能行,因此江宁县暂装纸印临时门牌,一为调查便利,二为将来装订门牌有所根据。

7. 对调查人员进行选择和训练

江宁自治实验县县政府为了促进调查的效能提升及保证调查的准确性,除设立调查员外,还设立了监察员与训练员。调查员每个调查区设置一人,负该区调查全责,全县共 1 004 人,由各乡镇长在所属小学教职员及稍具学力的人当中推定该乡镇所需的调查员,并候补 2 人,于 10 月 15 日(自治实验区于 9 月 15 日)前,报请该管区公所制订成册,并转报县政府备查。监察员每乡镇设置一人,全县共 295 人,基本上由各区乡镇长分任,但乡镇长能力不逮或有特别情形不能担任时可另外选任,亦于 10 月 15 日(自治实验区于 9 月 15 日)前由各区报县政府核查确定。其职责主要为监督调查员是否尽责、审查并复查调查员所填调查表有无错误,并汇送调查员所填调查表至区公所。训练员主要由县政府自治指导员、区长、区公所助理员、警察局长、分驻所巡官及县政府保卫训练所第二期毕业生等担任,均于 10 月 15 日(自治实验区于 9 月 15 日)前由县政府确定。训练员主要负责训练调查员及监察员,并随时解答调查员、监察员及人民的疑问。①

调查人员的训练对于调查工作的顺利进行至关重要。为此,江宁县政府特意印发了户口调查人员须知,对于调查员、监察员及训练员的责任及应注意的事项逐一指示,对于各种调查表册,更有详尽说明。但担心调查员等对此仍有不明了之处,故而又规定了日期、地点先分别进行

---

① 江宁自治实验县县政府编:《江宁县政概况》"民政",1934 年版,第 22 页。

口头训练。调查员与监察员的训练，规定于 10 月 25 日（自治实验区于 9 月 25 日）前分别在各区中心地点举行，各区为训练便利起见，也有分作数处举行的。先前确定的训练员分别负责解释各种调查手续，并责成填表试验其是否已经明了。关于训练时间，自治实验区定为三天，但根据该区训练的经验，实际上并不需要如许时间，故而其他各区的训练均为一日。[①] 调查开始之前，再派人员到各区考查已受训练的调查员和监察员对于各种手续是否已经了然于胸。

至于调查人员的待遇，规定亦很详细。训练员是保卫训练所第二期学生的，各给津贴十元，其他人则没有薪水，但可以实报实销。调查员与监察员则每人每日津贴伙食大洋四角，同时训练调查共六日，合给津贴大洋每人二元四角，由各区区长领发并取具各员收据，汇呈县政府核查，以免浮报中扣。[②] 此外，县政府还规定了一定的奖励办法以促进调查工作的顺利进行。除规定各级官员办理户口调查的成绩优良与否为各员的主要考绩外，县政府还规定各调查员及监察员中办理成绩确属优良者，发给奖状并有选任为户籍员的优先权，以示鼓励。

（二）具体调查阶段

经过事前的相关筹备，自治实验区先于 10 月 1 日开始调查，其间还遭逢大雨，但调查工作未受影响。除各级调查人员外，中央统计局又派职员七八人在各乡镇协助指导。因为自治实验区的调查是全县调查的先行实验，调查结果将确定为各区调查的准则，因此江宁县政府的有关主管人员均分赴该区各乡镇视察指导。在各级人员的努力之下，自治实验区的调查如期于五日内结束，各项表册由各乡镇公所及区公所登记整理后，由该区区公所汇送到县。

其他各区除第三区因中央炮兵学校试炮，居民受扰不便调查，改至

[①] 江宁自治实验县县政府编：《江宁县政概况》"民政"，1934 年版，第 23 页。
[②] 江县自治实验县县政府编：《江宁县政概况》"民政"，1934 年版，第 23 页。

11月15日起调查外,均于11月1日开始调查。期间天气晴和,给调查带来种种便利。除仍由中央统计局职员及县政府负责办理户籍人员分往各区指导视察外,中央政治学校统计组学生亦由县政府派员随同到各区参观实习。[1] 乡村空气,一时顿趋紧张,极易诱发民众的政治意识和兴趣。因此,此次户口调查不仅仅对政府行政有所裨益,更是对民众的一次政治训练,对于江宁自治实验县日后的自治工作大有好处。各区的调查工作都进行得很顺利,均如期于五日内调查完毕。第三区于15日开始调查,亦于19日完成。各项表册由各乡镇公所及区公所登记整理,各区公所再做简明统计,连同表册,相继汇送到县。全县户口的调查工作至此告一段落。

此次调查工作虽然进行相对顺利,但亦存在一些缺点和不足。首先,在以往的户口调查中,最大困难为民众方面的疑惧心理。但江宁县在此次调查之前已有两次调查经验,加上此次调查之前注重宣传及训练工作,这方面的阻碍反而较小。在这一次的调查中,最困难的是调查员及监察员的人选问题。江宁全县共需调查员一千余人,本来不应成为问题,但实际上由各区区长及乡镇长尽力张罗,方勉强凑足。其中对于调查意义及各项手续了然于胸且负责任的人固然占大多数,但不甚明了且敷衍塞责的,亦以百计。乡镇长充任监察员,大多能尽其责,但仍然有疲败不振敷衍了事之人。因此在此次调查之中,有少数调查表未能按照规定逐项填明。[2] 其次,江宁位于首都附近,境内军政机关较多,却不接受江宁行政的管理。对于此次调查,此类机关不仅本身不愿接受,且恐惧其机关附近的居民拒绝调查,严重者甚至撕毁江宁县所编的临时门牌。[3] 此类情况,虽经县政府一再交涉,多得以解决,但是却因此迁延调查日期,且所得的调查结果也多不可靠。最后,此次调查时间仍旧过长,人口不免有生

---

[1] 江宁自治实验县县政府编:《江宁县政概况》"民政",1934年版,第24页。
[2] 江宁自治实验县县政府编:《江宁县政概况》"民政",1934年版,第25页。
[3] 江宁自治实验县县政府编:《江宁县政概况》"民政",1934年版,第25页。

死迁移，以至于调查不甚准确，而调查人员能力欠缺，导致填表内容矛盾及字体不易辨认等种种弊病亦不一而足。

（三）调查善后阶段

具体调查工作结束之后，整个户籍整理工作并未结束，尚须对统计数据进行进一步的整理统计，并开展颁发户证、实行抽查、整理统计、举办人事登记、设置户籍警等工作。

1. 颁发户证

户口调查之后，县政府及各区乡镇公所均有表册为依据，并在此基础上向各户颁发户证，以资证明而便清查。户证封面载明各户的人口及简明履历，户证内则存出生、死亡、迁移及人事登记表等，以便登记时用。县政府同时制定颁发户证条例，责成各住户对于该项户证须妥善保存，若有任意毁弃的则加以相关惩罚。户证于调查后由县政府发送各区，并限令各区于一星期内分发完毕，不得稍有迁延。①

2. 实行抽查

户口调查确实与否在很大程度上依赖于户口的抽查工作开展如何。江宁县政府除令各级自治人员及警察局所随时抽查所属户口外，还派保卫训练所第二期毕业生 40 人为户口稽查员，分赴各乡镇抽查户口，后因整理统计需要人手，调回 33 名，而以各区保卫团训练员兼负其责，定期 3 月，每月酌情给予津贴。② 县政府同时颁布户口抽查办法以示慎重，办法中对于抽查手续及时间均有详细规定。此外县政府还颁发户口稽查员服务规程，使其遵守。户口抽查中，稽查员如发现与表载不符的，除当即改正外，更须汇报县政府查核。

---

① 江宁自治实验县县政府编：《江宁县政概况》"民政"，1934 年版，第 26 页。县政府于调查十日后曾派员到各区乡镇视察户证情况，除极少数住户因特殊情形未发给外，大多数住户已经发给。

② 江宁自治实验县县政府编：《江宁县政概况》"民政"，1934 年版，第 26 页。

3. 整理统计

户口调查之后,必须对所得数据进行种种整理统计工作,方能达到调查的真正目的。因此统计方法、统计人选乃至统计表的设定都要加以详细斟酌。江宁县政府经过中央统计局有关人员和统计专家的指导,对于以上各事项做出了详细的规定。

首先是统计表的分类。统计表依据调查表各项制成,总共分为七种。第一表为人口总表,以乡镇为单位,将人口分为男女两栏,每栏之下再分为"住宿""客居""他往"三项。第二表为人口识字程度统计表,以乡镇为单位,每乡镇下分栏项目与总表同,只是每项之下又分"识字"与"不识字"两条目。第三表为职业分类表,以主计处统计局所规定的职业分类为标准,条目分为"农业""矿业""工业""商业""交通运输业""公务""自由职业""人事服务""无业"九大类。前五类职别又分为"主管者""职员""雇工"三种。公务分为"荐任或校官以上""委任或委官""差役或士兵"三种。自由职业分为"技术家或教师""事务员""助理员""雇工"四种。无业分为"治生""不事生产者""非法生活者""囚犯""慈善机关收容者"五种。第四表为人口婚姻状况统计表,除分"住宿""客居""他往"外,再分男为"已娶""鳏""未娶"三项,女为"已嫁""寡""未嫁"三项。第五表为人口年龄统计表,年龄自零岁至五岁每岁一组,自六岁起至一百零一岁则每五岁为一组,另列"年龄不详"一组。第六表为人口婚姻状况与年龄关系统计表,为四、五两个表合并统计,项目相同,只是年龄组稍有变更,十五岁以下为一组,六十六岁以上为一组,其余仍是每五岁一组。第七表为人口残废情况统计表。此表将残废情况分为"瞎""哑""跛""聋""疯""其他"六种。统计时亦按照人口总表的分类方法。[①] 以上各表可谓设置详尽,但仍有种种情况如住民籍贯等因种种因素不能详查。

其次是统计方法的确定。统计方法以数字准确、效率最高为原则。

[①] 江宁自治实验县县政府编:《江宁县政概况》"民政",1934年版,第 27-28 页。

经过实验，统计方法决定由所有工作人员同时编制一表，以乡镇为单位，每乡镇由一人负责，先将乡镇的户口调查表依照调查区、门牌户数、顺序用号码机编列号码，再将户口调查表封内的人口调查表依次编成，则每乡镇调查表最后的号码，即人口户口的总数。然后将每一调查区的户口调查表扎为一束，另橱置放，而将人口调查表依照人口总表的栏项分为六类，查其每类卡片的数目，填入统计表，工作即告结束。初步编号之时，工作人员两人为一组，一人打号，一人分类填表，此种分工方法既充分利用了号码机，又提高了工作效率。另外于统计员之外，县政府更派数人为复查员，审查已成的统计表有无错误，促使统计数字更加精确。①

最后是统计人选的选择。统计人员主要由四分之三的保卫训练所第二期毕业生充任②，这些人参加过调查工作，对于表册内容极为明了。由他们来担任统计人员，可谓驾轻就熟，加之他们大多是江宁本地人，对于各区乡镇情形亦多明了，表中若有错误，容易发觉，并加以改正。只是他们人数较少，仅有 33 人，以之办理全部统计工作，为时太长。因此在工作之初，江宁县政府曾请中央政治学校附设计政学院统计组学生相助办理，但学生功课太忙，仅能每星期来县实习两次，所能协助工作亦属有限。关于统计人员的管理及指示，除特立统计人员服务细则以资遵守外，另派专人监督，更制有统计工作登记表，将每人每日工作分别登记，并随时审核其有无错误，以观工作成果，并作为各人考绩的标准。

4. 举办人事登记

按照当时政府户籍法的有关规定，人事登记主要包括出生、死亡、迁移、婚嫁、继承、失踪、分居七种。江宁自治实验县县政府此次调查主要以出生、死亡、迁移三种为主，因为江宁县辖地大多是农村，人民受教育

---

① 江宁自治实验县县政府编：《江宁县政概况》"民政"，1934 年版，第 29 页。
② 江宁自治实验县县政府编：《江宁县政概况》"民政"，1934 年版，第 30 页。

程度与登记习惯不能与都市市民相比,简单登记尚难详切申报,若项目繁多必然更加重人民的厌烦心理,效果必然大受影响。与其全无效果,还不如先行训练其形成习惯为好,因而表格也以简略为佳。故而所制人事登记表亦只有此三种,婚嫁、继承、失踪、分居等人事变动,则根据县政府颁发的各区乡镇公所人事登记暂行规则及各区乡镇公所办理人事登记施行细则的规定,分别在出生、死亡、迁移三表备考栏中注明,如失踪、婚嫁在迁移表备考栏分别注明。此种附记方法在施行细则中均有详细规定。

人事登记表在户口调查之前即已制印完好,于户口调查之后即送发各区乡镇公所,并限令各区乡镇公所于五日内连同各户户证分发各户,使人事登记与户口调查相互为用,户口调查不致失其效用。此外,县政府还分派户口稽查员四十人于各乡镇辅导各乡镇长及人民办理其事。而具体到县政府、区公所、乡镇公所、人民的不同角色亦划分明确。[①]

首先,各住户中若发生出生、死亡等人事变动,该户家长须于七日内将该户户证内的人事登记表向所属乡镇公所申请登记,若逾期不加登记,经有抽查户口权之人或机关查出,须受五元以下的过怠金处罚,同时仍须申请登记。而各住户对于有户口抽查权之人在规定时间内的抽查不得拒绝。

其次,各乡镇公所遇所属住民申请人事登记时,须为之登记,并分别在该乡镇出生、死亡、迁出、迁入等登记簿,逐项询明登记。各乡镇公所于每月终须将所属人事变动情形,用县政府制发的各种月报表查照自有的登记簿,逐项填明,送所属区公所转报县政府。对于所属住民申请登记,非有正当理由不得拒绝,更不能有任何徇私情事。各乡镇办理人事登记如能依规定办法而且准确翔实的,酌情给予奖励,办理不善且敷衍塞责的,予以惩处。各乡镇有随时抽查户口的权利,并可按照规定处罚

---

① 江宁自治实验县县政府编:《江宁县政概况》"民政",1934 年版,第 32 页。

所属住民中不登记之人,罚金的十分之六提为该乡镇的奖金。[1]

最后,区公所亦有随时抽查所属各乡镇户口之权,所属乡镇每月将各种人事变动月报表呈送到区时,区公所应该在该区原造保存的全区户口清册上逐项查明登记或注销,并依照各乡镇的月报表做成全区出生男女统计表、死亡男女统计表、死亡年龄统计表、死亡职业统计表、死亡原因统计表、迁出男女统计表、迁入男女统计表各一份,连同各乡镇月报表于五日内汇送到县政府,以便清查。办理成绩为该区公所的考绩标准之一。[2]

县政府在接到各区乡镇人事变动月报表之后,先将表数和日期登记,然后将各乡镇月报表所报各种人事变动情形,在各乡镇的人口调查表、户口调查封的背面依据各乡镇所报分别改注,并编制人事变动统计表。同时,县政府可以随时派员抽查户口,考察各区办理人事登记是否认真,所报信息是否确实。此外,警察局所、保卫团、自治指导员及户口稽查员均有抽查户口之权,其抽查手续亦有相关规定。

5. 设置户籍警

人事登记虽然有严密章程规定,但江宁一般民众并无此习惯,因此在实际操作过程中仍不免有拖延不报和报而不详的情况。为此,江宁县设立了户籍稽查员 40 名,并规定政府和自治机关均有权调查户口并对之指导监督。但由于"事权不一,责任不明,推委敷衍,在所难免"[3],江宁县政府决定抽调各警察局干练学警 42 名,设班训练,一星期后分赴原驻局所,专任户口抽查事宜。观其效果尚属良好,人事登记与前相比,更为准确翔实。

---

[1] 江宁自治实验县县政府编:《江宁县政概况》"民政",1934 年版,第 32 页。
[2] 江宁自治实验县县政府编:《江宁县政概况》"民政",1934 年版,第 33 页。
[3] 江宁自治实验县县政府编:《江宁县政概况》"民政",1934 年版,第 34 页。

三 江宁自治实验县户籍整理的结果及意义

经过事前的周密筹划和详细具体的调查,江宁自治实验县对所属区域的人口、户口、婚姻状况、职业分类、识字程度、境内公共场所的分布乃至居民残疾情况都有了相当程度的了解①,这不仅是维护地方治安的必要手段,更是为今后江宁自治实验县开展各种行政工作提供了一个基本的前提。以下略述各表反映的内容及问题。

一是关于户口和人口的统计。由江宁自治实验县户口统计表②可知,全县户数为 114 204 户,人口 562 063 人,比民国十八年(1929)的调查③有极大的增加,尤其靠近首都的第一、第二、第三、第九和第十区为最。原因之一即在于过去调查的遗漏。如前文所述,江宁实验县成立之前的户口调查因调查员缺乏训练、调查时间过长、统计方法不良等原因,导致户口调查统计成为官样文章,其数据难以令人尽信。原因之二则是江宁自治县调查时的重复。如人民他往,其是否离开县境,调查表并未明载,因此常有同一人同填住宿和他往两个调查表,即常住人口一人变为二人。此外,江宁虽然数年灾荒,但因地近首都,尚无战乱,较之其他省县状况尚属较好,而且流亡较少,迁入较多,也是人口增加的原因之一。

二是每户平均人口及两性比例。据统计表可知,江宁每户平均人数约为 4.92 人(参看上述江宁自治实验县户口统计表)。中国由于小农经济的影响一向有组成大家庭的观念。但随着近代商业发展,江宁又地近首都,此种观念也开始逐渐淡化,其每户平均人数并不多,与其他县份相比则稍低。至于两性比例,男多于女为世界人口普遍现象,而中国历来

---

① 统计表共有十种,详细条目可参见江宁自治实验县县政府秘书室 1934 年编印的《江宁县政概况》"民政",第 40 - 41 页。

② 该表参见江宁自治实验县县政府秘书室 1934 年编印的《江宁县政概况》"民政",第 40 页。

③ 民国十八年(1929)的调查数据参见前文"江宁自治实验县成立前的户口调查"。

有重男轻女的习俗,此种状况尤为严重。但根据江宁此次调查,江宁人口两性比例差异似乎不太严重。全县平均为 117.53%,以区分之,则一区最小为111.02%,七区最大为 127.94%。①

三是识字程度与职业分类。人口识字程度没有标准,因此调查时所拟定的也只是相对的标准。江宁所定的人口识字标准,是以能认识自己姓名为最低程度。具体而言,全县常住人口识字的仅为 11.44%,其中第五区最高为 15.53%,第七区最低仅 7.27%。识字人口之中,以男性他往人口为最多,为 36.10%,因为他往人口之中除去学生外,多为谋生较易的工商界人士。② 总体来看,江宁民众的识字程度很低,这正是其后江宁县政所要加强民众教育的原因之一。至于职业分类,江宁整理统计时主要按照统计局所定的分类方法。江宁县辖地并无较大市镇,因此人民职业以农业为主,次为工商业,其他则相对较少。就农业生产者而言,全县男女合计为 153 376 人,占全县人口的 27%还多,其中若仅算男子,只不过五分之一左右。③可以看出农业生产者所占总比例并不甚高,这种状况正是当时中国农村破产的一个重要说明。

户籍调查与整理是江宁自治实验县开展县政建设的重要基础之一,唯有在此基础上,各项行政措施才能真正展开。虽然此次户籍调查不能说十分完备,但通过调查所得的人口数据和其中反映的一些问题为江宁县制定和施行进一步的建设举措打下了一个良好的基础,可谓是江宁自治实验县县政建设的重要基础之一。

---

① 江宁自治实验县县政府编:《江宁县政概况》"民政",1934 年版,第 37 页。
② 江宁自治实验县县政府编:《江宁县政概况》"民政",1934 年版,第 39 页。
③ 江宁自治实验县县政府编:《江宁县政概况》"民政",1934 年版,第 40 页。

第四节 江宁自治实验县县政建设的两大基础要政之二
——土地整理

一 土地行政机关的沿革及早期的土地整理工作

（一）土地行政机关的沿革

1928 年 12 月 27 日,江苏省土地整理委员会第二十次会议曾议决于江宁、镇江两县设立土地局。1929 年 7 月 12 日,江苏省土地整理委员会第三十六次会议又议决派该会的测丈队组长戴捷兼任江宁县土地局局长。戴捷接任后,加紧有关筹备工作,初定牛市酱业公所为局址。同年 8 月 2 日,江宁县土地局正式宣告成立,并且启用钤记。[①] 江宁县土地局的组织主要是依照江苏省县土地局组织规程设立,其章程规定,县土地局设置四课分掌各项事宜:第一课主要是掌管文牍编纂等事宜;第二课掌管土地测丈等事宜;第三课掌管土地登记等事宜;第四课掌管审核地价、土地分配等事宜。[②] 江宁县土地局根据此组织法设立三课,但是第二课所掌管的测丈事项是省直接办理,所以江宁县土地局具体组织与组织法并不完全相符。

江宁县土地局行政人员,除局长一人外,分别有第一课科长一人,下辖课员二人、录事二人;第三课科长一人,下辖课员二人、办事员一人、录事一人、技术员一人、预算管理员二人、一级预查员九人、二级预查员二人。[③]

---

① 成自亮:《江宁自治实验县实习报告》,载萧铮主编《民国二十年代中国大陆土地问题资料》,成文出版社、(美国)中文资料中心印行 1977 年版,第 55939 页。

② 章程具体条目可看富靖《江宁自治实验县县政府实习总报告》,载萧铮主编《民国二十年代中国大陆土地问题资料》,成文出版社、(美国)中文资料中心印行 1977 年版,第 54817 - 54821 页。

③ 富靖:《江宁自治实验县县政府实习总报告》,载萧铮主编《民国二十年代中国大陆土地问题资料》,成文出版社、(美国)中文资料中心印行 1977 年版,第 54822 页。据富靖所记,以上组织是土地局后期的组织,而江宁县建立之初,仅有局长一人、课长一人、课员五人、办事员一人、录事一人、预查管理员一人、预查员八人。

根据江宁县土地局行政经常费支出标准预算可知,其土地局经费主要包括三项,分别为俸给工食、办公费、特别费。俸给工食主要包括局长、科长、课员、技术员等人的俸给,办事员、录事等人的薪水,以及公役工食。办公费主要包括文具、邮电等杂税。特别费主要是调查旅费等。据统计,土地局每年行政经费 11 760 元,每月行政经费 980 元。[1]

1933 年,江宁县改为江宁自治实验县后,裁并原来各局,原先的土地局改为县政府内的土地科,其原先掌管事务多由新成立的土地科接掌。土地科下设测丈、登记二股,另因办理土地陈报,特设立土地陈报处,该科职责主要为"土地调查、土地测丈、土地登记、厘定经界等事项"。[2]

(二)早期的土地整理工作

前江宁县土地局的土地整理工作本身并无具体计划,一切均是秉承省政府有关命令而行。其土地整理工作主要分为土地预查、实地调查和土地清丈。

江宁县土地局成立后就曾奉令组织调查班开始预查工作。为避免民众发生误会,保证工作顺利进行,江宁县土地局一方面呈请县政府领衔发布文告,告知民众土地预查的重要性;另一方面调查县属乡村长姓名、住址及乡区形势。预查员一项是否能选择到合适人选关乎预查计划能否顺利进行。预查员一方面须熟悉地方情形,另一方面又须具有相当学识。根据这两项条件,江宁县土地局决定由"所属各区保送一半,京市招考一半,以有初级中学毕业程度、学行均优而身体强健者为合格,共额定 60 名,专为江宁办理预查之用"[3]。1929 年 10 月 6 日,江宁县土地局

---

① 富靖:《江宁自治实验县县政府实习总报告》,载萧铮主编《民国二十年代中国大陆土地问题资料》,成文出版社、(美国)中文资料中心印行 1977 年版,第 54825－54826 页。富靖的报告书对每一项的具体金额都有详细的记录。

② 胡品芳:《江宁自治实验县实习总报告》,载萧铮主编《民国二十年代中国大陆土地问题资料》,成文出版社、(美国)中文资料中心印行 1977 年版,第 56530 页。

③ 成自亮:《江宁自治实验县实习报告》,载萧铮主编《民国二十年代中国大陆土地问题资料》,成文出版社、(美国)中文资料中心印行 1977 年版,第 55948 页。

先行召集保送和招考人员名次在前的 30 人,分为 5 组,每组加设监查员、助理监查员并书记各一人,共计 45 人。[1] 1929 年 10 月 8 日,5 个土地预查组出发,各赴指定地点工作,一方面呈请县政府协助推行并加以保护;另一方面对预查员进行实地训练为实地工作做准备,至 10 月 20 日以后预查员训练结束即实行具体工作。3 个组对该县第一区进行预查,2 个组对第三区实施预查。[2] 每组预算月支银 592 元,5 组共月支银 2 960 元,预定 6 个月办理完竣。如有特殊情况,再行酌情延长。[3] 预查事项主要包括"参考图册簿书之征集、乡镇村之名称及界址之调查、土地呈报书及通知书之收集及整理、地主姓名簿及乡镇长等姓名簿之编制、地方经济及地方习惯之调查"[4]。预查结果是一区与三区所属 309 个村庄已经查竣,二区与十区未查,其他各区仅查一部分。

　　预查之外,还有实地调查。内容包括"各起地之地目地主及其界址之调查,呈报书实地调查簿及其他书类之整理"[5]。实地调查工作具体由清丈队调查员办理。江宁县土地局办理土地调查之初,困难很多,所以效果并不太好,只完成第一区九乡、第三区十一乡的调查工作。此外,江苏省土地局还在江宁境内进行了土地测丈,"累计丈竣面积四千九百余市亩,其记载完竣者,即面积计算簿及实地调查簿各一百另四本,特殊户地分计图表七本"[6]。总体来看,江宁县土地局时期的土地整理工作效果

① 胡品芳:《江宁自治实验县实习总报告》,载萧铮主编《民国二十年代中国大陆土地问题资料》,成文出版社、(美国)中文资料中心印行 1977 年版,第 56551 页。

② 田阜南:《江宁自治实验县实习总报告》,载萧铮主编《民国二十年代中国大陆土地问题资料》,成文出版社、(美国)中文资料中心印行 1977 年版,第 57083 页。

③ 成自亮:《江宁自治实验县实习报告》,载萧铮主编《民国二十年代中国大陆土地问题资料》,成文出版社、(美国)中文资料中心印行 1977 年版,第 55948 页。

④ 成自亮:《江宁自治实验县实习报告》,载萧铮主编《民国二十年代中国大陆土地问题资料》,成文出版社、(美国)中文资料中心印行 1977 年版,第 55943 页。

⑤ 富靖:《江宁自治实验县县政府实习总报告》,载萧铮主编《民国二十年代中国大陆土地问题资料》,成文出版社、(美国)中文资料中心印行 1977 年版,第 54839 页。

⑥ 胡品芳:《江宁自治实验县实习总报告》,载萧铮主编《民国二十年代中国大陆土地问题资料》,成文出版社、(美国)中文资料中心印行 1977 年版,第 56553 页。

不佳,田阜南在其江宁实习报告中曾总结其困难所在:"人民对于此项事业多不明真义而趑趄不前者实繁有徒,虽经宣传解释终难一致信仰踊跃呈报,其困难一。一般一知半解者流不明本党政纲,或疑调查土地尽将收归共有,或谓照价重征赋税,其影响阻碍调查工作不浅,其困难二。人民识字者少,能书者更稀,欲使人民自行填写呈报实属不易,请人代书亦不易得。势非按户问明证明契据代为填写不可,致延误工作时间,其困难三。其他土豪劣绅之阴谋作祟,书吏怂恿障碍进行,知识界之漠视旁观以及各机关之缺失协助,其困难四。"①田氏所言大致反映了其时的实际情形。

反观江宁实验县,则自成立之初对于县政即有整个计划,其有关土地的工作主要是土地调查、办理土地陈报、整理预查册、筹备土地清丈、筹备土地登记和经界标划。

土地调查主要包括县境内荒地面积及种类的调查、全县土地分配状况的调查及全县主产及副产物的调查。关于境内荒地,据江苏省陆地测量局统计,江宁县全县面积有 340 余万亩,税田概有 130 余万亩,除去不能垦种的,至少有几十万亩是荒田。② 村野之间可垦而未垦的荒地也是到处都有。江宁县位于首都附近,人口稠密,耕地本就缺乏,地价因而也较贵,因此江宁县决定从速进行土地调查,可垦的荒地办理垦荒,不便开垦的荒山僻野实行植树造林。土地调查则主要是为以后土地集中做准备。

办理土地陈报是土地整理工作中最为重要的一环。江宁县赋税向来复杂紊乱,人民负担不重却也不轻。政府因无土地图籍,不明业主,也就不能向业主直接征收,不得不假手于催征吏,而催征吏莫不视此为有利可图之举,大多从中舞弊。因此政府收入既少,而人民负担却仍然很

---

① 田阜南:《江宁自治实验县实习总报告》,载萧铮主编《民国二十年代中国大陆土地问题资料》,成文出版社、(美国)中文资料中心印行 1977 年版,第 57083 – 57084 页。

② 富靖:《江宁自治实验县县政府实习总报告》,载萧铮主编《民国二十年代中国大陆土地问题资料》,成文出版社、(美国)中文资料中心印行 1977 年版,第 54829 页。

重。据富靖所记，"有有地无粮、有粮无地及粮多地少、粮少地多之弊，粮多地少及有粮无地者，既苦于负担过重，而粮少地多或有地无粮者，则纳税过轻或竟毫无"①。故而江宁县政府视此为当务之急，决定于最短时间内将全县土地查报清楚，以作为将来编造清册、改革田赋的基础。

关于土地预查和土地清丈，前江宁县土地局都曾举办过，只是没有查竣即中止。如前所述，江宁县所属一区与三区已经查竣，其他各区仅查一部分，二区与十区未查。虽然因为先前的土地预查工作方法不善，效率甚微，不足以作为正式清丈及整理田赋的根据，但毕竟有一定参考价值，江宁实验县遂决定对之加以整理。至于土地清丈，江宁县也已有所展开，部分地区甚至已清丈完毕。② 且该县已经征收清丈相关费用，遂决定继续征收，另拟从别处筹出一笔款项充作清丈之用，故决定将此项工作继续进行下去。

土地登记是土地清丈完成后的下一步工作，隔了太久不办，自然就会产生土地变迁的情况，难免又要重新清丈。至于经界标划，也是为了解决往日积弊。江宁的区、乡镇之间的经界以往均未划分清楚，所以区、乡镇、村之间往往发生有关界线问题的争执。另外，经界不明，对于土地测丈工作也有很大的妨碍。

以上六项即为江宁自治实验县土地整理工作的初步计划。江宁实验县正是在此计划基础之上，以土地陈报为核心在其县境之内开展土地整理工作。

---

① 富靖：《江宁自治实验县县政府实习总报告》，载萧铮主编《民国二十年代中国大陆土地问题资料》，成文出版社、（美国）中文资料中心印行 1977 年版，第 54831 页。
② 依据江苏省土地测量业务实施规则，测量业务分三步进行：一为全省主要图根测量；二为各县主要图根测量；三为各县细部图根测量。以上三步工作，前两步工作在江宁县均已实施完毕，第三步关于户籍清丈也已完成第三区南汤镇的工作。后省土地局将所属清丈分队调回，江宁的清丈工作遂暂告中断。具体可参见成自亮《江宁自治实验县实习报告》，载萧铮主编《民国二十年代中国大陆土地问题资料》，成文出版社、（美国）中文资料中心印行 1977 年版，第 56013 页。

二 江宁自治实验县土地陈报的缘起、经过及成果

(一)土地陈报的目的与原则

江宁自改为自治实验县后,新设立的土地科与先前的土地局不同,它不用如先前的土地局般受省土地局限制,享有很大的自主权,成立后其工作效果远胜于前。江宁自治实验县的成立是为了建成一个完全自治的县,而土地整理是地方自治的基础,土地陈报又为土地整理的基础,因此江宁自治实验县土地科成立后首要的一项工作即是举办土地陈报。据江宁自治实验县土地陈报宣传大纲所言,"本县此次举办土地陈报,实为全县土地整理的基本要政。是以保障人民产权,发展农村经济为目的,以后筹备地方自治,举办乡村建设,都是要以这次土地陈报为基础。所以这次土地陈报意义至远且大"[1]。可见土地陈报确实是江宁县政建设的一大要政。

江宁举办土地陈报的首要目的即是为了整理田赋,以提高政府财政收入。江宁每年十分之九的财政收入都来自田赋,但该县田赋却极为复杂紊乱。其原因就是土地久未清查,经界日形混杂,"或远居飞寄他图,而户籍失真,或贴粮久不过户,而子孙受累,粮串散乱,十九不符"[2]。不但政府不知某土地属于何人,即使业主本人有时亦不知其土地位于何处,更不用说有关经界、面积的问题,侵占土地的纠纷日益增多,结果形成粮多地少、粮少地多、有地无粮、有粮无地的怪现象。但是政府没有册籍可查,赋税根本无从稽核。江宁县改治以后,虽然将粮柜改为直属财政科管理,且易粮柜主任为中央政治学校毕业的学生,但是这只能消除粮柜上的积弊。政府仍不能向业主直接征收,不得不假手于催征吏,所以催征吏的

---

① 成自亮:《江宁自治实验县实习报告》,载萧铮主编《民国二十年代中国大陆土地问题资料》,成文出版社、(美国)中文资料中心印行 1977 年版,第 55999 页。
② 田阜南:《江宁自治实验县实习总报告》,载萧铮主编《民国二十年代中国大陆土地问题资料》,成文出版社、(美国)中文资料中心印行 1977 年版,第 57085 页。

一切积弊还是无法彻底肃清。① 民众负担很重,而政府收入却少。

此外,举办土地陈报可以顺带完成土地调查的工作。土地调查主要包括县境内荒地面积及种类的调查、全县土地分配状况的调查、全县主产及副产物的调查。② 而土地陈报一经举办,调查工作即可不必另行办理。

因此江宁自治实验县认定整理田赋为当前之急务,而欲整理田赋,则非举办土地陈报不可,并将这一提议提交江宁县政委员会第四次会议议决通过③,决定于"最短期间以最少经费将全县土地查报清楚,编造清册为改革田赋之根据,为正式清丈之张本"④。

江宁此次举办土地陈报的原则,大体上借鉴浙江过去土地陈报所采用过的方法,去其短而用其长。例如,"实在亩数、契载亩数及串载亩数的分别填具"即是新增的项目,不仅方便民众填写,而且声明不究以往的隐匿,浮报隐匿的弊端大为减少。同时,加以变更浙江土地陈报的缺失,如为了防止民众误会而不收土地陈报费用等。具体而言,其陈报原则主要有以下几个方面:以地为纲,查明业主的姓名、住址及土地四至,分区、乡、镇按户编造清册。即确定业主及地籍所在,以此作为征收赋税和确定产权的根据;注意粮户花名、粮额、实在亩数、契载亩数及串载亩数的分别填具,

---

① 成自亮在其江宁实习报告中对江宁县的财政积弊描述很详尽,据其报告所记:"江宁财政积弊之深可谓已入膏肓,非有根本整理之道则无起死回生之望。……欲向业主直接征收田赋势所不能,不得不假手于催征吏与里册生(即别县之所谓册书吏,现已改名为管册员),而催征吏与里册生亦皆视为利薮从中舞弊,因是政府收入日减,民众负担日增,田赋欠不在民而收不入官,太半入于中间任之私囊。此外考之民间,更有粮多地少、粮少地多及有地无粮、有粮无地诸弊。粮多地少及有粮无地者既苦于负担过重,而粮少地多或有地无粮者则赋税又过轻或且毫无。"具体可参见成自亮《江宁自治实验县实习报告》,载萧铮主编《民国二十年代中国大陆土地问题资料》,成文出版社、(美国)中文资料中心印行 1977 年版,第 55955 - 55956 页。
② 胡品芳:《江宁自治实验县实习总报告》,载萧铮主编《民国二十年代中国大陆土地问题资料》,成文出版社、(美国)中文资料中心印行 1977 年版,第 56556 页。
③ 富靖:《江宁自治实验县政府实习总报告》,载萧铮主编《民国二十年代中国大陆土地问题资料》,成文出版社、(美国)中文资料中心印行 1977 年版,第 54874 页。
④ 田阜南:《江宁自治实验县实习总报告》,载萧铮主编《民国二十年代中国大陆土地问题资料》,成文出版社、(美国)中文资料中心印行 1977 年版,第 57086 页。

防止浮报隐匿的弊端;查明土地的地目、现在作用及每年收获量,以求得土地利用的合理化。①

　　(二)土地陈报的机关及经费

　　江宁实验县县政府设土地陈报总办事处于县政府之内,在区设区土地陈报办事处于区公所内,在乡镇则设乡镇土地陈报办事处于乡镇公所内。各级土地陈报办事处均设主任一人,总管其事。总办事处于4月1日成立,区乡镇办事处于4月10日前相继成立。

　　县总办事处设主任一人,由县长兼任,指挥监督各级办事处办理全县土地陈报事宜。设副主任两人,除以土地科科长为副主任外,余一人由县政府聘任,辅助主任办理一切陈报事宜。设总指导员一人,秉承主任之命指导全县土地陈报事宜。设抽查员若干人,于抽查期内分赴各指定乡镇,分别抽查。设统计员一人或两人,办理编册制表等事项。设办事员若干人,办理文牍收发缮写校对、庶务、会计等事项。②

　　区办事处设主任一人,由区长兼任,主要负责"分发陈报单及其他印刷品于各乡镇公所,指导并督促所属各乡镇办事处办理土地陈报事宜,解释关于土地陈报之各种疑难,整理土地陈报单并编造土地清册,督促各乡镇查报国有荒地及私有无粮田地"。设"指导员一人,指导并督促所属各乡镇办事处办理土地陈报事宜,审查各项证明文件,解释关于土地陈报的各种疑难,整理陈报单并编造土地清册。助理员三人,秉承主任及指导员之命分赴各乡镇协助并指导各乡镇长及闾邻长办理土地陈报事宜并说明厉行注意各种事项,秉承主任及指导员之命协助整理陈报单及编造清册"。③

---

① 成自亮:《江宁自治实验县实习报告》,载萧铮主编《民国二十年代中国大陆土地问题资料》,成文出版社、(美国)中文资料中心印行1977年版,第55959页。

② 富靖:《江宁自治实验县县政府实习总报告》,载萧铮主编《民国二十年代中国大陆土地问题资料》,成文出版社、(美国)中文资料中心印行1977年版,第54864页。

③ 胡品芳:《江宁自治实验县实习总报告》,载萧铮主编《民国二十年代中国大陆土地问题资料》,成文出版社、(美国)中文资料中心印行1977年版,第56558-56559页。

乡镇办事处设主任一人，由乡镇长兼任，主要负责分发陈报单及其他各种印刷品，指挥各闾邻长挨户为业主办理陈报事项，收集陈报单，调解关于土地陈报的各项纠纷案件，确查并纠正所属各业主填送的陈报单。设填报员若干人，负责挨户发放陈报单并收集陈报单及契据粮串等，指导办理土地陈报各项手续。① 此外，土地陈报总办事处随时派员分区巡回指导督促各级办事处办理土地陈报事宜。凡各级办事处职员办理土地陈报所遇到的各项疑难，不能解决时都可以呈请总办事处处理。

江宁土地陈报的经费主要是由附加清丈亩捐项目下开支。根据江宁自治实验县举办土地陈报经费预算书（以 4 个月计算）可知，其支出经费主要包括支出经常和支出临时两大类。支出经常包括办事处经费和杂费。其中办事处经费 21 280 元，包含薪水 7 080 元、办公费 14 200 元；杂费 1 300元，主要是总办事处和区指导员的差旅费和预备费。两项合计，支出经常共22 580 元。支出临时主要是临时经费 3 019.80 元，包含册单费和杂费两项。② 将支出经常和支出临时两项合计，可知江宁自治实验县土地陈报总支出经

---

① 成自亮：《江宁自治实验县实习报告》，载萧铮主编《民国二十年代中国大陆土地问题资料》，成文出版社、（美国）中文资料中心印行 1977 年版，第 55965 页。

② 薪水主要包括总主任薪水、副主任薪水、总指导员薪水、区指导员薪水、区助理指导员薪水、统计员薪水、办事员薪水和抽查员薪水。其中总主任一人，由县长兼任，不支薪；副主任两人，其中有一人由土地科科长兼任，也不支薪。另外聘副主任月支银 200 元，总指导员月支银 80 元，区指导员月支银 70 元，区助理指导员月支银 20 元，统计员月支银 40 元，办事员月支银 30 元，抽查员月支银 20 元。办公费主要为总办事处办公费月支银 300 元，区办事处办公费月支银 30 元，乡镇办事处月支银 10 元。册单费包括陈报单费 2 400 元（陈报单 120 万张，每张印刷费 2 厘）、清册费 70 元（清册暂印 3 万张，每张工本费 2 厘 3 毫）、执业证明书收据 315 元（共 1 500 本，每本印工纸料 2 角 1 分）、宣传大纲费 16 元（共 2 000 本，每本印工纸料 8 厘）、办法大纲及施行细则费 25 元（两种合订本共 5 000 份，每份印工纸料 5 厘）、委托书及组织规程费 21 元（委托书 3 万张，每张印工纸料 6 毫、组织规程 500 份，每份印工纸料 6 厘）、标语费 30 元（共 6 种，每种 10 张，每张印工纸料 5 厘）。杂费则包括戳记费 60 元（总办事处钤记、区办事处图记、乡镇办事处验还戳记等）、启事费 72 元（土地陈报启事登载《中央日报》5 日、上海《新闻报》3 日，每日 9 元）。具体条目可参看田阜南《江宁自治实验县实习总报告》"江宁自治实验县举办土地陈报经费预算书"，载萧铮主编《民国二十年代中国大陆土地问题资料》，成文出版社、（美国）中文资料中心印行 1977 年版，第 57127－57130 页。

费预算为 25 599.80 元。

（三）土地陈报的方法与期限

《江宁自治实验县土地陈报办法大纲》第一条规定:"凡本县公有及私有土地应均照本办法陈报。"同时,《江宁自治实验县土地陈报施行细则》第二条规定:"土地陈报办法大纲所称土地系包括田地山荡等一切土地。公有土地系包括国省县市及区乡镇所有土地而言,私有土地系包括公共团体及个人所有土地而言。"可见,凡是属于江宁县的一切土地,无论公私及种类,均须办理陈报手续。① 现试分类陈述其陈报方法。

公有土地陈报:公有土地不分田地、山荡及国有荒山荒地,均由乡镇办事处查报。原为私田但因绝嗣无主又无管理人的土地,亦由乡镇办事处查报。但公有田地已有人民开垦的,应由开垦人陈报。

私有土地陈报:私有土地若为团体所有,应由其代表人陈报,但须将代表人的姓名、住址附记于土地陈报单的备考栏中。若非团体所有而为几个人共有,则由关系人共同陈报,如人数过多,其姓名不能尽列于陈报单中,可另纸填具并粘贴于陈报单备考栏中。若土地为个人所有,即由业主用本人真实姓名及现住地址陈报,用祖先名称等陈报的,亦须将现在业主的真实姓名记入备考栏以资参考。②

代理陈报:业主如因事故不能自己陈报,可委托代理人陈报,但须附送业主的委托书,并须在陈报单备考栏内记明事由。委托证书由县政府印发并置于乡镇办事处,由需要人到乡镇办事处领用。

并单陈报:同一业主的二丘或二丘以上互相毗连的土地,不管地目相同与否,亦可并作一单陈报。

分别陈报:同一业主土地因道路河川等间隔和地目不同的,以及同

---

① 田阜南:《江宁自治实验县实习总报告》,载萧铮主编《民国二十年代中国大陆土地问题资料》,成文出版社、(美国)中文资料中心印行 1977 年版,第 57097－57099 页。
② 成自亮:《江宁自治实验县实习报告》,载萧铮主编《民国二十年代中国大陆土地问题资料》,成文出版社、(美国)中文资料中心印行 1977 年版,第 55979 页。

一业主土地因地目不同且无正副可分的,虽同在一处,亦不能并作一单,须依照间隔情形及地目项数分别陈报。①

至于陈报期限,据《江宁自治实验县土地陈报办法大纲》第二条规定:"土地陈报期限自民国二十二年(1933年)四月十六日起至六月三十日止。"②

(四)土地陈报的过程

1. 宣传及备案

办理土地陈报,任务繁重,事前若不加以宣传,使民众对于土地陈报的意义和手续了然于胸,则进行时必然多有阻力。加之实验县成立后撤换了一批行政人员,如粮柜主任等,这些人难免心怀怨恨,想方设法从中破坏,民众知识程度不高,极易受到煽惑。江宁实验县有鉴于此,除由县政府再三布告并登启事声明外③,特于第二十四次党政谈话会上决定,由江宁县党部组织土地陈报宣传队,下乡宣传,使土地陈报家喻户晓,以便土地陈报顺利推行。宣传日期自四月一日起至四月十五日止,计分六队,队长六人,宣传员六十人,由各区轮值宣传,并订立宣传规则五项,以资督促,而收实效。④ 其中第一队队长一人,队员十二人,负责第一区宣传事项;第二队队长一人,队员七人,负责第二、第三两区宣传事项;第三队队长一人,队员九人,负责第五、第六两区宣传事项;第四队队长一人,队员七人,负责第四、第七两区宣传事项;第五队队长一人,队员十一人,负责第八区及第九区南部宣传事项;第六队队长一人,队员十四人,负责

---

① 富靖:《江宁自治实验县县政府实习总报告》,载萧铮主编《民国二十年代中国大陆土地问题资料》,成文出版社、(美国)中文资料中心印行1977年版,第54883-54884页。

② 田阜南:《江宁自治实验县实习总报告》,载萧铮主编《民国二十年代中国大陆土地问题资料》,成文出版社、(美国)中文资料中心印行1977年版,第57097页。

③ 据前引的江宁自治实验县举办土地陈报经费预算书可知,其经费中包含的72元启事费,即为登载在《中央日报》和上海《新闻报》的费用。

④ 胡品芳:《江宁自治实验县实习总报告》,载萧铮主编《民国二十年代中国大陆土地问题资料》,成文出版社、(美国)中文资料中心印行1977年版,第56561页。

第九区部分地区和第十区宣传事项。① 宣传步骤共分为两步：第一步，由各队长会同该宣传区区长召集区务会议，各队队长及队员全体参加该区务会议讨论宣传事宜；第二步，宣传人员参加区务会议后，即分头分别会同各乡镇长召集各乡镇间邻长召开乡民大会积极宣传土地陈报事项。

此外，县政府又通令全县各级小学校长、教员及社教机关主任，协助县党部宣传队，努力宣传。② 其宣传要点主要是土地陈报宣传大纲所规定的各项内容，包括土地陈报的意义、土地陈报的利益和土地陈报应注意的事项。其内容约略如下：

第一，土地陈报的意义。江宁土地陈报将全县土地，不论其公有私有、有粮无粮、已垦未垦，是田地山荡还是沙滩灶地等，均依照有关规定加以陈报，因此土地陈报结束后，全县将得到很准确的土地面积统计数据。

第二，土地陈报的利益。江宁县土地陈报宣传大纲认为，土地陈报共有四个方面的利益。首先，保障人民产权。因为土地久未清查，私有土地多半疆界不清，因此引发的土地侵占纠纷非常之多。而土地陈报之后，政府有了详尽的册籍，不管是业主远在他乡，还是分割买卖，只须一翻政府土地册簿，便可明明白白。所以办理土地陈报之后，政府明了了全县土地转移的情形，私有的产权便有了确实的保障。其次，减轻农民负担。过去的政府因为征收制度太差，所以收入日趋减少；同时政务日繁，经费的支出反而日增，导致入不敷出，不得不加征各种土地附税，加

---

① 富靖：《江宁自治实验县县政府实习总报告》，载萧铮主编《民国二十年代中国大陆土地问题资料》，成文出版社、（美国）中文资料中心印行 1977 年版，第 54886 页。

② 据富靖《江宁自治实验县县政府实习总报告》所记，"查学校为文化机关，对于地方事业应居辅导地位，仰该校就近协同县党部宣传队努力宣传，俾民众明了土地陈报之意义以及填报之方法……发土地陈报办法大纲施行细则宣传大纲各一份，仰该校长教员等即便遵照从事宣传为要"。可见县政府将教育机关视为土地陈报的一支重要辅助力量。此外协助宣传队工作的还有各公安分局和各区公所。可参见富靖《江宁自治实验县县政府实习总报告》，载萧铮主编《民国二十年代中国大陆土地问题资料》，成文出版社、（美国）中文资料中心印行 1977年版，第 54888 页。

重了人民的负担。经过土地陈报之后，政府可以有稳定的增加收入，不会加征各种附捐，并且还要尽量设法改良赋税，使其税率简单，这样人民的负担自然就减轻了。再次，发展农林水利。土地陈报之后，政府有了详细的册籍，明白了哪里是水田哪里是旱地，政府就可设法改良这些土地，人民无须花费多少钱就可修浚河流，便利灌溉；同时又可明白哪里是荒山哪里是公水，政府就可发树苗给附近的人民植林，发鱼种给附近的人民养殖。最后，救济农村金融。那时农村小民经济极为窘迫，钱米紧缩。办理土地陈报之后，人民遇有紧急需款的情况时，拿有政府的土地凭证便可向银行钱庄押借，每月只要拿出几厘或一分左右的利息即可。①

第三，土地陈报应注意的事项。主要涉及土地陈报的机关、方法，以及陈报填写、陈报日期等应特别注意的几点。②

江宁县的土地陈报虽然经过县政委员会会议议决通过，但在事前呈请省政府备案也是不可或缺的手续。可是省政府准予备案的命令却迟迟不发③，后经县政府去函问询省政府秘书处并请速予备案，方才于土地陈报期限已过的 7 月 4 日接到省政府准予备案的命令。

2. 陈报

陈报的具体过程是县土地陈报总办事处于各区公所印发土地陈报单，由各区公所发给乡镇公所，再由乡镇公所分给各闾邻长，由闾邻长挨户分给各业主照单填报。县政府于 1933 年 4 月 15 日前印发陈报单，业主接到陈报单，即应将管有土地照单填报，但须每地一纸，并于限定的 6 月 30 日前送交所在地乡镇土地陈报办事处审查，但住于城内的业户可

① 田阜南：《江宁自治实验县实习总报告》，载萧铮主编《民国二十年代中国大陆土地问题资料》，成文出版社、（美国）中文资料中心印行 1977 年版，第 57088-57092 页。
② 具体内容可参见田阜南《江宁自治实验县实习总报告》，载萧铮主编《民国二十年代中国大陆土地问题资料》，成文出版社、（美国）中文资料中心印行 1977 年版，第 57094 页。
③ 尽管省政府的命令迟迟未发，但江宁县的土地陈报依然进行，有人以此为借口暗中阻挠民众陈报。关于江宁县政府呈请省政府备案一文，可参见富靖《江宁自治实验县县政府实习总报告》，载萧铮主编《民国二十年代中国大陆土地问题资料》，成文出版社、（美国）中文资料中心印行 1977 年版，第 54890-54891 页。

径向县政府土地陈报总办事处陈报。

陈报阶段又分为免费期和收费期。免费期为 4 月 16 日至 5 月 31 日,凡 5 月 31 日以前陈报的概不收费。在免费期中,各业户如无特殊原因皆应遵章陈报。5 月 12 日,县政府布告民众,务必尽早陈报,并令各区办事处督促民众尽早办理陈报事项。5 月 13 日,县政府土地陈报总办事处又令各区乡镇函催各大业主依限定日期尽早陈报。5 月 24 日,又令各乡镇办事处对于业户所缴的陈报单详细审查,以防隐漏布告或填报不实。免费期内,各区大体上都陈报完毕,因而都向县总办事处呈报其结束情形,惟第一区 59 个乡镇中,有万固乡因辖境太广尚未完全结束,东民乡因不住本乡的业户太多,进行稍有迟滞,未能完全结束。①

收费期为 6 月 1 日至 6 月 30 日,6 月 30 日以前不陈报的土地以无主土地论。6 月 6 日,江宁县政府布告各业主在 6 月 30 日以前如遇有转移变更等情况仍应领单陈报,并训令各区办事处及乡镇办事处遵照办理。6 月 8 日,各区办事处严厉催促未办理完的各乡镇。② 6 月 15 日,布告尚未陈报或陈报不实的业户,务必于 6 月 30 日期满之前陈报完毕。倘过期再不陈报,即须按照办法大纲第九条、第十条处理,决不通融展限。③

土地陈报单须民众自己填写,但民众知识有限,如果事前没有明确而周详的规定,民众往往不明所以,该填不填或填而有误,且易引起民众误会。江宁的土地陈报为了防止上述弊端的发生,在事前对于陈报单填

---

① 富靖:《江宁自治实验县县政府实习总报告》,载萧铮主编《民国二十年代中国大陆土地问题资料》,成文出版社、(美国)中文资料中心印行 1977 年版,第 54891 - 54892 页。
② 各区、乡镇办事处虽然都呈报办理完毕,但实际上均有少数业户未能陈报。
③ 此期间内没有按时陈报的主要是一些机关和一些不住在乡间的地主。据富靖报告所记,"第一区土地陈报办事处呈称,京沪路陵园县有学产,省有船厂及其他国有荒产,各乡镇主任不悉底蕴,未能填报。私人有大业主甘姓住在首都,所有田地坐落跨连数乡镇,现尚未陈报"。"六月二十三日,第四区土地陈报办事处呈送各乡镇未陈报业户清单,仰祈转催"。"六月二十四日,第三区土地陈报办事处呈为业户钮永建在南汤镇置有产业,至今无人代理陈报,请直接函催"。以上均是未按期陈报的一些业主,具体可参见富靖《江宁自治实验县县政府实习总报告》,载萧铮主编《民国二十年代中国大陆土地问题资料》,成文出版社、(美国)中文资料中心印行 1977 年版,第 54895 - 54896 页。

写方法制定了极为详细的规定①,且于其中夹杂宣传的功能,希望能够避免民众滋生误会,从而勇于照实填报。

3. 抽查

陈报单所填如果与事实不符,那么陈报的意义就大为减退,故而陈报单是否准确实在是一个重要的问题。江宁自治实验县有鉴于此,遂定抽查办法以资改正,派抽查员②若干人于抽查期内赴各指定乡镇分别抽查。查江宁县全县十区,已行抽查的计有第一、二、三、八区③,所报大体翔实。

4. 清册编造

乡镇土地陈报办事处接到业主缴送土地陈报单,即应审查其所报事项,并汇送区土地陈报办事处。区土地陈报办事处则应于规定期限内将所管区域内的陈报单汇集齐全,按户编造清册,并呈报县政府查核。土地清册的编造必须等陈报完毕,陈报单汇齐以后才能开始。但各乡村总有迟迟不陈报的土地,因此6月初,各乡镇将免费期内的陈报单呈送各区之后,各区即开始编造清册的初步工作,即开始整理陈报单。

6月6日,县土地陈报总办事处令各区办事处应将垦熟之地和向来即属于无粮的荒山荒地坟山宅基分别编造清册。6月27日,又令土地陈报区办事处于7月31日前撤销,各乡镇办事处于7月9日前撤

---

① 关于陈报单填写方法的详细规定可参见成自亮《江宁自治实验县实习报告》,载萧铮主编《民国二十年代中国大陆土地问题资料》,成文出版社、(美国)中文资料中心印行1977年版,第55969－55972页。

② 关于抽查员的设置及薪水可参看前文所述的"土地陈报的机关及经费"。

③ 胡品芳:《江宁自治实验县实习总报告》,载萧铮主编《民国二十年代中国大陆土地问题资料》,成文出版社、(美国)中文资料中心印行1977年版,第56565页。富靖实习报告所记,与此有所出入,可能是时间间隔的问题。据其报告所言,六月八日令各区办事处抽查土地陈报并将抽查情形据实呈报。其后呈报抽查情形的只有第二、三、九区办事处。第二区抽查报告:"……遵即派员分赴各乡镇切实抽查,后兹据各派员先后来呈报称所有抽查各业户陈报田地数目尚属实在,并无隐报情弊发现,各乡镇情形大致相同……"第三区列有抽查报告表,计共抽查四十九业户,均将抽查情形填列表中,除有一业户有土地纠纷外,其他陈报大体属实。相对而言,第三区抽查办法较之第二区优秀。具体内容参见富靖《江宁自治实验县县政府实习总报告》,载萧铮主编《民国二十年代中国大陆土地问题资料》,成文出版社、(美国)中文资料中心印行1977年版,第54897－54898页。

销,也就是说土地清册应于 7 月 31 日以前编造完毕并汇送到县,土地清册的编造日期即为从 6 月 1 日起到 7 月 31 日止的两个月时间。清册又可分为两种,一为垦熟地清册(各区称为土地清册),一为宅坟荒地清册。各区因为时限关系,都抓紧时间赶造清册,首先着力的即是垦熟地清册。除第十区外,各区垦熟地清册皆于 7 月 31 日以前汇送到县,宅坟荒地清册皆于 8 月中汇送到县。业户在编造清册之后方始陈报或编造遗漏的,又都有补遗清册,并于 8 月中补送到县。① 此外,江宁县对于土地陈报清册的编填亦规定了详细的方法。② 以上即为土地清册编造的大略情形。

(五)土地陈报的成绩、纠纷及善后工作

江宁自治实验县举办土地陈报的主要出发点是为了整理田赋以确定政府经费收入,并以此作为政府全部建设与行政的费用。为达到这一目的,江宁土地陈报的着眼点在于找清田地的所在地、所有者及其住址,以便此后政府可以按地索赋。

此次土地陈报大体上于预定期限内办理完毕,江宁县办理土地陈报自 4 月 15 日开始,至 6 月 30 日停止,为期两个月有余。7 月,各乡镇均能先后将土地陈报清册编填完毕,且土地清册中的业户姓名、住址、粮户花名、田地亩数、坐落图名及地目等要项,均能记载详明。至 8 月中旬即根据此种清册制造税册,再制粮串,下半年开征时只要添设分柜,民众即可直接向柜缴粮。催征吏只负催征之责,不得代收钱粮,借催征吏之手征收的一切积弊均可以免除,政府收入可以有所增加。

江宁此次土地陈报大体上进行顺利,且所费并不多,仅两万四五千

---

① 富靖:《江宁自治实验县县政府实习总报告》,载萧铮主编《民国二十年代中国大陆土地问题资料》,成文出版社、(美国)中文资料中心印行 1977 年版,第 54901 页。

② 江宁土地陈报清册编填方法共十六条,对于文字的缮写、业户土地分散如何填报、业户姓氏不一如何填报、业户所有土地地目不同如何填报等都有极为详细的规定,具体条文可看成自亮:《江宁自治实验县实习报告》,载萧铮主编《民国二十年代中国大陆土地问题资料》,成文出版社、(美国)中文资料中心印行 1977 年版,第 55985 - 55988 页。

元①,究其原因大体不外乎如下几个方面:第一,组织完密及布局周到,江宁县此次土地陈报主要利用原有地方自治机关,用人谨慎且不兴师动众,仅仅添加少数指导员及办事员,其余均调用原有机关人员,并且于事前周详分配职责,加以组织完密、责任分明,收效自然很高。第二,江宁改为自治实验县以后耳目一新,一般人民对于县政府抱有一线新希望,故而令出即能遵行。第三,不收费用,此点是鉴于以往浙江办理土地陈报的弊端而产生。民众本来就很贫困,江宁此次土地陈报本是为民众利益而举办,如果利未见而先害民,自然容易引起民众反感,乃至滋生误会,不利陈报的顺利进行。另外,江宁对逾期不陈报的土地以无主土地论,奖惩并行,效率大为改善。②

江宁县在土地陈报完毕后,对办理土地陈报人员还进行了考成。如7月12日就为各区长记功一次以表彰其督促办理本区土地陈报事宜。此外还令各区长将所属各乡镇长的考核成绩区分等级并制成表格呈报县政府查核,以备奖励。另对于协助办理陈报的地方士绅及努力办理土地陈报的职员,都有相配套的奖励措施。③

江宁此次土地陈报虽然成效不错,但也并非一帆风顺,其间也产生了一些纠纷。处理原则主要根据土地陈报施行细则第十二条的规定,即"乡镇接到有争执土地之陈报单时,应派员实地履勘并得召集两方试行和解。

---

① 关于陈报具体的经费开支可参看前文所述的"土地陈报的机关及经费"。

② 成自亮:《江宁自治实验县实习报告》,载萧铮主编《民国二十年代中国大陆土地问题资料》,成文出版社、(美国)中文资料中心印行1977年版,第55997-56005页。

③ 各区都编有本区所属各乡镇办理土地陈报考成绩表,虽然表格样式不一,但内容大体相似。8月26日前,除第五区尚未呈报外,其余各区都已陆续呈报县政府。各区之中,以第三区的考成方法最为周详妥切。兹节录其呈文如下:"窃维实验自治须有佐理之才,策贤励能,端赖酬庸之典。本区此次奉令办理土地陈报,幸赖区属内外各员一致努力,始克如限完成,勤劳懋著,成绩斐然。乃者奉读训示,叙功行赏,只及各乡镇长,而区办事处区公所内部职员独付阙如。区长为策将来起见,除遵各乡镇长列表呈候分别嘉奖外,所有处所职员暨士绅两人一并开具名单并佳考语,随文呈送钧鉴准予奖叙,以示鼓励而免向隅。"具体人员名单及等级考语可参见富靖《江宁自治实验县县政府实习总报告》,载萧铮主编《民国二十年代中国大陆土地问题资料》,成文出版社、(美国)中文资料中心印行1977年版,第54926-54932页。

其和解不协者,应襁级呈请解决,但已提起诉讼者,收受陈报单后,应俟司法判决确定后办理之"[1]。土地纠纷大致可分为以下四种:业主与佃户之间的纠纷、业主与业主之间的纠纷、业主与地政机关的纠纷和业主与其他行政机关或公共事业团体之间的纠纷。这些纠纷大体皆按照上述规定处理[2],如果还不能解决的,则通过向法院诉讼这一途径加以解决。

除以上各项工作,江宁土地陈报结束之后还有一些善后工作,主要包括无主土地的管理、户折的颁发和产权转移的处理。

首先是无主土地的管理。《江宁自治实验县土地陈报办法大纲》第九条规定,业主若于陈报期限内无故不陈报者,除由该乡镇土地陈报办事处以职权调查填报外,其土地以无主土地论。[3] 对于此类无主土地,江宁县制定了《管理无主土地暂行办法》[4],规定无主土地陈报由土地所在的区乡镇公所于土地陈报期满十日内依职权调查陈报,并由就近的区公所进行管理。但无主土地如有佃户耕种,暂仍其旧。

其次是户折的颁发。江宁县在 6 月 18 日就曾发布文告,一经陈报结束抽查无讹,即行发给民众户折凭以执业。[5] 7 月 11 日,江宁县又发

---

[1] 田阜南:《江宁自治实验县实习总报告》,载萧铮主编《民国二十年代中国大陆土地问题资料》,成文出版社、(美国)中文资料中心印行 1977 年版,第 57101 页。

[2] 富靖实习报告中分别记录了第一区、第二区、第三区的一些纠纷,大体皆按照上述规定处理,且结果大多尚好。具体可参看富靖《江宁自治实验县县政府实习总报告》,载萧铮主编《民国二十年代中国大陆土地问题资料》,成文出版社、(美国)中文资料中心印行 1977 年版,第 54922-54924 页。

[3] 田阜南:《江宁自治实验县实习总报告》,载萧铮主编《民国二十年代中国大陆土地问题资料》,成文出版社、(美国)中文资料中心印行 1977 年版,第 57098 页。

[4]《江宁自治实验县管理无主土地暂行办法》共十一条,内容详尽,具体条文可参看胡品芳《江宁自治实验县实习总报告》,载萧铮主编《民国二十年代中国大陆土地问题资料》,成文出版社、(美国)中文资料中心印行 1977 年版,第 56581-56582 页。

[5] 布告内容:"案照本县举办土地陈报,系以保障人民产权为唯一要义,一经陈报完竣即行派员分赴各乡详细抽查,倘无讹误即按户给予户折一扣凭以执业,其效用应于原有契据并重。凡属以前祖遗产业,年湮代远或经兵燹水火之灾,契据散失焚毁者自可借增保障。现在土地陈报初限转瞬即将届满,绝不通融展延,历经布告周知在案,除俟颁发户折办法另行规定公布外,仰各邑业户一体知照。如尚有未经陈报者,迅即依限陈报,慎勿自误。"参见富靖《江宁自治实验县县政府实习总报告》,载萧铮主编《民国二十年代中国大陆土地问题资料》,成文出版社、(美国)中文资料中心印行 1977 年版,第 54909 页。

布文告并附录户折颁发规则。① 规则共十四条,关于户折应填充的项目及具体如何颁发规定都很详尽。因有利于保障民众产权,因此民间大多希望早日颁发户折。

最后是产权转移的处理。江宁县照例于土地移转陈报推收规则颁发前,先于 7 月 12 日发布有关产权转移的文告,尤其强调业户必须通过附设于县政府的推收所办理有关手续,不得如以前一般托粮柜代办,如有人仍按旧时办法,一律无效。此后,江宁县颁布《土地移转陈报推收分割规则》,共十一条,对于土地产权变更可能出现的各种情况规定甚详。② 江宁此次的土地陈报为江宁自治实验县建立以后所实施的基本要政之一,在县政府方面,这次土地陈报的目的是为了整理田赋,进而提高财政收入。③ 民众方面对于此次陈报似乎也是颇具好感,希望可以早日领到

---

① 布告内容:"案照民间土地产权向以契据为执业凭证,为年湮代远……,契据每有散失或不完全,又已往契据所载亦间有与实际地亩不尽相符者,殊失确定产权之本旨,而保障之效力亦受影响,查本县办理土地陈报现已完竣。兹经订定户折颁发规则,业经提请县政委员会第七次会议议决通过。除俟定期颁发户折另行公布外,合亟照录规则布告周知。"参见富靖《江宁自治实验县县政府实习总报告》,载萧铮主编《民国二十年代中国大陆土地问题资料》,成文出版社、(美国)中文资料中心印行 1977 年版,第 54910 页。关于户折颁发规则十四条可参见此书第 54911 - 54912 页。

② 布告之文大致如下:"查本县向例办理土地户粮推收分割事宜多系业主请求粮柜代办,积时既久,弊窦丛生。……若不亟图改良,殊失此次举办土地陈报专为确定粮额保障产权之本旨,现在陈报手续业已办竣,嗣后业户所有土地之一部或全部,如有买卖继承分析行为须移转时,其户粮之推收悉应遵照颁发土地移转陈报推收规则。迳至本县政府附设推收所呈请推割。倘仍再沿旧习,私请粮柜代办,一概无效。"具体规则参见富靖《江宁自治实验县县政府实习总报告》,载萧铮主编《民国二十年代中国大陆土地问题资料》,成文出版社、(美国)中文资料中心印行 1977 年版,第 54915 - 54918 页。

③ 关于县政府方面对这次土地陈报的看法,可以参看县长和土地科长的有关谈话。县长梅思平曾说,"本县为整理财政收入而举办土地陈报","从前政府对于田赋看去是两个未知数,一经举办土地陈报,可以求得一个未知数"(两个未知数一个是粮户的姓名住址,一个是田地的实在亩数,求得的是指粮户的姓名住址)。土地科长也有类似谈话:"本县收入田赋为主,田赋积弊,莫可究诘。政府收入,日趋疲困。凡百新政,施设维艰。为整理财政收入,确定建设计划,乃举办土地陈报。换言之,土地陈报之出发点,为整理田赋以确定经费收入,以为一切建设之母。土地陈报之所要求者,在找到地之所在与其所有者,使此后政府直接索赋而不倚赖于催征史。"参见富靖《江宁自治实验县县政府实习报告》,载萧铮主编《民国二十年代中国大陆土地问题资料》,成文出版社、(美国)中文资料中心印行 1977 年版,第 54935 - 54937 页。

执业凭证——户折,并确定产权。这次陈报尤为民众认可的当是不收陈报费和短粮短契概不追究。[①] 省土地局对于此次江宁陈报虽没有具体过问,但对其经过情形极为关注,且对陈报结果略有存疑。[②] 实际上,尽管江宁此次土地陈报成效甚佳,但也不可避免存在一些问题,如粮户的住址问题。土地陈报单、土地清册上仅有粮户花名一项而无粮户住址一项。业户未必尽是粮户,知粮户姓名却不知粮户住址,将来催征时为一个粮户而寻遍全县业户,其困难不言而喻。

三　地税与契税的征收变革

(一) 实验县建立前的土地税征收

江宁自治实验县建立之前,田赋科则计有 43 种之多。[③] 田赋附加税目则有征收费、党务捐、公安捐、教育捐、村制捐、自治捐、保卫捐、清丈

[①] 第一区指导员曾呈报其至各村庄考察的情形,关于民众态度方面的呈报:"大多数皆说这个事很好,问其好在何处,皆说我们以后交粮可以有粮串了。"参见富靖《江宁自治实验县县政府实习报告》,载萧铮主编《民国二十年代中国大陆土地问题资料》,成文出版社、(美国)中文资料中心印行 1977 年版,第 54940 页。

[②] 据省土地局一重要职员称:"江宁此次土地陈报,省局未能知其经过情形。但对之甚为注意。本人于江宁陈报完竣时,曾亲到江宁农村,访询农民之陈报情形,乃什九不知何为土地陈报,亦云其矣。"参见富靖《江宁自治实验县县政府实习报告》,载萧铮主编《民国二十年代中国大陆土地问题资料》,成文出版社、(美国)中文资料中心印行 1977 年版,第 54942 页。

[③] 胡品芳:《江宁自治实验县实习总报告》,载萧铮主编《民国二十年代中国大陆土地问题资料》,成文出版社、(美国)中文资料中心印行 1977 年版,第 56597 页。江宁田赋元宁两境又复繁简不同,元境共有 29 种,宁境则为 14 种。具体则为旧元境田塘上则、旧元境民田上则、旧元境屯田上则、旧宁境民卫田上则、旧元境民田下则、旧元境芦课田甲类、旧元境民地上则、旧元境芦课田乙类、旧元境屯田下则、旧宁境民卫地上则、旧元境卫田上则、旧元境芦课田丙类、旧元境民地下则、旧元境公费田上则、旧元境芦课田丁类、旧元境牧马田上则、旧元境芦课田戊类、旧宁境并卫田下则、旧宁境公费田下则、旧宁境油麻田下则、旧元境卫地下则、旧元境公费地下则、旧元境芦课地甲类、旧宁境并卫地下则、旧宁境公费地下则、旧宁境油麻地下则、旧元境蒲荡田下则、旧元境芦课埂田甲类、旧元境草地甲类、旧元境密芦乙类、旧宁境稀芦丙类、旧宁境中麦地甲类、旧宁境密芦乙类、旧宁境稀芦丙类、旧元境菱地丁类、旧元境上草戊类、旧元境草地己类、旧元境上泥己类、旧宁境上草丁类、旧宁境次草戊类、旧元境下泥庚类、旧宁境泥滩己类、旧元境牧马地下则。其具体税率可参见富靖《江宁自治实验县县政府实习总报告》,载萧铮主编《民国二十年代中国大陆土地问题资料》,成文出版社、(美国)中文资料中心印行 1977 年版,第 54993-54997 页。

捐、建筑捐、农业捐、水利捐、防务捐12种。①

江宁县原由上元、江宁二邑合并而成,故征收田赋仍设元宁两柜分境负责。县土地局设经征课长一人,受县长及财政局长的指挥监督,责令两柜主任呈缴税款。同时还设立稽征主任一人及稽查员若干人,负稽核责任。元宁两柜各设主任一人,分负两柜田赋征收责任。两柜征收主任之下又设管册员、核算员、司串员、司账员、催征吏及督催吏等。管册员的职责主要是保管并清查征册号数及粮户应纳的银数及米数事宜。核算员主要是负责核算银米折合银圆事宜。司串员主要负责凭单制串事宜。司账员则主要是收款。催征吏的职责为下乡挨户催告。督催吏则是督促催征吏加紧催征工作。② 征收手续则包括以下五个步骤。第一步,制造征收册及串票。由两柜征收主任负责于开征前两个月内预备齐全,先由稽征主任核收登簿,送印后妥为保管。第二步,完纳。粮户赴柜完纳后,即于依额实收后,立时制给印串为凭。第三步,催告。粮户有不按期完纳的,由催征吏下乡挨户催办,经催告后仍不完纳的,由局填发传票勒限完纳。如经两次传催并无正当理由而逾限仍不完纳,可以发拘票勒令到局完清。第四步,稽征办法。稽征主任及稽征员对于两柜裁取印串时,应注意监视并于裁串簿内核明盖章。遇有不符情况,立即纠正。第五步,解款办法。两柜征收主任应各于每日将本日实收各项数目填明日报表一份,先由稽征主任核收盖章,连同现款及缴款簿送由会计主任

---

① 1930年6月,江苏省政府财政厅训令各属县加以改革田赋,江宁亦在其中,其时正税尚未变动,但赋税亩捐方面则已有所变更,可参看成自亮《江宁自治实验县实习报告》,载萧铮主编《民国二十年代中国大陆土地问题资料》,成文出版社、(美国)中文资料中心印行1977年版,第56107-56108页。至于田赋缴纳的具体计算方法可参看田阜南《江宁自治实验县实习总报告》,载萧铮主编《民国二十年代中国大陆土地问题资料》,成文出版社、(美国)中文资料中心印行1977年版,第57156-57160页。

② 田阜南:《江宁自治实验县实习总报告》,载萧铮主编《民国二十年代中国大陆土地问题资料》,成文出版社、(美国)中文资料中心印行1977年版,第57161-57162页。胡品芳报告中对宁元二境管册员姓名及其所管册数、催征吏姓名及其承催地区田亩都有记录,详见胡品芳《江宁自治实验县实习总报告》,载萧铮主编《民国二十年代中国大陆土地问题资料》,成文出版社、(美国)中文资料中心印行1977年版,第56609-56629页。

点收。会计主任点取前项缴款,登入总账,后随于缴款簿内盖章证明。留表一份,备过分账。将缴款簿及余表一份送由课长转呈局长核阅后,发还原簿,留表备查。两柜征收主任,每月满五日,即将本月共收实数填具月报表转呈局长核阅。[①]

田赋收入为各种收入之冠,其重要性不言而喻。江宁鱼鳞册因迭经变乱,久已散失。因此政府向民征税不得不借世代相传的催征吏之手,而催征吏因为政府无册可稽,便私行造册,秘藏不泄,视同法宝,且传之于子孙,以致积弊日深,重而难返。其舞弊情形约略可分为以下几种。

第一,收款不制串。催征吏原来只负责催征责任,不得代收税款。但江宁乡间无分柜设立,乡民离城甚远,投柜完纳不免有往返之劳费,时间钱财都有浪费,因此多乘催征吏催征之时,托其代为缴纳,以图省事。而且到柜缴纳,非一次缴足不可,代缴反而可以通融。由此催征吏摇身一变而为收粮吏。时间既久,粮户积习相沿,不重粮串而凭粮,而凭催征吏的信用,催征吏则一经收款,决不再催。催征吏便利用不索粮串这一点,任意蒙混,上下其手。政府明知其弊却无可奈何,因为欠户的姓名住址无从查索。粮户托催征吏代缴本是为了省事,并无他意,渐则串通胥吏,隐匿新垦,以多纳少,更加倾向于代缴方式,而对于印串的重要与否、法律上地位确实与否不甚关注。[②]

第二,豪强包粮。豪强不但自己不纳粮,而且还倚势包粮。催征吏自知营私舞弊,恐被告发,不但不敢向其催索,反而按年奉送粮串。强者不仅不纳粮,而且以纳粮为可耻。而弱者除正税外,又有其他负担,催征吏多将豪户钱粮摊于弱户身上,催征吏所得甚至超过豪户所欠。

第三,经征课长、征收主任与催征吏等胥吏朋比为奸。催征吏本对

---

① 胡品芳:《江宁自治实验县实习总报告》,载萧铮主编《民国二十年代中国大陆土地问题资料》,成文出版社、(美国)中文资料中心印行 1977 年版,第 56631 – 56632 页。
② 胡品芳:《江宁自治实验县实习总报告》,载萧铮主编《民国二十年代中国大陆土地问题资料》,成文出版社、(美国)中文资料中心印行 1977 年版,第 56634 – 56635 页。

粮柜主任负代收代缴责任,并规定每十日或五日为一卯,每逢卯期,各催征吏到柜应卯,由经征课长规定比额,交柜主任照额严追缴足,其距比额过远,则由柜主任将吏带到机关严加拷打。久而久之,催征吏在其压迫之下不敢违抗,于是相互朋比为奸。而柜主任对催征吏收款多而制串少,对县政府则制串多而缴款少,前者短给粮串,后者短缴粮款,对外榨取一层,对内又侵蚀一份。但粮串向由财政局或县政府保管,每日有日报表可查,如缴款之数与粮串上所载之数不符,柜主任无法推搪,其弊立见,因此非与经征课长以及其他有关人员共同作弊不可。

以上列举仅为田赋舞弊情形的几个方面而已,其实际舞弊情形远不止于此。① 其他如因税目繁杂,附加名目甚多,计算手续繁复,胥吏借此敲诈等,不一而足。而通过中饱土地税为生的至少有三千人②,因此大部分钱粮收入没有进入政府财政收入,而地方政府又急于举办事业,政府财政于是日渐困窘。针对这种情况,江宁县政府也相应采取了一些除弊办法。但针对土地税的除弊想要治本唯有清查粮户及丈量田亩,另造土地清册;治标则不外铲除征收人员的中饱私囊。民国二十一年(1932),江宁县财政局曾实行了一些治标的方法③,略有成效。但这些办法只能最大限度地减少中饱私囊,并不能从根本上改变这样的局面。江宁田赋弊端因而与日俱增,主政者虽欲革除其弊,但改革始终效果有限。究其原因,主要有以下三个方面:第一,过去主持财政的官员不能免于钱财的诱惑,粮柜于其新到任时便以金钱"运动",其受了贿赂,便动辄倡言田赋改革如何之难如何无法办理,以推卸责任。这并非改革真的不可行,而是主政人员自身即不大情愿变革。第二,过去地方政府缺乏雄厚的财政

---

① 江宁财政局成立于1928年,至1933年不过五年时间,而局长调换人选竟有十一人之多,任期少则一个月多则亦不及一年,更换如此频繁也从侧面说明了江宁田赋积弊之深。
② 富靖:《江宁自治实验县县政府实习总报告》,载萧铮主编《民国二十年代中国大陆土地问题资料》,成文出版社、(美国)中文资料中心印行1977年版,第54978页。
③ 具体办法可参看富靖《江宁自治实验县县政府实习总报告》,载萧铮主编《民国二十年代中国大陆土地问题资料》,成文出版社、(美国)中文资料中心印行1977年版,第54979-54982页。

基础作为改革后盾,因为要改革田赋积弊必须摒弃现有的粮柜和催征吏等人员,但此等人员一旦撤去,征收在短时间内必然陷于停顿状态,如果政府不能预先储备相当的财力以充当此短时间内的行政经费,则改革之后政府自身要维持下去都会感到极大困难。此外,江宁田赋因历年来的积弊导致政府的剩余收入异常短绌,几无隔宿之粮。因此历任主政者虽抱定改革决心,也拟定了种种切实可行的方法,但因为顾及上述的苦难都不敢遽行变革。第三,即便有一两个排除利诱、预筹经费冲破上述难关以图改革的主政人员,其也往往在改革未成功时即遭免职或调往他处,而继任者又不能继续其变革之策,以至前功尽弃。[①]

（二）实验县建立后的土地税征收

江宁自治实验县建立后,鉴于以往江宁田赋税则繁杂、附加名目繁多、征收手续繁琐、经征人员容易从中舞弊等种种弊端,在土地税征收方面推行了一系列新举措以改变往日局面,主要表现在统一科则、重造土地清册及改造串式、整顿征收机关、勘报灾歉办法、征收考成五个方面。

1. 统一科则

为了改变田赋科则名目繁多的状况,江宁实验县特意拟定了全县田赋科则与税率统一办法草案。其内容大致如下:"全县田赋所有忙银芦课等项名目应自二十二年度(1933 年)一律废除,改称地税。本县地税征收仍照原有银米科则折合国币,其正税税率,银以每两2.05,米以每石 70 折算。前项米折应并入银科则统收,所有银米折名目应一律废除。本县地税项下各项附税不论按两按石及按亩征收者,均应依照原额并入正税统一征收。本县田地等则及每亩税率应按原有科则重新折算,其折算方法另表规定之。本县地税照原有银米科则折合国币

---

① 富靖:《江宁自治实验县县政府实习总报告》,载萧铮主编《民国二十年代中国大陆土地问题资料》,成文出版社、(美国)中文资料中心印行 1977 年版,第 54983 - 54985 页。

时，一律暂以分为单位，分以下用四舍五入法。"①根据这一田赋科则与税率统一办法和江苏省财政厅所颁的田赋科则统计表，江宁县财政科将全县田地统一分为三等九则，其具体税率也有统一规定，②过去所有科则一律废除。

2. 重造土地清册及改造串式

江宁县鱼鳞册早已遗失，现在该县土地陈报已经结束，虽然结果并不完全准确，但毕竟有一定的参考价值。江宁县即以此为依据，以简明易于核算为原则，重造土地清册。同时，对串票格式也进行了改造，如通知单正面载明该业主田地的等则，背面载明纳税须知及税率一览表，任何人接到串票都可核算明白自己要缴纳多少赋税。

3. 整顿征收机关

江宁自治实验县新的地税征收机关分总征收处与分征收处两种。原有的元宁两总柜被合并为一总征收处，并斟酌辖地情形，参照成例，设立若干分征收处。

总征收处设征收主任一人，总稽查员一人，督征员一人或二人，管册员、管串员、收税员若干人，催征警若干人。征收主任由县政府财政科经征股主任兼任，并受县长、科长之监督指挥，负全县地税征收的完全责任。其职责主要为"督促总分各处征收人员分掌各主管职务，督饬编造地税清册，督饬编造征册及串册，督饬催征，保管地税册籍簿处，综核各

---

① 富靖：《江宁自治实验县县政府实习总报告》，载萧铮主编《民国二十年代中国大陆土地问题资料》，成文出版社、（美国）中文资料中心印行 1977 年版，第 54992－54993 页。

② 三等九则分别为一等上则田地，每亩年纳税银九角五分；一等中则田地，每亩年纳税银九角四分；一等下则田地，每亩年纳税银九角二分；二等上则田地，每亩年纳税银七角八分；二等中则田地，每亩年纳税银七角四分；二等下则田地，每亩年纳税银六角五分；三等上则田地，每亩年纳税银三角七分；三等中则田地，每亩年纳税银一角六分；三等下则田地，每亩年纳税银三分。宁元二境田地的具体分类可参见成自亮《江宁自治实验县实习报告》，载萧铮主编《民国二十年代中国大陆土地问题资料》，成文出版社、（美国）中文资料中心印行 1977 年版，第 56025－56030 页。值得注意的是，按照土地法有关规定，制定田地科则及税率是土地行政机关的职权，而财政只有收税之权，因而江宁县财政科所为有越俎代庖之嫌。

项簿记,稽核总分各处所辖区域内完欠数目,稽核总分各处征起税银,逐日列表缴呈备核,督察各处,考核所属人员之功过"。总稽查员受科长、主任监督指挥,稽核全县地税征收事务。督征员受总征收处主任监督指挥办理下列事项:"编造地税清册,监算税款并核制串票,办理每年开征事务,督催欠完粮户,查察业户有无匿粮情形。"管册员负责保管征册,填载征册内业户完欠等项。管串员负责保管并制串票及其他各种截串统计。收税员负责验收税款并分级账簿。催征警专门负责下乡传催各业户完粮纳税。[1]

分征收处设分征收处主任(一人)、征收员(包括管册员、管串员、收税员)、监征员(由各处管境内的区长充当)、督催员(由各处所辖境内的乡镇充当)和催征警。除分征收处主任须将逐日征起现金列表,按期解缴总征收处外,其他所属职员的职责与总征收处的职员大致相同。[2]

与之相应,田赋征收手续也做了相应变更。第一,县政府应于每期开征之月将开征日期先行布告。[3] 第二,各级征收处应于每个年度开征前将业户通知单印发区、乡镇、村里长转发各业户。如开征期紧促不及分发时,应由县政府印发布告将地税科则税额及其他业户应注意事项详明开列,分贴于各区、乡镇公所,于征收处前竖立木牌供业户查览。第三,各级征收处门前应设立问讯处,派员专司其事,凡业户对于科则税率等项有未明了处前往询问时应详细答复之。第四,业户在后述承缴税银之值年完粮纳税时,其完纳手续如下:业户持通知单赴处者,由收税员照单验收税款,并将单送由管册员核对。管册员应将通知单或收税单送请

---

① 田阜南:《江宁自治实验县实习总报告》,载萧铮主编《民国二十年代中国大陆土地问题资料》,成文出版社、(美国)中文资料中心印行 1977 年版,第 57169－57171 页。

② 田阜南:《江宁自治实验县实习总报告》,载萧铮主编《民国二十年代中国大陆土地问题资料》,成文出版社、(美国)中文资料中心印行 1977 年版,第 57172 页。

③ 江宁自治实验县地税每年分两期征收,第一期为 7 月 1 日至 8 月 31 日,第二期为 11 月 1 日至 12 月 30 日。参看田阜南《江宁自治实验县实习总报告》,载萧铮主编《民国二十年代中国大陆土地问题资料》,成文出版社、(美国)中文资料中心印行 1977 年版,第 57175 页。

督征员核明无误后,通知管串员截发串票,由收税员发给该业户收执通知单或收税单,均暂存管串室。①

此外,凡由一乡或数乡公正业主数人或十余人连带负责轮流值年,承缴该乡或数乡应征地税总额者,应于每个年度开征前一个月呈请县政府核准。具体情况如下:"业主呈请轮流值年,准予承缴税额者,应符合下列条件,数业主或十数业主合计财产应占承缴区域内田地总额十分之一。呈请承缴税额之大地主,须身家清白,热心公务,在地方毫无劣迹者。业户承办时须出具本人履历表及缴款切结,连同半身四寸相片一张缴承核验。"②业主轮流承缴税额,应于期限以前将承办区域内所有业户应完税银先行汇集齐全,届期由值年赴总柜缴纳完讫。各义图③值年如至每届结束时不能扫数缴清者,其欠应由图内各业主连带负责垫缴,一面将所欠花户开单呈请县政府提传押追。

4. 勘报灾歉办法

田赋出自农田,农田收成之丰歉,直接影响税收之多寡。历来政府为体恤民众困苦,如遇灾伤,即派员履勘蠲免田赋。所谓秋勘即是指此。江宁自改治以后,县政府即依据中央及省所颁发的勘灾报歉条例,并参酌该县特殊情况订定了县境勘报灾歉办法。其内容大致如下:

第一,办理灾歉期限。8月末为呈报灾歉截止限期,9月10日为造册送县核定分数限期。第二,受灾业户应依照规定期限将其受灾田地及受灾情形填写陈报单,呈由乡镇长核查,并签注意见汇呈区公所,由区长逐户查核后填造清册,于9月5日前送呈本府核办。第三,县政府接到

---

① 田阜南:《江宁自治实验县实习总报告》,载萧铮主编《民国二十年代中国大陆土地问题资料》,成文出版社、(美国)中文资料中心印行1977年版,第57173页。

② 田阜南:《江宁自治实验县实习总报告》,载萧铮主编《民国二十年代中国大陆土地问题资料》,成文出版社、(美国)中文资料中心印行1977年版,第57173页。

③ 义图:一种田赋催征方式,以一图(里)为赋税经征单位,大家立约共守,不逾限期,免受追呼,并选定图长,由其负责按限攒齐完缴。

各区灾册后,应立即派员实地履勘,将各区区长、乡镇长拟定的收成分数切实审核,并加具意见呈请核定年成。第四,受灾业户应遵本办法规定期限陈报灾歉,一律不准逾限补报。委员履勘时,限在割田禾以前,否则无从证明,以无灾歉论。各委员不准会同各区乡镇长凭空悬拟分数,违者同舞弊论。第五,受灾歉各区分数,经县政府迭册呈请县政委员会核准定案后,立即由县府出示布告。受灾歉各区核减分数,分区公布俾众周知。第六,为预防流弊起见,勘报灾歉不准使用剔荒征熟或全县普减之法,应以受灾轻重为标准,如某区受灾歉重者完粮纳税几分,某区受灾歉轻者完粮纳税几分,各区分数核减后则就一区内平均普减之。但区内如有某乡某村田地若干亩颗粒无收,应予全数蠲免者,由委员履勘属实后,需提出呈报请示另案办理,不在普减之列。第七,受灾区域核准定案后,应由县政府财政科负责督率经征人员在地税执照上按区加盖减成戳记,不准遗漏。县政府随时派员抽查,倘敢阳奉阴违,定将该管地税经征人员斥革严办。各灾户乡镇长、区长、履勘委员如有舞弊情形事,一经发觉依法严办。①

5. 征收考成

田赋向来是政府收入的大宗,清朝制定征收田赋,奏销有限期,考核有分数,经征督催有责成,奖叙议处有完例。立法甚详,处分甚严。民国以来,虽曾由财政部颁布征收条例,然实际考成上,时生流弊,影响政府收入。江宁自改治以后,于所订经征地税规则第五章规定征收人员的考核标准。其大要如下:

第一,每年征收年度届满后,总征收处应于一个月内将全年第一、二两期地税已完、未完实数及附近三年实完分数,扣除灾荒蠲缓,汇造收入及比较总册呈报县政委员会核查。其未完实数限年度届满后六个月内

---

① 田阜南:《江宁自治实验县实习总报告》,载萧铮主编《民国二十年代中国大陆土地问题资料》,成文出版社、(美国)中文资料中心印行 1977 年版,第 57175－57177 页。

扫数追户缴清。第二,总分各处主任及经征人员的奖惩办法如下:照应征额全数起征者由县长呈报县政委员会酌给特奖;照应征额征起在九成以上者免予征处;照应征额征起不及九成者,总分处主任酌予记过一次,其余经征人员分别考核撤换。照应征额征起不及八成者,扣总分处主任10%应给薪额,扣其余经征人员5%应给薪额。照应征额征起不及七成者,总分处主任及其经征人员即行撤换。前项应征额总征收处人员以全县计算,分征收处人员各以起辖区计算。①

通过以上种种措施的施行,江宁的田赋积弊在一定程度上得到扭转。据统计,江宁的额征税银每年在 100 万左右,但江宁实验县建立之前,每年实征额往往不足此数,有的年份甚至仅有一二成。但在土地陈报之后的 1933 年,江宁县额征税银在 110 万元,最后的实征数为 90 余万,大大高于往年,而其情况的改善正是基于江宁县实施的田赋征收变革。

在实施田赋变革的同时,江宁自治实验县对契税的征收也进行了整理。江宁的契税征收一直沿用旧制,与实际情形早已不相适应,不仅征收手续很不妥当,而且税率很重。江宁县以往征收契税的税率为卖九典六,后又增加各项附加,卖契达到每百元征十四元二分五厘,典契则征到十元三角七分五厘,税率太重,人民多隐匿不报,遂使得税收日益短绌。江宁县改治后,特意修正契税章程,颁布了《江宁自治实验县征收契税暂行章程》,减轻税率,恢复原来卖九典六的旧制,将一切附加一律免除。②经此改革,每年的契税收入增加到原来的两倍多。

---

① 田阜南:《江宁自治实验县实习总报告》,载萧铮主编《民国二十年代中国大陆土地问题资料》,成文出版社、(美国)中文资料中心印行 1977 年版,第 57179 - 57180 页。
② 《征收契税暂行章程》第二条规定,"江宁契税税率定为卖契征收百分之九(即每契价银百元征税九元),典契征收百分之六(即每契价银百元征税六元)"。章程共十七条,具体条目可参看胡品芳《江宁自治实验县实习总报告》,载萧铮主编《民国二十年代中国大陆土地问题资料》,成文出版社、(美国)中文资料中心印行 1977 年版,第 56584 - 56589 页。

第五节　以地方自治为中心的政治建设

一　以地方自治为中心的制度变更

江苏省在民国十六年(1927)曾颁布村制组织大纲,通令各县遵办。江宁县即在1928年施行村制制度,并创办村制育材馆,训练乡村自治人员,同时废止市乡制,划全县为三百余村。后又因县组织法的颁布,改为区乡镇闾邻制,划全县为十区二百九十五乡镇,村制制度即行废止。[①] 自从江宁县实行区乡镇闾邻制后,区长人选虽时有更替,但大多数均出身于江苏省民政厅区长训练所。这些人对于自治工作,大体均能明了。但自治组织本身并不健全,导致各区自治事业毫无建树。至于各乡镇自治事业更属空谈,虽然担任乡镇长的人有不少出身于村制育材馆,但最低限度的乡镇公费都扣而不发,又如何指望自治人员开展自治事业。因此所谓区乡镇闾邻制在江宁徒具组织上的形式,乡镇公所位于何处,闾邻长究竟是何人,恐怕都无人知晓。在江宁实验县成立之前,江宁所谓的自治,只有制度的改革,却不见效能的发展;只见人员的更替,却不见有多少真正的建树。开办乡村自治,乡村领袖为首要解决的问题,江宁县过去虽曾举办乡村自治人员训练工作,但训练方法并不妥当,对乡村自治人才优劣未加严密地甄别审查,又因自治经费没有着落,"使既经训练之人员,非自甘堕落,因循敷衍,即挂名自治人员,而贻害地方。自治事业之无成绩尚其小焉者,自治行政之为民诟病,自治人员之为民贻害,影响于将来者实大,此深堪为吾人所忧虑者也"[②]。因此,江宁自治实验县建立之后,面对上述问题,进行了很多行政制度上的变更,重新开展地方自治工作。

---

① 江宁自治实验县县政府编:《江宁县政概况》"民政",1934年版,第1页。
② 江宁自治实验县县政府编:《江宁县政概况》"民政",1934年版,第2页。

（一）废除闾邻制，实行村里制

江宁自治实验县成立后首先对现行的闾邻制进行了变革。"现时自治制度，强分区乡镇闾邻四级，以致责任不专，手续繁杂，自治工作，鲜实质上之成效，人民反为形式上事件（如开会如选举等）所苦。又现制之弊，不仅层次过多，在区域方面，亦有未合，夫自治区域之划分，必须根据民情习惯，与天然地势，使自治团体在主观上客观上确能发展自治，然后其构成份子始有团体之自觉，乃过去自治制度，不此之取，所行区乡镇闾邻各级，概以数目为准，不足某数者，既强之使合，超过某数者，又强之使分，自治区域，毫不固定，域内人民几不自知属何团体，遑论自治事业？"①

有鉴于上述情况，江宁实验县于 1933 年 6 月废除闾邻制，改行村里制，即以自然村里为自然的划分，原来在习惯上为自然村里的领袖即为村里的民意代表。村里的编制主要依据以下原则：以构成乡的村落为村，以构成镇的街市为里；村里的范围根据原有乡镇境界内自然的形势划分；村里可以沿用原有村里名称；村里住户在一百户以内的，设村长或里长一人，超过一百户的增设副村里长一人，超过二百户的增设副村里长两人；零星住户可以并入邻近村里。② 如前所言，乡村领袖对于乡村自治工作能否取得实质性的效果具有至关重要的作用，实验县对于村里长人选也有很明确详细的规定。根据有关规定，只有村里居民才有担任村里长的资格，且必须是年满二十五岁，公正诚实，兼通文义，拥有正当职业，为居民信仰且无劣迹之人。村里长的产生则主要通过居民会议选举，但实验县又认为"各村里初行成立，居民之自治能力，甚属薄弱，四权之行使，诚恐无方"，因此对于第一届村里长，县政府决定在村里居民中"荐举合格加倍人数"，然后由县政府"暂行择委"。③

根据江宁县的规定，村里长的最大职权是办理县政府或乡镇令办或

---

① 江宁自治实验县县政府编：《江宁县政概况》"民政"，1934 年版，第 2—3 页。
② 江宁自治实验县县政府编：《江宁县政概况》"民政"，1934 年版，第 3 页。
③ 江宁自治实验县县政府编：《江宁县政概况》"民政"，1934 年版，第 3 页。

交办的自治事务,排解民众纠纷,代表民意,陈述利弊。因为江宁县政府认为,村里并非自治单位的一级,乡镇才是自治单位团体,村里只是构成这一团体的一份子,因为村里范围狭小,力量不足以举办大规模的自治事业。[①]　这一点在村里会议上也有所反映。村里会议本属村里最高会议机关,在村里长、副村里长民选之时,可以选举及罢免村里长、副村里长,制定或修正村里自治公约,但是对于其他议决事项,大部分仍然必须由村里长提请乡镇务会议议决施行。

村里制实行以后,江宁全县二百九十五个乡镇共编为二千零四十九个村里,除因人民自治观念不强,召开村里居民会议不易外,自治事业尚能顺利推行下去,与前相比效果也有明显改善。首先,恢复自然村里切合民情习惯。当时的乡村仍是聚族而居,在生活上出入相友,守望相助,形成一种"不可分割"的社会状态。实行村里制后,"即利用此种民族精神而发扬自治精神",自治事业推行反而收到细针密缕之效。[②]　其次,施行村里制之后,行政效能有所增加,自治设施更加便利。以往江宁乡村实行间邻制度,层次繁杂却形同虚设,根本不能厉行自治,甚至连政府政令的传达亦不容易。自从改行村里制后,村里长下可代表民意,陈述利弊;上可代表乡镇,推行自治,不但接洽联络较为容易,而且对于自治行政上的指导监督也极为便利,故而行政效能必然比之前有所增加。

（二）设置实验区与实验乡

1. 实验区

江宁县改为实验县后,至 1933 年 7 月才开始着手自治建设。江宁县认为区为县自治单位的一级,区自治如不能健全施行,则县自治无从

[①] 江宁县政府认为,乡镇自治事务的推行有赖于村里,而村里的自治事业又非乡镇不举,因此江宁县废除间邻制改行村里制,意在废除不合实际的制度,使自然的村里帮助乡镇自治事业。绝非是于乡镇之下,添设自治单位,使其自为一级,实行自治。具体可参见江宁自治实验县县政府编《江宁县政概况》"民政",1934 年版,第 4 页。

[②] 江宁自治实验县县政府编:《江宁县政概况》"民政",1934 年版,第 4 页。

实验,因此择定第九区为实验区,集中全区人力财力,自行议定,自行建设,期望该区的自治实验工作能够成功,之后再推及全县施行。之所以选定第九区为实验区,在于该区具备一些良好的条件。① 实验区的一套行政系统相对于县仍然不变,但县政府从实验区聘请公正人士九至十三人为设计委员,组织设计委员会,其议决事项交由区公所呈准后施行。所有区内一切实施计划,在很大程度上均依赖于设计委员会的设计。

实验区的唯一成效即为县政府的一切设施计划均于该区先行试验,成则为法继续在他区推广,不成亦可作为参考。比如县政府的公共卫生设施建设,以及乡镇的整合等,均于该区先行实验,然后才推广到其他各区。但既为实验,必然有其不足。首先,县政府对于实验区的指挥监督之权与其他各区并无不同,所谓设计委员会仅仅是一个设计机关,对于区公所并无督促指挥之权,因此该委员会虽然每月举行会议一次,但仅仅限于设计或者提案,实行与否却无权过问。其次,委员会的委员都是本地人士,因此其提案往往有所偏颇,虽经通过,区公所却窒碍难行。再次,设计委员会组织条例第五条规定,建设事业费由该区自行筹划,必要时可请求政府辅助。但自实验区成立后,虽有部分乡镇自行筹措事业费,但对于全区大规模的事业费而言,靠自行筹措不大可行。②

2. 实验乡

在整理乡镇废除区制之后,江宁又以和平、万山两乡为范围设置实验乡,并设有农村改进委员会,所有日常事务均由该委员会委员长负责

---

① "九区接近京都,陆有京芜国道,水有长江航运之便,于交通方面,极属便利。九区既接近京都,又因交通便利,故民智开通,而自治人才,较为集中。九区交通既称便利,人才又系集中,故除农业之外,副业甚多,该区经济,较为富裕。"正是基于以上这些条件,江宁县才选择第九区为实验区,具体可参见江宁自治实验县县政府编《江宁县政概况》"民政",1934年版,第5页。

② 江宁自治实验县县政府编:《江宁县政概况》"民政",1934年版,第6页。

执行。① 在不抵触县政府命令的范围内，委员长还有指导和平、万山两乡乡长之权，但自治组织和行政系统均不变更，以期两乡在自治行政系统上，除得助于外力外，仍可自由发展其团体效能。

和平实验乡地处多山地区，人民最感需要的即是振兴农村经济与普及教育卫生。因此实验乡的主要工作即以发展该乡的教育卫生和经济事业为主，其他自治组织与行政仍由县政府办理。至于经费方面，除由有关系的各机关量力协助外，县政府按月拨给事业费六百元，交由农村改进委员会通盘筹划支配。但实验乡成立不久就因市县划界，整个范围划入市区，行政权已非县属，实验乡工作一度停顿。②

（三）整理乡镇，裁撤区公所

江宁实验县对于先前的区乡间邻制度进行了一定程度的调整（废除间邻制，改行村里制），使得自然村里更能致力于乡村自治事业。但县为地方自治单位，在此自治单位之中，应该施行几级制？村里在乡镇之中究竟应该处于何种地位？实验县自从废除间邻制改行村里制之后，在制度上经过半年多的实验，深感自治制度不仅在区域上应顾及民情习惯进行自然划分，而且自治单位的级数也不易太过繁杂，徒具形式反而使自治行政受承上转下之苦和因循敷衍之弊。③ 江宁实验县于是决定在自治政策上确定为二级制，即县为一级，乡镇为一级，原有村里确定为乡镇自治团体的构成单位，原有区组织一律废除，使乡镇直接受县政府的指挥

---

① 根据环境和现实的需要，规定由中央政治学校附设蒙藏学校、中央大学农学院、内政部卫生署、江苏省农民银行南京分行与江宁县政府各指定一人为委员，并以蒙藏学校指定的委员为委员长。参见江宁自治实验县县政府编《江宁县政概况》"民政"，1934 年版，第 7 页。

② 其后市政府与有关系的各机关仍通力合作，根据以往的调查和计划将自治实验工作继续进行下去，情况有所改善。参见江宁自治实验县县政府编《江宁县政概况》"民政"，1934 年版，第 8 页。

③ 实验县政府认为"盖过去之区与乡镇，在事业上之职权完全相同，又同为县自治单位之一级，重复之弊，咸有同感。设区有力举办自治，则乡镇之经纬即失其作用，反之，则区徒具承转之形式，对于自治事业，毫无裨益"。参见江宁自治实验县县政府编《江宁县政概况》"民政"，1934 年版，第 9 页。

监督。① 废除区制之后，原有乡镇数额多少为佳，在指挥监督上是否便利，交通水利是否易于建设，民情习惯是否同其旨趣，即为实验县所要面临的新问题。

针对过去行政划分的弊端，江宁慎重拟定了整理乡镇、裁撤区公所的几大原则。第一，过去江宁县的乡镇划分多是沿袭市乡与村制，或以人的关系强定分合，至于区域大小、户口多寡、民情习惯是否相同却未尝考虑。因而此次整理主要是参酌土地面积、人口、交通水利、民情习惯实行整理。第二，江宁县共有 295 个乡镇，数目之大，即便均为健全团体，指挥与监督也必有不便。故而整理时除参酌自然环境外，对于全县乡镇数目的多寡与县政府指挥监督的关系尤须注意。第三，江宁县此时整理乡镇已在土地陈报之后，如将原有乡镇分割破裂，彻底分合，则已往进行的事业必然大受影响。因此整理时，又参酌自然情势和地理环境，分别予以合并，以不打破原有乡镇界为原则。第四，过去江宁乡镇徒具自治团体的形式，乡镇公所究竟位于何处，乡镇长是否有暇顾及自治事务，县政府都不能顾到，因此其组织很不健全。这一次改组除将乡镇村里长人选审慎改组遴选外，所有乡镇公所内部均须雇用事务员一人，报县政府备案，以期自治日常事务能够进行无阻。第五，以往由于自治制度不善和专业团体不健全，使得自治行政常为人民所诟病，行政人员多不敢再谈自治。此次整理，对于自治人员的遴选特别审慎，务期得其人选，以收移风易俗之效。②

实行自治单位的二级制，亦即裁撤区公所整理乡镇，并非想象中那么简单。区制废除之后，乡镇的组织是否适合自治事业的要求，是否真的便于指挥监督，这些都是县政府实施这一制度变更之前所要考虑的问题。为此，江宁自治实验县县政府先于实验区内开始试行，1933 年 12 月

---

① 这一制度在事前并未经过县政委员会通过，但在乡镇改组整理当中得其追认。参见江宁自治实验县县政府编《江宁县政概况》"民政"，1934 年版，第 9 页。

② 江宁自治实验县县政府编：《江宁县政概况》"民政"，1934 年版，第 9－10 页。

根据有关办法，将原有的 30 个乡镇改为 14 个乡镇。一个月后，该区工作大有起色，整理工作推及其他各区。到 1934 年 2 月底，全县乡镇大体整理完成。原有的 295 个乡镇改组为 109 个乡镇，所有的正副乡镇长人选都根据整理乡镇暂行办法加以遴选。①

（四）实行自治指导员制度

江宁自治实验县在 1933 年 6 月已设有自治指导员，其时区制尚未废除，自治指导员的设置即是用以协助区公所处理地方自治，但并非常制。1934 年 7 月区制废除之后，自治指导员制度方始正式确定下来。全县共划定 8 个自治指导区，后因江宁县和南京市划界，又改为 7 个。自治指导区根据指导便利并参酌交通地势而设，随时以命令定之。每区派自治指导员一人，于该区设办公处以常驻该区，巡回指导，且自治指导员于事务过多时可以呈准设置区助理员或其他职员。江宁鉴于自治实际情况，在各指导员办公室均设有助理员一人，佐理指导员办理各项事务。

江宁自治指导员制度的重心即是自治指导员。所谓自治指导员，乃是办理地方自治事业的中心人物，对上可以代表政府实行指挥监督之权，对下又能关心民生，解除民众痛苦，因此自治指导员的人选至关重要。江宁县认为，"此项人选之条件，必须朴实耐劳，深入民间，且须为专门人才，遇有困难问题，始可相机处理，庶可提高自治行政之效能，俾自治事业蒸蒸日上"②。但如前所述，江宁县自治制度为二级制，自治指导员并非自治单位的一级，乡镇仍与县发生直接关系，但为了便于自治指导员的指挥监督，凡县政府令发乡镇的文件，必检寄一份交由指导员备查。同时，自治指导员可以随时召集所属乡镇长举行会议，并于月终缮写工作报告，将各乡镇自治工作分别制表呈报县政府，以作为各乡镇长

---

① 江宁自治实验县县政府编：《江宁县政概况》"民政"，1934 年版，第 10 页。为慎重起见，江宁县仍决定，在区公所裁撤(7 月)之前，所有乡镇仍然直接由区公所指挥监督，以防制度突然变更所带来的问题。
② 江宁自治实验县县政府编：《江宁县政概况》"民政"，1934 年版，第 12 页。

奖惩的参考之一。

　　自治指导员是政府派赴各乡镇专办自治指导与监督事务的委员,其任务主要有三项。第一,协助乡镇人民筹备自治。江宁自治制度确立不久,人民的自治观念仍很淡漠,乡镇自治组织须在自治指导员协助指导之下始能循序建成。第二,指导乡镇公所办理自治工作。江宁县对于各乡镇长的训练并非通过集中训练的方式,而是通过巡回个别事件来训练,故而自治指导员应随时轮流巡视所指导区域内各乡镇的自治工作状况,按月与其订定办事效能考查表,于月终汇齐报府,以资考成,务必使得各乡镇自治工作均能依限完成。第三,协助乡镇公所举办各项兴革事宜。① 为了达成上述任务,自治指导员拥有的职权也有三项。一是经常代表权。自治指导员为专办地方自治的委员,所有所属各乡镇的自治事宜,凡须与县政府直接接洽的,该指导员无须县政府明令委托,均有权代表答复。二是乡镇长奖惩权。江宁县自裁撤区公所后,乡镇数目初整理为 109 个,后因市县划界,又减为 88 个,因乡镇数额太多,县政府深感指挥监督不便,故设立自治指导员制度,又感于监督难以周全,遂又让指导员参与乡镇长奖惩事宜,以补不足。三是保卫团指挥权。江宁保卫团的训练主要在农闲之际(10 月至次年 3 月),前三个月为集中训练时期,后三个月为实习驻防时期。在此时期内,自治指导员负有训练之责,并有节制与呈准调动之权。② 可以看出,设立自治指导员制度的主要目的是弥补县乡两级自治制度的不足。

　　江宁自治实验县通过村制、区制的变革和实验区、实验乡和自治指导员制度的设立,主要是通过自上而下的方式推行自治的。这些变革都是针对一些不利于自治的制度所做的变革,然而人民更加热心的是与己身更直接的一些事情,比如经济生活的改善等。"自治制度改革

---

① 江宁自治实验县县政府编:《江宁县政概况》"民政",1934 年版,第 12 - 13 页。
② 江宁自治实验县县政府编:《江宁县政概况》"民政",1934 年版,第 13 页。

后,自治工作,愈见集中精力于人民生活上最切要之事业。"①也正是在这一变革的基础上,江宁县开展了教育、建设、保卫等一系列政治、经济层面的因应变革,但是其效果如何,就未必如江宁县预料的那样乐观了。

二　以改善卫生、充实仓储、改良风俗为中心的社会行政变革

社会行政,千头万绪。若卫生状况恶劣、社会风气不良,必然不利于江宁实验县自治事业的顺利推进。江宁县正是就以上地方情形着手,进行了一些社会层面的初步变革,其内容主要包括改善卫生、充实仓储和改良风俗。

(一) 改善卫生

江宁县的卫生建设工作主要分为三个时期:实验时期、推广时期、完成时期。首先设立的是四个卫生所和六个卫生分所。② 卫生所设主任一人,综理所务,并设公共护士一人、护士一人、助产士一人、调剂员一人、卫生稽查一人辅助主任。卫生分所设护士一人,在卫生所指导下办理简单医疗事宜。江宁县试图根据这些农村卫生医疗实验的结果,将经验继续推广到其他尚没有卫生医疗设备的地方。具体而言,其工作范围主要

---

① 江宁自治实验县县政府编:《江宁县政概况》"民政",1934年版,第14页。此处还须提及的是江宁自治事业经费的来源,江宁县的自治设施主要着眼于乡村,因此该县自治事业经费主要是由县统筹统支,若非各乡村个别建设,或根据章程须由地方筹措的,乡镇均不得借自治事业之名擅自筹款。至于各乡镇的公款公产,虽然定为乡镇自治事业费,但不经呈准也不得动用。至于自治行政费,在自治制度未变之前,乡镇长月支公费6元,继以乡镇等级不同,月增至10元、12元、14元不等。乡镇整理后,依等级而增至24元、28元、32元,远高于其他各县。

② 卫生所所在地为江宁镇(1933年9月1日成立)、上新河镇(1934年2月22日成立)、万山乡(1934年2月1日成立)和汤山镇(1934年5月1日成立)。卫生分所所在地为板桥镇(1934年3月1日成立)、西善镇(1934年6月1日成立)、孝陵镇(1934年2月21日成立)、马群镇(1934年2月21日成立)、尧化镇(1934年3月20日成立)和燕子矶镇(1934年4月1日成立)。参见江宁自治实验县县政府编《江宁县政概况》"民政",1934年版,第41页。但自县市划界之后,江宁县有部分卫生机关被划入市区,主要有上新河镇、万山乡的两个卫生所和马群镇、孝陵镇、尧化镇、燕子矶镇的四个卫生分所。除划出的不计外,江宁县当即拟定成立县卫生院一个、卫生所六个、卫生分所十九个,具体可看看"江宁自治实验县卫生设施一览图",载江宁自治实验县县政府编《江宁县政概况》"民政",1934年版,第44页。

有以下六个方面。

第一,环境卫生。江宁县卫生部门积极改良水井,同时对饮用水和粪便分别进行消毒,并会同警察机关取缔私厕,改建公共厕所。其他相关措施有注意街道清洁、取缔不洁食物及垃圾处置等。

第二,医疗工作。除门诊治疗外,江宁县卫生机关还有出诊及巡回医疗工作。卫生机关负责人携带应用药品巡回乡镇游行医疗,同时宣传卫生常识,并在每年春季举行普通种痘及预防注射。

第三,妇婴卫生。主要措施为对孕妇提供产前检查、产后护理,并授以孕期产期卫生常识。接生则无论贫富一概免费。同时还积极进行妇婴卫生教育,手段主要有家庭访视、举行儿童会及母亲会①、妇婴卫生谈话会、妇婴卫生演讲及文字宣传等。

第四,学校卫生。通过向儿童灌输卫生知识,养成儿童良好卫生习惯,是培养有健全身体的健全国民的重要手段之一。江宁县学校卫生工作主要包括卫生教育、预防工作、环境卫生、家庭访视和疾病治疗。②

第五,卫生宣传。内容包括公共演讲、个人谈话和利用固定标语、书籍图画、电影幻灯片等进行文字宣传。

第六,防疫工作。其内容主要有两项:种痘和预防注射。种痘由各卫生机关免费布种。此外,由各区保送或考收三五人不等入班训练,期满后发给许可证,并代购半价痘苗,许其收费种痘,但每人收费至多不能

---

① 江宁县曾先后在汤山镇、上新河镇、江宁镇、板桥镇举行婴儿健康比赛大会,母亲会则主要是召集十六岁以上的妇女集会,灌输妇女育婴的普通常识。参见江宁自治实验县县政府编《江宁县政概况》"民政",1934 年版,第 42 页。

② 卫生教育主要包括卫生授课、公开演讲、分班演讲、个人卫生谈话、卫生习惯训练、卫生队员训练、卫生展览、卫生影片、卫生文艺图画比赛、卫生刊物、卫生演说辩论比赛会、防疫活动、清洁运动。预防工作则主要为晨间检查、体重身高测量、健康检查、传染病隔离、预防注射、缺点矫治。环境卫生则是对学校各处的清洁按时视察,并指导改良。家庭访视的着重点有三,即无故不到的学生、告病假的学生、有缺点急需矫正的学生。疾病治疗则主要是在学校辟室为诊所,规定时间为全校师生及附近民众诊治疾病。参见江宁自治实验县县政府编《江宁县政概况》"民政",1934 年版,第 42－43 页。

超过大洋一角,以期普及。预防注射是由各卫生机关免费注射各种预防疫苗,如预防霍乱、伤寒和脑膜炎等,并于巡回工作时为一般民众演讲,宣传病疫由来及预防的重要性,以利进一步的推行。

经费是事业的基础。江宁县卫生设施一概不收费用,与普通营利机关截然不同。因此卫生机关所有开办费原则上都由地方自行筹措,如有特殊情况或地方无力负担的,则由经常费项下拨支,因工作繁简和环境需要的不同,卫生所月支二百元至三百元不等,卫生分所月支七十元至八十元不等。①

(二) 充实仓储

乡镇仓储为备荒要政,自南京市政府成立后,江宁县原有县仓仓储谷款均被其接收办理。县境内仅有旧北汤、丁汤、福汤、夏汤四所乡仓,共计积谷二千五百二十三担。又有南汤镇仓一所,计积谷四百五十担。此外陆郎镇有积谷委员会,由陆郎镇、府宁乡和溪宁乡共同组织,计陆郎镇积谷一百十一石三斗一升五合,府宁乡积谷一百五十六石五升,溪宁乡积谷一百五十六石七斗,合计积谷四百二十四石零六升五合。② 每逢青黄不接之时,即将积谷贷放贫农,等到秋后再由各乡镇长负责催还。江宁实验县成立后,订定了江宁自治实验县各乡镇派收积谷办法,通令各乡镇积极推行,并以积谷成绩作为各乡镇长考成的重要成分之一。但由于江宁县境内各乡均连年灾歉,自食尚有不足,实无余力缴纳仓谷,虽迭令严催,也是毫无效果。江宁县感到正是由于过去缺乏仓储,所以此次调剂维艰,若不曲突徙薪,终难免焦头烂额之虞。因此,积谷实仓实属刻不容缓之举。江宁县决定,所有圩田,虽属秋收不丰,仍应按照办法切实派收,以重仓政。据统计,江宁全县全属圩田的仅有十三个乡镇,山圩夹杂的则有四十四个乡镇,可以积谷的圩田总数约为三十八万六千亩。③

---

① 江宁自治实验县县政府编:《江宁县政概况》"民政",1934 年版,第 44 页。
② 江宁自治实验县县政府编:《江宁县政概况》"民政",1934 年版,第 45 页。
③ 江宁自治实验县县政府编:《江宁县政概况》"民政",1934 年版,第 46 页。

同时,各乡镇各筹设粮仓一所为储藏之用。依照办法,各乡镇仓以一户积谷一石为足额,如本年派收不足额,则于次年继续派收,以储足为度,如遇丰年,积极推行,以备荒年计划。

(三) 改良风俗

江宁县改良风俗主要着眼的有两点,一为取缔庙会,二为禁止抢孀。江宁县在颁布取缔庙会暂行办法之前,曾举行各地庙会调查,内容包括庙会名称、所在地、集会日期、参加人数、集会情形、所奉主神、庙产庙款、销售物品等。然后在此基础上拟定办法逐步加以改进。江宁县各地庙会往往借酬神赛会之名行吸烟聚赌之实,不但旷废农时、虚耗金钱,而且影响地方治安,虽经三令五申,积习依然难除。江宁县政府认为:"其原因,固由于人民知识之陋塞,但农村缺乏正当娱乐,亦系主要原因之一。经再三考虑,与其禁而无效,不如就其固有之习惯,而加以改进,一方面使人民享有正当娱乐,一方面与农民以交换农具观摹农产之机会。余如酬神赛会吸烟聚赌等之恶习,概在严加取缔之列。"①

有鉴于上述认识,江宁县取缔庙会的具体做法是将旧有庙会名称一律废除,重新以地方及时令加以命名。在集会中,举行农具展览会、耕牛比赛会或者种子陈列会,在不妨碍治安的范围内,准演戏剧,但剧本须送交所在地党部、警察局、乡镇公所及中心小学校会同审查,经许可后才能开演。同时在集会期间,由各乡镇公所联合当地党部及教育机关,组织宣传队,分赴集会乡镇,宣传迷信赛会、吸烟及聚赌的危害。为了防止酬神赛会期间吸烟聚赌之类事件的发生,江宁县还规定,在会期间,旧有神庙会会首必须向所在地警察局自具切结,即提供承诺书,担保无上述事件的发生才能举行,所在地乡镇长亦负有取缔集会中各种陋习之责任。自从江宁县颁布取缔庙会暂行办法后,各地庙会一般多能遵循,而会首因为已经具结担保,也不敢纵使宵小吸烟聚赌。至于举行农具展览会、

---

① 江宁自治实验县县政府编:《江宁县政概况》"民政",1934 年版,第 46 页。

耕牛比赛、种子陈列会等,农民乘机观摩,也是获益匪浅。省政府还采纳江宁此项办法,通令各县根据地方情形参照施行,可见其效果。

至于抢孀恶习,江宁县由来已久,不但蹂躏女权,而且影响治安。孀妇再婚,法律并不禁止,但未得其本人同意,即胁迫成婚,不但违反刑律,而且有伤风化。江宁县遂发布文告严加申禁,此风得以稍为扭转。

三 以改组保卫团为中心的地方治安建设

江宁县过去并无所谓合法的保卫团,但各乡镇大多有组织临时保卫团,多数都是雇佣性质,与普通士兵区别不大,乃至鱼肉乡民,包庇烟赌。再加上人员多缺乏训练,枪支窳败而不能适用,人数虽多却不足应战,遇有匪警,逃遁犹恐不及,无丝毫抵御能力。[①] 因此,"江宁全境,匪风时闻,四、五、七、八、九、十等区,匪风尤炽。幸而本县县属接近首都,经过宪兵司令部一度兜剿,匪风始见稍杀,否则匪势坐大,诚不可遏抑矣"[②]。江宁实验县县政府认为,过去保卫团之所以毫无成绩,其重要症结所在,"一为无严密系统之组织,二为缺乏严格统一之训练,此外如政府对地方保卫事务之敷衍,经费之虚糜,枪支之缺乏与窳败等,均为促成保卫团无成绩之病因"[③]。因此江宁县改组保卫团也主要着眼两个方面,一为力求组织严密,二为实施严格训练。

为了力求组织严密,江宁县撤销了原来的县保卫委员会,并改组了区团部。江宁原有县保卫委员会推行全县保卫事务,但该委员会自成立以来,毫无建树。江宁县从严密保卫组织、节省财力、增进办事效能的角度出发,认为保卫委员会已无存在的必要,乃于 1933 年 6 月间呈准撤销

---

① 据江宁自治实验县临时保卫团现状一览表可知,全县共有 57 个乡镇设有临时保卫团,有团士 353 人,但仅有步枪 261 枝,人均尚不足 1 枝。其中八、九、十等区设立保卫团的乡镇最多,可见这些区域较其他各区匪风确实较盛。详细内容可参见江宁自治实验县县政府编《江宁县政概况》"民政",1934 年版,第 48—52 页。
② 江宁自治实验县县政府编:《江宁县政概况》"民政",1934 年版,第 48 页。
③ 江宁自治实验县县政府编:《江宁县政概况》"民政",1934 年版,第 52 页。

了该组织,将全县保卫事宜统交由县政府民政科筹划办理,总团部虽仍设有机关,但不再另设经费,所有事务由民政科职员兼任,总团部公文的往返也由民政科直接处理。另一方面,设于各区的区团部,区团长并非由区长兼任,导致区团部与区公所两机关绝然划立,所有区政及保卫连带关系事件缺乏联系,行政效率低下。江宁县遂依照县保卫法规定,区团长由区长兼任,并颁布保卫团组织大纲,限令各区重新正式组织区团部。区团部设区团长一名,由区长兼任,区团长之下设训练主任一人、训练员若干人。区团部秉承总团部之命,直接负责指挥训练区团团士之责。但保卫团在乡镇村里则没有任何组织,因团士数目不多,所以主要由乡镇长负责统辖。

训练乃是保卫团的基础,对于江宁县来说,加强对保卫团的严格训练尤为当务之急。因此江宁自治实验县在成立之初,即首先整理前任县政府奉命创办的"保卫团特务训练班"。江宁实验县委派专门训练人员,对其严加整顿,"对于学术各科,聘请优秀教官担任,对于教材方面,加以审密选择,对于设备方面,力求改善,对于财政方面,尤抱公开主义"[①]。原先的"保卫团特务训练班"更名为"保卫训练所",以严格训练为根本原则,力求培养出江宁县保卫团的基本干部人才。第一期学生半年训练期满后,即分发各区担任保卫团训练员,随即又招收第二期学生从事训练,该期学生由各区选送,经县政府考试录取 40 余人,修业期限仍为半年。后为统一保卫团训练起见,第一次派往各区服务的保卫团训练员又一律调回,再加训练,数月之后再重新分发各区团部充任训练员,抽调团士,实行训练。

保卫团训练员经派赴各区后,即协助各区团长及训练主任遵照江宁县颁发的团士抽调办法,并根据各区所属各乡镇户数的多寡,抽调团士。因抽调团士大多出身农民,对于军事训练素乏观感,如不施以严格训练,根本难以发挥保卫效能。于是江宁县又于各区设立团士教练所,对新抽

---

① 江宁自治实验县县政府编:《江宁县政概况》"民政",1934 年版,第 53 - 54 页。

调团士进行训练。团士教练所设所长 1 人，由区团长兼任，设训练主任 1 人、训练员若干人，由总团部加以委任。全县共分 10 区，每区设团士教练所 1 所，均于 1933 年 10 月先后成立，训练期以 3 个月为限，全县各乡镇经训练合格的常备团士共计 535 人，训练期满后即分地驻防。①

除去组织和训练两个方面的改进之外，江宁县政府对于保卫宣传及调查工作亦相当重视。江宁过去的保卫团有名无实，使得一般民众对于保卫团不但没有深刻认识，有的甚至还有极深恶感。为了唤起民众对于保卫团的深刻认识和增进自卫能力，江宁县于 1933 年 4 月初，派员轮往各区，对于合法及临时保卫团加以点验，又派保卫训练所第一期全体学生，随赴各地露营，印发种传单标语，扩大保卫宣传运动。宣传方法除由县党部、县政府编印意思浅显的传单标语等大批宣传品于各区乡镇间张贴散发外，还由保卫训练所学生组织宣传队，每至一区，分向各处，做口头宣传。宣传要旨，一为保卫团的意义，二为保卫团的组织，三为保卫团的利益。通过这次点验和宣传，"不惟人民对保卫之意义，有相当认识，即负办理地方保卫之责者，亦从而知所训练之方矣"②。调查事项也主要包括三个方面：调查临时保卫团③、查验自卫枪炮④、调查壮丁⑤。

江宁县过去的保卫经费主要是附加在地税项目之下，每亩征收 7 分，按全县田亩计算，数目亦很客观，可惜保卫成绩毫无表现。江宁县改

---

① 江宁自治实验县县政府编：《江宁县政概况》"民政"，1934 年版，第 54-55 页。
② 江宁自治实验县县政府编：《江宁县政概况》"民政"，1934 年版，第 55-56 页。
③ 江宁县过去的临时保卫团，其成立虽须经由县政府核准备案，但实际情况究竟如何，县政府并无案卷可稽，因此江宁县改组后，对于保卫方面的整理，除从事训练干部人才外，亦调查各区乡镇的临时保卫团实况，包括团士人数、枪支数目、经济来源，以及办理诸种情形。参见江宁自治实验县县政府编《江宁县政概况》"民政"，1934 年版，第 56 页。
④ 江宁县对于各区自卫枪炮曾一度制表调查，但历时既久，遗漏或隐匿之处仍恐难免。遂于 1933 年 12 月间颁发查验自卫枪炮及给存记证暂行办法，着由各区团切实办理。除枪炮系属法团公置免予领证外，凡属个人自卫枪炮，无论是否领有执照，均须具领新证。全县 295 个乡镇，经烙印换取新证的各式枪炮计有 2 000 余枝。参见江宁自治实验县县政府编《江宁县政概况》"民政"，1934 年版，第 56 页。
⑤ 壮丁调查是训练保卫团的先决问题，江宁县于 1934 年 1 月间举行壮丁调查，全县壮丁总数合计为 70 927 人。参见江宁自治实验县县政府编《江宁县政概况》"民政"，1934 年版，第 56 页。

组后,经费实行统筹统支办法,保卫经费则由民政经费项下支出,全年预算为45 000余元。后因保卫组织扩大,原有经费预算不敷支配,于是颁发保卫团团士待遇条例,保卫团团士伙食费就地派收颁发,将团士伙食费划归地方派收。团士1名,月支伙食费大洋8元,派收颁发与数额,以田亩或营业资本多寡为标准,但田地未满5亩或营业资本未满100元的可以免于缴纳,如超出此数额,则按累进率派收,后又因派收困难,改由县政府垫付。[①]

第六节 以复兴农村经济为中心的经济建设

一 救济农村金融

国民政府定都南京,江宁位于首都附廓,而首都为一大消费市场,如果以常理推测,江宁农村自必家富户足,欣欣向荣。然而实际情况却正好与此相反,"一出城外,村落凋零,试与农夫接谈,异口同声,谓经济破产"[②]。有鉴于此,江宁自治实验县复兴农村经济的重要措施之一即是救济农村金融,其内容包括直接设立湖熟镇农民抵押贷款所、农产抵押仓库等贷款机构,举办合作事业、青苗贷款、耕牛登记、贷放旱种等。

(一) 设立湖熟镇农民抵押贷款所

由于江宁县农村经济也濒于破产状态,县政府早有计划在县境内选适中地点,设一个农村贷款机关以流通农村金融,但是县政府财政紧张,贷款基金筹措不易,因此经过考虑,只有商请金融界垫资办理。上海银行南京分行原来即设有农业合作贷款部,办理农村贷款事项。江宁县政府遂与该行进行接洽,决定先在县第六区湖熟镇设立农民抵押贷款所一

[①] 参见江宁自治实验县县政府编:《江宁县政概况》"民政",1934年版,第59页。
[②] 江宁自治实验县县政府编:《江宁县政概况》"建设",1934年版,第30页。

所,资本定为 20 万元。该所虽然在名义上似乎偏于一隅,但其实际营业范围则是全县,不过先以湖熟镇为营业的基础而已。1933 年 7 月 1 日,湖熟镇农民贷款所正式成立,开办费用 2 800 余元,均由县政府拨付。①该所首先办理的即是衣类及金银铜器抵押贷款,资金由上海银行借出,利息 9 厘,贷款则计息 1 分 4 厘,余 5 厘作为该所的营业费。自 1934 年 7 月起,贷款利息又加 2 厘,以补亏耗。②

　　湖熟镇农民抵押贷款所的组织由上海银行派员全权办理,一切受银行直接指挥,所内重要职员的任免,亦由银行决定,对县政府仅需要履行备案手续。所内最高职员为正、副所长③,所长以下,分设会计、出纳、抵押、仓库四股。④ 贷款所营业期限,在江宁县政府与银行所订合同中暂定为十年,并预定期满后交由当地组织健全的合作社联合会接办。根据章程规定,该所经营业务包括办理衣物金银抵押贷款⑤、办理农产抵押贷款⑥、办理银行承认的湖熟各合作社贷款、办理储蓄汇兑业务。抵押期限定为 6 个月,展期亦以 6 个月为限,贷款利率定为 1 分 4 厘,抵押品由贷款所单方估价,放款金额以不超过估价总数的十分之六为准。根据 1933 年 7月至 1934 年 6 月的统计,湖熟镇农民抵押贷款所的贷款金额已达到 17 万

---

① 湖熟镇农民抵押贷款所成立之前,已由江宁县政府与上海银行共同拟定了贷款所办法大纲,其后又由县政府会同该银行任命了该所所长。所长于 6 月下旬先往湖熟镇负责筹备事宜。具体参见江宁自治实验县县政府编《江宁县政概况》"建设",1934 年版,第 31 页。

② 此外,江宁县政府对贷款所每月亦有津贴。1933 年 7 月至 1934 年 6 月,每月津贴经常费 400元,1934 年 7 月起则减为每月 200 元。具体参见江宁自治实验县县政府编《江宁县政概况》"建设",1934 年版,第 31 页。

③ 正所长掌理一切对外事宜,并负责组织合作社、办理农产仓库、许可放款、检查库存等事项。

④ 各股设股主任一人,办事员若干人,分别办理该股掌理事项。其下招考练习生六人,分别入所练习,并有详细的管理办法规定。

⑤ 该所开办时最主要的业务即为衣类与金属品的抵押贷款,但神袍、戏衣、军服、西装等非通行穿用的衣服与公有的金属品如钟鼎之类不许抵押,其他一切衣服、被子、帐金、银首饰、铜锡器皿,均许抵押。参见江宁自治实验县县政府编《江宁县政概况》"建设",1934 年版,第 32—33 页。

⑥ 农产抵押因县境第二、九、十区等有县政府直接办理的仓库,第三、四两区有宁属救济会办理的仓库,故而贷款所办理的农村抵押主要限于第六区一带。参见江宁自治实验县县政府编《江宁县政概况》"建设",1934 年版,第 33 页。

元以上，江宁县甚至认为贷款所的经营"已由待人扶持之地，进入足能自立之境矣"①。然而贷款所一开始设立时的经营业务范围仅限于衣类、金银器及农产品的抵押，受惠的仍以中产以上的农民为主，一般最穷困的农民初无可以抵押的衣物。此后虽增加合作放款、仓库抵押放款与耕牛抵押放款，但营业范围未及全县，要想达到救济全县农村经济的目的殊为难能。

（二）设立农产抵押仓库

江宁县农村在灾年固然经济上极为困窘，但即便遇到丰年，也会因为遇到谷价过低的问题而蒙受损失，县政府乃决定于 1933 年秋收后，设立农产抵押仓库，以调剂农村金融。同样由于县政府资金紧张问题，依照先前贷款所的筹资办法，向金融界借垫。江宁县政府经与上海商业储蓄银行接洽，由该行提供 20 万元资金。资金问题解决之后，江宁县政府分令各区勘定各区境内交通便利、地点适中、警卫周密之处，择其有公共建筑物可供仓库之用的上报县政府，然后再派员勘查，合格者雇工加以修理。各区先后呈报的地点达 50 处以上，江宁县政府经考虑决定，先后于第二、六、九、十等区设立了 11 处农村抵押仓库②，共支出修理费 2 000余元，并于 10 月初先后开始营业。

由于抵押仓库分设各地，管理一有不当，极易滋生流弊。为加强对各仓库的管理，江宁县政府专门设立了一个管理委员会，负责管理经营

---

① 江宁自治实验县县政府编《江宁县政概况》"建设"，1934 年版，第 33 页。另据"江宁自治实验县湖熟农民抵押贷款所全年放款百分分配比较图（1933 年 7 月至 1934 年 6 月）"可知，衣类贷款所占比例最大，为 56％；其次为金银品贷款，为 32.27％；其他依次为耕牛 2.84％、仓库5.17％、合作 3.14％。

② 各区呈报的地点虽多，但由于江宁县境内已有不少各农业机关创设的农产抵押仓库，如中央农业模范推广实验区于第四、八等区，省立农民教育馆于第三区，栖霞乡村师范于第一区，因此县政府选择地点时多避开上述地区。另选的 11 处分别为湖熟、龙都、杜桂、江宁镇、板桥、铜井、陆郎桥、牧龙镇、谷里村、河口、安德门。参见江宁自治实验县县政府编《江宁县政概况》"建设"，1934 年版，第 36 页。

全县的仓库。① 管理委员会由县政府聘请的地方公正人士和县政府的有关职员共同组成,县长为该会主席委员,由委员推选出常务委员三人组成常务委员会,下设总务、稽核、营业三股,分别办事。委员会的职权主要是检查仓库、推荐及监督仓库职员、核定营业预算、审核营业报告等。各地仓库由管理委员会任命会计员、管理员分掌抵押业务,会计员主要掌管记账填表、银钱出纳,以及每日点交银钱及储蓄证于稽核员等事项,管理员主要掌管抵押品出仓入仓、鉴定品质重量、填票挂牌等事项。各仓库收押农产,以籼稻、黄豆、元麦三种为限;抵押放款数额,以当地市价七成为标准;②抵押单位,以 5 担至 50 担为限;抵押方法,分个别储押、小组储押、混合储押三种③。仓库向银行借款,月利 9 厘,贷出则为 1 分 4 厘,其营业利息收入多充作各仓库管理费。从各区营业状况来看,以第九区各仓库较为发达,次之为第二、十两区,多者押款达万余元,少者仅一两千元,从营业之初到 1933 年 11 月底截止,各仓库贷出数额总计已达 10 万余元。④ 各仓库规定的赎取期限为 6 个月,后因当时稻麦价格跌落,各押户赎取比较迟缓,后县政府放宽赎取期限 2 个月,旋因在此期间,江宁又遇旱灾,谷价陡涨,各押户赎取遂极踊跃。每担农产在抵押时与赎取时价格相差平均在 2 元以上,因此无形之中增加农民收入 10 余万元。⑤

（三）举办合作事业

江宁县的合作事业早于 1928 年即开始提倡,至 1934 年,成立的合

---

① 其中湖熟、龙都、杜桂三处由湖熟镇农民抵押贷款所负责管理经营,参见江宁自治实验县县政府编《江宁县政概况》"建设",1934 年版,第 36 页。
② 农产押款,籼稻分每担 1 元 8 角、1 元 7 角、1 元 6 角三等,黄豆每担押款定为 3 元,元麦每担押价定为 2 元。参见江宁自治实验县县政府编《江宁县政概况》"建设",1934 年版,第 37 页。
③ 个别储押,由押户自备麻袋;小组储押,由农民自动集合,送请储押的数量至少须 50 石以上,可以专折储存,其储蓄所用折子,盖草垫糠,由储户自备;混合储押,须详定等级,指定专团,获得储户同意,赎取时须扣 2% 的重量,以抵消耗。参见江宁自治实验县县政府编《江宁县政概况》"建设",1934 年版,第 37 页。
④ 江宁自治实验县县政府编:《江宁县政概况》"建设",1934 年版,第 37 页。
⑤ 江宁自治实验县县政府编:《江宁县政概况》"建设",1934 年版,第 39 页。

作社已达 133 个①,以信用合作社为最多。江宁合作社初为农民银行指导倡办,因第一区交通便利,营业放款较易,所以第一区合作社数目增加最快。其后经过省立指导所、省委指导员担任指导工作,乃逐渐于各区推行,其他性质的合作社,如生产合作社、消费合作社、利用合作社等也渐次成立。但后来因困于经费支绌,农民银行放款难以普遍,指导工作亦不能施行,合作事业进展迟缓,"除少数合作社已有相当成绩外,其余多数成绩不良。且发生理监事挪用社款及开支滥费情事"②。至于其原因,江宁县政府认为,一方面固然是由于农民知识层次太低和农村经济破产的影响,另一方面也是"人力未尽,制度未善"③。

　　江宁自治实验县成立以后,即针对过去合作事业的得失所在,重新厘定指导方案,切实施行。成立第一年的主要工作是整理旧社、提倡新社和实验工作,解决合作社所遇到的困难。同时拟定了合作事业的三大原则以作为推进该项事业的标准,"一提倡各种生产合作社,以调剂信用合作社之空泛,而消除合借之含义。二谋全县各区合作事业之平均发展,以普及合作之功效。三勤加训练,使合作社能健全发育,以达于自立之地步"④。为研究生产合作,江宁县特意筹办蚕桑实验区和棉作实验区,并组织养蚕合作社和植棉合作社以资实验,其时共成立养蚕合作社 7 家,植棉合作社 3 家。为健全合作社组织,再加上顾全农民急需借款,江宁县联络银行提倡耕牛会,以牛押款,其组织及放款手续均甚为简单,可谓合作社的预备组织,使农民先得借款实际利益,然后再加以合作训练,至相当时期则改组为合作社。此外,基于上述原则及实际情形,江宁县在合作事业推行过程中还拟定了一整套的工作办法,诸如责令各地小学

---

① 其区域分布为第一区 39 个社、第二区全数划归南京市政府、第三区 29 个社、第四区 5 个社、第五区 8 个社、第六区 8 个社、第七区 9 个社、第八区 18 个社、第九区 11 个社、第十区 6 个社。参见江宁县自治实验县县政府编《江宁县政概况》"建设",1934 年版,第 39 - 40 页。
② 江宁自治实验县县政府编:《江宁县政概况》"建设",1934 年版,第 40 页。
③ 江宁自治实验县县政府编:《江宁县政概况》"建设",1934 年版,第 40 页。
④ 江宁自治实验县县政府编:《江宁县政概况》"建设",1934 年版,第 40 页。

校协助指导及监督工作以补农民知识的不足等。①

尽管规定了以上种种原则和办法，合作事业在改革过程中仍然遭遇种种障碍。县政府认为其原因主要归于以下几个方面："一、农民智识低浅，训练不易。二、优良领袖不易得。三、农村经济日就衰落，合作社每不能保全其信用。四、农民既无力经营，合作社又无雇佣职员之经济能力，易为少数人操纵。"②

作为合作社预备组织的耕牛会，在湖熟镇农民抵押贷款所的主持下，先后成立79个，会员有1 340人，借款达到33 329元。各会为谋求事业的进一步发展，又成立湖熟区耕牛会联合会，效果尚称良好。首先，耕牛为农民耕作必不可少的工具，且耕牛易于转让，以之押款，不似土地押款可以任意抵赖，利害既明，爱护既切，易于使农民深刻领悟联环保证的无限责任。其次，组织耕牛会除可以简捷供给低息借款外，还能减少农民实际的损失。耕牛会中，防疫和保险是两项重要工作：办理防疫，牛瘟可以减少；办理保险，损失由保险公司负担，农民不受其害。并且，办理耕牛贷款后，农民可免冬季贱价卖牛，春季高价买牛的损失。最后，耕牛贷款效用最为普遍。土地仅地主和自耕农拥有，因此如土地押款，只有地主和自耕农能得其益。但耕

---

① 其办法规定极为详尽，共有十条，除上述第一条外尚有九条，具体内容节录如下："二、训令各合作社将公积金悉数提存农民银行，以谋基金之稳固。改选不良社委，以谋社务之刷新。三、每两月由合作指导员视察各社一次，以促社务之进行，而防弊端之发生。四、整理合作社登记，印制合作社登记簿册，凡合作社之成立，变更清算，及社员之出社入社，职员之改选均一一详细登记，以为指导监督之依据。五、编订合作社账册格式，由府印制成簿，半价发售。其格式简单，仅分年、月、日、择要、收付、备考，等栏；以期适合农村之用。附发记账须知，并代为将科目分清。现在多能应用。其有不能记载者，则由附近小学校指导记载。六、提倡信用合作社兼营业务。七、提倡养鱼，垦植，林业，畜牧，养蚕，耕牛，等合作社，并予以保护及补助。如鱼网登记，耕牛登记，耕牛贷款，养蚕贷款，发给树苗，布告禁止偷窃，训令警察局随时保护等，均予合作社以便利。八、派员赴合作社最少各区，根据各地之经济状况，或特殊情形，作切实之宣传，并联络地方公正人士，实地创办。故现合作社最少之区，已逐渐增加。九、于合作社最多之区，倡办联合会，并予以补助，使合作社能达到自立自营互助自治之境地。十、印发宣传品及模范章程十种。"具体参见江宁自治实验县县政府编《江宁县政概况》"建设"，1934年版，第41－42页。

② 江宁自治实验县县政府编：《江宁县政概况》"建设"，1934年版，第42页。

牛不仅地主和自耕农有,普通佃农亦有,因此耕牛押款,佃户亦可获其益。

(四)青苗贷款

青苗贷款是在农村经济破产的境况下,江宁县政府直接扶植农民生产的一种手段,它可以间接防止厚利盘剥,贫农能受其实惠。但如办理不善,同样会出现问题。为防止出现"奸佞者假贫冒借,辗转盘剥;狡猾者届期不偿,存意延宕,真正贫农,反不得受实惠"的局面,江宁实验县在办理贷款之初,实行严密调查,并拟定了办理青苗贷款的一套手续,以防流弊。① 贷款之后则派员往贷款区内进行贷款复查,看其用途是否正常、贷款人是否有冒领之嫌疑,以及了解贷款后农村经济实况如何。

因限于经费,江宁县政府主要选择重要区域举办青苗贷款。1933 年4 月,在铜井镇贷款1 000元,限7 月底归还,6 月又在和陵、平陵两乡贷款3 823元,限秋后归还,以上4 823元青苗贷款均由县款贷给,不取利息,后均如期归还。但如果数额巨大,县政府要想举办青苗贷款就不得不借助外力。1934 年8 月,江宁县第四区遭逢旱灾,即拟举办青苗贷款,以资救济。但款额太巨,政府无力独任,乃与江苏省农民银行南京分行商贷35 282元8 角,月息1 分,以4 个月为限。② 以上各乡镇青苗贷款于贷出后,都经过县政府派员复查,用途不出购买粮食与苏救禾苗两项,均属正当范围。可以看出,江宁实验县办理青苗贷款,事前审查周详,既有担保品及担保人,又有各乡镇村里长具有的领结保结和贷出后的复查,故而在相当程度上避免了各种弊端的发生,贷款都能如期还清,农民也能受

---

① 其具体要点和手续共有 9 条:"1. 调查贷款人是否切实需要? 及用途是否正当? 2. 担保品及担保人于贷款前,须先行查对。3. 贷款前各村里长及殷户须具共同领结,负责偿还各该村里贷户贷款总额,各乡镇长须具保结。4. 发款人须会同各该乡镇长及村里长,按户给付。5. 发款时,由发款人发款,乡镇长持册,村里长引导。6. 发款时须验明户证,并将户证号数抄记调查表各该户名之上格,户名不符者不予给发。7. 贷款各户须签章或盖指印(手大拇指)于贷款清册内贷款数目字下。8. 发款时,发款人及乡镇村里长,须宣告该款偿还日期及有无利息。9. 发款人及各乡镇长,于各该乡贷款发讫后,须在册尾签名盖章。"参见江宁自治实验县县政府编《江宁县政概况》"建设",1934 年版,第 45 - 46 页。
② 江宁自治实验县县政府编:《江宁县政概况》"建设",1934 年版,第 47 页。

到一定程度的实惠。

（五）耕牛登记

江宁县境大多是农村,因此耕牛为农民耕种上重要生产工具。灾荒所造成的农村金融困窘,使得一般农民往往不惜将其耕牛于春耕后贱价出卖或加以宰杀,因此江宁全县耕牛数量减少很多,以致来年耕作需要耕牛时农民因价高无力购买,造成田园荒芜。1934 年 6 月,江宁实验县县政府为明了全县耕牛准确数量是否足供全县田亩耕种上的需要,并出于推广耕牛抵押起见,决定举办耕牛登记。[①] 根据规定,耕牛登记自1934 年 8 月 1 日起,至 8 月底截止,凡江宁县内各农户所养耕牛均须登记,由各警察局设临时登记处主办其事,以警察局所辖区域为登记单位。在登记期间,一切耕牛移转与宰杀暂行禁止,此期间所产的子牛和从其他县买进的牛只亦须登记。登记事项主要有"申请人之姓名年龄住址""耕牛之种类与性别""牛之年龄""牛价之估数""自产或购入""是否需要抵押""有无耕牛会之组织"[②],其中第二项与第六项最为重要,由于县政府措施得当[③],8 月底各区登记大体完毕。

（六）贷放旱种

1934 年入夏以后,江宁各区久旱不雨,遂至成灾。全县山田 50 余万亩,或因缺水未插秧或已插秧而灌水枯竭,禾苗枯焦。一般农民见此境况,开始改种耐旱作物,以图稍做补救,但却因经济困难而无力购种。江宁县政府有鉴于此,乃及时拨款 1 000 余元订购旱种,如荞麦、绿豆等,交由各区自治指导员及农场转贷区内无力购买种子的贫农,以资救济,并

---

① 此前江苏省政府曾于 1932 年公布各种耕牛检验规则以限制耕牛宰杀与买卖,而江宁县也曾于 1931 年令各农场办理耕牛检验,但效果均不大。参见江宁自治实验县县政府编《江宁县政概况》"建设",1934 年版,第 48 页。

② 江宁自治实验县县政府编:《江宁县政概况》"建设",1934 年版,第 48 页。

③ 县政府一方面规定耕牛登记一律免费,以释农民登记抽税的疑团;另一方面又恐农民仍有不登记之人,又规定凡逾期不登记的均处以 1 元以上 5 元以下的过怠罚金,并且仍须登记。参见江宁自治实验县县政府编《江宁县政概况》"建设",1934 年版,第 48 页。

拟定了贷借暂行办法,根据此办法由县政府主管科将各种子运送各区指导员及农场及时发放。据统计,各区贷放荞麦98石、绿豆64石。① 从其数量可知,救济范围很是有限。

除去贷放旱种,江宁实验县还贷放了麦种和稻种。因为农民为饥饿所迫,家里所储麦种多移充果腹,为加以救济,江宁县政府拨款55 000元,并向上海银行商借55 000元,购买麦种5 000石,稻种20 000石,专充救济灾区之用。

二 发展蚕桑业

江宁县东北部及西南部的蚕桑业历来发达,"桑树满野,蔚然成林,农家妇女,多以采桑育蚕为职业"②。1929年前,全县每年生丝产额达300万两左右,然而1930年以后即一落千丈,每年生丝产额不过数十万两而已。江宁实验县政府认为其原因主要有三方面:"关于经济方面者:世界丝价低落,育蚕之利不厚,饲育数量锐减。""关于政治方面者:自九一八事变以后,销售南京平缎之东三省市场,被暴力所阻,致江宁出产之生丝滞销。""关于技术方面者:蚕户育蚕,墨守旧法,丝毫不加改良,以致蚕病蔓延,蚕作歉收,蚕户之意兴消沉,数量因此而减。"③有鉴于此,江宁实验县县政府认为蚕桑改良工作刻不容缓,希望通过内审蚕业失败之因,外察世界之需要,运用政治力量和科学原理,改良养蚕技术,改善经营方式,以增加生产谋蚕作之安全为第一要义,节省成本提高丝质品位为最终目的。

1933年春,江宁实验县县政府与中央大学农学院于陶吴、元山两处合办蚕业指导所,共计发出改良蚕种400余张,饲育结果非常圆满。茧

---

① 种子贷借暂行办法主要包括下列内容:"凡所贷借种子,确供下种之用,不得移充食粮。""收获后三星期内归还种价。""贷借种子,一律免息。""领种后遇雨须下种不得稍延失时。"参见江宁自治实验县县政府编《江宁县政概况》"建设",1934年版,第49-50页。
② 江宁自治实验县县政府编:《江宁县政概况》"建设",1934年版,第51页。
③ 江宁自治实验县县政府编:《江宁县政概况》"建设",1934年版,第51-52页。

价较之土茧,每石高出 10 余元,倍受两地农民欢迎。秋季继续办理,骤增至秋种 2 000 余张,饲育结果亦极良好。于是,改良蚕种在蚕户心中树立了良好的信誉。由于 1933 年蚕种改良效果很不错,江宁县益知蚕桑改良刻不容缓。于是又商请中央大学农学院予以技术合作,并向该院订购春蚕种 1 万张,不足,又委托该院向苏州、浙江等处代办优良蚕种 1 万张,同时还印发蚕户调查表多张,令各乡镇切实调查并办理定种登记。①改良蚕桑非群策群力不足以收其宏效,江宁县政府在技术方面主要是与中央大学农学院合作,经济方面则主要是借助于江苏省农民银行南京分行。县政府于 1934 年 2 月间成立江宁县蚕桑改良委员会,筹划全县蚕桑改良事宜,以收集思广益之效,其委员人选,除县政府主管职员外,多于农学院及农民银行中聘请。1934 年春,江宁择定蚕业最发达的三区②为蚕桑改良区,其中又划分为蚕桑改良实验区③和蚕桑改良示范区④。

为了更好地实施预定的计划和方针,江宁实验县于 1934 年正式成立了蚕桑办事处以主其事,办事处设于蚕桑实验区的中心——第八区的横溪镇,负行政管理和技术指导的全责。办事处内设主任一人、副主任一人,主任由县长兼任,副主任由中央大学农学院技士兼任。办事处之下又设立了蚕业指导所 13 所,负责逐日按户指导,共委任指导员 29 人,并由中大农学院派蚕桑班实习学生 8 人协助指导工作。⑤ 蚕桑处成立后,积极开展指导工作,具体而言则包括以下几个方面:

第一,召开蚕桑讨论会。指导员于 3 月 14 日之前汇齐后,于 3 月 15

---

① 江宁县除自身进行相关调查外,还于 1934 年 2 月商请中央大学农学院蚕桑教授、助教数位,下乡实地视察,其视察所得,撰成纪要,以便对江宁县的蚕桑情形更有明确了解。参见江宁自治实验县县政府编《江宁县政概况》"建设",1934 年版,第 53 页。

② 江宁县养蚕区域主要有第一、四、七、八、九、十等区,其中尤以第四、七、八区最发达。

③ 蚕桑改良实验区的范围包括第八区的横溪镇、庆云乡、东云乡、神云乡,第七区的公静乡、乐静乡、宁静乡,共计一镇六乡。实验区内所有蚕户,均须饲养改良蚕种。

④ 蚕桑改良示范区的范围包括第四区的禄口镇、第七区的谢村镇、第八区的陶吴镇与元山镇,以及以上各镇附近村庄。示范区内蚕户既有饲养改良蚕种的,也有饲养土种及二者兼养的。

⑤ 江宁自治实验县县政府编:《江宁县政概况》"建设",1934 年版,第 54 页。

日起借用中央大学农学院开蚕桑讨论会,其讨论科目有蚕病预防、眠起蚕的处理、蚕桑合作、蚕桑指导、江宁县概况及蚕桑讨论等,历时一周。23日全体人员即分赴各指定处所,设立指导所,准备一切工作。

第二,宣传。指导员抵达指导所后,即出发宣传,每日在民众茶园及空旷地上当众演讲,并散发《养蚕浅说》,借以唤醒民众对于新法养蚕的认识。对于民众提出的一些问题,诸如共同催青、稚蚕共育及土种失败原因等,无不一一解释周详。

第三,调查及消毒。各所指导员出发以后,即分别按户调查,以求得对蚕户的初步认识。调查完毕又进行消毒工作,但调查和消毒在实际进行中都不顺利,"几经苦口婆心,用尽方法,始得达消毒之目的,而于调查一项,则始终未能得蚕户之真实报告"①。

第四,取缔土种。江宁县土种来源有二,一为蚕户自制,一为余杭所制,皆品质恶劣,且有遗传性的疾病,早应加以淘汰。因此江宁县规定,凡在蚕桑实验区内,土种一律明令禁止,不准饲养。同时以每张8角的价格收买,到4月18日,共计收集土种360张,并于该日召集各乡镇长,当众点验,全数焚毁,焚去土种价值计有280元整。②

第五,共同催青和发种。催青地点共分两处,一在横溪桥办事处,一在禄口蚕业指导所。禄口催青的蚕种供禄口蚕户所用,横溪催青的蚕种于蚕种点青之际,分送陶吴、元山各指导所,再在各所补温一两日,等蚁蚕齐出,再发给蚕户饲养。此次发出的蚕种,半数是中央大学农学院所造,半数是向其他蚕种制造场购买而来。③

第六,蚕期指导。蚕种分发之后,各指导员逐日出发指导。指导所

---

① 江宁自治实验县县政府编:《江宁县政概况》"建设",1934年版,第56页。关于调查所得及消毒药量可参见"蚕户调查及消毒统计表(1934年4月制)"。
② 江宁自治实验县县政府编:《江宁县政概况》"建设",1934年版,第57页。
③ 江宁自治实验县县政府编:《江宁县政概况》"建设",1934年版,第58—59页。此次购买蚕种共计21 531张,其中中央大学农学院占了9 785张,每张价格为5角,相对于其他制造场的每张8角也较为低廉。

的范围大小不一,示范区指导所的范围大,实验区指导所的范围小。指导所范围小的可以每日按户指导,范围大的则须二三日才能巡视一周。据统计,指导员每人每日所行路程为 10 至 30 里。在蚕期中,指导员对于采桑、贮桑、切桑、给桑、扫蚁、扩座、除沙、止桑、开叶、老熟、上蔟、蚕病预防、温湿调节均一一详加指导。① 在此指导下,蚕户发生蚕病者极少,蚕种每张收茧量最高达 48 斤,最低也有 10 余斤,每张平均收量约为25 斤。②

第七,蚕户贷款。为了救济蚕户金融,江宁实验县在蚕桑实验区内以乡镇为单位组织蚕桑合作社,向江苏省农民银行南京分行借款,凡蚕户饲养改良蚕种一张,可借蚕本贷款一元,合计借款 6 549 元。③ 此外,为了解决蚕户无力购买桑叶的经济困窘局面,江宁县又向农民银行进行桑叶贷款,横溪一带贷到 1 000 元,禄口一带贷到 2 000 元,陶吴一带贷到1 000 元,在一定程度上缓解了农民的经济困难。

第八,共同运销干茧。江宁县竭力改良蚕桑之际,正是丝价空前低落之时,鲜茧良好却无商问津。江宁县不得已,由政府设法收买,共收到干茧 1 058 担,然后一起运抵上海销售。

1933 年春江宁县开始推行蚕桑改良,到 1934 年,江宁县改良蚕种的推广成绩已甚为可观:该年春共发蚕种 18 385 张,每张平均收茧 25 斤,共计鲜茧 4 596 担,每担价格为 27 元 8 角,共计银 128 688 元,而土种死亡率达到三分之二,茧价每担也只有 20 元,两者相较,江宁农民收入增加 9

---

① 江宁自治实验县县政府编:《江宁县政概况》"建设",1934 年版,第 60 页。其中温湿调节一项最感困难,因为大多数蚕户都缺乏补温设备。
② 江宁自治实验县县政府编:《江宁县政概况》"建设",1934 年版,第 60 页。其中苏农蚕种 600张至老熟前一日发现空头病,所幸发生稍迟,没有全部死亡。
③ 其中横溪蚕桑有限合作社贷款为 1 048 元,神云蚕桑有限合作社贷款为 924 元,东云蚕桑有限合作社贷款为 1 118 元,庆雾蚕桑有限合作社贷款为 707 元,公静蚕桑有限合作社贷款为1 016 元,乐静蚕桑有限合作社贷款为 737 元,宁静蚕桑有限合作社贷款为 999 元。详见江宁自治实验县县政府编《江宁县政概况》"建设",1934 年版,第 61 页。

万余元。①

三 改良农林业

江宁县人口 50 余万,农民占到 80%,因此欲复兴农村经济,农林业的改良实在是重中之重,江宁实验县开展的措施主要包括整理农业改良场、推广农产品优良品种、治蝗与除螟、培苗与造林。

(一)整理农业改良场

江宁县的农业改良场原为造林场,创办于 1926 年,其位置设于江宁县第八区东善镇的大山。江宁县改组后,鉴于该场急待整理,1933 年 3 月间即派员接收,对其组织加以改组,内设场长一人,受县政府的指挥监督,综理全场事务。其下设技术员、事务员各一人,技术员专司农林事业的技术事项;事务员专司文牍、庶务、会计事项,助理一切场务。此外,江宁县还在第五区的淳化镇创办了一个垦殖农场②,在第九区牧龙镇创设了一个农牧示范场③,于 1934 年分别改为农业改良场淳化镇分场、牧龙镇分场,各设主任一人,掌理分场全部事务。另设立农林警察若干人,以保护农业改良场所的森林、苗圃及其他农作物等。④ 农业改良场的职责范围颇为广泛,"凡关于作物、园艺、畜牧之试验改良,各种动植物优良种子之推广指导,各种动植物病虫害之研究、防除,苗木之培养、分发,官有林之计划、经营及保护,民有林之奖励、指导及监督,以及关于其他农林事项皆属之"⑤。然而改良场的设施却极为简陋,"除茅屋数间外无长物"⑥,在工作人员增加和农产增多的情况下,江宁县乃于场屋后面新建

---

① 江宁自治实验县县政府编:《江宁县政概况》"建设",1934 年版,第 62 页。
② 该场创办于 1933 年冬,目的在于提倡开垦荒山荒地、示范各种农作物和推广优良种子。该场共有场地 500 亩,已开垦 300 亩。
③ 该场专为提倡畜牧改良而设,场地甚广。自改为分场以后,主要集中力量于牛、羊、猪、鸡四种畜牧的改良。
④ 江宁自治实验县县政府编:《江宁县政概况》"建设",1934 年版,第 64 页。
⑤ 江宁自治实验县县政府编:《江宁县政概况》"建设",1934 年版,第 64 页。
⑥ 江宁自治实验县县政府编:《江宁县政概况》"建设",1934 年版,第 64 页。

茅屋 14 间,以作办公室、成绩室、储藏室、职员及场工宿舍之用。此外,还利用场工闲时,建造经济畜舍及肥料堆积室若干间,以备饲养优良畜种及储藏肥料之用。

农业改良场整理后进行的工作主要有两项。一为扩充场地。农场场地多山,原有的可耕种熟地仅 70 余亩,以之培养苗木,种植作物,经营果园、茶园,略嫌不足。江宁县一方面给予相当的开垦费,收回被占种的场地以作场用;另一方面择地势平坦肥沃的场地尽力开垦,一年之间熟地已增加两倍。二为筹设示范果园与茶园。江宁境内多荒地荒山,宜于种植果树、茶树,改良场乃因地制宜设立了示范果园与茶园,以提倡人民种果、种茶叶。① 农场共有场夫 26 人,但过去因工资拖欠等问题,纪律很差,如规定工作时间不到工,晚上就寝时间却出外赌博。江宁实验县有鉴于此,一方面稍为提高场夫待遇;另一方面严格管理,规定工作时间不得无故请假,夜间不得随意离场,违者重罚。为避免其生活过于枯燥,农场设立了夜校,教师由农场职员轮流担任,每夜教其读书,有时也教其唱歌或讲故事,效果甚佳,"野外工作时间,辄闻一片歌声"②。

（二）推广农产品优良品种

粮食为民生最大的需要,耕田为江宁最多数人民的职业,但一般民众只知墨守成法而不知改良,因此全县粮食产额,丰年除自给外,仅有少数盈余,而一遇旱涝,则难免陷于饥寒之境,"一切殆听天由命而已"③。1933 年,江宁县政府为了增加小麦产量,向中央大学农学院购得江东门、南京赤谷两种改良麦种,共计 80 担,又向金陵大学农学院购得 26 号麦种 40 担,分别贷借于第六、八、九区农民播种。④ 1934 年秋,江宁县专门

① 江宁自治实验县县政府编:《江宁县政概况》"建设",1934 年版,第 65 页。
② 江宁自治实验县县政府编:《江宁县政概况》"建设",1934 年版,第 65 页。
③ 江宁自治实验县县政府编:《江宁县政概况》"建设",1934 年版,第 73 页。
④ 江宁自治实验县县政府编:《江宁县政概况》"建设",1934 年版,第 73 页。这次贷借改良麦种由于没有管理机关专门负责,未能收回优良种子以作扩大推广之用,且仅知其产量较普通土种为多,但究竟增加多少却没有确数。

于土山镇设立了农作改进实验区办事处,其范围包括土山里、竹山里、小里村三处约 4 000 亩农田。同时,指定了推广农作种子暂行办法,规定实验区内的农民必须采用改良稻麦种,并随时派员加以指导,收获时择价购买,以供来年推广。其选用品种均为中央大学农学院十余年育种工作的结晶,稻为帽子头,小麦为江东门与南京赤谷。此外,农作改进实验区办事处还与省立栖霞乡村示范合作推广稻麦种子。

稻麦之外,江宁实验县在不适于种稻的旱地奖励植棉,并推行优良棉种。1934 年春,江宁县划第九区的牧龙、铜井、平宁三乡镇为棉作改良区,由蚕桑办事处派员指导。棉田面积共计 800 亩,植棉农户约 1 000 家,所用棉种为中央大学农学院所育成的纯系爱字十二号。但因改良区设置较迟,而播期迫近,不能于事前向农民做周密指导,而农户每家所种面积较少,利害关系较轻,多漫不经心。加上该年大旱,发芽不甚整齐,发育也不甚佳,导致最后的效果大受影响。此后,江宁县拟限制领种农户每家须种植两亩以上,并将改良区划归农作改进实验区办事处指导。江宁县计划安排农业改良场淳化分场专门从事繁殖爱字十二号美棉种子,以供全县之用,严禁农民于指定区域内采用别种棉籽。江宁县对此举充满信心并认为"循此进行,则数年之内,植棉事业可成为次于稻麦之主要农作也"[1]。

（三）治蝗与除螟

江宁县在农作推广的同时,对于蝗螟之害的防治也投入了相当大的精力,若不如此,则农作推广的效果必然大打折扣。具体而言,其工作主要分为治蝗与除螟。

1. 治蝗

1933 年 5 月间,江宁县曾多处发现蝗蝻,范围包括第九区的新村乡、牧龙镇、铜井镇、六郎镇等处,第八区的朱门镇等处,第七区的谢村镇等

---

[1] 江宁自治实验县县政府编:《江宁县政概况》"建设",1934 年版,第 74 页。

处，第四区的大陵乡等处，发现区域的总面积不下 4 万亩。"跳蝻滋生之
地，漫山遍野，满地皆黑，所到之处，寸草不留，各区乡镇公所及人民至县
政府报告发现蝗蝻者，日必数起，形势严重。"①面对这种局面，江宁县政
府一面委派多名治蝗专员驰赴发现蝗蝻地区，会同当地区长、警察局长
及乡镇长等，共同督促扑灭。同时拟定治蝗办法，布告人民，限期扑灭，
并严令各区公所，如有蝗蝻发现，应火速具报，以便派员监督扑灭。各区
治蝗办法虽有不同，总括而言主要有以下几种：条打围打法、掘沟扑灭
法、鸭补法、袋捕法。② 其中以袋捕法最有效果，因为江宁县政府规定，每
日当地人民每人须袋捕若干，蝗蝻多时每人二斤，少时则亦减少，如不依
照规定斤数缴纳，则会受一定处罚。因此人民争先捕采，以便如数交纳
后得从事其他农业。1933 年 5 月发现跳蝻，6 月中旬，即已扑灭完毕。
据统计，"各地参加人民，多者三五千，少者亦五六百，前后捕杀蝗蝻，统
计达三十万斤以上，若堆积之可成小山一座"③。

　　鉴于1933 年的治蝗经验，1934 年江宁县政府事先即令农业改良场
拟定治蝗计划，并令各乡镇公所如发现蝗蝻应从速具报。因此当第一、
五、十等区发现蝗蝻时，各乡镇公所都能及时上报，县政府因而也能从容
派员指导扑灭。该年发生蝗蝻之处共有四区，蔓延面积 400 余亩，较前
一年大为减少，政府因事先准备周密，因此扑灭较易。其方法与1933 年
略有不同，主要是利用鸭捕法。因为该年发生蝗蝻之处均在圩地之上，
附近河塘甚多，鸭子捕食后，可驱入河塘内饮水，无渴死之虞。可见治蝗
方法并非一成不变，而在于指导得法，因地制宜。

---

① 江宁自治实验县县政府编：《江宁县政概况》"建设"，1934 年版，第 66 页。
② 所谓条打法，即是用树条、细竹至有蝗蝻地点条打；围打则是将农民分为若干小队，围成圆
　圈，由外入内，将蝗蝻逐集圈心扑灭，但农民打时太快，蝗蝻仍四散跳走。掘沟扑灭法则是在
　蝗蝻聚集地四周掘沟，驱之入沟而杀。鸭捕法则是驱鸭至蝗蝻滋生地捕食。袋捕法则是用
　粗布及面粉袋捕捉蝗蝻。参见江宁自治实验县县政府编《江宁县政概况》"建设"，1934 年版，
　第 67－68 页。
③ 江宁自治实验县县政府编：《江宁县政概况》"建设"，1934 年版，第 68 页。

2. 除螟

1933 年,江宁县的第五、六区都曾发生螟虫灾害,稻作颇受其害。江宁县遂于 1934 年春在前淳化垦殖农场内设立治螟事务所,以该场管理员兼任指导员,并在第五区的淳化、索墅、解溪桥头,第六区的湖熟、龙都、土桥等七处设立分事务所,以指导督促该处治螟事宜。①

其治螟步骤分为两个阶段,一为宣传,二为具体实施。在宣传阶段,螟蛹虫害防治会编制了《除螟浅说》和标语,至第五、六区各乡镇,会同当地小学校、区党部及公安分局等组织除螟宣传团,并召集当地士绅,用开会方式说明治螟的重要性与方法,并分发《除螟浅说》。另一方面,由治螟指导员前往各乡镇小学,演讲治螟方法,以引起小学生注意治螟,并组织学生除螟团,由各学校教员任团长,于课外运动时做治螟宣传及实地采除螟卵。其具体的除螟方法则是于秧田点诱蛾灯及收买螟卵。螟蛾喜光性甚强,在秧田期实施点灯诱蛾,效果很是显著。江宁县政府在 4 月间即定购诱蛾灯 500 盏,火油多箱,并规定秧田面积数分至两亩者点一盏灯,两亩以上者点两盏灯,5 月 10 日起,一律点灯。火油由政府供给,所有灯数分配、点灯方法和停止点灯日期,则由各治螟分事务所办理。在点灯期内,各乡镇公安分驻所及保卫团则协助治螟指导员巡查,如有领灯油不点者加以严重处罚。此外,江宁县政府还通过收买螟卵来灭螟,通过这些措施,1934 年第五、六区的螟虫之害得到了很大的遏制。

(四)培苗与造林

造林的益处是显而易见的,"巨材可作栋梁,小枝可充燃料一也。增美风景,调节气候二也,雨时山上之水,不致挟泥沙下降,使河道淤塞三也"②。由于江宁境内多山,很多机关都在其境内开展造林,如陵园管理委员会于紫金山、中大农学院于乌龙山与幕府山、江苏教育学院于汤山、

---

① 江宁自治实验县县政府编:《江宁县政概况》"建设",1934 年版,第 69 页。
② 江宁自治实验县县政府编:《江宁县政概况》"建设",1934 年版,第 70 页。

中央模范林区管理局于青龙山与牛首山和江宁县农业改良场于大山场都开展了造林。民众自发造林则以第八区为最多。尽管如此，江宁境内的第五、七、八、九等区仍有很多荒山。因此江宁农业改良场场地，除种植农作物及开辟为果园、茶园外，多为苗圃，培养各种苗木，以备在公路上造林及分发民众自发造林。1933 年农场所培养的各种苗木计有845 285 株，1934 年更达到 130 万株，有苗木 50 余种。[①]

为奖励人民造林，江宁实验县县政府一面调查荒山；一面将农场所出苗木，尽量免费发给人民栽植。同时为及早完成四年内在全县所有荒山造林完竣的计划，订定了奖励造林办法，并令农业改良场尽量扩充苗圃以备人民领取，领取后即须在一星期内栽植，并且不得任意抛弃，违者加以处罚。据统计，1933 年人民领取苗木计有 80 余万株，1934 年人民领取苗木及农场自行造林的苗木则达到 260 余万株。[②] 除提倡人民自发栽树外，县政府还在公地上自行造林，1933 年即在土山栽植马尾松、侧柏等共46 400 株，在农场场地上栽植马尾松、黑松等共325 000 株。[③] 另外，县政府也极其重视对于森林的保护。如果只知造林而不知保护，或火烧盗伐，或斧斤不时，则造林效果必然大减。江宁县为此特设林警若干名，并训令各乡镇长、公安机关及保卫团负责保护。

四 以教育、公路、水利为中心的基础设施建设

（一）发展教育

江宁县教育行政组织，以教育科为全县教育主管机关，下设学校教育、社会教育、视导三股。江宁设实验县之前，学校教育与社会教育各行其是。学校教育方面，以 1933 年第一学期来看，县立小学共 95 所，学校 161 级，学生 3 492 人，教师 205 人。当时因为教育经费欠发，教师

---

① 江宁自治实验县县政府编：《江宁县政概况》"建设"，1934 年版，第 71 页。
② 江宁自治实验县县政府编：《江宁县政概况》"建设"，1934 年版，第 71 页。
③ 江宁自治实验县县政府编：《江宁县政概况》"建设"，1934 年版，第 72 页。

多坐城索薪，学校徒具形式。一般家庭见此情况，皆自愿出资设立私塾，一时之间私立小学及私塾学生骤增。社会教育方面，计有民众教育馆及民众教育实验区各 2 所，农民教育馆、民众图书馆及乡村民众教育实验区各 1 所，机关共有 7 所，却毫无成绩。①江宁实验县成立之后，学校教育部分，首先对县办学校教育加以整顿充实，对私立小学及私塾则设法取缔，以普及教育。社会教育部分，则逐渐裁撤原有机关，并做种种实验。

1. 整顿原有小学并确定中心小学区制度

江宁实验县改组之初，因经费问题，于教育方面只能以原有经费为范围从事整顿，其目标侧重增加学校及学生数量，规定一名教师须教儿童 50 人，促令各学校依此标准招足名额，倘有不遵办或虚报数额、荒怠课业者，均分别予以惩处。据统计，学期终全县入学儿童已达 6 800 余人，共 149 级，较之以往竟超出一倍，经费却毫无增加。②

江宁县原划分学区面积过大，学校指导监督不便，因此 1933 年重新划分全县为十个学区，并于每区选择办理完善、成绩优良、地点适中、交通便利、户口较多的原有县立小学改为中心小学。③ 这一方面是为其他学校树立模范，另一方面是为了便利就地指导监督区内各小学及私塾。中心小学中以尧化门一处成绩最为优良。中心小学校长不兼教课，每月至少视察区内小学及私塾一次。实行中心小学制度的小学，另有土山镇和燕子矶实验小学两处。中心小学进行种种教育实验，以供全县小学改良研究。

2. 提倡乡镇自动设学

江宁县认为，要想在短期内将教育普及全县，仅凭政府设立学校不

① 许莹涟、李竟西、段继李编：《全国乡村建设运动概况》，山东乡村建设研究院出版股 1935 年版，第 567-568 页。
② 许莹涟、李竟西、段继李编：《全国乡村建设运动概况》，山东乡村建设研究院出版股 1935 年版，第 568 页。
③ 魏鉴：《苏鲁实验县考察记》，1934 年版，第 12 页。

易达到。因此,该县拟定了民办教育方式,规定乡镇立小学办法,其内容主要包括以下几个方面。第一,凡没有小学的乡镇,至少均须设立乡镇小学一所。第二,乡镇立小学的设立以各正副乡镇长负主要责任,区长及中心小学校长负督率和指导责任。第三,乡镇立小学经费,由各乡镇就地筹措。其来源有四种,分别为本乡镇教育亩捐、本乡镇教育户捐、本乡镇公产收益、呈经县政府核准一切教育捐税。其征收方法,由正副乡镇长及地方热心教育人士三至五人组成经费委员会负责制定。其保管方法则是由县政府指定银行存储,支用时由乡镇长及中心小学校长会同签名盖章。第四,乡镇立小学的校舍可以利用公共场所庙宇祠堂,亦可备用民房。[①]该办法公布后因农村破产经费无着落而不易推行,江宁县于是降低标准,即经费不必筹足存储银行,同时责成中心小学校长劝导各乡镇设法筹办。经江宁实验县县政府努力推广,1933年底,全县109个乡镇,各添设乡镇小学1处,共109级,每级设教职员1人,学生4 500人。[②]

　　总体看来,主要的问题一是师资缺乏,二是经费基础不稳。县政府对此问题的补救办法是一方面筹设训练班,专门培养乡镇立小学教员;另一方面命令各乡镇依照原办法积极筹措经费,同时规定补助办法五条。第一,凡各乡镇立小学在开办三个月后,经县政府考核成绩及格者,均予以补助。第二,补助数目,依照各学校成绩等第为准,共分五种:甲种每年每级180元,平均每月15元;乙种144元,平均每月12元;丙种120元,平均每月10元;丁种96元,平均每月8元;戊种60元,平均每月6元。五种均于每学期分三次平均发放。第三,各学校成绩等第评定标准也分五种:一为学生人数,二为教师资格及能力,三为设备,四为社会教育设施,五为地方所筹得经费数多寡。第四,补助费用途,必要时,县政府可以酌量指定。第五,倘各学校成绩不良,或学生数过少,则随时可

---

① 许莹涟、李竟西、段继李编:《全国乡村建设运动概况》,山东乡村建设研究院出版股1935年
版,第570页。
② 魏鉴:《苏鲁实验县考察记》,1934年版,第12页。

以停止其补助费。[1]

除此以外,该年还添设县立小学 26 所,到 1933 年底,该县县立小学也增至 121 处,共 239 级,教职员 290 人,学生 13 700 人。该年全县学生已达 18 410 人,全县学龄儿童 55 000 人左右,入学率已达三分之一。[2]

3. 实施社会教育

社会教育的具体推进办法,是先将县立图书馆、民众教育馆等机关予以裁并,使该项事业分别配置于各乡镇。每所小学,除各设一间农场以推广生计和教育,一个体育场以推广健康教育外,又分别设立民众学校、民众问字处、民众阅书报处、民众代笔处。规模较大的小学还设一个公园为民众游憩之所。其他如造林种痘,亦由小学领导主办。[3]

综观江宁县教育状况,小学部分已高度发展。至 1934 年,江宁全县学级已增至 411 级,学生增至 21 344 人,入学率已达到 40.06%。[4] 尤为特殊的是,江宁县规定,自 1934 年起,乡镇公所必须附设于学校内,以学校为改造乡镇的中心,如燕子矶实验小学,已渐将学校与社会凝成一片。燕子矶小学成立于 1912 年,自改为实验小学后,校长郭子通工作极为努力,计全镇 341 户 1 585 人,成年的受教育者已达 60%,妇女亦达 30%;学龄儿童 278 人,就学者为 220 名,教育普及程度,已颇可观。[5]

五 修筑公路

"交通为文明之母,攸关于政治之清明、实业之振兴、治安之巩固、教

---

① 许莹涟、李竞西、段继李编:《全国乡村建设运动概况》,山东乡村建设研究院出版股 1935 年版,第 570 - 571 页。

② 魏鉴:《苏鲁实验县考察记》,1934 年版,第 12 - 13 页。

③ 参见许莹涟、李竞西、段继李编:《全国乡村建设运动概况》,山东乡村建设研究院出版股 1935 年版,第 574 - 575 页。

④ 吴椿:《江宁自治县政实验》,燕京大学政治学丛刊第 29 号,1936 年版,第 26 页。

⑤ 魏鉴:《苏鲁实验县考察记》,1934 年版,第 14 页。该校分全校学生为五班,单式三班,即幼稚园和一、二年级;复式二班,即三、四年级和五、六年级合班教学。学生共 246 名,每月经费 464 元,包括校方 329 元、卫生室 50 元、图书馆 15 元、公园 20 元和农场、体育场各 25 元。

育之普及、文化之进步者至巨。"①这就是江宁自治实验县对于交通的认识,从中不难看出实验县县政府对于交通建设的重视程度。"江宁处长江下游,为首都畿辅,辖辕南北,其与各地之交通,尚称便利。溯江而上,迳抵汉皋,沿江而下,直达沪淞。东北有京沪铁路,数小时可达苏沪,西北渡江,由津浦路可通华北。自南京定都后,应军事经济之需要,公路相继兴修。东有京杭国道,经句容宜兴以入浙之杭州;西有京芜国道,经当涂以通皖之芜湖;南有京建路,经溧水以抵皖之建平。"②应该说江宁的交通还是很便利的,但亦有不足,最大缺点即在于其境内没有贯通东南部的道路。此外,境内公路多以南京为出发点向四处辐射,呈扇形,没有横贯各路之线,以致镇与镇的联络不甚方便。1933 年 5 月,江宁实验县县政府拟定了三年筑路计划,希望投入 50 万元的经费,完成全县的交通网。其具体内容主要有以下几个方面。

1. 建筑京湖路、东丹路、禄谢路

如前所述,江宁全县十区的道路交通,惟东南部第五、六两区和南部第七区及第八区的大部最为不便,京湖路、东丹路、禄谢路的修筑即是为了开发此四区的交通。京湖路北起南京中华门外,南抵湖熟镇。1933 年 9 月,建设科先派技术人员前往测量,至 11 月初完竣。为了便于工程的指挥与监督,江宁县政府特设了全县公路水利工程处,主任由建设科长兼任。同时于淳化镇设立京湖公路工程处,委任县政府技士为主任,负全路工程之责。京湖路全线总长 28 千米,路基土方为 267 000 余立方米。全部工程费用,除土山桥外,预算达 15 万元。③ 工程从 1933 年 12 月 5 日左右开工,预计至第二年底完工。

东丹路北起东善桥,南通小丹阳,不仅为纵贯江宁第八区南北的要道,而且是沟通江宁县南部的重要干线。1933 年 11 月,江宁县政府即派技术

---

① 江宁自治实验县县政府编:《江宁县政概况》"建设",1934 年版,第 1 页。
② 江宁自治实验县县政府编:《江宁县政概况》"建设",1934 年版,第 1－2 页。
③ 江宁自治实验县县政府编:《江宁县政概况》"建设",1934 年版,第 3 页。

人员从事测量,本拟全线同时修筑,因筑路经费大多已用于京湖公路,乃改为分段建筑,以东善桥至陶吴为第一段,陶吴至横溪桥为第二段,横溪桥至小丹阳为第三段。工程至 1934 年 3 月方正式开工,并于 3 月 10 日在东善桥小学举行开工典礼。① 开工以后,征工建造土基,民众工作颇为踊跃,不到半个月,全段土基即告完成,其后工作进展也颇为顺利。

禄谢路北起京建路沿线的禄口镇,南抵谢村,全长 11 千米。为便于南部行政指挥与维持治安起见,禄谢路实有从速修筑的必要。1934 年 7月,江宁县政府即派人前往测量及设计,后因经费困难未能即行动工,于1934 年冬征灾民修筑该段路土基,以工代赈。

2. 建筑郊外路与翻修和燕路

郊外路是指江宁第一区栖霞街至西沟镇、栖霞街至尧头山镇、栖霞街至尧化门、石埠桥至东庄口的四条路。1933 年 7 月底,江宁县政府派人前往测量,前后共 40 天,至 9 月初测量完竣,9 月底计划完成。四条路共长 25 千米,工程费约 10 万元,后因经费问题未能解决,迟迟不能开工。1934 年 8 月,郊外路经费由参谋本部全部负担,县政府遂招标建造,最低标价为 96 000 余元,②预计第二年 1 月底以前即可全部竣工,从而使第一区的交通更加便利。

和燕路全长 8 千米,为和平门至燕子矶的孔道,因年久失修,崎岖不平,既阻来往,又碍观瞻。1934 年,江宁县政府鉴于该路的重要性,乃派养路工程队将路基放宽,并招商翻修路面,工程费 7 000 余元,于 1934 年2 月完成。③

六 兴修水利

江宁境内水系发达,其西北滨江,东起靖安厂,西抵和尚圩,江岸达

---

① 江宁自治实验县县政府编:《江宁县政概况》"建设",1934 年版,第 7 页。
② 江宁自治实验县县政府编:《江宁县政概况》"建设",1934 年版,第 8 页。
③ 江宁自治实验县县政府编:《江宁县政概况》"建设",1934 年版,第 9 页。

200 里。其境内河流分为三个系统，"青龙大茅以北者为便民河九乡河皆北流入江；牛首天马以西者为江宁浦板桥浦铜井河，皆西北流入江；介于青龙大茅牛首天马之间者为秦淮河，西北流于三叉河与长江会合"①。江宁境内诸河亟须整理的首推秦淮河，但其涉及甚广，仅靠江宁一县之力难期大效。另秦淮尚有一个赤山湖，年久失修。1933 年夏，江宁县曾奉江苏省政府训令，会同句容、溧水两县办理赤山湖测量事项。具体而言，其开展的水利工程主要有以下几个方面。

1. 疏浚南河及护城河

南河位于江宁县西北，自大胜关至上新河，环抱沙洲圩半部，略成半圆形，农田 5 万余亩，灌溉均依赖南河。南河在清末光绪年间曾疏浚一次，但当时已年久失修，淤塞已甚。"每遇山水奔流，或江水倒灌，宣泄阻塞，圩埂辄形岌岌。"②1933 年夏，江宁实验县县政府鉴于南河关系重大，乃决定于冬季，利用农时征工疏浚。1934 年 10 月 25 日，县政府召集第十区各乡镇长及地方士绅开会，讨论疏浚办法大纲，议决组织征工浚河委员会协助政府进行，下设总务、经费、工务、监察四股，即席推定各股主任及股员若干人。施工地段，决定先从大胜关起，至赛虹桥止，赛虹桥以下至北河口，留为第二步工程。自 1933 年 12 月 24 日正式开工，第一期工程于 1934 年 3 月间即已大体完成，进行第二步工程时因春季已至，恐山水早发，为加快工程进度，乃征工与雇工并用，至 4 月底，全部工程即告完竣。③

护城河是秦淮河下游支流之一，位于江宁县第二区。其源于小水关，与解脱河相接，西南于上方门流入淮河，相合处成对角，长约 5 千米。"护城河上受解脱河及青龙山之水，每遇暴雨，山水辄挟泥沙俱下，积久日渐淤塞。而其与秦淮交流处，成对角形，秦淮高涨，河水倒灌，亦以护

---

① 江宁自治实验县县政府编：《江宁县政概况》"建设"，1934 年版，第 11 页。
② 江宁自治实验县县政府编：《江宁县政概况》"建设"，1934 年版，第 14 页。
③ 江宁自治实验县县政府编：《江宁县政概况》"建设"，1934 年版，第 14－16 页。

城河为尾闾,沙泥沉淀,淤塞益速。"①该河上次疏浚已在清同治年间,至其时已淤塞不堪。1933年秋,江宁实验县县政府派技术人员前往测量,自11月5日开始,至20日测量完毕,计划江河底开至22米宽,深度与秦淮河相等,同时又拟改曲护城河入秦淮河处河道,使秦淮河水不致倒灌,并于青龙山谷中,勘查地势,建一水库,蓄积山水,以期一劳永逸。1933年12月1日,设立工程处于高桥门,准备开工,12月5日举行开工典礼。然而开工之后,除上方镇筑成拦河坝外,其他各乡镇都未动工,虽经工程处再三督促,警察人员挨户劝谕,仍毫无效果。县政府乃决定停止疏浚,撤销工程处,将工程人员调往其他工程。江宁县政府认为此次失败之因,一为工大人少,一为民众缺乏训练及无组织。②

2. 促进各区水利

除直接征工举办较大工程外,江宁实验县县政府于1933年10月间颁布了1933年度各区水利工作实施办法,规定自1933年10月15日起至1934年4月底为全县振兴水利时期。在此期间,全县壮丁皆有应征参加水利工作的义务。各区成立区水利委员会,以区长、乡镇长、警察局长、中心小学校长为当然委员,另行聘请地方公正人士为委员,每月至少开会一次,为统筹全区水利的最高机关,其工作范围主要是"调查全区水利工作,确定全区水利计划,联络他区会办水利工程,举办全区有关之水利工程,督促各乡镇圩办理水利工程,呈报水利工作情形"③。区水利委员会之下,按各区实际情形设立某乡某圩水利委员会,由乡镇长、圩长、村长及地方公正人士组织,如关系较多或工程较大,区长亦应加入,每半月须开会一次,其工作内容与区水利委员会相类似。

鉴于当时农村经济疲敝的状况,江宁县政府根据县政委员会的议决案将1933年年度地税抽取一成拨充各区水利经费。对于这笔经费的保

---

① 江宁自治实验县县政府编:《江宁县政概况》"建设",1934年版,第17页。
② 江宁自治实验县县政府编:《江宁县政概况》"建设",1934年版,第19页。
③ 江宁自治实验县县政府编:《江宁县政概况》"建设",1934年版,第20页。

管,各区分别成立了保管委员会,委员由县长指派一人、县款产处推定一人、各区区务会议选举五人共同组成,并互推常务委员三人。该款专案存储,存提均须保管委员会常务委员会全体会章。为了防止各区对此经费的滥用,县政府于 1934 年 1 月 5 日颁布各区水利经费支用核销规则,以之作为审核监督的标准。① 各区举办工程则以第二、三、四、五、六、九区为多。② 1934 年夏大旱,江宁县的水利工程,对于蓄泄水源均能发挥效力,受益农田达 20 余万亩,即此一年之受益,已远超工程费用之上,可见振兴水利实乃复兴农村经济的一个重要举措。

3. 其他水利工程

建造牛王坝

牛王坝位于江宁县第八区,距陶吴镇东约 5 里,是秦淮支流上的一个重要大坝,长 13 米,深 7.5 米,旧坝筑于明代,颇为坚实,但年久失修,逐渐倾坏。1931 年和 1932 年,两岸五六千亩农田,均因缺水歉收,损失严重。1933 年春,江宁实验县县政府因该坝关系重要,乃派技术人员重行测勘设计,改建三闸门钢骨水泥坝一座,造价 2 967 元 2 角 4 分,6 月底开工,8 月初告竣。"落成之日,远近老少,男女参观者达数百人,鸣炮摄影,颇极一时之盛。"③

建造汤水闸

汤水闸在江宁县第三区汤水镇,旧有石坝一座,名吴家坝,蓄积山水,以资灌溉,同样因为年久失修,塌毁得很厉害。1933 年春,江宁县政府乃派员重新测勘设计,拟建三闸门水泥闸一座,改名汤水闸,并于坝上建造木桥,以利行人,工程费用计银 1 700 余元。④

---

① 其条目可参见江宁自治实验县县政府编《江宁县政概况》"建设",1934 年版,第 21-22 页。
② 其中第十区一成水利经费已用于疏浚南河,第一区经费留为疏浚便民河,第七、八区经费则主要留为疏浚秦淮河支流。
③ 江宁自治实验县县政府编:《江宁县政概况》"建设",1934 年版,第 27 页。
④ 江宁自治实验县县政府编:《江宁县政概况》"建设",1934 年版,第 27 页。

疏浚燕子矶农河及太平河

农河长约 10 千米,河面宽度自 10 米至 20 米不等,上游源出紫金山,下游横贯燕子矶镇,于镇之西北入江,为泄山水入江的要道。因年久失浚,下游淤塞,泄水困难,对于附近数千亩农田影响甚大。太平河为农河支流,长约 3 千米,宽度自 8 米至 15 米不等,淤塞情形与农河相似。1933 年春,江宁县政府鉴于两条河的工程虽小但关系甚大,派技术人员前往测量,决定疏浚两条河下流约 3 千米的河段。工程主要征集附近民工疏浚,每工每日津贴伙食洋 1 角 3 分,每日到工平均 200人,自 4 月 5 日开工,29 日即告完工。[①] 费洋仅 400 余元,但交通灌溉却深受其利。

建造横头闸

江宁县第五区横头镇玉带圩,地居秦淮之滨,计有农田 8 000 余亩,圩内有引水河一道,每到农季,引秦淮河潮水深入圩内,全圩农田均赖以灌溉。为防潮汐涨退无定,秦淮河入口之处建有石闸一座,名横头闸。只是年久已久,半已坍塌,效用已失。1934 年春,江宁实验县县政府应圩内居民之请,拨款重建,计工料价 3 600 余元,闸成恰逢大旱,河水干枯,玉带圩竟凭借此闸蓄水之功,免焦土之惨,总计保全的全圩禾苗价值在10 万元以上。以 3 000 元代价得免 10 万元损失,可见"复兴农村,实应以振兴水利为首焉"[②]。

(王 科)

---

① 江宁自治实验县县政府编:《江宁县政概况》"建设",1934 年版,第 28 页。
② 江宁自治实验县县政府编:《江宁县政概况》"建设",1934 年版,第 29 - 30 页。

第五章　乌江实验：大学与政府合力下的乡村建设①

如果说徐公桥、江宁分别代表了民国乡村建设运动时期民间组织、政府对乡村建设出路的探索,那么乌江小镇的实验则介乎二者之间,由中央农业推广委员会和金陵大学农学院合办推行,在全国风起云涌的乡村建设运动中广为人知,有名有实,为我们展示了一个民间组织与政府机构合力建设乡村的模式。

第一节　乌江实验的缘起和发展概况

1930 年,由中央农业推广委员会负责拨付开办经费 4 000 元及每月经常费 500 元,金陵大学负责派出推广人员和提供推广材料,双方合作创办乌江农业推广实验区。虽然实验区的创办时间是 1930 年,但是乌江的乡村建设事业却可以追溯到更早的时间。作为实验区创办者之一的金陵大学,此前已经在乌江开展了近十年的农业推广与乡村改进工作。中央农业推广委员会之所以选择乌江作为实验区,也是鉴于该地区

---

① 乌江是长江边上的一个小镇,位于安徽省和县境内,地处苏皖两省交界,西距和县县城 20 公里,东距江苏省江浦县城 30 公里。走水路沿江而下,距离南京也仅 40 公里。

有着良好的工作基础。中央农业推广委员会在实验区成立前曾派员赴乌江进行调研,在该地区具有的诸多优势中,调查组尤其看重这一点。"金大在该处工作,计有九年之历史,已获得相当成绩。例如农村领袖能与之合作,农民又有极深刻之信仰,今加以改组,性质并未变换,而事业反形扩大。"①因此,对于乌江实验区的考察,无法回避实验区成立前金陵大学在乌江的建设事业,无论从建设目标、性质还是内容上来看,它与后来实验区的诸多工作具有内在的连续性。

从 1921 年金陵大学农业推广人员来到乌江进行推广宣传,到 1949 年全国性的土地改革前夕,金陵大学在乌江的工作虽有中断,但前后绵延近 30 年之久。从发展进程来看,乌江实验可以分为三个时期。第一个时期为 1921 年到 1930 年,是乌江实验的草创与起步阶段。乌江实验以金陵大学在乌江推广美棉开始。1924 年,乌江乡村改进部设立以后,建设工作逐步扩展到卫生、教育和经济。由于经费和人力上的限制,加上农民对改进事业有抵触情绪,在此阶段内的乌江实验范围有限。第二个时期为 1930 年中央农业推广委员会与金陵大学合办乌江农业推广实验区到 1937 年日本侵略者攻陷乌江前夕,是乌江实验的全面扩展时期。政府力量的辅助和 20 世纪 30 年代举国上下对于乡村建设的重视为乌江实验提供了良好的环境。在此期间,金陵大学一改过去在全国各处分散推广的工作模式,将大部分的推广事业集中于乌江进行,使得乌江实验在 20 世纪 30 年代中期进入鼎盛时期。但不幸的是,由于抗日战争,蒸蒸日上的建设事业被迫中断。第三个时期为 1946 年到 1949 年,是乌江实验的恢复和督导时期。抗战胜利后,金陵大学与当时的农林部农业推广委员会合作恢复了乌江实验区,开展各项建设事业,直至中华人民共和国成立。

---

① 蒋杰:《乌江乡村建设研究》,南京朝报印刷所 1935 年版,第 82 页。

一　草创与起步阶段(1921—1930)

乌江实验的起因在于金陵大学推广改良美棉的需要。1919年,金陵大学农林科得到上海华商纱厂联合会的资助,聘任美国棉作改良专家郭仁凤(J. B. Griffen)从事美棉的引种、驯化和中国棉产的选种工作,进而育成爱字棉和脱字棉两种改良美棉。其中脱字棉适合北方地区种植,爱字棉则适合长江流域。1921年春季,郭仁凤等人分赴江苏、山东、安徽等省,在全国各处积极推广改良棉种。是年秋,郭仁凤一行来到了素以"乌江卫棉"闻名的安徽和县乌江镇。"即在该镇中街,举行农作物展览会,陈列标本、图表、模型等,农民前往参观者甚多"①。此为金陵大学和乌江发生关系之始。金陵大学的农业推广人员在乌江停留时间很短,但却了解到一个重要的农业信息。他们发现该地广泛种植的"乌江卫花"仍为当年两江总督张之洞勒令引种的洋花,已退化到"纤维粗而短,种籽绿而小,品质恶劣,产量甚少"的地步。他们认为这是推广改良棉种代替退化美棉的极佳场所。于是在1922年春季,农林科章之汶、陈燕山便携带改良棉种来乌江散发、推广,秋季又帮农民照料收花。但惜"当时农民扭于旧时之风气,知识禁锢,成效鲜见"②。

1923年始,金陵大学决定进一步扩展在乌江的棉种推广工作,郭仁凤再次来到乌江。因金陵大学学生章元玮(安徽省来安县人)与乌江绅士范管臣相识,乃商得以金陵大学名义租用乌江镇南永宁寺庙地20亩为棉作示范场,在场内种植美棉以为附近农民示范。农林科于是以棉作示范场为基地,"乃大事宣传,开展览会,并化妆演讲,使农人见识爱字美棉"③。此后,农林科一改过去在乌江居无定所的流动推广方式,于1923年10月派农业专修科首届毕业生李洁斋以农业推广员身份常驻乌江。

① 蒋杰:《乌江乡村建设研究》,南京朝报印刷所1935年版,第55页。
② 蒋杰:《乌江乡村建设研究》,南京朝报印刷所1935年版,第55页。
③ 周明懿:《谈谈乌江农业推广事业》,载《农林新报》第11年第30、31期合刊。

李洁斋的到来对于乌江事业有着重要的意义。在当时推广员数量极其有限的条件下,金陵大学派李常驻乌江,说明学校对于乌江美棉推广事业的前景具有很高期望。

李洁斋在金陵大学受过良好的农业知识和推广工作训练,而且有着扎根农村、服务农民的献身精神。但在起初,李洁斋作为一个"外乡人",迎来的却是农民的冷漠和抵触。农户不愿意接受李洁斋提供的美棉种子,即使种子能够被散发到农民手中,也大多没有用于播种,推广成效大打折扣。甚至"有若干接受之农户,每用作喂牛,换油,肥料等用,即有冒险种植者,亦不敢完全栽培,或种于堤坝,或种于田角,间亦有将改良种与土种间作者"①。可见,棉种推广并不单纯是技术层面的问题,农业科技的传播与广阔的农村社会环境紧密相连。推广员缺乏和农民的感情联络,不能为农民接受,无法走进农民的生活,推广工作也就无从谈起。为此,李洁斋利用地方绅士范管臣与金陵大学的关系,从当地领袖入手,利用他的号召力来接近农民,并通过范管臣的引见到农户中开展农家访问和社会调查,了解当地的风俗人情,逐渐拉近了与普通民众的距离。

在这一过程中,李洁斋感到单纯的美棉推广具有明显的局限性。要使农业推广工作真正出成效,不能仅仅局限于推广工作本身,必须致力于整个乡村社会的改进。随着美棉推广工作的深入,他开始涉足改进乡村教育和卫生状况。李洁斋认为,在美棉推广中,农民对于改良棉种的抵触心态主要是由于农民的愚昧无知造成的。"推广棉业之工作,多受农民知识简陋之影响,致碍进行。"②因此有必要通过教育增进民众的知识。而乡村卫生状况的落后造成了农民体弱多病的局面,在医疗服务极其匮乏的乡村社会,推广人员通过提供医疗服务为自己提供了接近民众

① 蒋杰:《乌江乡村建设研究》,南京朝报印刷所 1935 年版,第 75 页。
② 《乌江农村小学校概况一览(1930 年 6 月)》,中国第二历史档案馆藏金陵大学档案,全宗号 649 案卷号 2097。

的大好机会。1924年，李洁斋租用当地纪氏宗祠开办了一所农村小学，专收农家子弟，不取学费。学校采用半日制，上午授课，下午学生在棉场工作。1925年，有些普通医药常识的李洁斋又为"迎合附近乡民需要起见"，"购金鸡纳一瓶，碘酒半磅，并其他西药数种，颇得一般农民之敬爱"。①

　　教育和卫生事业的开展迅速拉近了李洁斋和农民之间的距离，减少了农业推广的阻力。以小学为例，1924年春小学招收学生仅9人，"其余农家不敢送孩子来读书，都恐怕李先生对于他们有什么阴谋"。但是当农民逐渐了解李洁斋的工作后，疑虑逐渐消除。在第二学期，学生就增加到30人。②就医疗工作而言，李洁斋虽非科班出身，但因"在行医之际，并约略告以卫生常识，较之昔日空言劝导，大见功效"③。在近代基督教会在华传道活动中，开办教育和卫生事业始终是教会组织联络中国教徒最重要的两种手段，考虑到金陵大学的教会色彩，李洁斋对教育和卫生事业的重视在某种程度上有着内在的一贯性。

　　在李洁斋先生的努力下，乌江事业此时开始从早期单纯的美棉推广向更全面的乡村改进扩展。1924年，金陵大学经过派员调查论证，决定在学校所在地设立乌江乡村改进部，任李洁斋为干事。

　　乡村改进部的设立为乌江乡村建设提供了运行的组织机构，并成为乌江乡村改进工作的实际推动者。李洁斋先生根据乡村社会生活需要，进一步明确了乌江乡村工作的三大目标："增加农民生产、启发民众智慧、促进乡村卫生。"④在1930年实验区成立之前，乡村改进部的工作主要围绕良种推广、乡村教育和医药卫生三项事业展开。

　　1930年以前，乌江乡村建设事业的范围仍然有限。虽然事业涉及教育、卫生和经济等诸多领域，但是无论从人员还是经费来看都很不足。

①《乌江农民医院概况（1933年12月31日）》，中国第二历史档案馆藏金陵大学档案，全宗号649案卷号2098。
②周明懿：《谈谈乌江农业推广事业》，《农林新报》第11年第30、31期合刊。
③蒋杰：《乌江乡村建设研究》，南京朝报印刷所1935年版，第73页。
④蒋杰：《乌江乡村建设研究》，南京朝报印刷所1935年版，第58－59页。

常驻人员仅李洁斋一人,除乡村小学的教员是由金陵大学乡村教育系每年派一名实习学生出任外,所有推广与卫生事业都由李洁斋和一名棉作示范场工人承担。从经费投入来看,从 1924 年到 1930 年的七年间,金陵大学共投入经费 3 900 元,其中绝大多数用于薪金支出。比如 1924 年金陵大学乌江事业预算为 300 元,其中李洁斋的薪水为 144 元,棉作示范场工人薪金 96 元,事业经费仅 60 元。① 在 1930 年之前,除去租用土地的经费外,金陵大学对于乌江事业的总开支在 2 400 元左右,而用于事业开展的费用则更少,工作规模之小可见一斑。不仅如此,由于社会环境的混乱,乌江乡村事业还时常受到地方兵患的侵扰,尤其是 1928 年发生的红枪会事件对于当时的乌江事业打击很大。当年,陈调元军队假借剿匪名义在乌江大肆抢掠,"乌江整个乡村社会,损失在二十万元以上,金大在乌江之事业全部摧残,而李先生之财产亦损失殆尽"②。在这次事件后,金陵大学曾一度打算将乌江事业的根据地——乡村小学停办。乌江地方人士有感于金陵大学工作对此地的贡献,不愿意看到事业前功尽弃,于是在 1928 年秋天发起组织了乌江农村小学校董会,负责学校开支和李洁斋先生的薪水,并捐押田产九亩供棉作示范场使用。校董会又派范管臣、许正安二人赴南京与金陵大学乡村教育系协商,"结果允与校董会合办,三年后,完全归诸校董自立,金陵大学可从旁扶助指导"③。此后,各项事业虽仍断断续续进行,但是力度已较前减弱。

二 全面扩展时期(1930—1937)

从陈调元兵患可以看出,外部环境对于乌江乡村建设事业的影响是巨大的。但是到了 20 世纪 20 年代末 30 年代初,外部环境的变化也为乌

---

① 蒋杰:《乌江乡村建设研究》,南京朝报印刷所 1935 年版,第 68 页。
② 蒋杰:《乌江乡村建设研究》,南京朝报印刷所 1935 年版,第 57 页。
③《乌江农村小学校董会成立典礼记录(1929 年 5 月 20 日)》,中国第二历史档案馆藏金陵大学档案,全宗号 649 案卷号 2097。

江事业发展提供了全新的机遇。随着南京国民政府的建立,南京附近地域的社会局面日趋稳定,而对乡村建设的关注在此时也日渐成为朝野的共识。1929 年 5 月,国民政府发布《农业推广规程》,在总则中提出,"为普及农业科学智识,增高农民技能,改进农业生产方法,改善农村组织农民生活,及促进国民合作起见,实施农业推广"。为此,由教育部、内政部和实业部合作组织的中央农业推广委员会决定选定特定区域进行农业推广实验,以便为全国范围内的农业推广提供范例。1930 年,中央农业推广委员会派员会同金陵大学人员前往乌江考察,认为该区可设立农业推广实验区的优势条件有四个:一是距离南京较近,可经常前往指导督促;二是此地尚无从事乡村建设的机关,可以避免重复;三是荒地较多,存在农业生产增长的可能;四是金陵大学在此已有九年的工作基础,深得民众信仰,使得各项工作开展更为便利。① 于是决定与金陵大学合作成立乌江农业推广实验区。实验区的宗旨集中体现了《农业推广规程》的规定,同时金陵大学农学院又按照自身的特点进行了补充,其要点有三个:一是本区为大学农业推广工作实验地;二是期将本大学各项研究的结果,推广于该区农民;三是供给本大学及其他机关研究乡村问题的实习地。当年秋,中央农业推广委员会与金陵大学农学院开始筹办工作,并制订了《中央农业推广委员会乌江农业推广实验区与金陵大学农学院合作办法大纲》作为实验区工作的纲领性文件。《大纲》全文共十一条,其具体内容如下:

一、本办法大纲,依据中央农业推广委员会实验区组织章程第九条之规定订定之,除组织章程所规定外,悉以本办法大纲行之。

二、本实验区地点,择定在安徽和县乌江区域,东至大江,西至周家集,北至桥林,南至濮家集。(面积东南至西北约二十二里,东北至西南约二十六里)。

---

① 蒋杰:《乌江乡村建设研究》,南京朝报印刷所 1935 年版,第 82 页。

三、本区推广工作，由中央农业推广委员会与金陵大学农学院合作办理之。

四、本区经费，由中央农业推广委员会拨给开办费四千元，经常费每月最低数二百元，俟经费充裕时得酌量增加。

五、本区之实施计划，应请中央农业推广委员会之核准通过。

六、中央农业推广委员会对于本区之一切工作，应指导监督，并随时派员前往视察。

七、本区技术之实施，及采办改良种子，推广材料等，由金陵大学农学院担任之。

八、本区指导主任及各指导员，得由金陵大学农学院提经中央农业推广委员会核准任用之。

九、本办法暂定自民国十九年九月，至二十六年八月为有效期，期满后由双方另议之。

十、本区每月收支报告，应呈送中央农业推广委员会审查之。

十一、本办法大纲，如有未尽事宜，得经中央农业推广委员会核准修正之。①

实验区成立后，制定了一项六年推广计划，即在 1930 年 9 月到 1936 年 8 月这段时间里，以乌江镇为中心，每年向四方推广五里。在此期间，不但乌江农民可获得实验区的援助，同时还开展民众训练，以便实验期满后地方人士能接办实验区事业。

在实验区成立之初，区内的工作人员共七人，其中由李洁斋负责总务和诊疗所，夏长安管理农场和农村小学，韩秀德负责乡村妇女教育及托儿所事务，孙友农负责开展农民教育及农民组织，李恩光任农村小学教员，另外又招收练习生两人充当实验区助理。② 实验区下设农村教育、

---

① 蒋杰：《乌江乡村建设研究》，南京朝报印刷所 1935 年版，第 81－82 页。
② 周明懿：《谈谈乌江农业推广事业》，载《农林新报》第 11 年第 30、31 期合刊。

农村社会、农村经济和总务四股,其工作涉及的内容和建设的力度已远非农业改进部时期可比。与早期偏重农业推广,尤其是美棉推广不同,实验区虽然仍冠以农业推广的名称,其内容却是全面的乡村建设工作。这可以从实验区的组织结构图中看出。

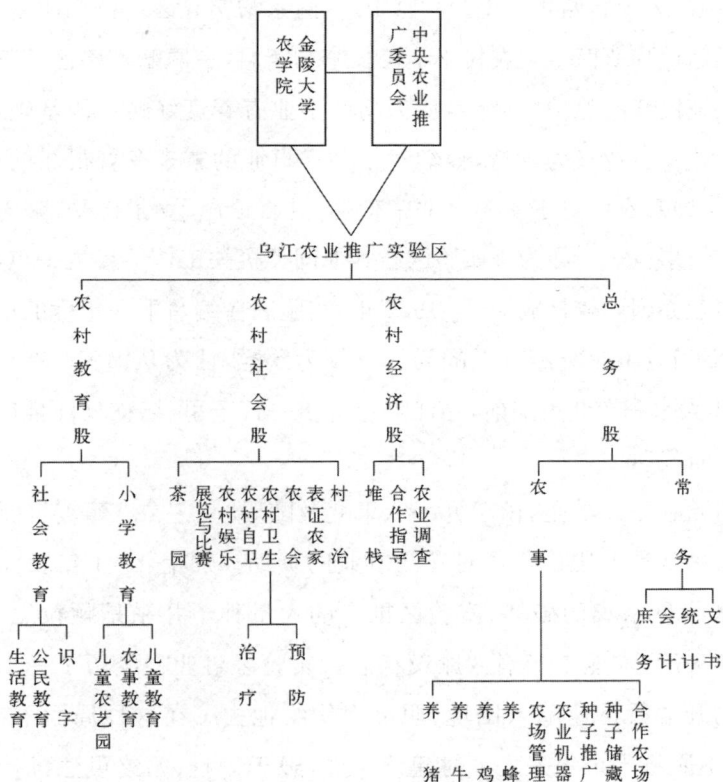

```
        金陵大学农学院        中央农业推广委员会
                    │        │
                    乌江农业推广实验区
        ┌───────────┬──────────────┬──────────────┐
     农村教育股      农村社会股      农村经济股        总务股
     ┌────┴────┐   ┌──┬──┬──┬──┬──┬──┐  ┌──┬──┬──┐   ┌────┴────┐
   社会教育  小学教育 茶 展 农 农 农 表 村  堆 合 农    农事      常务
            园 览 村 村 村 证 证  栈 作 业         ┌──┬──┬──┐
            与 娱 自 卫 农 治    指 调         庶 会 统 文
            比 乐 卫 生 家      导 查         务 计 计 书
            赛
```

社会教育:生活教育 公民教育 识字
小学教育:儿童农艺园 农事教育 儿童教育
农村卫生:治疗 预防
农事:养猪 养牛 养鸡 养蜂 农场管理 农业机器 种子推广 种储藏 合作农场

图3　合办乌江农业推广实验区组织结构图[①]

政府当局介入乌江事业,为乌江实验注入了强劲的动力,使在1928年红枪会事件后颇受挫折的乌江乡村建设工作进入了一个全新的发展阶段。1931年4月3日是实验区举行成立大会的日子。为此,中央农业

---

① 蒋杰:《乌江乡村建设研究》,南京朝报印刷所1935年版,第85页。

推广委员会委员张宗成、赵廷干和钱天鹤等人亲赴乌江考察实验区进展情况，他们的记载为我们描绘了当时乌江民众欢欣鼓舞的场景。"到目的地（乡村小学）未久，闻鼓乐声自远而近，只见有人扛巨匾三，后随本地绅士及农民一百余人，蜂拥而来。……盖人民因实验区服务地方，不无劳绩，用以表示感谢之意也。三匾中，一匾系赠实验区主任周明懿君者，一匾系赠诊疗所医生兼农村小学校长李洁斋君，一匾赠实验区。"三位委员被当地民众的热情所感染，认为乌江事业有着良好的工作基础，当地农民对建设事业极为支持，他们对于乌江事业的未来有着很高的期望。"当地士绅及农民对于实验区非常信仰，凡百设施，立予接受，毫无猜疑及留难情事。……亦为该实验区与其他同类机关工作情形之一点，而该区之事业亦因此较易成功。"①1932 年，实验区在编写下一年度的推广计划时，对当时事业蒸蒸日上的局面就颇为欣慰，认为从"1930 年 9 月到1931 年大水和东北失陷前，乌江事业进步一日千里，堪称乌江推广事业之全盛时代"②。

但始料不及的是，由于九一八事变及随后"一·二八事变"的爆发，农推会因经费有限停止了对乌江事业的资助。加上 1931 年长江中下游地区罕见水灾的破坏，实验区推广的大量种子几乎是颗粒无收，农民流离失所，农业生产陷入瘫痪状态。实验区事业在经历了一个红红火火的开端后迅速陷入困境，职员也纷纷他去。在这种局面下，金陵大学"不愿将十余年来之乡村建设事业，毁于一旦，始终设法维持"，并积极寻求外界帮助。经过努力，终于商得上海银行捐赠经费资助合作社和堆栈工作。基督教协进会又委托金陵大学教员邵仲香来乌江发放贷款、组织种田会。同时，实验区还从宁属区水灾救济会借得赈麦 50

---

① 《调查乌江农业推广实验区报告（1931 年）》，中国第二历史档案馆藏金陵大学档案，全宗号 649 案卷号 2090。

② 《乌江农业推广实验区计划（1932 年 9 月—1933 年 9 月）》，中国第二历史档案馆藏金陵大学档案，全宗号 649 案卷号 2090。

吨用于恢复生产之用。在这三方的支持下,乌江事业才不至中辍。后经金陵大学和农推会商议,决定由农推会委托金陵大学代垫欠款进行一切建设事宜,每月由农推会写一个欠据交与金陵大学收存。[①] 从1932年4月起,金陵大学决定按月供应经费150元,继续承担起乌江建设事业。在经历了成立初期的大起大落后,乌江事业在金陵大学的推进下开始稳步前进。

1934年对于乌江实验同样是关键的一年。是年,两个方面的因素共同推动着乌江事业走向深入。第一个有利因素是,从1934年起,金陵大学农学院对原有的遍布全国的农业推广组织和既往的推广模式进行改革和重新组织。此前,金陵大学的农业推广工作大都由农学院下属的推广部负责进行。但推广工作有着很高的技术性,推广部由于得不到来自各系科专业人员的支持而无法保证推广工作的专业水准。因此,为了保证推广工作的成效,金陵大学在1933年成立了由农学院下属各系代表组成的推广委员会对推广事业进行决策,其宗旨在于"改善农业推广方法,增进农业推广效能,扶植乡村领袖与改良农村组织,同时使本院各系有互相联络与合作精神,以共同研究讨论整个农业推广计划之实现"。而推广部从此作为一个协调机构和秘书机构,"其职务为征集各系全年农业推广计划及工作报告等"[②]。这样,农学院的推广工作将主要由与推广事业最密切相关的系来进行。更为重要的是,同样是在1934年,金陵大学决定进一步扩大乌江事业,并将以后的推广工作集中围绕乌江实验区及其附近区域进行,在该地区进行实验和集中推广。

第二个有利因素是来自和县县政府的支持。和县新任县长刘广沛热心乡村建设。他于1934年同实验区合作,划定乌江所在的和县第二区为模范区,成立第二区农村建设委员会,并任命乌江农会的组织者孙

---

① 周明懿:《谈谈乌江农业推广事业》,载《农林新报》第11年第30、31期合刊。
② 《金陵大学农学院农业推广委员会章程》,中国第二历史档案馆藏金陵大学档案,全宗号649案卷号1939。

友农为第二区区长。于是乌江实验区凭借政治力量得以扩大改组,实验区将原总务组中的农事部分划分出来成立生产组,从原社会股分出卫生组和政治组,总计总务、教育、生产、社会、经济、卫生和政治七个组,其组织结构如下:

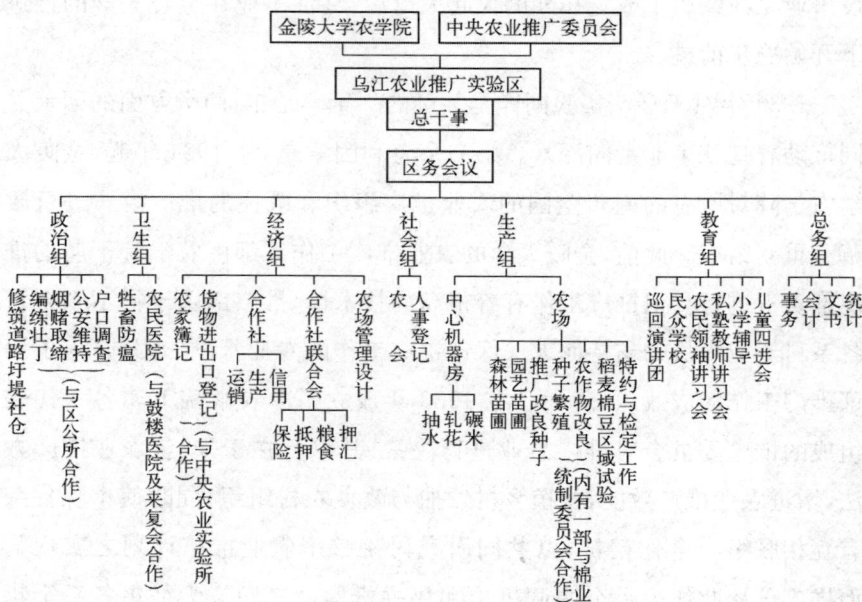

图 4　乌江农业推广实验区重订组织结构图[①]

从原来的四股到如今的七组,乌江实验的性质并没有发生改变,但是工作的范围和力度却今非昔比。更为重要的是,实验区关注的问题开始有了明显的变化。实验区成立之初,农业推广是最为重要的工作,实验区最关心的也是良种的推广成效。但是到了 1934 年后,实验区越来越关注于农民组织的训练和农民领袖的培养。实验区在 1930 年成立之初,就订立了训练民众以使实验区事业渐由"代办"过渡到"自办"的建设思路。但由于事业成效尚未显著,加以各种外部的干扰,实验区并没有

---

① 蒋杰:《乌江乡村建设研究》,南京朝报印刷所 1935 年版,第 290 页。

将主要精力集中于此。1934 年以后,实验区开始将这一主张付诸实施。

金陵大学农业经济系一直是培育乡村组织的重要倡导者。以乔启明为代表的金陵大学教授认为"乡村建设事业,须赖强有力之当地农民组织,俾当地建设事业,由当地人民主动和支持",并认为组织农会作为推进乡村建设的机构在乡村社会颇为适宜。1934 年 1 月,农业经济系制订了《督导乌江农民协会方案》。该方案认为,组织乌江农民协会的目标就在于"发展一个强大健康的农民组织来推进整个社区的改进,以养成自助为原则"。于是在 1934 年,实验区"乃努力推进农会之组织,并设农会辅导机构。由李洁斋、孙友农主持,旋有乌江镇、张家集、濮家集、香泉四个乡农会之设立,共有会员 2 000 余人,并于香泉设立农会辅导员办事处,由任碧瑰君主持"。在实验区的指导和资助下,各农会获得迅速发展并开始呈现出活力。1936 年,各农会为办事方便起见,又于香泉合组农会联合会办事处,为统筹机关。"集资建筑农会会所,并捐献 300 亩之农场一处,以全部农场收入提供农会,为各种农民福利事业经费,此为农民自力建设乡村事业之开端。"[1]至此,金陵大学鉴于乌江地区的农会组织日渐健全,农民对当地的建设事业也甚为支持,于是根据 1930 年订立的六年推广计划,"除了种子繁殖场及中心轧花厂仍由本院支持外,其余全部事业皆由农会接办"。从而使建设事业初步从"代办"走向"自办"。

20 世纪 30 年代是乌江实验区最为辉煌的时期。与 20 世纪 20 年代乡村改进部的事业相比,20 世纪 30 年代的乌江实验逐步纳入了规范化和制度化的轨道。实验区成立后,因办公场所不足,于是在镇南永镇寺旁新建房屋 11 间,用作机器房、种子房和办公处,同时将原来租用的纪氏宗祠改为诊疗所、展览室和宿舍。另外还典用永镇寺庙产 12 间作为

---

① 《筹办安徽和县乌江实验区农会农民福利社计划草案(1945 年 12 月 20 日)》,中国第二历史档案馆藏金陵大学档案,全宗号 649 案卷号 2097。

小学、厨房、草料房等。到 1933 年初,因业务发展"又感房屋不敷,乃租用乌江镇中街当铺六十间,为办公处、堆栈、厨房、宿舍等用,年租金三百六十元,由区中合作社联合会、农会及实验区分担"①。此后因乌江医院和小学的扩充,又不得不另外新辟场地。从用房的不断扩展可以看出乌江事业在 20 世纪 30 年代的迅猛发展。

从人员来看,在实验区创办之处,共有职员七名。后来因事业发展需要,乃创立了练习生制度,招收本地青年充任练习生。到 1934 年 6 月,在实验区工作的职员共计主任一人、干事六人、助理员三人、练习生七人。所有人员每天均有固定的办公时间,但因实地工作较多而无固定办公场所。实验区每周要举行区务会议一次,由主任、干事各自报告本周工作经过,就存在的问题相互讨论,并就下周的工作要点进行安排。实验区职员也大多具有在农业学校工作和学习的经历,这保证了实验区工作的顺利开展。从实验区成立到 1934 年,共有三十人曾在实验区任职,除去其中十名练习生,其余二十人均具有较好的学业经历,其中农科大学毕业两人,农业专科毕业五人,中等学校毕业七人,中等学校肄业六人。②

练习生制度是实验区根据逐步培养本地人士自办乡村事业的宗旨采取的一种人事制度。其目的是通过"从事实地练习,造就乡村服务人才"。通过在服务期间,"施以严格训练,以备将来区中事业改由地方接办时,可得大批干部人才"③。招生的练习生必须是本地人,且要具有小学以上的学业经历并经人推荐方可入选。练习生的服务时间为三年,在三年内练习生可以享受实验区提供的津贴,并可以在练习期满后升任实验区的助理员。练习生在每周日上午要参加区主任召集的练习生会议,在会上讲述个人心得,然后由主任加以评论。从实验区成立到 1934 年,

① 蒋杰:《乌江乡村建设研究》,南京朝报印刷所 1935 年版,第 83 页。
② 蒋杰:《乌江乡村建设研究》,南京朝报印刷所 1935 年版,第 91 页。
③ 蒋杰:《乌江乡村建设研究》,南京朝报印刷所 1935 年版,第 91 页。

共有十名练习生参加到实验区的工作中，占曾在实验区任职的全部职员的三分之一。

三　恢复和督导时期（1946—1949）

正当乌江实验渐入正轨之际，日军入侵使得建设事业全面停顿。在1937年底金陵大学决定西迁之前，因局势紧张，实验区职员纷纷离职。有鉴于此，农学院院长章之汶乃嘱托李洁斋留守乌江事业。李洁斋于是指导农会会员将抵押谷物取回，"免将储押实物济敌应用，既以押款变做信用放款"。他还将实验区的各种文件契据分别埋放于六位农会会员家中，以免集中储存的风险。[1] 1937年12月初，"敌寇大军突袭乌镇，因寡不敌众，民众死亡50余人"。实验区建设事业随后全部停顿。

由于金陵大学的教会大学性质，在太平洋战争爆发之前，日军并未侵犯金陵大学在乌江的大树狄农场。1941年12月太平洋战争爆发后三日，日伪军千余人便来农场抢劫一空，将场舍、器具全部焚烧，残余砖瓦折运至张家集作建筑碉堡之用。负责留守乌江事业的李洁斋不得不转而组织农会会员开展游击战争。起初参加者仅50余人，后增至300余人，武器有100余支。李洁斋本人在1944年3月和日伪军的一次战斗中身负重伤，"因伤势重，以为不能再活，乃遗弃乡间"，幸得乡民协助救治才死里逃生。[2]

抗战胜利以后，农林部农业推广委员会和金陵大学农学院开始谋划恢复乌江实验区。1946年2月22日，与乌江有着深厚感情的李洁斋再次被金陵大学派赴乌江主持复员工作。"乃本自力更生原则，先从组织

---

[1]《香泉事业结束简单报告》，中国第二历史档案馆藏金陵大学档案，全宗号649案卷号2100。
[2] 李洁斋：《金陵大学乌江实验区抗战八年简略概况（1946年6月14日）》，中国第二历史档案馆藏金陵大学档案，全宗号649案卷号2090。

乡农会着手,复又组织乡农会联合办事处,一切工作,皆能依次推行。"①
在此基础上,农林部农业推广委员会和金陵大学农学院制定了《合办乌
江农业推广实验区合作办法》,该办法与 1930 年订立的《合办乌江实验
区合作办法》相比稍有出入。其中第四条规定"实验区工作人员由农林
部农业推广委员会及金陵大学农学院分别派遣,数目以相等为原则,各
员就原派机关支薪。……双方所派人员,均应事先互相征得同意",第五
条又规定"实验区经费由农林部农业推广委员会及金陵大学农学院根据
核定之预算分别担任,数额以相等为原则,并得接受人民团体自动捐
款"。② 实验区设总干事和副总干事,下设业务股和总务股。

实验区吸收了战前乌江实验和战时在四川地区农业推广的成功经
验,从组织农会入手,推动整个乡村事业。在 1946 年李洁斋被派赴乌江
后不久,战前由实验区辅导的乌江、张家集、香泉三个乡农会已恢复活
动。实验区鉴于农会组织对于农业推广及乡村建设的重要性,在乌江镇
附近之江浦、和县两县境内新组织乡农会 26 所,连同原有的 3 所,共 29
所乡农会,一时社员人数达到 26 000 余人。1946 年 5 月 8 日,实验区因
农会组织的迅速扩展,主持召开各乡农会代表大会,筹商推广业务大计。
大会决议设立和县江浦乡农会联合会办事处,并计划于该年度 5 月 10
日正式成立。同时,实验区在乌江镇租赁房屋一所作为办公地点,并作
为实验区人员的办公场所。③ 1947 年 2 月 5 日,金陵大学又在南京鼓楼
校区举办了合办乌江农业推广实验区工作检讨会,会议决议:(1) 对于乌
江乡村建设仍本原来宗旨,即由辅导而扶持其自立;(2) 农会组织以乡为
单位,业务以棉花生产为中心;(3) 和浦乡农会联合办事处的"和浦"二字

---

① 《乌江实验区 35 年度工作总报告》,中国第二历史档案馆藏金陵大学档案,全宗号 649 案卷号
   2090。
② 《农林部农业推广委员会金陵大学农学院合办乌江农业推广实验区合作办法》,中国第二历
   史档案馆藏金陵大学档案,全宗号 649 案卷号 2090。
③ 《乌江实验区 35 年度工作总报告》,中国第二历史档案馆藏金陵大学档案,全宗号 649 案卷号
   2090。

含义太广泛，其名应更为"乌江实验区辅导乡农会联合办事处"。① 1947年，实验区又对农会组织进行调整，其中乡农会以乡行政区为范围，内设各组则以保行政区为范围，"因人力财力之不敷，遂缩小范围，以和浦两县 13 个乡农会为辅导区域"②。

以农会为中心推进乡村建设，逐渐由"代办"实现"自办"，是 20 世纪 30 年代以来金陵大学在乌江建设中一贯坚持的方针。因此，战后的乌江实验和战前相比，具有更明显的督导色彩，更强调通过培育健全的农会组织来推进乡村工作。在 20 世纪 40 年代的乌江实验中，农会在整个乡村工作中的作用已经日渐凸现。1947 年，实验区对接受其辅导的 13 个乡农会制定了本年度的工作大纲。这份大纲包括的内容有申请农行棉花生产贷款；组织棉花生产合作运销；筹措业务基金合作购买；组织水稻储押及合作运销；推广德字棉种（并设管制区）；推广 2905 号小麦；每个农会筹备苗圃一亩、民众夜校一所和特约茶园一处；收集全体会员优良作物以备展览比赛；写作调查全体会经济状况。③ 从中可见，农会的工作已经广泛涉足良种推广、信用合作、乡村教育乃至娱乐休闲等诸多领域，在乡村建设工作中的重要性可见一斑。因此，在这一阶段，实验区的主要工作转移到对农会组织的督导之上，以便真正实现"自办"的目标。

与当时全国其他乡村建设实验区一样，乌江实验所举办的事业广泛涉及地方政治、经济、社会、文化、教育和卫生诸多领域。但是由于举办者不同的社会背景和建设思路，各处实验区的工作又呈现出自身的特色和偏重。在本章以下的几节中，我们将考察乌江建设事业的主要内容，以及这些工作对于地方社会的影响。

---

① 《合办乌江农业推广实验区工作检讨会（1947 年 2 月 5 日）》，中国第二历史档案馆藏金陵大学档案，全宗号 649 案卷号 2091。
② 《合办乌江农业推广实验区 37 年度业务计划纲要》，中国第二历史档案馆藏金陵大学档案，全宗号 649 案卷号 2090。
③ 《乌江实验区调整辅导区域内各项农会实施办法（1947 年）》，中国第二历史档案馆藏金陵大学档案，全宗号 649 案卷号 2090。

第二节 农业改良与良种推广

著名育种学专家沈宗翰先生在回忆 20 世纪 30 年代初任职金陵大学的情形时,记录了自己当时的一段感受:"近几年观察农村状况,以为改进中国农业的程序,首先应增加农业生产,而增加农业生产,以改良品种入手为最易,农民栽培改良品种,无须多用资金、肥料和劳力,而得产量的增加,在经济上言,为纯收益,农民得到这种实惠,自易接受其他新法。"[1]沈先生的这段话代表了当时一批有识之士,尤其是农业科技工作者的心声。倡导通过农业科技改良来挽救中国农业、改进农村社会,主张通过培育和推广改良种子,改善农业、农村经济和农民生活。

金陵大学农学院在中国农业近代化历程上有着重要的地位[2],其不仅是中国近代作物改良工作的先驱者,也是将这些科技成果积极向普通农民推广的倡导者和实践者。早在 1924 年,金陵大学农学院便开风气之先,创设农业推广部,负责推广工作。在 1930 年农学院成立后,又明确将推广列为与研究和教学并列的全院三大事业之一,将全院十分之二的经费用于推广事业。农学院对于推广工作的重视,不仅仅是基于救济民生的考虑,在相当程度上还出于学科发展的需要。在农学院将研究、教学和推广三者相结合的模式中,推广对于农学研究和教学具有不可或缺的重要性。农学院院长章之汶就曾指出:"因农业为应用科学,受地域性之限制,必须就地研究改进,将研究结果推广于民间,其受农民欢迎者,斯项研究实具应用之价值。于推广时,发现农事上特殊问题,则又采为研究之资料。故研究与推广,为实际教材。如是始克使教学切合需要,趋乎实际也。"[3]因此现代农业科技的推广,尤其是良种的推广,是金

---

[1] 沈宗翰:《沈宗翰自述:中年自述》,传记文学出版社 1984 年版,第 25 页。
[2] 张剑:《金陵大学农学院与中国农业近代化》,载《史林》1998 年第 3 期。
[3] 《金陵大学农学院卅年来事业要览》,载《农学院纪念专刊》1943 年第 1 号。

陵大学的优势和特色所在。这种特色鲜明的反映在乌江事业上。

金陵大学在乌江实验推广的良种种类很多，包括棉花、小麦、家禽、树苗和各种蔬菜等，但是推广的规模和取得的成效并不相同。家禽、树苗和蔬菜的推广规模较小，成效也不显著。以家禽为例，金陵大学曾在1934 年从农业专修科领取来航鸡 60 只，将其中的 56 只分给附近农家饲养，又于 1935 年在乌江地区推广来航鸡 25 只，交由 8 户农家饲养。[①] 但因规模过小而成效不显著。又如，金陵大学于 1946 年在乌江建立大山示范牧场，准备推广西式奶牛，但数量也仅有 4 头，极为有限。[②] 因此，从推广工作的成效和代表性来看，在良种推广中，美棉和小麦推广是最为重要的内容。

一　良种推广的缘起、历程和规模

金陵大学最初和乌江结缘即出于推广爱字美棉的需要。乌江原本是著名的产棉区，其"卫棉"远近闻名。但是到了 20 世纪 20 年代，乌江卫棉已经严重退化。"棉株高度约一尺许，棉桃之大仅如鸽蛋，棉绒之长度如狗毛，既粗且短，性质既恶劣，收量又不丰。"[③]因此，郭仁凤教授在乌江进行了实地考察后，认为此地是进行美棉推广的极佳区域。

1923 年，金陵大学在乌江租地设立棉作示范场。从该年起，农学院在乌江的美棉推广以 1933 年为界可分为前后两个阶段。在此前，乌江美棉推广的主要特征就是散种推广，缺乏全面的整体计划。在这一阶段，虽然棉种推广的数量和规模日渐扩大，但是缺乏周密的推广计划和保证种子纯洁度的配套设施。推广的种子数量虽然很大，但是种系的退

---

①《乌江农业推广实验区二十三年度工作报告》，载《农业推广》第 9、10 期合刊；《合办乌江农业推广实验区工作报告（1935 年 6 月—1936 年 3 月）》，载《农业推广》第 11 期。

②《乌江农业推广实验区报告第一号·实验区概况（1948 年 7 月）》，中国第二历史档案馆藏金陵大学档案，全宗号 649 案卷号 2090。

③周明懿：《谈谈乌江农业推广事业》，载《农林新报》第 11 年第 30、31 期合刊。

化也随之很快出现。经过 1931 年长江大水导致棉花出苗不齐和 1932 年因干旱而造成的棉作减收后,到了 1933 年,"此项爱字棉种,几乎绝迹乌境矣"①。在这种背景下,金陵大学对于乌江良种推广工作的思路发生转变,特别是在 1933 年推广委员会成立之后,日渐注意增强推广工作的专业色彩,对过去那种片面追求推广数量和规模的方式提出了质疑。从 1933 年起,实验区决定采取"波浪式推广"的方式,以实验区自身的繁殖场和特约私人设立的纯种棉场为中心,采用"地方纯种主义",施行棉种检定制度,加强对种子的管理。在推广方式上,优先满足内圈农户对种子的需求,然后根据需要从内圈向外圈逐步延伸。实验区还"利用轧花厂为农人轧花,管理其种。逐渐由此中心,向外发展,预计 5 年之后,全区尽替为爱字美棉"②。在这种推广思路下,美棉推广在 1934 年后呈现出加速发展的趋势。

从推广的成效看,虽然不时受到天灾人祸的打击,但是美棉种植亩数的增长是显著的。1923 年,乌江地区接受并种植美棉的农民仅有 9 户,推广棉种数量百余斤。但随着时间的推移,美棉的良种优势开始显现,农民种植的面积也日趋扩大。从 1924 年到 1927 年,仅仅由金陵大学运往乌江用于推广的棉种就有 20 000 斤之多。到 1928 年,乌江的美棉栽培面积已经达到 2 000 亩以上。到实验区成立前的 1930 年,乌江接受改良棉种的农户达到 300 家有余。以至于"乌江周围三十里内,农人所种植之棉花,平均十分之六为改良种"③。实验区成立后,农学院更加大了对乌江棉种推广的支持力度,美棉推广得以迅速扩展。在 1946 年实验区恢复以后,美棉推广依然是实验区工作的重要内容,受到高度重视,成效也最为突出。

---

① 《乌江农业推广实验区工作概况(1934 年 7 月)》,中国第二历史档案馆藏金陵大学档案,全宗号 649 案卷号 2090。
② 《乌江农业推广实验区工作概况(1934 年 7 月)》,中国第二历史档案馆藏金陵大学档案,全宗号 649 案卷号 2090。
③ 蒋杰:《乌江乡村建设研究》,南京朝报印刷所 1935 年版,第 74 页。

兹将实验区历年美棉推广的规模统计如下:

表 7　1931—1948 年间乌江地区美棉推广情况表

	领种户数(户)	播种面积(亩)	领种斤数(斤)
1931	79	664	4 422.5
1933	61	740	2 283
1934	249	2 801.2	25 257
1936	637	6 281.6	60 422
1946	745	5 500	39 200
1947		9 015	63 100
1948		28 700	200 700

资料来源:1931、1933 年数据参见蒋杰《乌江乡村建设研究》,南京朝报印刷所 1935 年版,第 101 页。1932 年因 1931 年长江水灾的发生棉籽尽烂死,使得当年度推广工作停顿。1934 年数据参见《乌江农业推广实验区二十三年度工作报告》,载《农业推广》第 9、10 期合刊。1936 年数据参见《合办乌江农业推广实验区工作报告(1935 年 6 月—1936 年 3 月)》,载《农业推广》第 11 期。1946—1948 年数据参见《乌江农业推广实验区报告第一号·实验区概况(1948 年 7 月)》,中国第二历史档案馆藏金陵大学档案,全宗号 649 案宗号 2090。

与美棉推广相比,小麦的推广起步较晚。1926 年,金陵大学曾在乌江推广种植了 300 斤金陵大学 9 号小麦,但因与当地收割季节不符,较本地土种并无优势,一度试种后即行停顿。1930 年,金陵大学将品系更为优良的金陵大学 26 号在乌江试种,结果产量较土种为优,于是在 1931 年开始在乌江进行推广。此后由于金陵大学育成的 2905 号小麦较 26 号更优,从 1934 年开始,乌江的麦种推广改用新品种。其历年推广规模如下:

表 8　1930—1948 年间乌江地区麦种推广情况表

	领种户数(户)	播种面积(亩)	领种斤数(斤)
1930	5	12.2	255
1931	15	55.27	1 133
1932	85	481.33	9 477
1933	72	440.2	8 804

续　表

	领种户数（户）	播种面积（亩）	领种斤数（斤）
1934	30	535.8	6 450
1935	143	983	17 397
1946		2 000	6 000
1948	39	500	5 000

资料来源：1930—1933 年数据参见蒋杰《乌江乡村建设研究》，南京朝报印刷所 1935 年版，第 103 页。1934 年数据参见《乌江农业推广实验区二十三年度工作报告》，载《农业推广》第 9、10 期合刊。1935 年数据参见《合办乌江农业推广实验区工作报告（1935 年 6 月—1936 年 3 月）》，载《农业推广》第 11 期。1946、1948 年数据参见《乌江农业推广实验区报告第一号·实验区概况（1948 年 7 月）》，中国第二历史档案馆藏金陵大学档案，全宗号 649 案宗号 2090。值得注意的是，从 1946 年恢复实验区后，麦种的推广与战前相比呈现出明显的下降趋势，这和金陵大学在实验区集中进行棉种推广的思路有关，从上面的表格中我们可以清楚地看到战后棉种推广的力度。

　　这里关于美棉和小麦的推广统计，只是实验区当年度推广良种的数量，并不代表乌江地区良种的实际播种面积。由于这些种子在当地仍是比较稀缺的资源，并非人人可以获得，很多农民都有自留种子以供来年播种的习惯。加上农户之间常有转借种子之事，乌江地区改良种子实际的播种面积远远大于统计中当年散发的种子播种亩数。以 1934 年的美棉推广为例，实验区统计当年领种农户为 249 户，推广面积 2 801.2 亩。但是在 1934 年，实验区为农户开展棉产田间检定的过程中，接受检定的农户就有 468 户，检定面积更达到 3 929 亩，远远大于统计中的推广面积。[1]

二　良种推广的形式

　　农业推广所采用的方法，往往受到两个方面因素的限制，一是推广体系现有的工作基础，二是农民接受新事物的心理准备、财力和文化素质。基于不同的情形，乌江的良种推广在不同时期采取了不同的形式。

---

[1]《乌江农业推广实验区生产组概况（1934 年 3 月—10 月），载《农林新报》第 11 年第 30、31 期合刊。

1. 散种示范推广

散种示范推广是乌江农业推广初期最主要的形式。这一方面是因为在此阶段,金陵大学在全国各地推广区域众多,在乌江缺乏能够承担大范围推广工作的办事人员及所需种源。另一方面,也是更重要的,则是在推广之初,农民对新事物天然的排斥心理使大规模的推广难以推行。

1923 年,郭仁凤先生曾"印棉籽赠券数百张,使李君分散于附近示范棉场之农家,令持券前往纪家祠堂,领取爱字棉种十斤"①。这是散种推广的范例。在李洁斋常驻乌江后,推广人员为拉近同农民的距离,更将棉籽用"小车推往各村散发"。李洁斋本人还"每当春季棉花下种时,更陪同工人,用车推动棉籽,向离乌江二十至三十里之镇市出发"②,到各处散发棉籽,推广美棉。

在推广初期,散种推广对于赢得农民的认同起到了积极的作用,虽然美棉的种植是分散随意的,但它在保守的乡村社会打开了一个缺口,并通过这些个例的示范逐步辐射到周围的地域。美棉所体现出的良种优势,正是通过这些人的口耳相传取得了更多农民的认可。

2. 波浪式推广

在 1930 年实验区成立以后,散种推广的随意性所带来的弊端日渐显露。考察良种推广的绩效有两个关键性指标。一是良种推广的地域与种植亩数,二是种子的纯洁度。实验区成立后,良种推广工作的规模迅速扩大,加上实验区民众对良种已经普遍认可,散种推广无法满足日渐扩大的种植需求。更为重要的是,散种推广对保证棉种的纯洁度带来了很大的挑战。由于对种子缺乏统一科学的管理,农民经常自行留种以备来年之用,抑或彼此辗转借用,使得良种不断退化,大大降低农业推广

① 周明懿:《谈谈乌江农业推广事业》,载《农林新报》第 11 年第 30、31 期合刊。
② 蒋杰:《乌江乡村建设研究》,南京朝报印刷所 1935 年版,第 60 页。

的效果。有鉴于此,实验区从 1933 年起决定采取波浪式推广的方式。

所谓波浪式推广,即以实验区自身的繁殖场和特约私人设立的纯种棉场为中心,以五里为一个推广圈,划分五里圈、十里圈、十五里圈等。采用"地方纯种主义",优先满足内圈的需要,并根据需要向外圈延伸。1933 年,实验区"特约定私人,设立纯种棉场,集中爱字棉,在乌江镇西北七里东西吴一带。……并由金陵大学运往实验区纯种棉籽五石,除纯种场栽种外,余皆在棉场附近推广"①。大量培育棉种,以供来年推广之用。

1934 年,实验区正式启动了波浪式推广计划。以棉种推广为例,该年以实验区棉作繁殖场为中心,逐圈递减推广棉种。该年度,实验区在五里圈内的 41 个村庄推广棉种 11 218 斤,在十里圈内的 43 个村庄推广8 163 斤,而十五里圈内的 23 个村庄仅领到了 3 543 斤。② 同时,波浪式推广还是一个动态的过程。在第二年,繁殖场的棉种继续供给五里圈,而将五里圈收回的棉种供给十里圈,十里圈收回的供给十五里圈,从而形成一个以实验区棉种繁殖场为核心的波浪圈,将良种推广分层级的依次波浪式推进。

波浪式推广对种子的数量和质量提出了更高的要求。由于 20 世纪30 年代金陵大学将农业推广工作集中在乌江地区进行,加上乌江实验区不断扩大良种繁殖场供推广之用,种源供不应求的局面较 20 世纪 20 年代大为改观。因此,实验区将良种推广的关注点集中到保障种子的质量上。实验区认识到推广工作不单单是供给农家良种,还要培养农民养成科学的耕作习惯和掌握良好的栽培技术,从而把推广工作深深嵌入整个农业过程中。金陵大学农学院院长章之汶在分析中国农业推广的问题时指出,"过去推广机关,往往供给改良种子于农民之后,即认为任务已

①《乌江农业推广实验区工作概况(1934 年 7 月)》,中国第二历史档案馆藏金陵大学档案,全宗号 649 案卷号 2090。
②《乌江农业推广实验区二十三年度工作报告》,载《农业推广》第 9、10 期合刊。

毕,对农家之利用情形,均不闻不问,是以成效甚微"①。为此,实验区采取了一系列举措以规范农业生产过程。1934 年春,实验区颁布推行了《农家采用改良棉种暂行规则》和《农家采种改良小麦种暂行章程》,对农家采用良种的条件、生产种的作物种植方法、病虫害防治均订立标准。对于那些不按章行事者,取消其应享有的权利,不再为其提供良种。在这些规定中,最为重要的是对于种子检定的强调。实验区规定,所有采用良种的农民必须接受实验区派员的田间检定,并在收获之后对良种进行室内检定。同时,实验区又颁布《乌江农业推广实验区轧花厂规则》,规定由轧花厂为棉农提供轧花服务,对棉花进行定级,以保证棉籽纯度与质量,并由实验区棉花运销合作社代售棉花,棉籽由实验区根据合同收买。② 这样,从种植、生产指导、轧花到运销,形成了美棉推广过程中的一条龙服务。有了质量保证的棉种因此也解决了大规模推广所需的种源问题。从这一过程来看,随着波浪式推广的深入,推广工作已从前期简单的供给种子深入到对农业生产过程的广泛介入,并通过一系列的规章和制度将介入过程规范化和程序化。

由于种子是实验区借给农民种植的,因此实验区规定在农民收获后根据所借种子的等级要加几成进行回收,以便保证有足够的种子向外一圈推广使用。以 1934 年为例,在经过实验区的三次田间检定后,当年估计产量将达到201 047 斤。③ 这对于缓解大规模推广带来的种源压力,起到了积极作用。从实际推广情形看,良种推广在 1934 年后的加速扩展,与波浪式推广密切相关。

3. 特约农家

特约农家是金陵大学在农业推广中广泛使用的一种形式。在金陵

① 章之汶、李醒愚:《农业推广》,商务印书馆 1936 年版,第 109 - 110 页。
②《乌江农业推广实验区农场工作报告(1934 年 1 月—6 月)》,载《农林新报》第 11 年第 30、31 期合刊。
③《乌江农业推广实验区二十三年度工作报告》,载《农业推广》第 9、10 期合刊。

大学农业推广部制定的《特约农家规程》中，就明确指出了特约农家创设的初衷："特约农家，为农业推广之中心对象，农业改进之急先锋也。农民因其产业之特性，与夫社会生活之习惯，往往趋于保守，不尚变革，对于农业新法，多怀疑虑，不敢接受，故农业推广机关，必先物色比较前进之农家，作为特约农家，指导其试用新法，以为表征，待成效已著，则一般农民疑虑尽释，乐于仿效，而新农业之推进，乃得畅然无阻。"①

特约农家的设立主要是出于示范和表征的考虑。尤其是推广之初，通过特约农家来示范农业科技改良的功效。随着推广事业的推进，特约农家还因其与推广者的密切联系，在推广工作种源不足之时，承担提供推广种子的作用。因此，在整个乌江实验过程中，特约农家一直存在，但前后作用不同。在实验区实行波浪式推广之后，为了满足推广活动未能波及的圈外区域农户对良种的需求，实验区在这些地区还实行特约农家的推广方式。

所谓特约农家，是指自愿申请领种改良种子并得到实验区认可的农民，他们较普通农家与实验区有着更密切的关系，享有更多的权利，也履行实验区规定的相应义务。特约农家根据其与推广机关的密切程度及应该承担的各项义务，可逐级分为普通特约农家、表征农家、实验农家、模范农家四种。其中普通特约农家是"凡接受指导，实行一种新农业活动，如种改良种子或采取新式肥料等与推广部订立合约的农户"。这类农家主要是作为农业推广的对象而存在，是推广机关于推广之初在农村社会寻找切入点的主要形式，自身并不承担将改良品种向附近推广的责任。随着推广工作的深入，这类普通特约农家会发展为表征农家、实验农家和模范农家。其中表征农家是从普通特约农家中择其成绩优良者选任，表征之意在于这类农家"能将其结果，表征于其他农民"。实验农

---

① 《金陵大学农学院农业推广部特约农家规程》，中国第二历史档案馆藏金陵大学档案，全宗号 649 案卷号 1953。

家是特约农家的更高形式,这类农家已经从推广工作的对象变为推广工作的参与者。在金陵大学农业推广部制订的《特约农家规程》中指出,所谓的实验农家,指的是"凡愿与推广部合作,举行各种实验工作(如种子区域实验)者"。而对那些"能全部采用新农业方法成绩优良,又能热心参加社会事业"的农户,金陵大学农业推广部使之成为模范农家。[①]

就乌江地区的农业推广而言,特约农家主要是特约棉农。实验区为了保证特约农家美棉种植的成效,规定每家的美棉种植面积以 10 到 15 亩为限。特约棉农领种实验区无偿发放的棉种,在收获棉籽后由实验区按原量加六成无偿收回。在耕种方法上,特约棉农完全受实验区指导,采用金陵大学的种植方法,推行条播与散播,行距为 2 市尺(1 市尺合1/3 米),株距为 1 市尺。在棉株生长期间,实验区农业推广人员会定期前来给予田间指导,特约棉农要配合推广技术人员的工作,并按期进行田间除草和中耕。在收获时,特约棉农的棉花由实验区轧花厂轧花,并由棉花运销合作社代为销售。[②] 特约农家如果不能履行相应义务,实验区有权取消其特约身份。

关于乌江特约农家的多少并没有完整的统计,但从实验区颁布的各种规定来看,实验区对特约农家的数量应有较为严格的限制。如 1934 年实验区规定申请成为特约棉农的农户"以 30 户为止"。可见特约农家的增长幅度极为有限。而从实际情况来看,该年在推广圈之外的申请成为特约棉农的农户也仅有 12 户,领取棉种 600 斤,播种面积仅 62 亩。[③] 从特约农家对于农业推广的绩效看,特约农家由于在整个农业生产过程中采取了更为科学合理的技术,往往能取得更好的收益。这种直观的效果对周围农民有着很好的示范推广作用。如在 1933 年,"农民鉴于美棉

① 《金陵大学农学院农业推广部特约农家规程》,中国第二历史档案馆藏金陵大学档案,全宗号 649 案卷号 1953。

② 《乌江农业推广实验区二十三年度工作报告》,载《农业推广》第 9、10 期合刊。

③ 《乌江农业推广实验区二十三年度工作报告》,载《农业推广》第 9、10 期合刊。

之丰收及得种籽困难,本区在购回种籽时发生困难"。农民不愿意根据合同将收获的棉种返还给实验区,一方面可见美棉在乌江受欢迎的程度,以及在当时棉种颇为紧缺的事实;另一方面也反映了特约农家为了维护眼前短暂的利益,往往视与实验区订立的合同于不顾,从而使得通过特约农家购回的良种极少。因此,通过特约农家来培育良种的目的并没达到。在1933年的实验区工作报告中,工作人员就认识到"特约农家之知识程度太差,及利用特约农田,以繁殖改良为不可靠之事"①。

三 乌江农民与良种推广

农业推广是要将农业科技成果介绍给农业经营者并进行实地应用,因此农民的态度好坏对于农业推广的成败是至关重要的。乌江的良种推广事业为我们展示了一幅农民从抗拒到认同再到参与其中的生动图景。

1923年,李洁斋来到乌江开展览会进行美棉宣传,并免费为农家散发棉种,但是他的举措在当时并没有得到农民的响应。在展览会现场,"农人看见台上讲员,取出爱字棉时,彼此相告曰,此乃洋棉花,不合乌江水土,切莫试种"。当时,李洁斋在示范棉场附近免费发放棉籽赠券数百张,令持券前往纪家祠堂领取爱字棉种十斤,农民不仅互相传言美棉不符乌江水土而不愿领种,即使在领到棉种后,"以致投入粪坑或饲牛","或以换油佐烹饪"。以至于当年推广人员虽多方努力,仅仅有九户农家种植美棉,②而"愿意采用种子者,反以穷苦之农户较多,因彼等身无长物,家无储粮,不忧人之敲诈也"③。可见在推广之初,农民的保守心态对推广工作造成了很大的阻碍。

当时的推广人员也多抱怨农民愚昧守旧,不愿意采用良种,以致妨

---

① 《乌江农业推广实验区工作报告(1933年10月—12月)》,载《农业推广》第8期。
② 周明懿:《谈谈乌江农业推广事业》,载《农林新报》第11年第30、31期合刊。
③ 蒋杰:《乌江乡村建设研究》,南京朝报印刷所1935年版,第75页。

碍了美棉在乌江的传播。但事实上，从农民的立场来看，他们的保守显然是基于自身的生产经验，对投入产出进行权衡之后而形成的一种判断。在缺乏可以信赖、可以感知的经验时，农民更愿意相信自身长年累月形成的耕作方式而不是抽象的现代科技成果。在农民看来，改种美棉更多的是代表选择了一件铤而走险的事情，以至于只有那些没有成本投入的"穷苦之农户"才愿意选择。

但是，良种推广的目的是谋求农业科技改良的普及，使生产增加，农民生活得到改善。这和农民的利益并不矛盾，反而恰恰表达了农民和农业生产的内在要求。改良品种相对于当地土种，具有明显的优越性。以爱字棉为例，其无论是在产量还是在质量上都远远优于土种。美棉每亩可产子花 70 斤，皮花 36 斤，而本地棉亩产子花仅 30 斤，皮花 24 斤。在价格上本地棉子花售价每担为 10.7 元，而爱字棉为 13.3 元，售价平均每担高出 2.6 元。[1] 加上起初农林科对种植美棉的农家免费提供棉种并进行田间耕作指导，种植美棉的收益远远大于本地棉。

但是在推广之初，乌江农民仍然需要身边活生生的例子来证实美棉的优越性。

1923 年天公作美，种植美棉的九户农民取得丰收。不仅如此，在郭仁凤先生的帮助下，金陵大学还为他们提供轧花机轧花，以每担高于本地花价两元的价格回收棉花。在李洁斋的组织下，九户所收棉花都堆放在祠堂的门前开乡民大会，对成绩优秀者进行奖赏，邀请九户农家"一一登台，说明种植爱字棉的经过，及收获量之增加，给价之优厚"。俨然一台现代版的商业推广秀。同时，金陵大学租种的示范棉场里种植的棉花也同样吸引了农民的眼球。与土种相比，爱字棉"每株结铃甚多，棉株高大，是凡过路农人，无不景仰钦佩"[2]。在这种态势下，农民最初因愚昧保

---

[1] 蒋杰：《乌江乡村建设研究》，南京朝报印刷所 1935 年版，第 75、145 页。
[2] 周明懿：《谈谈乌江农业推广事业》，载《农林新报》第 11 年第 30、31 期合刊。

守而生的抗拒逐渐转变为认同和信任。到了 1927 年，农民已经由被动接收棉种改为主动"纷赴农村改进部接洽良种"①。到了 20 世纪 30 年代实验区成立后，棉种的供给已经无法满足乌江农民的需求，从而出现了上文提及的棉农收获后不愿意将棉种卖给实验区而留备自用的现象。1931 年 4 月 3 日，农推会委员张宗成、钱天鹤一行赴乌江考察实验区成立情况，记录了一个生动的场景。"正进行间，忽见有乡人在道旁播种棉种，视之，种籽甚劣，怪而询之，乡人答曰：'此系小花种，吾等亦知其不佳。'又以手指周明懿曰：'此位先生有好种，但吾等向其索取时，已分散完矣。'"②从这位棉农朴实的话语中可以看出 20 世纪 30 年代初乌江农民对于美棉的认可程度。农民的认可，加以种源有限，以至于在 1933 年秋季，"农民鉴于美棉之丰收价昂及得种子困难"，实验区在"购回种子时发生困难，虽每担加价一元，购回之数量极少"。"因农人感觉以往要种子困难，不愿交出。"③农民这一"理性"的举动折射出美棉推广已经深深走入乌江农民的生活。

到了 20 世纪 30 年代中期，农业推广不仅成为乌江农民日常生活的中的重要组成部分，更重要的是，农民也开始介入到乌江农业推广的体系中，并成为推广环节中重要的一环。以美棉推广为例，在美棉推广过程中，并不是所有的农户种植的美棉都来自实验区，棉种在农民亲戚邻里之间互相传播本是情理之事，但这种传播却无形中推动了推广事业的扩展，棉农也无形中成为了美棉推广的"工作者"。实验区鉴于棉种的不足和农民对美棉的信任，开始有意识地利用农家培育棉种，以作进一步推广之用。虽然成效并不理想，但是却在制度上使得农民不仅成为美棉推广的对象，也成为美棉的推广者，更深入地介入整个美棉推广的

---

① 蒋杰：《乌江乡村建设研究》，南京朝报印刷所 1935 年版，第 74 页。
②《调查乌江农业推广实验区报告》，中国第二历史档案馆藏金陵大学档案，全宗号 649 案卷号 2090。
③《乌江农业推广实验区工作报告（1933 年 10 月—12 月）》，载《农业推广》第 8 期。

事业之中。与此同时,农民也通过自己的实践行为介入推广宣传。如从 1923 年就开始种植美棉的农户王在山,在此后"无一年不种爱字棉,逢人诉说他所获得之利益",间接影响了很多农民。① 从 1935 年到 1937 年,实验区连续举办了三届农事展览会,该会是宣传农业推广、展现推广成果的重要形式,乌江农民广泛参与其中。他们不仅是展览会的主要参与者,而且还是展会展品的主要提供者。如 1936 年的展览会,三天累计参加的农民高达 23 000 余人次。并且,因"陈列品来源,又大部分以农民所有者为本位","迄开会之日,农民仍络绎不绝送来(展品)"。② 在展览会上,农民们不仅学习别人的生产经验,而且本身也成为经验的推广者。

第三节 合作事业

合作运动是 20 世纪二三十年代中国社会一种具有重要影响的思潮和实践。作为该运动思想根源的合作主义最早兴起于 19 世纪西方的空想社会主义运动。其倡导者主张通过建立合作社的形式把消费者联合起来,本着自助互助精神,协同合作力量,来确保合作社社员的社会地位与经济利益,并试图通过发展合作社的办法来解决社会不公,取消剥削和利润,使资本主义自行灭亡。因此从合作主义所体现的精神来看,合作制度就是在平等互助的前提下,谋求生产者和消费者之间的直接联络,废除中间人,免其从中牟利,同时在此过程中培养民众的自治力和组织力,免除社会的罪恶与贫困,使人类进入所谓的"大同境界"。从某个方面讲,这些主张在一定程度上代表了社会上广大劳动者尤其是社会下层民众的利益与要求。虽然 20 世纪上半叶中国的资本主义并没有发展到足够的程度,但是合作学说所具有的社会变革性及其关注弱势群体的

① 周明懿:《谈谈乌江农业推广事业》,载《农林新报》第 11 年第 30、31 期合刊。
② 任碧瑰:《乌江第二届农事展览会概况》,载《农林新报》第 12 年第 30、31 期合刊。

特性,迎合了中国社会之需要,因而引起了知识分子的共鸣。国民党政府把合作主义和制度作为解决民生问题的主要途径,视为改良社会"最稳妥、最切实、最合于民生主义"的方法。社会团体、民间机构和乡村建设机关也把开展合作作为解决中国近代乡村经济凋敝难题的一个现实的策略选择。① 这使得 20 世纪 30 年代中国的乡村合作运动如火如荼。

华洋义赈会是近代中国乡村合作机构的创办者,其在组织机构和运行策略上的成功经验多为后来的合作机构所仿效。金陵大学与华洋义赈会有着广泛的合作关系,在 20 世纪 20 年代就曾在南京郊区举办华洋义赈会领导下的合作实验。在 20 世纪 30 年代乌江实验区成立后,金陵大学将合作事业引入乌江建设中。在乌江实验区,合作事业包含了农产运销、信用合作和鱼种饲养等几个方面,其中以信用合作最具成效。

一 棉花生产运销合作

乌江合作事业最早开展的是美棉的运销合作。最初的意图在于将分散的棉农棉花集合起来进行大量的售卖,以减少中间环节的盘剥,增加农民收益。1926 年,金陵大学在乌江推广棉花成绩斐然,但由于小贩和当地棉行在收购棉花时故意压低良种棉花价格,致使销售不畅。有鉴于此,金陵大学农业经济系徐澄教授倡导农民组织合作社——名为"乌江农产买卖信用合作社"——以运销良种棉花,将农民所产的良种美棉直接运往工厂销售,以免被棉商辗转中饱。当年,共有 25 位农民参加了合作社。棉花用金陵大学自制的打包机打包后送至无锡申新纱厂销售,共运销美棉 30 余石。除去各种运费和机械费用 193 元外,与当地棉价相比,25 位棉农共获利 400 余元。② 这次运销虽然规模较小,取得的成

---

① 赵泉民:《困境中的选择——对国民党乡村合作运动政策确立过程的论析》,载《社会科学研究》2003 年第 6 期。
② 蒋杰:《乌江乡村建设研究》,南京朝报印刷所 1935 年版,第 78 页。

绩也有限，但其成功的运行使乌江美棉名声大噪。不仅乌江本地棉行开始仿效合作社的打包运输方式，无锡等地纱厂也因乌江美棉品质精良，于翌年前来乌江收购。

其后由于北伐战争的影响，过境军队较多，运销合作事业难以再有作为。直到实验区成立以后，随着良种推广的深入，组织运销合作的要求才再次被提出。1931年长江大水灾后，乌江地区受灾严重，不仅当年推广的良种收成极微，而且由于种子的匮乏直接威胁到来年的耕种。有鉴于此，乌江实验区经过反复交涉，于1932年春得到上海基督教协进会借款3 000元，又商得水灾救济委员会宁属区借得美麦50吨，在乌江地区组织种田会23所，其中江苏省江浦县境内15所，和县境内8所，每处种田会均设有理事主席、理事兼文书、理事兼会计、监事主席和监事，以救济灾区农民恢复种田。当年，两县共有457户农户加入了种田会，各处种田会共向实验区借款2 950元，借麦73 090斤，涉及的会员家庭人口2 971人，会员播种田亩总计8 241亩。从实验区设立种田会的宗旨来看，一方面是为了"以共同负责的团体向外借贷作恢复种田之用途"，使此时已经陷入低谷的乌江实验事业得以为继；另一方面，实验区也有目的地通过设立种田会来组织民众，"作组织合作社之准备"。[1] 在当时，加入种田会者，"多半无力耕种之家，全体借债总额，达72 491元，其中亦有20％为不欠债之户，但多无米为炊，无种下种。会员中自耕农居多，占60％，佃户14％，其余为半自耕农，盖因佃户有地主为之接济，反觉其有办法"[2]。而从实际成效来看，种田会的组织对于帮助乌江农民灾后的生产自救起到很大作用，而且种田会也的确为来年组织合作社提供了很好的基础，很多合作社都是直接在种田会的基础上发展而来。1935年，蒋杰

①《乌江农业推广实验区工作概况（1934年7月）》，中国第二历史档案馆藏金陵大学档案，全宗号649案卷号2090。

②《乌江农业推广实验区工作概况（1934年7月）》，中国第二历史档案馆藏金陵大学档案，全宗号649案卷号2090。

在对乌江事业进行总结时也指出,1932 年初种田会的组织"实则已为今日合作社之良好雏形"①。

1933 年 5 月,在乌江信用合作社联合会资助下,实验区成立了乌江棉花生产运销合作社,组织美棉运销,社员共 160 人。1933 年度,合作社共运销爱字棉 97 担,普字棉 157 担,"由社中轧花打包后,分两批运往无锡申新、庆丰两纱厂销售……除去轧花、打包、转运、保险、折秤、利息等费用外,每担棉绒可多得三元"②。这次运销,为农民争取到很好的经济效益,在农民中留下了良好的口碑。

1934 年 7 月,因信用合作社联合会本身业务繁杂,无暇兼顾,棉花生产运销合作社乃另立新组织,定名为"乌江农村保证责任棉花生产运销合作社"。合作社以社员代表大会为最高权力机构,下设由监事会和理事会组成的社务委员会,负责处理日常事务。合作社改变了过去单纯强调增加农户经济收益的宗旨,对于增进农民知识、改良农业技术也给予相当关注,其目标确定为"谋社员数量之增加,技术之改进,使其经济与生产能力逐渐发展"③。

1934 年,实验区为保证棉种的纯洁度,在农民领种之时就规定所有领种者必须加入棉花生产运销合作社,从而使合作社规模迅速扩充。当年,249 户领种棉农全部入社,加上先前领种美棉的农家,该年度共有 440 名棉农参加合作社。根据合作社此后对合作社社员进行的调查,合作社的主体由自耕农和半自耕农构成,他们占据了合作社成员的 81%。在合作社社员播种的 4 657 亩棉田中,有 3 448 亩是改良美棉,占社员全部播种棉田的 74%。

---

① 蒋杰:《乌江乡村建设研究》,南京朝报印刷所 1935 年版,第 133－134 页。
② 蒋杰:《乌江乡村建设研究》,南京朝报印刷所 1935 年版,第 125 页。
③ 实验区经济组:《乌江农村保证责任棉花生产运销合作社之工作》,载《农林新报》第 11 年第 30、31 期合刊。

表 9 棉花生产合作社社员成分分析(1934 年)①

	自耕农	半自耕农	佃农	总计
人数(人)	198	158	84	440
百分比(%)	45	36	19	100

美棉运销合作社的主要工作包括三方面内容。第一是接受社员股金。1934 年合作社共接受社员股金 426.5 元。第二是联络银行和其他机关开展生产贷款。1934 年前来借款的社员为 372 人,借款金额为 3 395.3 元。第三是组织棉花运销。合作社借用实验区轧花厂设备轧花,经过分级打包后交民船运至南京下关,再交船运公司运往上海,委托全国棉花产销合作社代卖。1934 年,合作社共运销爱字棉 240.86 担,普字棉 63.34 担。② 和 1933 年相比,合作社运销的棉花中,美棉的比例有了大幅度提高。1935 年,在实验区的指导下,棉花生产运销合作业务得到进一步扩大,平均每担皮花价格比本地高出 10 元以上,"增加了棉农社员的收入不少"③。

表 10 棉花生产运销合作社业务状况(1933—1935 年)

	社员数(人)	运销总量(担)	生产贷款额(元)
1933	160	254	
1934	440	304	3 395
1935	246	801	1 789

资料来源:1933 年数据参见蒋杰《乌江乡村建设研究》,南京朝报印刷所 1935 年版,第 124 页。1934 年数据参见实验区经济组《乌江农村保证责任棉花生产运销合作社之工作》,载《农林新报》第 11 年第 30、31 期合刊。1935 年数据参见《合办乌江农业推广实验区工作报告(1935 年 6 月—1936 年 3 月)》,载《农业推广》第 11 期。

---

① 实验区经济组:《乌江农村保证责任棉花生产运销合作社之工作》,载《农林新报》第 11 年第 30、31 期合刊。
②《乌江农业推广实验区二十三年度工作报告》,载《农业推广》第 9、10 期合刊。
③《合办乌江农业推广实验区工作报告(1935 年 6 月—1936 年 3 月)》,载《农业推广》第 11 期。

二 信用合作社与合作社联合会

1931 年 10 月,在实验区面临严重危机之时,上海商业储蓄银行决定到乌江组织信用合作社,并依靠实验区的组织力量加以推进。到 1932 年冬,又经金陵大学和上海商业储蓄银行商议,将合作活动归实验区办理,银行仅负责流通金融。[①] 到 1933 年,又因上海商业储蓄银行内部事业变更计划,乌江信用合作事业交实验区独自办理。

合作事业的开办需要民众具备相应的组织基础和思想准备,因此在合作社开办之初,由于民众缺乏合作经验,信用合作社实际上完全由实验区工作人员代为按章组织成立。上文提及种田会的组织为此后合作社的创办积累了经验,但在创办之前,实验区不得不派人赴各乡进行较为广泛的信用合作宣传,告知农民合作社的好处和办理方法。实验区的通常做法是,"每于设立新社之前,必先设合作社训练班一次,凡欲加入者应受一星期之训练。除教授合作原理,及各种章程条规外,又加授各种常识,如公民、健康之类"[②]。然后由社员选举合作社理事和监事,将各社行政事宜交由各社理事会负责主持,而实验区负责监督指导之责。

在实验区的悉心指导下,乌江信用合作事业发展很快。到 1934 年初,合作社已经达到 33 个,社员 711 人。

表 11　乌江信用合作社发展情况(1931—1933 年)

	社数(个)	社员数(人)		社数(个)	社员数(人)
1931	11	210	1933	33	711
1932	26	520	1934	20	465

资料来源:乌江实验区经济组:《乌江合作事业概况》,载《农林新报》第 12 年第 1 期。1934 年数据参见《乌江农业推广实验区二十三年度工作报告》,载《农业推广》第 9、10 期合刊。该年度社数和社员数减少的原因是实验区将属于江浦县的 13 个信用合作社交给江浦县政府指导。

[①]《乌江农业推广实验区二十三年度工作报告》,载《农业推广》第 9、10 期合刊。
[②] 蒋杰:《乌江乡村建设研究》,南京朝报印刷所 1935 年版,第 113–114 页。

随着合作事业尤其是信用合作的开展，实验区对合作社的督导工作急速增加。为了让乌江民众参与到合作社的管理工作中，更好地体现农民"自办"合作事业的原则，同时也为了加强各合作社之间的联系与合作，实验区决定成立一个合作社联合会，作为救济乌江乡村金融的总机关。于是在 1933 年 5 月，33 个信用合作社和美棉运销合作社、老程村养鱼合作社总共 35 个合作社成立了"乌江农村信用兼营合作社联合会"。其宗旨在于"联络会员感情，传播合作知识，保证社员权利，督促会员社务，扩充该会业务"①。联合会下设理事部和监事部负责具体工作，实验区仍负责进行指导，职员薪金也由实验区支付。

1934 年秋，江浦县政府鉴于合作事业对于农村经济的重要性，拟定了全县合作事业发展计划。当时乌江农村信用兼营合作社联合会中有 13 个合作社地处江浦境内，经该县县长一再与实验区磋商，要求将本区所指导的 13 个信用合作社交给江浦县办理，"以为本县合作事业的基础"②。于是 1934 年 12 月，实验区将此 13 个社移交江浦地方，当时 13 个社共有社员 286 人。

经过 1933 年的迅速扩充之后，在 1934 年，信用合作社的发展速度放缓。该年度，不仅没有成立新社，而且还将地处江浦的 13 个社交给地方政府办理。而从原有各社内部的社员的增长情况来看，剩余的 20 个信用合作社在该年度仅新增社员 46 人（另有 12 人退出合作社），远远低于先前的增长幅度。③ 如上所述，1934 年是乌江事业全面扩展的一年，而在此时合作事业发展放缓速度，主要是由于实验区开始注重健全合作社的组织，加强原有各社的内部训练，而不单纯追求数量和人数的扩张。

---

① 蒋杰：《乌江乡村建设研究》，南京朝报印刷所 1935 年版，第 128 页。
②《乌江农业推广实验区二十三年度工作报告》，载《农业推广》第 9、10 期合刊。
③《乌江农业推广实验区二十三年度工作报告》，载《农业推广》第 9、10 期合刊。据记载，1933 年有 3 人退出，192 人入社；1934 年有 12 人退出，46 人入社；1935 年有 22 人退出，62 人入社。参见《乌江农村信用兼营合作社联合会概况》，中国第二历史档案馆藏金陵大学档案，全宗号 649 案卷号 2100。

为使各信用合作社社员明了合作意义和具体社务,实验区利用农闲时间分赴各社举办为期两天的社员训练。这类训练带有强迫性质,对于不参加训练的社员,实验区将取消其来年接受春季信用贷款的资格。在1935年,实验区共举行7次此类训练,参加的合作社有22个,出席社员共计395人,缺席社员79人。[1] 在这类社员巡回训练后,实验区进一步加强了对合作社领袖的训练。为此,实验区举办了多次合作社讲习会,召集各社理事和监事,聘请上海商业储蓄银行的工作人员和金陵大学教师讲解合作要义。如在1936年3月举行的讲习会上,就有来自23个合作社的监事40人、理事55人和会计18人出席,教员则为上海商业储蓄银行的王立我先生和金陵大学的欧阳润华先生、李惠谦先生。[2]

1935年7月,实验区开始在部分合作社实验金陵大学石德兰教授的合作理论,但成效不佳。1936年,实验区逐渐将合作事业交由地方自办。从该年1月起,假若信用合作社联合会经济自立,"一切开支,完全由该会自行担负",逐步将合作事业纳入地方建设。[3]

表 12　乌江农村信用兼营合作社联合会资产负债表(1934 年)[4]

负债情况(元)		资产情况(元)	
公积金	275.38	信用透支	55
营业准备金	502.98	零星放款	7 059.37
入社费	95	仓库	23 098.5
储蓄存款	2 226.95	往来透支	5 542.44
银行来往	23 571.94	货物押运	2 000
应付利息	1 271.5	暂记欠款	367.25
暂时存款	2 053.57	应收利息	1 512.85

---

[1]《合办乌江农业推广实验区工作报告(1935 年 6 月—1936 年 3 月)》,载《农业推广》第 11 期。
[2]《合办乌江农业推广实验区工作报告(1935 年 6 月—1936 年 3 月)》,载《农业推广》第 11 期。
[3]《合办乌江农业推广实验区工作报告(1935 年 6 月—1936 年 3 月)》,载《农业推广》第 11 期。
[4] 乔启明:《金陵大学推行农村合作事业之理论与实践》,载《农林新报》第 13 年第 28 期。

负债情况(元)		资产情况(元)	
盈余	1 376.67	生财	482.47
		现金	1 257.11
合计	31 737.99	合计	41 374.99

　　20 世纪 30 年代是乌江信用合作事业发展的鼎盛时期,也是我们了解乌江合作事业发展状况的重要阶段。一个重要的问题是,信用合作事业的群众基础是什么人? 因此有必要对信用合作社的人员构成进行考察。乌江的信用合作社虽然涉及农村社会的各个阶层,但其主体却是拥有一定经济基础的自耕农和半自耕农。1932 年,实验区曾对 26 个信用合作社的 520 名社员的身份进行了调查,调查结果显示其中自耕农占全部社员的 73%,半自耕农占 17.5%,是社员最主要的组成部分。[①] 这表明信用合作对于农村中的中等收入家庭最有吸引力。地主和富农由于拥有富余资金,他们受金融问题的困扰较少,没有进行信用合作的需要。而佃农则由于经济贫寒无法缴纳股金并维持信用,往往无法入社。正所谓"合作社为中产以下人民结合的相互之金融组织,富人以责任关系,不愿加入,穷困者信用未著,不能加入,所能加入为社员者,盖为一般平素勤劳刻苦,能在社会上流通金融顾全信用之受人剥削者"[②]。

　　信用合作社的业务种类繁多,但其最重要的工作则为信用放款和举办农业仓库。尤其是信用放款,被认为是缓解乡村金融枯竭状况的重要手段。

---

① 蒋杰:《乌江乡村建设研究》,南京朝报印刷所 1935 年版,第 122 页。
② 乌江实验区经济组:《乌江合作事业概况》,载《农林新报》第 12 年第 1 期。

表 13　1931—1934 年乌江信用合作社历年借款数量及分配情况①

	放款总额（元）	借款社数（社）	借款人数（人）	平均每社借款（元）	平均每人借款（元）
1931（秋）	4 900	4	63	1 225.00	77.78
1932（春）	9 700	8	147	1 212.50	65.99
1932（秋）	13 515	12	243	1 126.25	55.62
1933（春）	14 805	15	277	987.00	53.45
1933（秋）	36 820	31	658	1 187.74	55.96
1934（春）	1 820	2	53	910.00	34.34
1934（秋）	27 239	20	457	1 361.95	59.60

从表 13 可以看出，信用放款的发展颇为迅速，营业资金也随着合作社的扩展逐年增加。当时的工作人员就意识到，这一局面"对于社员之经济生活，虽不能谓达到改善之目的，但实不无小补"。但是同时我们也看到，放款总额虽逐年增加，但社员人均借款额度几年来基本保持不变，并且还因合作社规模的扩大而略有下降。在当时乡村资金严重短缺的局面下②，考虑到信用合作的目的主要是流通农村金融，信用放款对于推动农业生产的作用便大打折扣。1933 年秋，实验区对向合作社借款的 658 名社员的借款用途进行调查，偿还债务和购买口粮成为借款最主要的用途，而用于农业生产的资金却相对有限。

---

① 参见张剑《农业改良与农村社会变迁——抗战前金陵大学农学院安徽和县乌江农业推广实验区研究》，载章开沅、马敏主编《基督教与中国文化丛刊》第 3 辑，湖北教育出版社 2000 年版，第 280 页。

② 实验区在 1933 年 8 月曾对 530 名信用合作社社员进行调查，530 人负债总额为 106 110 元，平均每人约 200 元，考虑到信用社社员多为农村中的中产之家，当时乌江的金融枯竭状况可见一斑，这也可以解释为什么还债成为社员借款的主要用途。参见蒋杰《乌江乡村建设研究》，南京朝报印刷所 1935 年版，第 122 页。

表 14　乌江信用合作社社社员借款用途统计表(1933 年)①

用途	还债	口粮	种子	买牛	肥料	农具	利息	其他
占比	41％	29％	14％	8％	3％	2％	2％	1％

农业仓库是信用合作社另一项重要业务。因农村金融枯竭,农民于收获后将谷物贱卖以还债或应急需,而到青黄不接之际又不得不高价购买粮食以维持生计,从而造成恶性循环。办理农业仓库的初衷,就是要打破这种循环,农民在收获后将多余的谷物抵押在农仓以换得资金,收取微薄的利息,农民可于归还款项后取回谷物。

1932 年,在上海商业储蓄银行的资金支持下,乌江农仓正式成立。农仓设在实验区附近,共可储放稻谷 1 万余石。1933 年起,农仓业务改由信用社联合会向银行透支款项接受农户抵押。随着业务的扩展,前来抵押的农户越来越多,这使得距离较远的农户将粮食运往农仓的成本随之增大。尤其是在农作物价格较低的时候,运费成本使得将粮食运往农仓抵押反倒不如在当地直接出售更为经济。因此乃有在各处设立分仓的主张。1935 年,张家集分仓成立,当年共抵押稻谷 200 石,价值600 元。

表 15　乌江农仓历年粮食抵押情况②

	农作物数量(石)	放款(元)	盈余(元)
1932	2 702.4	8 733.88	
1933	4 340.6	9 549.37	1 261.9
1934	6 082.6	23 098.5	1 376.6

---

① 乌江实验区经济组:《乌江合作事业概况》,载《农林新报》第 12 年第 1 期。
② 1932年至1935年春数据参见蒋杰《乌江乡村建设研究》,南京朝报印刷所 1935 年版,第 133 页。1935 年秋数据见《合办乌江农业推广实验区工作报告(1935 年 6 月—1936 年 3 月)》,载《农业推广》第 11 期,其中张家集分仓抵押稻谷 200 石没有计算在内。1936 年数据见《乌江实验区工作报告(1936 年 4 月—6 月)》,载《农业推广》第 12 期,其中农作物包括稻 4 321.1 石,米 1 301.7石,其他243.22石。

	农作物数量（石）	放款（元）	盈余（元）
1935 春	9 082.2	27 973	
1935 秋	3 822.7	18 537.2	
1936	5 866	21 654	

从农仓的运作状况看，农民抵押的谷物大多能按时赎回。银行能够通过这种放款有所谋利，更为重要的是使农村金融得以流通。鉴于农仓的重要性，实验区于 1936 年秋拟进一步"扩大农仓组织，并与省管理处合作借款，于每乡农会所在地设一总仓，各合作社设分仓"，并预计本年度农仓用于抵押的借款可至 10 万元。[①]

三　其他合作组织

1. 养鱼合作社

1933 年 7 月 27 日成立的老程村养鱼合作社，由信用合作社社员及农会会员联合经营。合作社由实验区进行指导，银行在经费上给予资助，以村旁的韩家湖为养鱼场，面积 525 亩。合作社共有社员 52 人。1933 年，合作社共放养鱼苗 5 万尾，到 1934 年冬捕获鱼 33 担，售洋 264元，社员获利不少。[②]

2. 猪肉消费合作社

猪肉在当时的乡村社会是一种奢侈的消费。1935 年，乌江镇仅有猪肉案三处。这三处肉案相互联络，在购买农户毛猪的时候压低价格，而在出售猪肉的时候又抬高价格，使得养猪农户和普通购买者都深受其苦。"卖猪的农友，猪是被肉案抬去了，可是对价是很远的事，低压市价倒还是小事，不按期给钱，倒是令人不可再忍。有时间他叫卖猪农友，以

---

① 《乌江实验区工作报告（1936 年 4 月—6 月）》，载《农业推广》第 12 期。
② 蒋杰：《乌江乡村建设研究》，南京朝报印刷所 1935 年版，第 125 页。

吃猪肉还债办法,可是称猪的时候,即便是对不足两的称,不讲话,可是半斤肉里带有一半的骨头,令人怎能再装哑呢? 农人对于这是痛恨极了。"①1935 年底,在乌江农会的组织下,乌江民众组织了猪肉消费合作社。合作社以"共同消费、共同运销和共同加工"为目的,将合作社社员分为正副社员两类,其中所有农会会员为正会员,而副会员为年满 20 周岁、无不良嗜好的非农会会员(须符合下列条件之一:自家养猪一头或有猪肉消费能力)。

以乌江农会为核心组织的猪肉消费合作社对原来商人垄断猪肉收购和销售的局面造成了很大震动。在合作社成立的当天,"猪肉的市价即告跌落,由六十几枚一斤的猪肉立刻跌倒四十八枚一斤,全镇空气因而受到一个大震动"②。

第四节　培育农民组织——乌江农会

金陵大学在乌江培育农民组织始于乌江实验区的成立。实验区成立之初,由孙友农负责乌江农民教育和农民组织工作。1931 年初,孙友农在乌江组织成立了 13 处农民夜校,由实验区工作人员轮流赴各村授课。但是到了 4 月中旬农忙季节开始后,农民夜校无法正常开课,孙友农于是将精力转移到培育农民组织上来。他"天天在茶馆演讲,集合农民夜校的朋友,与新认识的朋友,共计 50 余人,想成立一种农民组织"。当时恰逢国民政府颁布《农会法》,孙友农于是暂借实验区轧花厂设立了一个临时茶园,农人喝茶谈天,他则在其中进行演讲,宣传成立农会组织。③ 孙友农后来回忆自己在组织乌江农会的方法时提到,要"时常与农民接近,用真实诚恳,唤起农民灵魂,使他们知道地位低,生活苦,与后患

---

① 《合办乌江农业推广实验区工作报告(1935 年 6 月—1936 年 3 月)》,载《农业推广》第 11 期。
② 《合办乌江农业推广实验区工作报告(1935 年 6 月—1936 年 3 月)》,载《农业推广》第 11 期。
③ 周明懿:《谈谈乌江农业推广事业》,载《农林新报》第 11 年第 30、31 期合刊。

不堪,以启发农民求生求进与向上之决心"①。这段回忆正反映了他发动乌江农会的宣传经历。

1931 年 4 月,孙友农到和县县农会请求指导成立乌江镇乡农会,并呈文县政府备案,中间经过多次反复后才获得"许可",并于 10 月 31 日举行第一次选举成立大会。大会选举范管臣为干事长,孙友农为副干事长;另选举腾锡纯、许正安、颜滋才、庆承灿等为干事。农会会员必须为年满 20 岁的本区人,具有农会法规规定资格,由两名本会会员介绍入会。农会"会费由会员担任,每年不超过银币 1 元;特别费由会员乐意捐赠;补助费由地方政费在地方财政下补助,但不得超过本会会费的20%"②。农会虽然已经成立,但政府批文迟迟没有下达。直到 1932 年,和县县政府才正式"准予备案"③。

新成立的乌江乡农会在章程中规定,农会的宗旨在于"发展农村经济,增进农民知识,改善农民生活而图农业之发达"④。但是在成立之初,乌江农会却很少注目于改进农业和农村经济。作为乌江农会的缔造者和组织者,孙友农认为乌江农会的成立带有一层农民运动的色彩,目的是为了更好地维护农民权益。在实验区对农会进行"指导训练之时,竟使民众猛省土豪劣绅之贪婪,而土豪劣绅则嫉实验区之深入民间,暴露其劣迹,遂积极的联合贪官污吏以与实验区为难,首先受其攻击者即为农会"⑤。由于农会的诞生对乌江乡村社会现有的权力格局带来了冲击,激起了相关势力的不满和抵制。孙友农在 1933 年总结乌江农会发展过程时便说道:"'乌江农会'过去的力量,完全用在对人的方面,——对贪

① 孙友农:《安徽和县乌江乡村建设事业概况》,载乡村工作讨论会编《乡村建设实验》第 1 集,中华书局 1934 年版,第 108 页。
② 孙友农:《乌江农会概况》,中国第二历史档案馆藏金陵大学档案,全宗号 649 案卷号 2097。
③ 蒋杰:《乌江乡村建设研究》,南京朝报印刷所 1935 年版,第 136 页。
④ 孙友农:《乌江农会概况》,中国第二历史档案馆藏金陵大学档案,全宗号 649 案卷号 2097。
⑤ 《乌江农业推广实验区计划(1932 年—1933 年)》,中国第二历史档案馆藏金陵大学档案,全宗号 649 案卷号 2090。

官、劣绅、区长、公安局、流氓、乞丐——没有作什么事业。"①孙友农在《乌江农会概况》一文中总结了乌江农会在 1932 年为农民所做的几件事情:(1) 训练,取演讲方式,启发民众心灵;(2) 办壁报和读书会;(3) 把扰乱农村的盐务缉私兵赶出农村;(4) 请愿县政府减免钱粮;(5) 举发劣绅的横行;(6) 维持农村小学;(7) 调解农村土地水利纠纷。② 这份清单表明,在农会成立之初,农民在维护自身权益的过程中所遇到的阻力是巨大的。但是乌江农会并没有因此退却,而是通过不懈的斗争逐渐确立了自己的地位。这其中最典型的例子就是对劣绅范培栋的斗争。农会成立后未及四个月,范培栋就伙同他的表亲和县县长叶家龙,认为乌江农会"迹近共产",欲借此逮捕孙友农。他们甚至还谣言恐吓:"老孙那个狗东西,非杀他不可。"在这种局面下,农会"不得不用'狗急跳墙'的办法,起而奋斗,经过两个月的战争,叶家龙终于撤职"③。

这次抗争的胜利对于乌江农会的发展意义重大,极大增进了农会对于乌江农民的吸引力,以至于在 1932 年初实验区事业陷入低谷、实验区工作人员纷纷他去之时,乌江农会的 180 名会员仍愿意担负孙友农每月 30 元的薪水,使得农会事业能够运行不辍。

随着实验区各项工作的展开,乌江农会获得了迅速发展。这首先表现在数量上。1931 年,在乌江农会登记的农民仅 53 人,但是到了 1932 年秋天,农会会员人数已经达到 420 人。1933 年,农会以乌江为中心,覆盖了周围 250 个村庄,会员达 586 人。1934 年 6 月,会员数更增加到 1 000 多名。因感觉彼此联系和工作指导均不方便,乃实行分组活动。④

从会员的出身来看,自耕农和半自耕农构成了农会的主要部分。这

---

① 孙友农:《安徽和县乌江乡村建设事业概况》,载乡村工作讨论会编《乡村建设实验》第 1 集,中华书局 1934 年版,第 113 页。
② 孙友农:《乌江农会概况》,中国第二历史档案馆藏金陵大学档案,全宗号 649 案卷号 2097。
③ 孙友农:《安徽和县乌江乡村建设事业概况》,载乡村工作讨论会编《乡村建设实验》第 1 集,中华书局 1934 年版,第 112 页。
④ 蒋杰:《乌江乡村建设研究》,南京朝报印刷所 1935 年版,第 138 页。

种情况和合作社成员的出身情况基本相同,说明实验区事业的参与者和主干力量是乡村的自耕农和半自耕农群体。1933 年,实验区曾对乌江农会下的 586 名会员进行调查,其出身情况如下:

表 16　农会会员出身情况(1933 年)①

出身	地主	半地主	自耕农	半自耕农	佃农
占比	5%	15%	40%	25%	15%

到 1934 年,农会在乌江农村社会中的作用越来越突出。蒋杰在《乌江乡村建设研究》一书中便认为,农会"在该区各项事业中,实为最有声色者"②。他将乌江农会过去取得的成就分为无形和有形两种。无形之工作,在训练民众,使之组织化、纪律化和合作化。有形之工作,包括举办读书会,创办壁报,维持农村小学;将扰乱农村的盐务缉私兵赶出乌江;向县政府请愿减免钱粮;举发贪官污吏及劣绅的横行;调查农村水利和土地纠纷;设立农民医院和农民中心茶园;等等。③

正是基于此,金陵大学于 1934 年开始将乌江农会作为实验区的"继承人"进行培养。早在实验区成立之初,金陵大学就制订了训练民众,使事业渐由"代办"达到"自办"的建设策略。农会便成为实现这一目标的重要组织机构。1934 年 1 月,金陵大学农业经济系制订了《督导乌江农民协会方案》,其目标就在于"发展一个强大健康的农民组织来推进整个社区的改进,以养成自助为原则"。此后,金陵大学更是将农会作为推动农村建设的中心在乌江进行实验。在 1934 年 10 月编制的《合办乌江农业推广实验区事业概况(第三号)》中,实验区更集中表达了这一思想。"农会系农民合法团体,为对农民本身谋福利之最适宜组织,乌江农业推

---

① 孙友农:《安徽和县乌江乡村建设事业概况》,载乡村工作讨论会编《乡村建设实验》第 1 集,中华书局 1934 年版,第 113 页。
② 蒋杰:《乌江乡村建设研究》,南京朝报印刷所 1935 年版,第 157 页。
③ 蒋杰:《乌江乡村建设研究》,南京朝报印刷所 1935 年版,第 139－140 页。

广实验区工作,农会应为最为妥当继承人,故近对农会组织正力求完善,期于数年以后,能独立担负此乡村建设工作之重任。"①在 1937 年 7 月金陵大学农学院出版的《农会推动乡村建设之实验》一书中,这一思路得到更系统、更清晰的表达。

"言乡村建设,则必有其推进之工具。而各地乡村建设辅导机关与团体所选择为工具者各不相同,大抵各有偏废,而最大缺点,则为经济与人才不能自立,外力太多,不能诱发当地农民之本身力量,以至因外力隔绝或环境变迁而中断其工作,在在皆是。今后若不另辟一新途径,则我国乡村建设恐难收实效。兹所谓新途径者何? 即集中农民自身力量,在外力指导下,负起乡村建设之责任,此种力量惟有从组织中才可产生。"②

书中所说的组织就是农会。金陵大学的乡村建设理论家认为,以农会作为推动农村建设的中心,具有明显的优点:

(1) 系中央颁布之合法团体,以之推动乡村建设,在法律上自有其地位;

(2) 农会最高的执行机关干事会,其人选为全体会员投票选出,较之七添八凑之外来领袖,胜强许多;

(3) 征收会费,维持开支,办理经济及生产事业,能经济独立;

(4) 系农民团体,可依法保障会员利益,如政治不良,土劣跋扈,贪官横行,乱匪滋扰,则可运用本身力量与之抗争。其他乡村改进团体,则显力量薄弱;

(5) 系农民自治自有自享之团体,无人存政举、人亡政息之弊。③

在金陵大学的设计框架里,农会在整个乡村实验中居于显要的中枢

---

① 《合办乌江农业推广实验区事业概况(第三号)》,中国第二历史档案馆藏金陵大学档案,全宗号 649 案卷号 2090。
② 《农会推动乡村建设之实验》,金陵大学农学院 1937 年版,第 1—2 页。
③ 《农会推动乡村建设之实验》,金陵大学农学院 1937 年版,第 2 页。

位置。1934 年以后,实验区越来越倚重农会进行各项乡村改进工作。在实验区的各种报告中,也多次提到要以乌江农会来作为实验区工作的继承者。比如在实验区 1935 年 6 月到 1936 年 3 月的报告中,作者就清楚指出:"农会为本区指导之唯一农民组织,希望相当年后,这个团体能继本区的事业。"①

由于农会所担负的重要使命,使得对农会工作进行科学指导以促进其健康发展显得尤为紧要。为切实推进农会工作,实验区为此采取了两个方面的举措。首先是缩小农会的规模范围,加强农会内部的基层组织建设。在 1933 年,乌江乡农会就因覆盖区域范围过大而实行分组活动。到 1935 年,实验区为更好地加强农民基层的组织建设,在原有的乌江农会范围的基础上,将乌江乡农会划分为几个较小的农会。1935 年 11 月,乌江农会举行了第四届职员改选大会,农会范围较前远远缩小。在此前后,实验区又在和县第二区内指导成立了张家集农会、香泉农会、濮家集农会和卓庙集农会。

各乡农会成立后,实验区开始着手推进以农会为乡村建设中心的计划。鉴于实验区所设组织众多,往往令农民无所适从,"乃统一组织,完全以乡农会为出发点,无论农民参加任何活动,须先加入农会,在农会内,复分生产组、经济组、教育组与生活组,实验区完全站在辅导地位,在辅导期间,实验区有特殊指导决定权。本着以本地经费,办本地事业的原则,推动乡农会前进"②。在这种局面下,农会组织得到迅速发展。到 1936 年,乌江农会已有会员 1 043 人,张家集农会会员 381 人,香泉农会会员 423 人,濮家集农会会员 235 人,卓庙集农会会员 210 人。③ 可谓规模空前。

在乌江各处分设农会组织的同时,实验区对农会事业的指导宗旨也

①《合办乌江农业推广实验区工作报告(1935 年 6 月—1936 年 3 月)》,载《农业推广》第 11 期。
②《乌江实验区工作报告(1936 年 4 月—6 月)》,载《农业推广》第 12 期。
③《乌江实验区工作报告(1936 年 4 月—6 月)》,载《农业推广》第 12 期。

发生转变。在乌江乡农会成立之初,由于受到地方权势和恶势力的影响,农会主要的工作是通过与外部的斗争来维护农民的权益,为自身的发展争取空间。在1933年,乌江农会的缔造者孙友农先生还认为,乌江农会虽然名声很大,但它只是一个"空蛋壳",并没有举办多少实际的事业。对于这一问题,实验区认为在运动之初,农会"以全副精神,注意在扫除社会障碍,唤起民众团结,运动声望曾耀武一时"。这对破除旧势力在乌江社会的影响起到了积极的作用。但是,随着农会组织走向深入,必须将工作的重点转移到加强农会会员的训练和举办建设事业上来。于是实验区提出今后在指导农会问题上应以经济建设为中心。按"现有事业办法,先从经济着手,有了钱后才能谈到建设"①。

这时期的乡农会,已经成为各乡领导乡村改进的机构,承担起早期实验区的诸项工作,如组织信用合作社、筹备农业仓库、办理农民夜校等。在乌江实验区1936年4月至6月的工作报告中,编者对各处农会在此三个月中的主要工作做了记述,从中可见农会工作业务的扩展。如乌江农会,在这三个月中的主要工作包括"开辟赵亮圩荒地为农会农场,调节会员纠纷2起,每日出壁报3处"。张家集农会的工作包括"改组互助社为信用合作社22社,成立小本借贷分部,筹备农仓和侧塘养鱼合作社"。香泉农会的工作包括"成立小本借贷分部,筹备农仓,组织信用合作社30社"。濮家集农会的工作有"成立小本借贷分部和鱼朗湖养鱼合作社"。卓庙集农会的工作有"成立小本借贷分部和农村小学,筹办的医院开诊"。② 这些工作原本都是由实验区来指导创办的,现在已转由农会办理,而实验区仅从旁辅导。各处农会已经成为乌江乡村建设事业的实际推进者。

1936年,香泉各处乡农会在任碧瑰的辅导下,"以办事方便起见,合

①《合办乌江农业推广实验区工作报告(1935年6月—1936年3月)》,载《农业推广》第11期。
②《乌江实验区工作报告(1936年4月—6月)》,载《农业推广》第12期。

组农会联合会办事处于香泉，为统筹机关。以农会作建设中心，用经济作推动工具，事业包括香泉农会及信用合作联合会、濮家集农会及信用联合会、张家集农会及信用合作联合会、卓庙集农会等团体"[1]。同年，香泉农会会员又集资建筑了有十间房大小的农会会所，内分办公室、聚会所、阅报室和民众诊疗室等。此后，会员又捐献一个 300 亩的农场，全部农场收入提供给农会，作为各种农民福利事业经费。实验区认为这是"农民自力建设乡村事业之开端"。"乌江乡村建设事业前曾经本院辅导及资助后，因农会组织之健全，农民甚愿支持当地之建设事业，除种子繁殖场及中心轧花厂仍有本院支持外，其余全部事业皆有农会接办"[2]。到此时，实验区基本上完成将建设事业交由农会加以推行，逐步实现地方人士办理地方建设的目的。1937 年初，在各乡农会的推动下，各处农会及信用合作联合会共组织信用贷款 5 万余元，办理农仓贷款达 10 万余元。

就在各处农会事业稳步前进之时，战争的到来使整个乌江建设计划陷入停顿，各项事业不得不仓促结束。以香泉事业为例，在 1937 年 10 月初，农会还制定了实施各乡农会改选及各联合会举办训练事宜的计划，但"以单位团体太多，时局紧张尚未办竣"。在金陵大学农业专修科因时局日渐严峻离开乌江时，濮家集农会及信用联合会还正在举办训练，而卓庙集农会的改选工作也尚未举行。随着战事日渐向内陆地区扩展，各处农会不得不准备将农仓贷款移转信用贷款，而移转手续未及完毕，敌军便于 12 月初进入乌江。各处农会将文件分别寄埋六位会员家中，以免集中管理的危险。[3] 至此，乌江农会建设工作因战事而中辍。

抗日战争胜利后，金陵大学在准备恢复乌江实验区时对战前的乌江

---

① 《香泉事业结束简单报告》，中国第二历史档案馆藏金陵大学档案，全宗号 649 案卷号 2100。
② 《筹办安徽和县乌江实验区农会农民福利社计划草案(1945 年 12 月 20 日)》，中国第二历史档案馆藏金陵大学档案，全宗号 649 案卷号 2097。
③ 《香泉事业结束简单报告》，中国第二历史档案馆藏金陵大学档案，全宗号 649 案卷号 2100。

农会所举办的事业进行了总结。这里有一份详细的清单,从中我们可以了解乌江农会在整个建设事业中的地位和贡献。兹将具体内容抄录如下:

(1)教育方面:组织儿童四育进德团 2 团、民众学校 3 所、小学教师讲习会每年 1 次;巡回演讲团每年春秋两季各 1 次;民众图书馆 1 所,内有图书 2 000 多册和杂志书报。

(2)经济方面:组织信用合作社 12 所,会员 500 多人;棉花运销合作社 1 所,会员 500 多人;养鱼生产合作社 3 所,会员 50 多人;耕牛保险合作社 2 所,100 多人;直接办理小型贷款,每年 300 多人;仓库 1 所办理储押;农家记账团一,团员 15 人,实行新式记账;组织蚊香制造合作社 1 所、农民合作造纸厂 1 所。

(3)卫生方面:组织农民医院 1 所,内有护士 1 人、练习生 2 人、兼职医生 1 人,病床 10 张。另有分诊所和服务所 20 多处,每年春季为农民种牛痘等预防针。

(4)健康娱乐方面:简称民众游戏运动场 1 所,占地 3 亩,内有各种新式器械;组织国乐团一,备有各种乐器;组织农民合作茶园 2 所,1 000 多人。

(5)政治方面:调查户口、人事登记、取缔烟赌、组织自卫壮丁团、筑路筑堤;一切事业之推进,均由农会领导之农民参加支持,故各种乡村建设工作颇具成绩,对于农民领袖及训练及地方匪患防治尤其有成绩。[①]

20 世纪 30 年代乌江农会的成功运营为农业推广工作提供了丰富的经验。金陵大学在西迁以后,在四川地区的乡村建设工作中广泛推广了乌江农会的成功经验。抗日战争时期,金陵大学农业经济系的乔启明教

[①]《筹办安徽和县乌江实验区农会农民福利社计划草案(1945 年 12 月 20 日)》,中国第二历史档案馆藏金陵大学档案,全宗号 649 案卷号 2097。

授在他主编的《农业推广论文集》中更是对以农会作为农民组织推进乡村改进工作进行了全面阐释。在《温江乡村建设之原则与组织》一文中，乔启明便追忆了乌江农会的建设："金大农业经济系曾于安徽和县乌江、香泉等处，实验以农会为乡村建设之推动中心，成绩斐然，不幸去岁七七变起，各该会相继沦陷，建设事功，遂告停顿。"①随着金陵大学和国民政府农林部推广委员会的合作日益加深，乔启明的建设主张和思路在国民政府的乡村建设方略中得到实施。1946 年，金陵大学和农林部农业推广委员会合作恢复乌江实验区，农会建设再次被置于整个建设的中心地位。

1946 年 2 月，与乌江有着深刻感情②的李洁斋先生再次被派赴乌江，主持复员工作，"乃本自力更生原则，先从组织乡农会着手，复又组织乡农会联合办事处"③。在得知金陵大学即将在乌江恢复工作之后，战前由实验区辅导的乌江、张家集、香泉三个乡农会也自发开始恢复活动。李洁斋"鉴于农会组织于农业推广及乡村建设的重要性，乃在乌江镇附近之江浦和县新组织乡农会 26 所，连旧 3 所，共 29 所"④，会员达到26 439 人之多，无论是会数还是会员人数都远远超过了抗战前，显示出农会在当地农民中的号召力。是年 5 月 8 日，在李洁斋的组织下，又由实

---

① 乔启明：《农业推广论文集》第 1 辑，1940 年版。
② 李洁斋先生与乌江感情深刻不仅因为他是最早派赴乌江工作的金陵大学农业推广员，还因为他不辞辛苦、长年累月地在乌江地区坚持工作。1936 年底，金陵大学鉴于李洁斋在乌江实验中的突出贡献，决定让他回金陵大学休养，同时进修深造，"26 年起请其返校休息，以资奖励，时期至多一年，除读书外，仍由学校聘为指导专员，后仍当令其返乌江继续工作"。（参见《章之汶致乌江农会和合作社联合会的信》，中国第二历史档案馆藏金陵大学档案，全宗号694 案卷号 1543。）但是这一提议却遭到了乌江农会和信用社联合会的联合反对。农会和联合会致函农学院院长章之汶，力陈李洁斋在乌江地区的重要性，甚至认为李洁斋的离去可能会使逐步有起色的乌江建设重新陷入困境。（参见《乌江农会致金陵大学农学院函》，中国第二历史档案馆藏金陵大学档案，全宗号 649 案卷号 2097。）在乌江的挽留下，李洁斋在抗日战争爆发前并没有离开乌江回金陵大学进修，而是一直留在乌江领导游击战争。在战斗中，李还身负重伤，幸得当地农民救治才免于一死。
③《乌江实验区工作总报告（1946 年）》，中国第二历史档案馆藏金陵大学档案，全宗号 649 案卷号 2090。
④《乌江实验区工作总报告（1946 年）》，中国第二历史档案馆藏金陵大学档案，全宗号 649 案卷号 2090。

验区主持召开乡农会代表大会，筹商推广业务大计。大会决议设立和县江浦乡农会联合会办事处。办事处于 5 月 10 日成立，在乌江镇租赁房屋一所作为办公地点，同时作为实验区人员办公场所。

但是，农会工作的迅速铺开使得经费和管理都无法得到保障。于是在 1947 年 2 月初，金陵大学农学院在南京本部召开合办乌江农业推广实验区工作检讨会。会上，章之汶院长指出，今后的农会组织应以乡为单位，业务以棉花生产为中心，并且范围最远不超过 30 里。会议认为"和浦乡农会联合办事处"名称过于宽泛，应更名为"乌江实验区辅导乡农会联合办事处"。[①] 1947 年，实验区决定缩小对农会的辅导范围，各乡农会的设立以乡行政区为范围，内设各组以保为范围，"先从会员着手，组织以村干事为单位，每 15—30 会员中选举正副村干事各 1 人，由村干事再选举正副组长各 1 人，由各组正副组长及村干事等召集会员大会选举理事 5 人，候补理事 1 人，监事 1 人，候补监事 1 人，就理事中互相推常务理事"[②]。经过这次整顿，乡农会由原来的 29 所缩减到 13 所，会员也由原来的 26 439 人锐减到 14 812 人。另外在管理工作上，实验区任命了 5 名农会联合办事处职员负责各处乡农会的日常事务。

从农会的具体工作来看，其涉及的内容和 20 世纪 30 年代的农会业务基本相同。1947 年初，实验区为各农会制定了该年度的中心工作计划，集中体现了这一时期农会的职能所在。"1. 设置公营苗圃。每一农会应设一处苗圃，培育树苗供会员栽植，面积须有一亩以上；2. 倡导荒山造林；3. 办理民众夜校，每农会办理一所；4. 成立特约茶园，置办书报挂图，供会员阅读；5. 修筑乡村道路；6. 改良乡间厕所；7. 督促筑堤挑塘。"[③]

---

① 《合办乌江农业推广实验区工作检讨会》，中国第二历史档案馆藏金陵大学档案，全宗号 649 案卷号 2091。
② 《乌江实验区调整辅导区域内各项农会实施办法（1947 年）》，中国第二历史档案馆藏金陵大学档案，全宗号 649 案卷号 2090。
③ 《乌江实验区辅导之乡农会 36 年度中心工作》，中国第二历史档案馆藏金陵大学档案，全宗号 649 案卷号 2090。

　　与战前相比,实验区着力加强了对农会干部的培训,以真正贯彻辅导的职责,通过培训乡村领袖逐步实现乡村建设从"代办"到"自办"的过渡。为此,实验区利用农闲时间,举办为期一周的农会干部培训班。在复员后不久的 1946 年 12 月 8 日—14 日,实验区便组织各乡农会选派职员接受培训。培训由金陵大学农学院教师和国民政府农业推广委员会的职员授课,整个培训共计 20 课时,内容涉及农具、棉花运销、农会簿记、乡村卫生、互助合作、谈养鸡、土壤肥料、畜牧兽医、农场经营、病虫害、栽培与选种、农贷实务等诸多方面。

　　第一期的农会干部训练班取得了良好的反响。第二年,实验区决定将训练班业务规范化。1947 年,实验区制订了《合办乌江农业推广实验区农会干部人员训练班实施计划书》。这份报告指出,举办训练班的目的在于"培养优秀农运干部,发展农会工作,以资示范"。训练班的对象是实验区辅导下的 13 个乡农会选派的优秀干部,人数每届不超过 100人。实验区还对选派职员的标准进行了限制,除了"体格健全,思想纯正"等一般性的规定外,还要求学员需"具有初中以上或同等学历;年龄在 25—50 岁;现任农会监理事书记或组长著有成绩者;确具信望富有经验能力并热心农运工作者"[1]。

表 17　乌江农业推广实验区第三期农会干部训练班教授课程[2]

课程名称	教员	教员经历	课时
三民主义	王成骥	和县党部委员	2
宪法	汪侗	农会联合办事处理事长	2
民权初步	刘畅	社会部科长	2
农民政策	罗振遐	社会部督导员	2

---

①《合办乌江农业推广实验区农会干部人员训练班实施计划书》,中国第二历史档案馆藏金陵大学档案,全宗号 649 案卷号 2090。

②《乌江农业推广实验区第三期农会干部训练班教授课程》,中国第二历史档案馆藏金陵大学档案,全宗号 649 案卷号 2097。

课程名称	教员	教员经历	课时
农民运动史	刘国泽	社会部科长	2
农会会务及业务	刘国泽	社会部科长	3
乡村建设理论及实施	周明懿	来复会执行部干事	1
由农业推广讲到农民教育	林礼铨	金陵大学教授	2
农民福利	安静之	社会部专员	2
农村副业	章元玮	金陵大学教授	1
农民与土地问题	章元玮	金陵大学教授	1
农业贷款	方亚宏	南京农行农贷股主任	2
合作概论	毕昌佑	合作事业管理局视察	2
农会簿记	王先富	乌江农贷通讯处主任	2
农村问题	韩均之	前台北市市长	1
乡村领袖	崔俊	农业推广委员会技正	1
农业调查	崔俊	农业推广委员会技正	
农场经营	崔俊	农业推广委员会技正	
农家记账	崔俊	农业推广委员会技正	
水土保持	史德威	金陵大学教授	1
肥料	彭让在	示范棉场主任	1
棉花	顾元亮	金陵大学教授	2
棉花生产加工及运销	章正原	乌江轧花厂主任	2
棉花推广	尹鹤九	农业推广委员会技正	1
豆芽制法	郭敏学	金陵大学教授	1
食物营养	郭敏学	金陵大学教授	
植树须知	李洁斋	实验区副总干事	2
粮食增产	陈华南	农业推广委员会技术专员	2

第五节　乌江的卫生、教育及其他事业改进

一　卫生事业

与良种推广、合作组织和农会相比,卫生事业在乌江处于一个相对次要的地位。在实验区成立以前,该项事业主要是李洁斋先生个人在努力。在派赴乌江后不久,李洁斋发现当地卫生条件不佳,农民多受疾病困扰却无力医治,也无处医治。李洁斋本人并非医学出身,只是略通医术。于是他利用业余时间进入医药函授学校攻读,并于 1925 年春"购买十滴水、碘酒、金鸡纳霜等"药品,开始在乌江行医。每遇困难之时,则请友人中研习医学者给予指导。"在行医之际,并约略告以卫生常识",很受农民欢迎。起初,李洁斋为农民进行治疗不取分文。但是到 1926 年后,农民对此类"医疗服务"的需要开始显现,随着成本费用的增加,李洁斋不得不改变先前不取分文的做法,"乃酌收成本,同时逐渐添置药品达百余种"。[①]

不仅卫生服务的推行改善了乌江社会医疗机构极其匮乏的状况,医药卫生工作的开展还拉近了李洁斋和乌江民众之间的距离,使得"地方感情日见融洽,乡村改进工作得以畅行无阻"[②]。但是由于人力和物力的限制,此时的卫生服务仍然仅仅局限于狭小的领域,基本上由李洁斋一人在工作之余兼顾。随着实验区的设立和乡村建设工作的全面扩展,这种"单兵作战"性质的卫生事业已经远远不能满足农民的需要。1930 年冬,实验区在总结先前卫生工作的基础上,正式成立乌江诊疗所,负责开展医疗工作和卫生宣传。

1933 年春,实验区有感于就诊者日渐增多,乃计划扩建乌江诊疗

---

① 蒋杰:《乌江乡村建设研究》,南京朝报印刷所 1935 年版,第 73 页。
② 蒋杰:《乌江乡村建设研究》,南京朝报印刷所 1935 年版,第 73 页。

所。在南京鼓楼医院和乌江来复会堂的帮助下,诊疗所扩充并更名为"乌江农民医院"。医院的建设经费由金陵大学教职员社会服务团与乌江农会共同负担。当地来复会则捐助地基,盖造三间茅屋,分为候诊室、药剂室、诊断室、治疗室、手术室,设施较前大为扩充。实验区聘请南京鼓楼医院的王万禄医生负责一切保健工作,并任当地招收的练习生张德裕为助手。鼓楼医院每周均派医师前来指导工作,而常驻乌江医院的服务人员则包括护士、保养员、司务、会计、药剂师各一人。①1933 年 7 月 24 日,乌江医院正式开诊。但仅仅到了 1934 年初,乌江医院便感到用房不足。因房屋窄小,造成了工作上的诸多不便。更有"前来就诊者,无处休养,多负痛而来,仍叫苦而去"②。有鉴于此,实验区周明懿建议另建养病室和门诊室。周明懿自捐了 100 元,又会同邵仲香,向各方捐募 150 元,建筑了 3 间养病房,使得远道前来需要住院的病人,免除来回奔波之苦。

从 1933 年 7 月乌江医院开诊到 1934 年 6 月的这一年时间里,前来乌江医院接诊的病人达 8 387 人次,平均每天接诊病人 20 余人次。一年来,医院各项收入 1 326.4 元,支出 1 050.3 元,运行颇为顺畅。③

乌江医院的创建为乌江卫生事业的发展提供了良好的平台。医院的设立不仅在规模上满足了乌江农民对于医疗服务的要求,而且通过与鼓楼医院的合作,乌江医院的正规化和专业化水准得到了很大提升。同时,乌江医院还保留了自身的特色和传统。乌江医院不仅仅是乌江地区疾病治疗的中心,而且还着力建设成为乌江地区整个卫生事业改进的中心。在医院制订的四项工作目标中,不仅包括"解除农民疾病痛苦"和"预防农村传染疾病",还包括要"输进农民医学智识"和维持"农村学校卫生"。④

---

① 李入林:《乌江农民医院概况》,中国第二历史档案馆藏金陵大学档案,全宗号 649 案卷号 2098。
②《乌江农村医疗卫生事业一年来之概况》,载《农林新报》第 11 卷第 30、31 期合刊。
③ 蒋杰:《乌江乡村建设研究》,南京朝报印刷所 1935 年版,第 141 页。
④ 蒋杰:《乌江乡村建设研究》,南京朝报印刷所 1935 年版,第 141 页。

为此,医院于 1933 年在乌江附近各村设置服务处五所,每周由医院派人赴各处诊治。[①] 不仅如此,医院还将卫生宣传放在重要的位置。乌江医院每天上午是门诊时间,下午则分班轮流赴各乡宣传卫生,并为乡民治疗比较轻微的疾病,不取分文。这种"游行治疗"有着很好的成效,前来看病的乡民往往很多。比如一次在濮家集诊治时,前来看病的乡民便有140 多名。[②] 乌江医院还时常前往各处小学,宣传卫生和常见病的防治,并在乌江私立小学为学生检查身体。此外,乌江医院还会同地方上热心公益的村民,在他们家中建立医药卫生临时服务处,由他们帮忙组织病人就诊,进行疾病调查和卫生演讲。乌江医院还联合各界人士对乌江镇上的街道进行多次清扫,制作垃圾箱以改进公共卫生。在卫生宣传中,医院还针对宣传标语过于复杂使得农民难以理解的缺点,编制简单明快的卫生标语,以提高农民的卫生常识和健康意识。[③]

随着各处对医疗工作的要求不断增多,加上各处农会和地方士绅对开办医疗事业呼声不断增高。乌江医院于 1935 年前后分别在香泉、卓庙乡和桥林等处新设施诊所。原来的医院更名为"乌江施诊所",该所自1935 年 7 月始,在经济上"完全独立,一切情形尚能维持"。

表 18　乌江医院就诊病人情况(1933—1936 年)

名　　称	成立时间	就诊人数(人)	
		1933 年 7 月— 1934 年 6 月	1935 年 7 月— 1936 年 6 月
乌江医院	1933 年 7 月	8 387	6 573
桥林施诊所	1935 年 9 月		5 309

---

① 这五所服务处分别位于镇南十里的居荼庵村、镇西八里的胡大旺村、镇东北五里的徐八家村、镇北五里的东庆村和和县第二区区公所所在地濮家集。因乌江医院经费和人才缺乏,以及地方治安等问题,仅设立了这五所服务处。
②《乌江农村医疗卫生事业一年来之概况》,载《农林新报》第 11 年第 30、31 期合刊。
③《乌江农村医疗卫生事业一年来之概况》,载《农林新报》第 11 年第 30、31 期合刊。

续　表

名　称	成立时间	就诊人数(人)	
		1933 年 7 月— 1934 年 6 月	1935 年 7 月— 1936 年 6 月
香泉施诊所	1935 年 9 月		2 687
卓庙乡施诊所	1936 年 3 月		1 044

资料来源:1933—1934 年就诊人数参见蒋杰《乌江乡村建设研究》,南京朝报印刷所 1935 年版,
　　第 141 页。1935—1936 年就诊人数参见《合办乌江农业推广实验区工作报告(1935 年
　　6 月—1936 年 3 月)》,载《农业推广》第 11 期;《乌江实验区工作报告(1936 年 4 月—6
　　月)》,载《农业推广》第 12 期。

　　从医院服务的对象来看,农民医院可谓名副其实。前来医院就诊的
病人,以农民为主,占病人总数的 70％。而从所患疾病的种类来看,以眼
病最多,占诊治病例的 39％;其次是皮肤病和胃肠病,分别占总诊治病例
的 16％和 12％。[1]

　　1936 年春,在实验区的提倡下,乌江商团召集镇上各机关与学校负
责人,由与会代表共同组织成立了乌江卫生委员会。卫生委员会主要是
由非医疗机构组成,作为对医院工作的补充,委员会更多关注的是培养
卫生习惯,提高卫生意识。卫生委员会在其章程中便明确宣称,以"唤起
民众注意个人卫生、家庭卫生与公共卫生,灌输民众应有卫生常识与促
进各种卫生之新建设"为宗旨。[2] 卫生委员会还制订了具体的工作计划,
其内容包括两个部分:其一是在乌江地区进行卫生调查和宣传;其二是
进行具体的卫生指导和改进工作。关于如何进行卫生指导和改进,卫生
委员会的计划已经相当具体。其中指导工作包括预防传染病、看护病
人、急救、维护公共场所卫生设备、出卖食物加罩、茶房和饭铺的清洁等。
在建设与改进工作中,提出要加强"整理厕所管理、垃圾箱加盖和增建新

---

① 蒋杰:《乌江乡村建设研究》,南京朝报印刷所 1935 年版,第 143 页。
②《乌江实验区工作报告(1936 年 4 月—6 月)》,载《农业推广》第 12 期。

式厕所,并提出增设清道夫一人和卫生警察二名"①。在乌江卫生委员会的成立大会上,还举行了第一次茶房训练工作,以提高公共饮食场所的卫生条件,改进民众的卫生习惯。经过多次训练和督促,到 1936 年夏天,"全镇茶饭馆,均惯用沸水冲碗筷等动作,在提倡夏令卫生中,不无小补"②。

二 乡村教育

1. 乌江乡村小学

金陵大学在乌江的事业源于美棉推广的需要,起初并没有顾及教育工作。待李洁斋到乌江之后,"深以农家子弟之失学为不幸,而推广棉业之工作,又多受农民知识简陋之影响,滞碍进行。……乃开办农村小学一所"③。乌江小学的举办既是因为该地区教育状况的落后,又是为了配合美棉推广的需要。1924 年 2 月,乡村小学正式招生,并于 3 月开课,但当年仅有 7 人报名入学。而且"入学之七人均系镇上最穷苦者,其所以入校之目的,无非欲在示范农场上,帮同锄草摘花等工作,获得少量酬报"④。乌江民众对于乡村小学的抵触态度和他们最初对待美棉的态度颇为相似。但因小学办理颇有成效,农家发现送孩子上学对自己并无损害。于是从该年秋季起,入学人数开始增多。从 1924 年春季到 1930 年夏季,乌江小学共计招收学生 443 名,其中在 1930 年春季入学的学生有52 人。⑤ 乡村小学的课程设置与正规学校教育不同,学校注重学习与当地实际需要的结合。教学内容除国文、算术等基础知识外,尤其偏重农业知识。学校还规定,每天要有相当时间由教师陪同年长学生至田间或校园中

---

① 《乌江实验区工作报告(1936 年 4 月—6 月)》,载《农业推广》第 12 期。
② 《乌江实验区工作报告(1936 年 4 月—6 月)》,载《农业推广》第 12 期。
③ 《乌江农村小学校概况一览(1930 年 6 月)》,中国第二历史档案馆藏金陵大学档案,全宗号 649 案卷号 2097。
④ 蒋杰:《乌江乡村建设研究》,南京朝报印刷所 1935 年版,第 72 页。
⑤ 《乌江农村小学校概况一览(1930 年 6 月)》,中国第二历史档案馆藏金陵大学档案,全宗号 649 案卷号 2097。

示范农场实习农业技术。金陵大学派赴学校担任小学教员的乡村教育系实习生会同李洁斋一起经营农场，并将农场收入作为学校经费，将农业推广与农村小学打成一片。在实验区成立之前，乡村小学与乡村改进部"合署办公"，既是乌江推广美棉的中心机关，也是金陵大学在乌江活动的基地。

表 19　乌江乡村小学历年学生数（1924—1930 年）

	人数			人数	
	春季	秋季		春季	秋季
1924	7	20	1928	46	36
1925	34	23	1929	46	42
1926	41	31	1930	52	
1927	36	32			

资料来源：《乌江农村小学校概况一览（1930 年 6 月）》，中国第二历史档案馆藏金陵大学档案，全宗号 649 案卷号 2097。

　　1928 年，陈调元军队过境袭掠，对金陵大学在乌江的实验事业造成了极大的破坏，以致金陵大学乡村教育系有在乌江停办乡村小学的打算。当地人士闻讯后，发起组织校董会，并派范管臣和许正安两位先生到南京与乡村教育系"请商"续办乡村小学事宜，最后乡村教育系决定与校董会合办乡村小学，"三年后，完全归诸校董自立，金陵大学可从旁扶助指导"[1]。在地方人士的筹划下，乌江农村小学校董会于 1929 年 5 月正式成立。校董会"筹划经费，押地九亩余，捐赠学校作为生产之用，且有若干业农之校董，捐助牛工人工，负责耕耙之事"[2]。校董会成立，使学校事业不致中辍，并使得本地人士更深入地介入乡村小学事务。

　　此后，学校制订了八大信条，作为指导自身工作的准则。这些信条，与同时期提倡改进乡村教育的主张有着很多共同之处，也集中反映了乡

---

[1]《乌江农村小学校董会成立典礼记录（1929 年 5 月 20 日）》，中国第二历史档案馆藏金陵大学档案，全宗号 649 案卷号 2097。

[2] 蒋杰：《乌江乡村建设研究》，南京朝报印刷所 1935 年版，第 71 - 72 页。

村小学的旨趣所在，兹录如下：

> 我们相信，学校就是农村里的文化中心，学校应当与农村联络一气。
>
> 我们相信，农家子弟不受教育，中华民族便难在世界上图生存。
>
> 我们相信，耕读并重的教育，儿童是不会成为废人的，教育是不会贵族化的。
>
> 我们相信，农村小学的一切设施，不但要农村化，同时也要化农村。
>
> 我们相信，教育的主骨就是爱，教师是儿童的辅导者，儿童是教师的小朋友。
>
> 我们相信，各个儿童都有优美的个性，学校要使这个性有益于人群社会，而不是自私自利的。
>
> 我们相信，现代的儿童是创造中华民族的新生命者，学校对于宗法制度、封建思想、腐化积习等，都应以深恶痛绝。
>
> 我们相信，农民就是教师的朋友，学校就是儿童的乐园，教师决不是官僚阶级，学校也不是官厅衙门。[1]

这些信条反映了乌江乡村小学鲜明的"乡村化"取向，不仅体现在课程设置上对农业技能和农业实习的强调，还体现在小学入学学生的出身构成上。农民出身，特别是贫困农民出身的孩子占有很高的比例。在1924年创办之初，当年入学的7名学生多为贫寒子弟。而到了学校已经颇有成绩的1930年，当年春季入学的52名学生中，来自雇农、园农和佃农家庭的学生达到32人，远远高于来自自耕农、半自耕农和其他职业阶层的学生。[2]

---

[1] 蒋杰：《乌江乡村建设研究》，南京朝报印刷所1935年版，第71页。

[2] 《乌江农村小学校概况一览（1930年6月）》，中国第二历史档案馆藏金陵大学档案，全宗号649案卷号2097。1930年春季入学的52位学生的家庭出身具体如下：雇农15人、园农10人、佃农7人、自耕农4人、半自耕农1人、手工业者5人、小贩9人、医生1人、教员1人。

实验区成立以后,曾一度计划扩充小学教育规模。但由于此后国难和水灾的双重打击,实验区事业陷于困境,经费极为紧张,乌江小学在1932年上半年几至停顿。幸有乌江农会出面维持,办理半年后才交由实验区管理。此时又实行半日制,上午授课,下午由老师轮流到学生家中指导生活。1935年7月,实验区逐步将建设事业交付地方,试行脱手。借全部庙产为学校的基本经费,加上学校农场农产收入,学校经费此时已初步实现自立。①

2. 合作社训练班

合作事业是乌江实验的一个重要内容。为了使参加合作的农民了解合作的意义和方法,实验区举办了各种形式的合作社训练班。这种训练班通常有两种形式。其中一种在每一个合作社成立前举办,对那些即将成为合作社社员的农民开展为期约一个星期的训练。在训练中,除教授合作原理及各种章程条规外,又教授各种公民、健康之类的常识。从1930年实验区成立到1934年6月,实验区共举办了7次此类的训练班,参加听讲的社员达352人。② 这个数字说明,并不是所有的合作社社员均参加了此类培训。据统计,到1934年初,合作社已经达到33个,社员710名。

随着各类合作社纷纷设立,对合作社社员进行日常的培训就显得必要。因此实验区在20世纪30年代中期以后加强了对实验区指导下的合作社的巡回训练,以使各合作社社员明白合作的意义和合作业务。1936年春天,实验区利用农闲时间,"至各社训练社员两日"。应该提及的是,这类训练带有半强迫性质,那些不参加训练的社员,将无法在来年得到实验区指导合作社发放的春季贷款。这种举措无疑增加了巡回训练的影响力和效果。1936年举行的巡回训练共有7场,据统计共有22

①《合办乌江农业推广实验区工作报告(1935年6月—1936年3月)》,载《农业推广》第11期。
② 蒋杰:《乌江乡村建设研究》,南京朝报印刷所1935年版,第114页。

个合作社参加,其中出席的社员有 395 人,仅缺席 79 人。①

在对乡村普通民众进行训练,普及合作常识的同时,实验区的教育工作尤其关注对农村领袖的训练。对农村领袖的训练有很多类型,如前所述的农会干部训练班就是其中极其重要的一种形式。值得注意的是,实验区在 20 世纪 40 年代举行的三次农会干部训练班在 20 世纪 30 年代的乌江实验中并没有先例。在 20 世纪 30 年代,实验区对乡村领袖的训练是以合作讲习会的名义进行的。考虑到参加讲习会的学员和后来的农会干部训练班的学员多为同一批人,我们可以把农会干部培训班看作是对讲习会经验的扩展。

就在 1936 年合作巡回训练后不久,实验区于该年 3 月 1 日至 4 日在乌江举行了合作讲习会,召集各合作社的职员(理事、监事和会计等)给予特别训练。参加这次讲习会的合作社共 22 个,听讲学员 123 人。学员中有来自各合作社的理事 55 人、监事 40 人、会计 18 人,另外还有附近的社员 10 人。参加讲习会的教职员除实验区的工作人员外,还请来上海商业储蓄银行的王立我、金陵大学的欧阳润华和李惠谦进行讲演。乌江乡村小学学生还特意花两天时间为这次讲习会排演新剧,极大增加了会议的娱乐性,为会议增色不少。② 在 1936 年乌江讲习会后,实验区进一步总结了经验,又组织了张家集讲习会和香泉讲习会。其中张家集讲习会覆盖了该地的 22 个合作社,参加的学员共 243 人。参加香泉讲习会的也有 20 个合作社,参加学员共 326 人。③

3. 农民夜校

实验区成立之前,李洁斋在乡村小学之外,还利用冬季农闲时间组织农民夜校,吸收成年农民入学。农民夜校的时间自农历 11 月到来年农历 3 月,每年开办 5 个月,历年未有间断。夜校课程采用中华平民教

---

① 《合办乌江农业推广实验区工作报告(1935 年 6 月—1936 年 3 月)》,载《农业推广》第 11 期。
② 《合办乌江农业推广实验区工作报告(1935 年 6 月—1936 年 3 月)》,载《农业推广》第 11 期。
③ 《乌江实验区工作报告(1936 年 4 月—6 月)》,载《农业推广》第 12 期。

育促进会使用的千字课本，另外还讲授珠算、写信等实用知识。不过，农民夜校的缺席率很高。在实验区成立前，农民夜校虽年年举办，但是能全部读完毕业者仅 10 余人。[①]

实验区成立后，农民夜校的规模有所扩大。1931 年初，孙友农在乌江组织成立了农民夜校 13 处，由实验区工作人员轮流赴各村授课。后因实验区没有足够多的教员，不得不由各村选一识字者充任教员，区中隔日派人前往指导一次。[②] 在各地合作社和农会组织纷纷成立后，农民夜校也逐步交由各处农会来组织开展，并由会社人员主持。

关于乌江实验区农民夜校的规模并没有明确的记载。实验区 1935 年 6 月到 1936 年 3 月的报告中提到，在此期间，乌江地区共成立农民夜校 10 处，学员共 235 人，可作为一个参考的例证。至于农民夜校对增进农民智识的作用，往往并不令人满意。前面提到的缺席率高的现象就表明了夜校对农民缺乏足够的吸引力。

4. 农业讲习

为加大农业推广的成效，使农民更好地了解和应用农业科技从事农业劳作，实验区针对具体的农业生产和经营问题，经常派人深入到农民中进行农业讲习。比如在推广棉种过程之中，实验区为了保持棉种的纯洁度，就需要推广人员给予技术指导。在金陵大学制订的《特约农家规程》中还明确要求接受改良种子的农家必须采用实验区规定的耕作方法，并且在生产中要多次接受实验区推广人员的田间检定。对于实验区的农业推广员和从当地招生的练习生而言，对农民宣讲农业知识、讲授农业生产技术更是职责所在。

实验区为提高农业讲习的效率，降低农业讲习的人力成本，将农业讲习的规模进一步扩大，采取讲习会的形式，帮助农民掌握农业技能。

---

① 蒋杰：《乌江乡村建设研究》，南京朝报印刷所 1935 年版，第 71 页。
② 蒋杰：《乌江乡村建设研究》，南京朝报印刷所 1935 年版，第 111 页。

比如在 1936 年,实验区针对种植过程中棉花退化严重的问题,在夏季于乌江和香泉两地举办农业讲习会,"教以保持原种纯度的方法,并到田间亲自实地举行去劣工作,参加者前后 100 余人,均感觉有莫大兴趣"①。这种具有针对性的农业讲习会对于改进农民的生产往往起到立竿见影的作用。

三 乌江农事展览会

在整个乌江实验事业中,农事展览会占据着重要的位置。这不仅是因为金陵大学在农业推广中屡次采取农事展览会的形式并取得很好的成效,更是因为在 20 世纪 30 年代中期由实验区组织的三次乌江农事展览会盛况空前,集中体现了乌江实验建设的成效。

金陵大学和乌江的第一次交往就是以农事展览的形式开场的。1921 年秋,在全国各地推广美棉的郭仁凤一行来到了素以"乌江卫棉"闻名的安徽和县乌江镇,"即在该镇中街,举行农作物展览会,陈列标本、图表、模型等,农民前往参观者甚多"②。金陵大学派李洁斋常驻乌江后,农事展览的形式也变得越来越丰富多彩。

起初,由于农民对新事物普遍抱着一种保守的态度,对新生事物有着很强的抵触心理。农事展览的主要目的是拉近普通农民和推广人员的距离,让农民接受改良种子,尤其是改良美棉。1923 年,仅有九户农民接受了改良美棉,而"愿意采用种子者,反以穷苦之农户较多,因彼等身无长物,家无储粮,不忧人之敲诈也"③。有鉴于此,李洁斋决定利用此年改良棉种的大丰收来宣传美棉的优势,扩大影响。于是他在为这九户人家轧好棉籽,堆放过秤之后,带领九户棉农参观了示范农场。一方面将农场优良棉种的生长情况进行实地展览,"每株结铃甚多,棉株高大,是

---

① 《乌江实验区工作报告(1936 年 4 月—6 月)》,载《农业推广》第 12 期。
② 蒋杰:《乌江乡村建设研究》,南京朝报印刷所 1935 年版,第 55 页。
③ 蒋杰:《乌江乡村建设研究》,南京朝报印刷所 1935 年版,第 75 页。

凡过路农人,无不景仰钦佩"。另一方面,李洁斋还"预备了茶水花生,请九家农人,坐在前面,其余农村来宾,坐在后面,李先生演讲欢迎的意识,并且说一说去年冬天散棉籽的困难,及示范农场的用意,然后介绍九家农人,一一登台,说明种植爱字棉的经过,及收获量之增加,给价之优厚"[1]。农民的现身说法,极大地拉近了美棉与普通棉农之间的距离。这种让农民充分介入农事展览和宣传的做法在 20 世纪 30 年代得到了很好的继承和发扬。

20 世纪 30 年代中期,随着农业推广事业的深入,农民对于现代农业技术的排斥已逐步转变为认同。在此阶段,农事展览会的规模逐步扩大,其主要目的也由前期主要急于拉进农民和推广人员的距离转变为介绍农业改进的知识和技能,还进一步成为当时乡村农民群体活动的重要载体。

1934 年 10 月,乌江实验区在乌江镇的区办事处举办了第一届乌江农业展览会。对于举办这次展览会的目的,实验区在文告中指出主要基于四个方面:提示农业改进之程序,使农民得一纯正之社交日,寓教育于展览会,借资鼓励农民从事注意改良农产品。[2] 从中可见,农事展览会已经不仅在于狭义的农事改良本身,也包括了更为广泛的农村改进内容,成为农村娱乐和乡村教育的新形式。

乌江农事展览会的一个显著特点是普通农民深度介入到展览会之中。展览会上参展的农业展品一部分是来自于实验区和金陵大学农学院,而更多的展会展品则由乌江当地的农民提供。实验区为了调动农民参展的积极性,采取了竞赛的形式,在展览会上对农民提供的展品进行评分,并对优秀者给予奖励,奖品多为由实验区准备或由他人捐赠的镰刀、茶杯、袜子、手绢等日常用品。这种奖励方式极大调动了农民的参展热情。在 1934 年的农事展览会上,共计有 97 个村庄的 537 户农民提供

---

[1] 周明懿:《谈谈乌江农业推广事业》,载《农林新报》第 11 年第 30、31 期合刊。
[2] 蒋杰:《乌江农业展览会述评》,载《农林新报》第 12 年第 30、31 期合刊。

了展品,其中最远的农户居住的村庄距离乌江镇有 19 里之遥。在展览会开幕前一周,实验区就贴出告示,四处征集农家参展产品,但是"到开会之日,农民仍络绎不绝送来,因临时不及编号,而不能展览者甚多",可见农民热情之高。从参展的展品种类来看,包括棉、麻、蔬菜、豆类、芝麻等农作物,鸡、鸭等饲养家禽,以及各式农具,计有 2 000 余件之多。除农民提供的展品外,实验区还在展会上准备了许多有详尽解说的挂图与说明,对于稻、麦、棉等作物的病状及其防除法给予介绍,另外农村妇女的花鞋、刺绣等农村副业产品,很受农民欢迎。实验区在展会期间还安排了戏剧表演来吸引民众,从 10 月 21 日到 23 日的三天时间内,前往农事展览会参观的农友,共计 22 000 余人之多。

1934 年的乌江农事展览会在当地农民中留下了深刻的印象。在当时农村娱乐极其匮乏的情况下,这种农民深度介入其中并有相应物质回报的大型群众集会对普通农民具有相当大的吸引力。用实验区工作人员的话说,就是"引起他们农事比赛的兴趣"。以至于在来年实验区工作人员下乡从事农业推广期间,经常有农民问及:"先生还比赛不?""今年还唱戏不? 那真好玩,好开心啊……"①

正是基于这种来自民众的良性反馈,实验区决定将农事展览会继续办下去,并于 1935 年 10 月初举行了第二届乌江农事展览会。与第一届展会相比,这次展会有明显的扩充和改进。首先,在会场安排上,展览会吸取了去年会场过于狭小以至会期中参观人员过分拥挤的教训,分别在区本部、农民医院、纪家祠堂、农村小学和轧花厂设立了五个会场。每个会场有各自不同的展览主题,避免了参观人流过于拥挤的现象。其次,参加展览会的人员更加多样化。实验区在事前对展会进行了充分的宣传,不仅前来参观的农民人数较上届有较大增加,而且还吸引了一批来自南京、上海等地的政界、商界和学界人士。为便于外地人前来参观,此

---

① 任碧瑰:《乌江第二届农事展览会概况》,载《农林新报》第 12 年第 30、31 期合刊。

次展会特地安排在星期六(10 月 5 日)开始。当天,金陵大学还在学校和南京下关码头设置招待所,组织南京等处的人士集体前往参观。参观的代表包括来自实业部的 30 余人,加上金陵大学、金陵神学院和金陵女子大学的师生,共计 300 余人于 5 日上午乘船前往乌江,队伍十分壮观。①与第一届展会相比,这届展会对乌江农民的吸引力有增无减,影响和辐射的范围更远。在这次展会上,共有 114 个村庄提供了参展品,其中最远的一个村庄距离乌江镇有 35 里。展会共收到农民提供的参展品 3 042份,展品以稻、棉、麦等农作物为主。一位 67 岁的陈姓老太太甚至送来了自己精心制作的绣花鞋参展,从中可见乌江农事展览会对农民的吸引力和影响。② 展会开幕当日由于阴雨连绵,影响了乡民参加的热情,当日仅有 5 000 余人赴会,但是三天的参加人数仍达到 23 000 余人之多。

1936 年 8 月下旬,实验区便开始筹备第三次农展会事宜,并定于本年度 10 月 31 日到 11 月 2 日举行。中央农业推广委员会资助了 150元用于各项杂项开支。第三次农展会在会场设置上更为讲究。会场共分三处,第一处在生产组的轧花厂,"为特别展览,所陈列的东西,多半有系统有教育性质"。第二处设于卫生组附近的棉田上,为普通展览,除实验区提供的挂图外,均为农民提供的展品。第三处在实验区的总办公处,所陈列的物件均是"实验区各组的研究材料和实验结果"③。农民对于展会的热情一如既往,四方乡民不仅纷纷前来参观游览,而且还因参展比赛的刺激踊跃参与。在这次展会上,有一位王姓的农民竟然一人送来了 99 份展品参展。而据他声称,由于记错了展会开始的日期,他还有 30 多份展品来不及送来。④ 据统计,此次农展会共收到农民展品3 585 份。

---

① 《乌江农展会花絮》,载《农林新报》第 12 年第 30、31 期合刊。
② 任碧瑰:《乌江第二届农事展览会概况》,载《农林新报》第 12 年第 30、31 期合刊。
③ 《乌江农业推广实验区第三届农事展览会概况》,载《农林新报》第 13 年第 36 期。
④ 《乌江农业推广实验区第三届农事展览会概况》,载《农林新报》第 13 年第 36 期。

表 20　乌江农事展览会概况

	时　　间	参加村庄数（个）	参展农户数（户）	参展农户展品数（件）	总参观人数（人）
第一届	1934 年 10 月 21 日—23 日	97	537	2 000 余	22 000
第二届	1935 年 10 月 5 日—7 日	114		3 042	23 000
第三届	1936 年 10 月 31 日—11 月 2 日			3 585	

展览会在为农民提供了一个交流农业生产和经营经验的平台的同时，也是一个乡民集体娱乐的好机会。上文中提到农民对于在展会中听戏①留下了深刻印象，事实上，娱乐功能正是农事展览会具有强大吸引力的一个重要因素。实验区充分认识到这一点，因此为参观者准备了丰富的游艺节目。比如在第二届乌江农事展览会上，实验区不仅利用当地的小学师生来编排节目，还特地邀请乌江商团、安徽国术歌舞旅行团、中央宣传委员会电影科和中央农业实验所生产科来助阵。当时的参加者为我们留下了这样一份节目单，可以借此生动再现当天的场景：

1935 年 10 月 5 日，白天：（1）滑稽操，（2）蝶恋花舞，（3）大路歌，（4）渔光曲，（5）话剧（同心合力）；晚上：（1）电影，（2）中国新闻二十节。

10 月 6 日，白天：（1）口琴合奏，（2）农夫舞，（3）女生跳舞，（4）小先生国术，（5）劈刀刺枪，（6）话剧（农村的罪恶）；晚上：（1）电影（农人之春），（2）杭州全国运动会。

10 月 7 日，白天：（1）表演喷雾器，（2）舞剑，（3）燕尾单刀，（4）舞双刀，（5）四赵拳，（6）滚堂刀，（7）各省方言，（8）话剧（警卫村的光荣）；晚

---

① 实际上我们并没有找到对第一届农展会上戏剧表演的记录，只是从农民的言语中得知这次展会的戏剧表演让他们印象很深刻。但从第二届农事展览会的游艺节目来看，很少能看到传统戏剧的表演，更多的则是电影、话剧和才艺表演。可见农民所谓的"听戏"所听的并不一定是传统意义上的戏剧，"戏"是对各类娱乐节目一种模糊的称呼。

上：(1) 双拾黄金，(2) 千斤大刀，(3) 话剧(牛)。[1]

这些表演，在展览会当日取得了很好的效果。李洁斋在总结游艺活动的成效是便说："记得表演'滑稽操'、'渔光曲'、'女生跳舞'这几个节目，台下观众的鼓掌声，好像还继续在我们耳鼓里不断的响着似的。电影虽然只放映了两天，但节目却非常和农人的口味，其中劝导的材料、教育的材料，以及助兴的材料都有，观众大有乐而忘返之慨。"[2]

农事展览作为农业推广的一种重要形式，其影响显然已经超出了普通农事展览所具有的功能。金陵大学学生蒋杰是乌江农展会亲历者，他认为展会对于乌江普通农民是一个难得的教育机会。他将这种教育总结为五点：(1) 通过展览会上农民互相比较自己的产品，"勾动改进农业之情绪"；(2) 通过向农民介绍未知的先进的农产品和农业生产工具，"引起读书求学之兴趣"；(3) 展览会为民众的公共交往提供了一个好机会，有助于"习得待人接物的常识"；(4) 展览会上会展出很多先进的生产工具，并介绍用途、演示使用方法，农友通过在展览会上的参观学习，可以获得先进的科学知识和生产技术；(5) 展会期间，乌江小学和乌江医院开放供人参观，"均能给乡民以农业范围以外之兴趣，而增进其普通应有之常识"。[3] 蒋杰还认为，对于那些长期在乡间居住的妇女和儿童，农事展览会这种寓教于乐的形式对于开阔他们的眼界、丰富他们的生活是一次难得的机会。

（牛　力）

---

[1] 李洁斋：《乌江第二届农事展览会游艺记盛》，载《农林新报》第 12 年第 30、31 期合刊。
[2] 李洁斋：《乌江第二届农事展览会游艺记盛》，载《农林新报》第 12 年第 30、31 期合刊。
[3] 蒋杰：《乌江农业展览会述评》，载《农林新报》第 12 年第 30、31 期合刊。

第六章 模式与路径：比较视野下的双重检视

一 模式比较：动机、内容、效果

虽然长江三角州地区的各个实验区在乡村建设内容上大同小异，注重用现代文明发展传统农村，改造传统农民，振兴农业经济，但是在具体路径上又有所不同，各有偏重。

第一，从倡导者的身份和实验区依托看，徐公桥由中华职业教育社发起设立，属于教育团体促动型，其主要依托中华职业教育社这样一个社会团体，而这个社会团体成员多来自工商、教育界；陶行知的晓庄学校颇有相似性，不过更倚重于陶行知的个人魅力；江宁则是南京国民政府发起，具有明显的政府背景，以国民党中央政治学校为学术依托，县政委员会组成人员都是"党国要人"；乌江是由中央农业推广委员会和金陵大学合作创办的一个实验区，或可算作介于江宁与徐公桥之间的一个特殊模式，实验区主要指导工作由金陵大学农学院总负其责。

第二，从建设中面临的问题看，由于各自情况大不相同，各个实验区在建设过程中面临的问题也各不相同。乡村建设意在乡村发展，但是南京国民政府几乎所有的建设举措都清晰可见"控制"的思想。因为要将乡村的建设限制在自己的控制范围内,所有的农村经济复兴举措均为政府一手包办,民众的主动性没有受到足够的重视,当然不可能充分地发挥效果。实际上,如合作社和耕牛会的运行、农产品新品种的推广及蚕桑业的改良等,都必须在农民的积极配合下才能更充分展现效果。中华职业教育社以一社团之力参与乡村建设实验,信心倍足却常叹"以社会立场,办乡村改进,根基甚稳,而收效则甚微"①,怀有资金缺乏、权力有限的无奈。乌江实验区作为高等院校和中央机构协同合作的产物,本应得政府与社会组织之利,但可惜中央农业推广委员会"口惠而不实",空挂"中央"的名字,便也落得个经费极度缺乏,组织机构遭到当地劣绅破坏,乃至乡村建设工作人员生命安全受到威胁的下场。②

第三,从指导思想看,实业家提倡"实业救国"思想,强调实业在乡村建设的重要性。中华职业教育社一开始从事城市职业教育,提出:"当今吾国最重要最困难问题,无过于生计;根本解决,惟有沟通教育与职业。"他们"认此为救国救社会唯一方法",就此揭橥该社的三大目标:"为个人谋生之准备;为个人服务社会之准备,为国家及世界增进生产力之准备。"然而,20世纪二三十年代的中国问题不仅仅在城市里面,因此,"到了民国九年,已感觉当时农业教育的失败,而没有认清失败到什么程度和怎样挽救,乃设'农业教育研究会'",开始将工作"及农"。③ 1925年底,黄炎培写成《提出大职业教育主义征求同志意见》一文。借"大职业教育主义"的提出,职教社又提出一份《试验农村改进计划》。该计划在谈到农村实验的意义时指出:"鉴于近年教育事业大都偏向大城市,又其设施限于学校,不获使社会成为教育化,拟从农村入手,划定区域,从事

---

① 江恒源:《中华职业教育社之农村工作》,载乡村工作讨论会编《乡村建设实验》第1集,中华书局1934年版,第50页。

② 孙友农:《安徽和县乌江乡村建设事业概况》,载乡村工作讨论会编《乡村建设实验》第1集,中华书局1934年版,第101页。

③ 江问渔:《农业改进与农业教育》,载《中华教育界》第22卷第4期。

实验,期以教育之力,改进农村一般生活,以立全社会革新之基。"①职教社从事乡村建设工作的根本指导思想还在于沟通教育与职业,为职业教育寻找出路。与此相似,贯彻陶行知的教育改造中国乡村社会理念的始终是他的"教育救国"论。他一开始倡导实用主义教育,碰壁以后奋起为中国教育另找生路,举家搬迁北京,以极大的热情协助晏阳初投身于平民教育运动。在实践中,陶行知意识到"中国以农立国,十有八、九住在乡下。平民教育是到民间去的运动,就是到乡下去的运动"②,实现了平民教育思想向乡村教育思想的转型。陶行知的晓庄学校在农村改造中做了很多有益的事情,但终不过是为走到"万丈悬崖"前的中国教育"找生路"。③ 金陵大学从事农业推广,既是教会大学走上中国化和世俗化,为中国社会服务的需要,④又是农业教育发展的内在要求。在中国农业高等教育刚刚起步的 20 世纪上半叶,农业教育往往局限于讲堂,忽视农业推广和农业实践,以至于使得理论与实践脱节,农业教育与农业生产和农村社会脱节。金陵大学农学院倡导"三一制",提倡将教学、研究和推广工作相结合,在一定程度上扭转了中国农业高等教育的风气。在这种思想指导下,金陵大学对农业推广工作极其重视。推广工作不仅是为了实现农业教育改进农民生活和农业生产的目的,而且被认为是对农业教育和科研工作在实践中加以检验的重要手段。在农业推广中,他们发现了农民生活贫穷、农村经济凋敝,推广事业随之逐渐扩大,最终走上乡村建设的道路。至于江宁,则是国民政府稳定统治秩序、构建乡村统治合法性的必然结果。孙中山早就提出过以县为单

① 中华职业教育社:《农村教育丛辑》第 1 辑,中华职业教育社 1926 年版,第 4 页。转引自郑大华《民国乡村建设运动》,社会科学文献出版社 2000 年版,第 78 页。
② 陶行知:《平民教育概论》,载《陶行知教育论著选》,人民教育出版社 1991 版,第 150 页。
③ 陶行知:《中华教育改进社改造全国乡村教育宣言书》,载《陶行知教育论著选》,人民教育出版社 1991 版,第 194 页。
④ 刘家峰:《中国基督教乡村建设运动研究(1907—1950)》,天津人民出版社 2008 年版,第 111 页。

位的地方自治的构想。他认为,"建设之事,当始于一县,县与县联,以成一国,如此,则建设之基础,在于人民,非官僚所得而窃,非军阀所得而夺"①。国民政府以孙中山的后继者自居,"深觉民族国家的复兴大业,应从'庶政'改革入手,而改革庶政的基础,是在于为'政治骨干'的县政建设。所以,二十一年十二月间,内政部举行第二次全国内政会议时,就认定县政改善为当今之急务"②。

第四,从入手点和侧重点来看,中华职业教育社和晓庄学校从乡村教育入手,致力于乡村教育、技术改良、卫生改善和风俗改良等方面,希望通过改造文化达到改造社会的目的。他们以为乡村建设是"最广义的乡村教育"。农村改进事业如何促动、如何启迪、如何指导、如何推行都脱不了教育的方法。可是,"这一种方法,已经是笼罩了农民全部生活,居然包扫一切了。但是因为他仍本着教育方法,以达种种改进目的,所以特称他做'最广义的乡村教育'"③。这种叫法"不是故意替教育提高身价,扩充区域,而实际情况却是如此"。因为乡村建设事业"大概皆是分成文化教育、经济农事、村政组织三大类。这三类要推行尽善,可以说没有一样不是拿教育工夫来枢纽的"。因此,"倘使把农村改进工作,离开教育范围,轻视教育作用,抹煞教育精神",农村改进将"无一事能成功"。④ 乌江实验区不同时期的工作内容略有差异,但是农业新品种、新技术的推广贯穿始终,终究没有离开教育研究的手段。"'财为庶政之母',一切建设,舍财政上有办法外,自无实现之道"⑤。但是要整理财政,必须改革田赋,而改革田赋的一个重要举措即是举办土地陈报。另外,想要完善治安,户口调查亦为必备工作,因此,政府主导的江宁则从户口调查和土地陈报两大基础要政入手,侧重于改良税收体制、整顿警政与

---

① 陈旭麓、郝盛潮:《孙中山集外集》,上海人民出版社 1990 年版,第 36 页。
② 程方:《中国县政概论》,商务印书馆 1939 年版,第 71 页。
③ 江问渔:《理想的乡村中学》,载《教育与职业》第 123 期。
④ 江问渔:《关于农村教育的三个重要问题》,载《教育杂志》第 25 卷第 3 号。
⑤ 吴椿:《江宁自治县政实验》,燕京大学政治学丛刊第 29 号,1936 年版,第 15 页。

社会治安等政治建设。具体操作起来，江宁"主要的是利用行政力量、行政组织和技术来促进农村建设"①。这些不同缘于倡导者身份的不同。实业家务实，教育团体重视教育，官员强调秩序，他们实践的乡村建设、乡村治理入手点和侧重点自然存在差异。

第五，从实施效果看，各个实验区均取得了一定成绩。但是，在五个实验县里，江宁和兰溪最受诟病，时人怒称"中央所设的两个实验县，根本没有什么理想，老实不客气地说，是实验政制与政策"②。乌江和徐公桥虽然没有遭受如此批评，但是也随着整个乡村建设运动式微而淡出人们的视野。尽管，乌江实验一直维持到 1949 年。

二 价值维度的考量：成败、意义

对历史的客观认识和评价从来就是完整历史研究的两个不可缺少的方面。在前述几章中，我们系统考察了长江三角洲地区有代表性的乡村建设实验区，那么我们究竟应当如何认识乡村建设运动的成与败，如何评价乡村建设运动？乡村建设究竟要走什么样的道路？

（一）乡村建设运动的成与败

乡村建设运动在当时"推行之广，势力之宏，几非其他任何事业所可比拟"③。在当事者看来，可称得上是晚清以来中国大地上继太平天国、戊戌变法、辛亥革命、五四运动和国民革命运动之后的一个"和平建设运动"。论范围，论意义，远比前五次运动"扩大""深沉"，"论对于挽救危亡的目的，是一次比一次地接近"，"可以补救前五次的缺陷"。④

但是，由于诸多方面因素的影响，学界长期以来普遍的观点是民国

---

① 梅思平：《江宁实验县工作报告》，载乡村工作讨论会编《乡村建设实验》第 2 集，中华书局 1935 年版，第 301 页。
② 李锡勋：《五个实验县的说和做》，载《新县政研究》，汗血书店 1935 年版，第 205 页。
③ 毛起鹇：《乡村建设运动之检讨》，载《东方杂志》1936 年第 13 号。
④ 晏阳初：《十年来的中国乡村建设》，载《晏阳初全集》第 1 卷，湖南教育出版社 1989 年版，第 562－563 页。

乡村建设运动失败了。郑大华作为改革开放后国内第一位系统研究民国乡村建设运动的学者,自其专著《民国乡村建设运动》于 2000 年问世后,他一直持这一观点。他在《史学月刊》2006 年第 2 期撰文《关于民国乡村建设运动的几个问题》,指出"乡村建设运动的目的,是要通过兴办教育、改良农业、流通金融、提倡合作、公共卫生和移风易俗等措施,来复兴日趋衰落的农村经济,从而实现所谓'民族再造'或'民族自救'。但乡村建设运动的结果,这一目的不仅没有达到,相反各实验区经济的衰落程度有进一步的加深"。"它复兴农村经济的目的自然也就无法实现。就此而言,兴起于上个世纪 20 年代末 30 年代初的乡村建设运动是一次失败的运动。"朱汉国也认为:"梁漱溟在山东轰轰烈烈地搞了长达 8 年的乡村建设实验,最终无可挽回地失败了。"①

近年来,随着社会主义新农村建设任务的提出,人们又开始重视挖掘这场运动的借鉴意义,对这场运动的一些具体措施给予了肯定。例如,虞和平指出,乡村建设运动"改造农村的一些思想认识和具体做法,既把改造农村问题作为中国现代化的关键问题,又企图寻找一条改造农村的有效途径,并显示了一种比较系统的具有一定现代化意义的农村建设路径,也取得了一定的实际成效,可以说是中国近代以来农村改造多种模式中的一种,具有一定的历史意义"②。然而这种挖掘仍然是在失败的定义中进行的。

几乎所有的乡村建设理论家都视乡村建设为民族复兴的根本,但是这并不代表他们乡村建设实验的目的就是要立刻完成民族复兴。在他们看来,乡村建设的目的"在求现在贫、愚、弱、散、私的农村,渡到富、智、强、聚、公的农村。由不能自主自给,达到能自主自给,实现自治,复兴民族。农村改进工作,如一条渡船,能做到上述地步,才可算完成了他伟大

---

① 朱汉国:《梁漱溟乡村建设研究》,山西教育出版社 1996 年版,第 200 页。
② 虞和平:《民国时期乡村建设运动的农村改造模式》,载《近代史研究》2006 年第 4 期。

的使命"①。中国农村面貌的改变才是他们的直接目的! 这正如我们通常说的最低纲领和最高纲领的关系,他们的工作只不过处于探索实现最低纲领道路、方法的阶段,因此,我们无必要以"非历史"的思维绕开一个中间环节——建设"富、智、强、聚、公的农村",用"民族是否复兴"的最高标准来判断乡村建设运动的成败。否则,一个简单的"失败"将掩盖其背后农村改造的宝贵经验,使我们很容易忽视对乡村建设运动经验的借鉴。其实,民国乡村建设运动中的很多措施使得农村中国家和社会、传统与现代、政府与民间、精英与大众等诸多因素和资源得以较好地互动、整合、利用和优化,这不能不算是乡村建设运动的一大成功。至于乡村建设理论家"视乡村改造为中国民族复兴之渡船"的论断,无论给予怎样的肯定都不为高。

退而言之,农村复兴、国家富强是一项长期而艰巨的历史任务,民国各乡村建设实验,时间长的不过十年左右,短的不过几年光景,短短的几年怎么能够彻底改变当地面貌并完成民族的振兴? 时至今日,我们的国际国内环境已然发生根本改变,我们不还是在解决"三农"问题的道路上苦苦探索吗? 对比今昔,我们又怎么能够苛求那些先行者? 再者,农村现代化是一个渐进的不断发展的历史过程,不同历史阶段的农村现代化有不同的内容和目标,从这个意义上说,农村现代化永远没有尽头。因此,充分认识和估量我国农村现代化建设的长期性和艰巨性,有助于我们客观评价民国乡村建设运动。

学界立论乡村建设运动失败,还有一个重要论据便是这场运动的中断。这是一个不争的事实。但是,中断是否代表失败则值得商榷了。况且,并非所有的实验都因抗日战争的爆发而中断。金陵大学农学院的工作转移到了西部地区继续进行。原本扎根四川的卢作孚的北碚实验不仅继续进行,而且获得极大发展。至于平教会,"抗战时期平教会在湖

① 沈光烈:《农村改进的实施》,中华书局 1941 年版,第 6 页。

南、四川、江西、贵州、广西等地都开展过活动"。而我们考察的乌江实验区一直持续到中华人民共和国成立。正如有学者指出的:"在全民族抗战的宏大潮流中,会造成一些原先颇有声势和影响的潮流被掩盖、潜藏、变小甚至失语,这是研究抗战爆发后乡村建设运动变化必须考虑的。"①所以我们不认同这场声势浩大的改造中国乡村的运动因为式微、失语而被冠以"失败"的评价。在外部不可抗力发生的时候,中国沿海地区所有建设事业无一没有中断,在这种情况下,乡村建设派转向大后方继续实践自己的理念,难能可贵。并且更重要的是,正如乡村建设派从张謇等人那里汲取了营养、获得了启示一样,乡村建设派的事业也为后来者所延续,为后来者指明了方向,从而使改造乡村中国成为中国近现代,乃至当代一个最有生命力的话题。民国乡村建设运动无疑是这一伟大历史进程中一个不可或缺的关键环节,承上启下,继往开来。

艾恺在《最后的儒家——梁漱溟与中国现代化的两难》中说:"梁先生过世后,我觉得,我对他的评价应作一些改动。现在看来,我对他所提出的世界文化三个路向和乡村建设理论的意义评价偏低,通常,一件事做成了,人们会说那是对的;一件事没有做成,人们就说那是错的。但是并非任何事都宜于根据我们眼见的成败去认识和估量。多次去邹平后,我觉得,本来是他对了。他提出的确实是建设中国的长期方案。"②他的这种观点对于我们客观评价民国时期的乡村建设运动具有指导意义。

我们认为评价乡村建设运动的最基本的出发点不能丢,即乡村建设运动本身都是一种实验,是在探索农村复兴、国家富强的道路。"全国各地的运动是大同小异,看似各有小节的不同,而其实是发生于同一要求的,概括地说,可以用实验运动来称呼他们"③。正是因为是一种探索、一

---

① 李在全、游海华:《抗战时期的乡村建设运动——以平教会为中心的考察》,载《抗日战争研究》2008年第3期。
② [美]艾恺:《最后的儒家——梁漱溟与中国现代化的两难》,王宗昱、冀建中译,江苏人民出版社2003年版,中文版序言第3页。
③ 孙伏园:《全国各地的实验运动》,载《民间》(半月刊)第1卷第1期。

个实验,所以运动本身不存在成功与失败,只要可以通过自己的探索给后人提供启示,其目的就达到了,也就是成功了。至于实验中所采用的具体方法,"也许要失败",但是正如时人对定县的评价,"失败,并不是定县的债务,而是定县的资本"。① 有了方法成败的结论正是乡村建设实验目的所在,正是这场运动的成功所在。

民国乡村建设运动多为一地一隅的改进,这固然是因为他们"是平民,没有政权的,就吾们地位和环境来说,是不能扩大,并且不宜扩大",但是"试验当然从一隅起,即或失败,损失不多"也是他们考虑的首要因素。黄炎培说,"三十年前各地开学校,茫无办法;现在呢,好不好另一问题,所有订课程,定教本,办校具,如何编制,如何布置,大家都懂得了",农村改进也是这样,"现在东一处,西一处,尽管各自试验,经过若干时间,一切都有公认良善的办法"。② "要是吾们的理想,连自己试验都还没有能成功,还能拿出去哄人么? ……不去实验,恰等于带兵的将官们不敢上火线。"③晏阳初在讲到定县实验时也直言不讳:"定县乃系一个实验室","定县之工作,系为研究实验"。④ "定县的实验,是在认识中国农村的基本问题研究及实验可能解决的方法,它是社会科学的实验室。"⑤

黄、晏两人的观点为乡村建设派所认同,三次乡村建设工作讨论会出版的文集均冠名"乡村建设实验"就是一个明证。不仅如此,当时社会各界对此也颇有共识。政治学教授陈之迈认为科学实验是可以用于社会建设事业的。他在 1936 年的《漫游杂感》中表示,实验县虽然各有自

---

① 忧患生:《定县之谜》,载《独立评论》第 97 号。
② 黄炎培:《从六年半的徐公桥得到改进乡村的小小经验》,载《黄炎培教育文选》,上海教育出版社 1985 年版,第 210 - 211 页。
③ 黄炎培:《职业教育该怎么样办——中华职业学校十五周年纪念》,载《黄炎培教育论著选》,人民教育出版社 1993 年版,第 260 页。
④ 晏阳初:《中国农村教育与农村建设问题》,载《晏阳初全集》第 1 卷,湖南教育出版社 1989 年版,第 368 页。
⑤ 晏阳初:《农民抗战与平教运动之溯源》,载《晏阳初全集》第 1 卷,湖南教育出版社 1989 年版,第 533 页。

己的特色,但目的是合理的,"在未经充分实行之先,见解及方法都是空洞的理论,它们是否适合中国的环境或中国一隅的环境,有待于事实的证明。求取事实证明的方法便是实验。这也是创设实验县的原意"。他认为政治实验的好处是代价小,不至于引起混乱,"我们不将这种改革普遍实施是因为我们事先不知道这种改革是否良好,所以先来实验一下。实验的成绩优美我们就把它普遍的实施;实验失败也只有一隅地方受祸,不致全国都来付出代价"。①

早在 1936 年,傅葆琛在回应社会各界对乡村建设运动的批评时便坦言,当时的社会人士对于乡村建设运动期望太殷切,而且常常误解了乡村建设的工作,因为期望高所以就很容易认为这场运动该有成绩。然而,在乡村建设派看来,乡村建设运动只是一种积累的实验工作,他们的目的在于探寻全国乡村建设的整体解决方案,不应该拿经济的眼光去批评科学的工作。② 从这个角度出发,所有乡村建设实验只有实验内容的优劣之别,而无实验的成败之分。因为实验的目的就是判断实验内容的优劣。

金冲及在言及 20 世纪中国历史进程时曾经谈过:"中国是一个和任何西方国家都不同的东方农业大国,人口众多,经济文化落后,各地发展极不平衡。在这样一个国家里,无论革命还是建设和改革,遇到的都是一个又一个新问题。这些新问题,在书本上和别国经验中找不到现成的答案。唯一的办法,只能靠中国人自己,按照中国的实际情况,大胆探索,从成功和失败的实践中总结经验教训,逐步摸索出一条自己的路子来。除此以外,没有别的轻便的路可走。

"既然是探索,自然不可能把什么都预先弄得清清楚楚,并有百分之百的把握。周围的局势又往往那样危急而紧迫,不容许你从从容容地做

---

① 陈之迈:《漫游杂感》(二),载《独立评论》第 224 号。
② 傅葆琛:《众目睽睽下的乡建运动》,载《独立评论》第 199 号。

好一切准备后再起步。许多事只能看准一个大的方向,便勇敢地往前闯,在闯的中间作种种尝试。其中,难免会有风险,会有曲折。有时,人们的认识不符合客观实际,再加上不那么谦虚谨慎,还会付出很大的代价,碰得头破血流。人们只能在实践中不断总结成功的经验和失败的教训,发现问题就去解决,认识错误就去纠正,从而逐渐学会应该怎么做。路就是这样闯出来的。"[1]

这样的评判对民国乡村建设运动同样适用。

(二)乡村建设运动的意义

有学者曾指出:"活跃在 20—40 年代中国现代史舞台上的规模宏大的乡村教育、乡村建设、乡村改造、乡村复兴等运动是很有研究价值的历史课题。过去,我们对于这些历时长久、流派众多、主张不同、做法各异的乡村运动,一般都只简单地用政治概念去衡量,一概予以否定。这不是实事求是的科学态度。其实,乡村运动的出现自有其当时的时代背景与民族文化的历史渊源……对于中国前辈知识分子的种种社会改革的实践,应当给予充分的理解与尊重。要从他们成功的经验和失败的教训中总结出中国社会改革的规律性认识,借以推动我们今天的改革与开放。"[2]这种倡导无疑具有积极意义,可惜未能引起学界的足够重视。

我们认为乡村建设运动是近代中国知识分子探索国家富强道路、实现民族复兴的伟大尝试,是一场旨在实现国家现代化的实验运动。

民国时期参与乡村建设工作的知识分子从来没有把自己工作的最终目标仅仅局限于挽救农村的破败。他们从事乡村建设活动"最大的目的还不是仅仅注意到一个一个的村落,乃是注意到整个的民族。这个先提应该先行决定"。当时的乡村建设工作"不仅是为农村,乃是为民族;不仅是建设农村,乃是为复兴民族;不仅是为救济农民,乃是为排除国

---

[1] 金冲及:《20 世纪中国历程的启示——写在新中国成立 60 周年之际》,载《人民日报》2009 年 8 月 4 日。

[2] 宋恩荣:《晏阳初教育思想初探》,载《晏阳初文集》,教育科学出版社 1989 年版,第 420 页。

难；不仅改善农民生活，乃是为巩固全国国防"。①

中华职业教育社的沈光烈认为："农村改进……也可以说是一种温和的革命运动。虽不高喊打倒帝国主义，可是加紧组织民众，训练民众，培养基本实力，实为最有效力的举动。虽不明言铲除封建阶级的剥削，可是提高农民知识，灌输公民常识，教导生活习惯，实就是作对付腐恶势力的积极工作。他又注重改良农民经济组织，增进农民生活技能，唤醒农民自觉，促成农民自动，对于天灾之袭击，匪祸之横来，不致束手无策，坐而待毙，亦有其防止补救之方。"农村改进的目的"在求现在贫、愚、弱、散、私的农村，渡到富、智、强、聚、公的农村。由不能自主自给，达到能自主自给，实现自治，复兴民族。农村改进工作，如一条渡船，能做到上述地步，才可算完成了他伟大的使命"。②

梁漱溟也表达了同样的看法："今日的问题正为数十年来都在'乡村破坏'一大方向之下，此问题之解决唯有扭转这方向而从事于'乡村建设'；——挽回民族生命的危机，要在于此。只有乡村安定，乃可以安辑流亡；只有乡村产业兴起，可以广收过剩的劳力；只有农产增加，可以增进国富；只有乡村自治当真树立，中国政治才算有基础；只有乡村一般的文化能提高，才算中国社会有进步。总之，只有乡村有办法，中国才算有办法。"③"乡村建设，实非建设乡村，而意在整个中国社会之建设，或可云一种建国运动。"④

这些论述正代表了乡村建设工作者们以乡村建设为中国救亡图存、实现民族复兴之不二法门的思想。在那个民生凋敝、内战连绵的岁月里，先进的中国人积极探索国家富强、民族复兴的道路。乡村建设派以知识分子的良知，以自己对中国国情的了解，坦诚地提出自己对国家前

---

① 江问渔：《关于农村教育的三个重要问题》，载《教育杂志》第 25 卷第 3 号。
② 沈光烈：《农村改进的实施》，中华书局 1941 年版，第 5—6 页。
③ 梁漱溟：《山东乡村建设研究院设立旨趣及办法概要》，载《梁漱溟全集》第 5 卷，山东人民出版社 2005 年版，第 225 页。
④ 梁漱溟：《乡村建设理论》，载《梁漱溟全集》第 2 卷，山东人民出版社 1990 年版，第 161 页。

途的看法,热情实践自己的理想,足以为时代的佼佼者。

在他们的努力下,各个乡村建设团体以一己之力,联合地方,在各地展开农村建设实验,初步确定了当地农村现代化的走向与主要内容,在一定程度上推动了当地政治、经济、文化教育及社会习俗的现代化进程,带来了中国农村的改变。政治方面,他们创设乡村改进会、乡农学校等农村自治组织,为当地农民了解、实践民主政治提供了制度安排。经济方面,他们推广新技术、新品种,提倡副业,建立合作组织,一定程度上改变了当地农业生产技术落后的面貌,并将农业经济初步引向了市场化和企业化的道路,增加了农民收入,改善了农民生活。文化教育方面,他们采取多种灵活的施教方法,推动当地社会教育、学校教育的发展,提高了农民的科技文化素质,增强了农民的思想道德修养,为推进当地乃至整个国家的现代化进程培育了新型农民和国民。社会习俗方面,各改进区农民移风易俗,禁烟查毒,破除迷信,提倡文明健康的新风尚,净化了农村社会风气,丰富了农民的精神文化生活,改变了整个区域的社会风貌,为当地形成健康文明的社会风尚确定了发展方向。

这场运动彰显了中国知识分子"民胞物与"的宽广胸怀,是中国知识分子忧患意识、责任意识的集中反映,可是称得上是一场知识分子的伟大爱国运动。

在近代,由于列强的入侵和统治集团内部的腐朽无能,社会危机和民族危机日趋严重,整个中国处于风雨飘摇中,许多知识分子怀着强烈的忧国忧民情绪,积极投身政治活动,成为变革时代一支最为活跃的力量。乡村建设运动正是中国知识分子责任意识的集中反映。在传统的"民为邦本,本固邦宁"和"以天下为己任"思想的影响下,他们对民生疾苦抱着一份"己饥己溺"的同情,深入民间、走向群众。

中华职业教育社的黄炎培从年轻时代便孜孜不倦地为"垂亡之国"寻觅"救急要药"。年届不惑,他病中吟作:"人当快乐时,须思天下人孰不求快乐";"人当困苦时,须思天下人之困苦"。① 城市出生的梁漱溟读中学时忧于国运多舛,"立心为国家社会做一番事业,希冀对国家社会有所建树"。② 他从一开始投身乡村工作,便自认与其他人不同:别人"是在现状下尽点心,作些应尽的事",而他"要以'中国'这个大问题,在这里讨个究竟解决",替中国开出一条新路。③ 晏阳初幼年时代便"具有治国平天下的豪志"④,在香港地区、美国,他亲历"生活在殖民地上"的种种歧视,感受到"国势衰微的种种悲哀",意识到"华夏早已沦为二三等国家","苦难的中国,需人解救","立志贡献己力"。⑤

"国家是大家的,爱国是个个人的本分"⑥,"我爱中华民族,所以最爱中华民族最多数最不幸的农民"⑦。难能可贵的是,这些知识分子不仅有这种忧患意识、爱国情怀,而且起而力行,舍弃优越的城市生活,深入民间,展开乡村建设的实验,与农民打成一片,将这种"民胞物与"的情怀具体落实到最广大的乡土社会。

为了改革旧教育,陶行知毅然辞去东南大学教职,南下北上,深入街道、监狱、寺院、兵营。1924 年,他提出"中国以农立国,十有八九住在乡下"⑧,开始走进乡村,关注乡村教育实验。1927 年,他实验创办乡村师范学校,一心扑到南京和平门外的晓庄。他脱掉西装马褂,一身粗布衣,一脚草鞋,头戴斗笠,与当地农民无异。他走街串巷,与农民打成一片,被亲切地称为"陶叟"。晏阳初也是如此,为了"化农民",他身先士卒,率

① 黄炎培:《病榻杂感》(节选),载《黄炎培教育论著选》,人民教育出版社 1993 年版,第 65 页。
② 梁漱溟:《邹平工作概谈》,载《梁漱溟教育论著选》,人民教育出版社 1994 年版,第 212 页。
③《梁漱溟年谱》,载《梁漱溟教育文集》,江苏教育出版社 1987 年版,第 377 页。
④ 晏阳初:《九十自述》,载《晏阳初文集》,教育科学出版社 1989 年版,第 260 页。
⑤ 晏阳初:《九十自述》,载《晏阳初文集》,教育科学出版社 1989 年版,第 290 - 291 页。
⑥ 陶行知:《预备钢头碰铁钉——给吴立邦小朋友的信》,载《陶行知全集》第 8 卷,四川教育出版社 2005 年版,第 45 页。
⑦ 任白戈:《学习陶行知为人民服务献身革命的精神——在四川省纪念陶行知诞生九十周年大会上的讲话》,载《陶行知纪念文集》,四川人民出版社 1982 年版,第 20 页。
⑧ 陶行知:《平民教育概论》,载《陶行知全集》第 1 卷,四川教育出版社 2005 年版,第 571 页。

先"农民化",和陶行知一样穿粗布大褂,住农民漏雨的房子,举家搬迁,与农民一同吃苦,吃穿一样。他骑着毛驴下乡的照片至今让人感慨万千。正是在他们的带动下,一大批城市知识分子抛弃了优越的工作和生活条件,深入到各方面条件比较艰苦的农村,①掀起了一场轰轰烈烈的乡村建设运动。他们"不是为着掩护地主资产阶级,甚至不是为着个人的金钱或地位,而是为着追求光明,追求自己的空洞的理想"②,是真心实意地想为农民做一点好事,为民族国家的进步、复兴做一点好事。毫无疑问,乡村建设运动就是在忧患意识、爱国意识激励下的中国知识分子身体力行的一场爱国运动。这些知识分子面对极端反动和腐朽的统治,在还"没有找到或不认识马克思主义"的情况下,"从爱国出发","忠诚地从事实业、科学、教育等事业,在任何时候对社会都是有益的"。③

在很多人——无论是时人还是今人——看来,乡村建设派的这场运动没有高举革命的伟大旗帜,终究走上了改良主义的道路。"对于阻碍中国农村以至阻碍整个中国社会发展的帝国主义侵略和封建残余势力之统治,是秋毫无犯的"④。这样的批评显然是过于苛求。

"服务于职教社有年,对于农村改进事业颇具兴趣,曾任辅导员多时,规划改进甚多建树"的沈光烈在认可贫、愚、弱、散、私是农村改进运动起因的同时,进一步明确了造成中国农村这种状况的原因,揭示了20世纪二三十年代中国社会兴起一场乡村建设运动的必然性与必要性。他说:"农村改进是晚近勃起的一个社会运动。此项运动的起因,由于一般农村发生了不少的病态。择要说来,约有五端:一为贫……二为愚……三为弱……四为散……五为私……上述五种病象,普遍于一般农

---

① 具体情况可参见冯杰《博士下乡与"乡村建设"——以20世纪二三十年代河北定县平教会实验为例》,载《河北大学学报》(哲学社会科学版)2007年第5期。
② 薛暮桥、冯和法:《〈中国农村〉论文选》(上),人民出版社1983年版,第23页。
③ 陈旭麓:《中国近代史上的革命与改革》,载《陈旭麓文集》第2卷《思辨留踪》(上),华东师范大学出版社1997年版,第108-109页。
④ 孙冶方:《为什么要批评乡村改良主义工作》,载《中国农村》第2卷第5期。

村。追究此五种病象何由造成，有三端可述：第一是帝国主义的经济侵略。谁都晓得处于次殖民地的中国，近数十年来直接间接受帝国主义经济侵略的打击，其所受的创伤，实甚艰巨。这种惨痛的赐予，已深入一般农村，使悠久而古老的农村，再也不能保持其原来状况，不能不跑上崩溃破产的道路……第二，封建剥削阶级的存在，又为腐蠹农村内在的大病菌。彼辈往往利用其优越地位，对农民尽量榨取，无厌苛求，使劳苦终年卖尽血汗的农民，竟至不能得一温饱，这种黑暗势力的阴影，笼罩于一般农村……第三是天灾人祸的不断降临，把农村一切生产力摧毁无余，几至不能生存。年来水灾旱灾之袭击，匪祸战事之频仍，农民生活之维持，真已不绝如缕了。有此三大主因，农村基础动摇，易趋崩溃，而不可收拾。"[①]

陆叔昂也曾经指出："任何人知道'农村破产'，也任何人想补救'农村破产'，更任何人知道'农村破产'的原因，是由于'帝国主义经济的侵略'，'资本家的压迫'，'苛捐杂税的剥削'，'土豪劣绅的敲诈'，'世界经济不景气的种种影响'所造成的。"[②]他这里的"任何人"虽有夸张之嫌，但也反映出意识到这一问题的并非紧紧限于当时的某些特定派别的知识分子。

或许广大乡村建设派一开始没有意识到中国农村、中国社会进步的根本障碍究竟在哪里，但是随着实验活动的展开，他们也纷纷将批判的矛头指向帝国主义和封建土地制度。现实可以改变人们的观念，但是如果广大知识分子天天躲在城市的安乐窝中，不肯接受现实的教育，他们的观念不会改变。从这个意义上讲，乡村建设运动的价值更应该给予充分肯定，它的发生改变了相当一部分知识分子的观念，促使他们重新思考民族衰败的原因，从而为更多的人走上革命道路打下了坚实基础。

[①] 沈光烈：《农村改进的实施》，中华书局1941年版，第4—5页。
[②] 陆叔昂：《民众教育只能做到开源节流的地步》，载《教育与民众》第5卷第5期。

乡村建设运动着眼农村，与广大农民直接接触，触及了中国现代化进程的核心问题，深刻影响到当时社会对"三农"问题的态度。

中国是一个几千年的文明古国，"国人重视乡村的观念，本来很早"①。步入近代，西方的坚船利炮叩开了中国的大门，将中国这一个古老的农业国家强行拽入了世界工业化大潮，中国开始了自己的现代化转型。可悲的是，中国的现代化转型是伴随着亡国灭种的危机而来，"师夷长技以制夷"的口号从一开始就给中国的现代化打上了焦灼、无序的烙印。从清政府开始，中国的现代化不外是造军械、开矿山、修铁路、办工厂、通邮政、扩军队，优先发展军事工业和重工业，重器物轻制度。虽然后来也不乏政法制度的改革，甚至思想文化的根本改革，但中国仍然没有富强起来。不仅如此，历届政府还丢掉了重农的传统，不惜从农村攫取资源，以农养工。结果，中国原本就存在的"三农"问题更趋复杂，中国的现代化建设也不尽如人意。在工业化成为时人关注焦点的情况下，"三农"问题稍有风吹草动自然引人注意。

正是在这样的时代背景下，五四运动以后，知识分子开始关注社会的实际问题。中国立国根本的崩溃首当其冲映入他们的眼帘。这个时候，中国的知识分子猛然醒悟，国家所以沦落如此地步，"过去的政治经济文化之所以落后，就是因为设施没有着眼于民众；民众伟大的力量，非但从来没有运用过，而且根本没有发现过"②。他们"一回头来想到自己，就发见中国的大多数人是农民，而他们的生活基础（Culturalbase）是乡村，民族的基本力量都蕴藏在这大多数人——农民——的身上，所以要谋自力更生必须在农民身上想办法"③。他们"有一种新觉悟，即认清民族惟一之路是改造乡村。谓中国社会大多数是乡村，必先使乡村兴盛，

---

① 陈序经：《乡村建设运动》，大东书局 1946 年版，第 5 页。
② 晏阳初：《农民运动与民族自救》，载《晏阳初文集》，教育科学出版社 1989 年版，第 123 页。
③ 晏阳初：《十年来的中国乡村建设》，载《晏阳初文集》，教育科学出版社 1989 年版，第 175 - 176 页。

然后整个社会始能兴盛。如乡村无新生命，则中国亦不能有新生命。吾人只能从乡村之新生命中求中国之新生命。于是有所谓'乡村改进'之实验"①。这就难能可贵了。

由于特殊国情的限制，在如何实现现代化转型的问题上，中国面临着西方国家未曾经历的难题。乡村建设运动正是以梁漱溟、晏阳初、黄炎培为代表的知识分子所提出方案的实践，其目的就是要顺利实现国家转型，实现民族复兴。然而与此前历次现代化运动的最大不同是乡村建设运动是一个着眼于农村，与农民直接接触的运动。因为20世纪二三十年代，中国城市化、工业化水平不高，农村人口占全国人口的绝大多数，整个社会的重心依然在农村。农民是"中国工人的前身"，"中国工业市场的主体"，"中国军队的来源"，是当时"中国民主政治的主要力量"和"中国文化运动的主要对象"。② 乡村建设运动"就要抓着这伟大的潜势力，教育他们，训练他们，组织他们，发挥其应有的力量"③，无疑抓住了问题的关键所在，其工作取向是完全正确的，触及了中国现代化进程的核心问题。

乡村建设运动还在一定程度上推动了社会风气的改变。"它使社会人士认识了乡建的意义，无形中成立了一种风气，使一般学者，渐渐趋向实际工作，一般学生也能认真苦干"。晏阳初还认为，乡村建设运动在当时的社会造成一种舆论，"认为建设乡村是复兴民族的根本工作，是国防建设中最基础的阵线。这种空气，不但助成政府发生力量，使建设事业，易收效果，而且激起一般人士，回过头来，注意到乡土的研究和调查，着眼于广大写远的内地区域，致力于社会科学和农业改良。养成了大众化

① 卢绍稷：《中国现代教育》，商务印书馆1934年版，第16－17页。
②《毛泽东选集》第4卷，人民出版社1991年版，第1077－1078页。
③ 晏阳初：《农民运动与民族自救》，载《晏阳初全集》第1卷，湖南教育出版社1989年版，第383页。

和生产化的显明意识:这是中国社会改造上沛然莫御的一大鲸波"①。虽然这一说法略显武断,但是,与乡村建设运动相伴而来的确实是舆论的改变。当时,众多报刊纷纷发表关于乡村建设的文章,内容涉及乡村建设的各个方面。虽然参与讨论的各方各执一词,未必均如晏阳初所言,但是讨论在围绕如何解救农村的基础上,又牵引出农业化与工业化的大论战,其对国人进一步深化中国现代化道路的思考无疑具有积极意义。

最后,这场现代化运动寻求实验性与普及性的完美结合,遵循改良的路径,为中国解决"三农"问题,进行社会主义新农村建设,提供了知识背景的最初来源及方法借鉴。

前文已经言及,这场乡村建设运动实质上是中国知识分子进行的一场改造农村、挽救农村危机的实验运动,其目的在于实验一套可行的方法,推广全国。由于自身条件的限制,他们采取了改良的方式。这也带来了这场运动的局限性:由于改良运动的组织者、推行者皆为不具备政治权威的非政府机构,其对社会资源的动员完全来自自身的努力,因此在整个制度供给的过程中,又不得不依靠政府行政力量的支持,"走上了一个站在政府一边来改造农民,而不是站在农民一边来改造政府的道路"②。这或可算是这场运动中最令人遗憾的地方。但是,文人救国又能有其他的选择吗? 一无资金,二无权力,唯有专业特长。在政府严重缺位的情况下,他们尽其所能,奋力一搏,除了遗憾,我们应更多地给以"同情的理解",表达充分的敬意。

正是在这种敬意的感召下,在当今学术界,许多学者主张通过新的乡村建设,来提高农村生产能力,改善农村生活水平。而且,他们在早期乡村建设的试验点定县翟城村,恢复了乡村建设学院,试图延续乡村建设运动。他们提出"实际上我们仅仅是改良主义者,和当年乡村建设运

---

① 晏阳初:《十年来的中国乡村建设》,载《晏阳初全集》第 1 卷,湖南教育出版社 1989 年版,第 569－570 页。
② 梁漱溟:《我们的两大难处》,载《梁漱溟全集》第 2 卷,山东人民出版社 1990 年版,第 581 页。

动的先驱者一样,是主张社会改良的"。可以说,正是民国时期广大知识分子的躬身实践为当前的社会主义新农村建设提供了知识背景的最初来源及方法借鉴。[①] 革命并不能解决一切问题,改良同样是社会发展、进步不可或缺的一种社会改造方式。

三 改造乡村:"传统"与"现代"博弈下的路径选择

乡村建设运动盛极一时,各实验区自我总结的经验不无道理。但是,各种不同模式背后是否存在共性? 这种共性是不是就是改造乡土中国的康庄大路? 或许这种突破个案的宏观回答,才是研究民国乡村建设运动的最大价值所在。要回答这个问题,首先要厘清乡村建设运动发生发展的内在逻辑。

关于近代中国乡村所发生的新变动,梁漱溟和晏阳初都有过相关论述。

梁漱溟认为:"中国文化原来是以乡村为本的,中国原来就是一个以乡村为本的社会;而西洋各国便与此不同。例如英国,全国人口的百分之七十都住城市,只有百分之三十的人口住在乡村,这那里还能说是以乡村为本呢? 我们中国,百分之八十的人口都住乡村,过着乡村生活;中国就是由二三十万乡村构成的中国。不但英国不是以乡村为本,现在世界上著名的强国,可以说通统不是以乡村为本;他们都是一种工业国家,皆以都市为本;他们的文化,就是一种都市文明。即如日本,在以前的时候,也大致与中国相仿佛,本来不是一种工业国家;可是现在已经变成工业国家了。现在他的农民,虽然还是占全国人口的大多数,乡村虽然还是很重要;可是他的国命所寄托,已是寄托在工业而非寄托在农业,寄托在都市而非寄托在乡村了。中国则一直到现在还是以乡村为本,以农业

[①] 具体参见陆益龙《社会主义新农村建设的背景、模式及误区——一种社会学的理解》,载《北京大学学报》(哲学社会科学版)2007年第5期。

为主；国民所寄托，还是寄托在农业，寄托在乡村；全国人靠什么活着？不就是靠农业靠乡村吗？"①

按照梁漱溟的观点，中国学习西洋就是要走上工业国家的道路，但是实际情况是，中国并没有走上工业国家的道路，不仅如此，反而因为学走以都市为本的路而把乡村破坏了！"农业不行了，则商业亦不行；农民没饭吃，大家亦都没饭吃；乡村破坏到深处，大家将都受不了。大家就不由得不一致起来讲求乡村建设了"②。

显而易见，梁漱溟所言的学习西方对中国乡村的破坏，其实质也是照搬西方工业文明对中国传统社会的冲击。

晏阳初的相关论述也表达了同样的意思："西洋文化是工业文化，工业文化集中于城市。中国许多留学生，到西洋去搬回来的，就是这一套。工业文化不注重农村，它的对象是工业、工厂、工人，这些都在城市里。中国虽是农业国，因为受了西洋文化的影响，也就以城市为重，放款不以农村为主，教育不以农民为主，政治、经济、文化，一切建论都以城市为中心，就无所谓农村建设。"中国"旧的士大夫，自居四民之首，不辨菽麦，不务稼穑，'村夫''农夫'成了他们骂人的口头禅！新的士大夫呢，从东西洋回来，一样地不屑讲农村建设，斥农民为'麻木不仁'。他们讲政治，讲教育，讲经济都不及于农村，瞧不起农民，抹杀了中国的基本问题，眼红着西洋的繁荣，高唱工业化，抛弃了现实"③。

站在时代的高度，仔细梳理近代中国的历史进程，我们更容易理解梁、晏两人的解释。步入近代，在民族危机的刺激下，中国不同的社会集团、阶级，无数的仁人志士都在探索救国救民的道路，他们不约而同地走上了学习西方的道路。这种学习西方也就是我们现在讲到的谋求中国的工业化进程。这对传统的农业中国而言是一个全新的命题。例如，

---

① 梁漱溟：《乡村建设大意》，载《梁漱溟全集》第 1 卷，山东人民出版社 1989 年版，第 608 页。
② 梁漱溟：《乡村建设大意》，载《梁漱溟全集》第 1 卷，山东人民出版社 1989 年版，第 610 页。
③ 晏阳初：《农村建设要义》，载《晏阳初全集》第 2 卷，湖南教育出版社 1989 年版，第 36 页。

"任何农业社会向工业社会过渡,都要求农业生产率的巨大提高,并能将农业和商业的经济剩余转移到工业部门"[①],然而当时的中国农业依然胶着在中世纪的小农经济。突如其来的工业现代化进程必然要对传统的乡村社会形成强劲的冲击,并彻底改变乡村的政治、经济、文化、社会传统。更为重要的是,由于中国是一个后发现代化国家,面临恶劣的国际生存条件,其工业化进程必然要从农村攫取资源,而中国又是一个传统的农业大国,传统乡村社会的生存和发展因之面临巨大挑战。这正是近代中国农村问题所以不同于传统时代的原因所在,也是中国乡村形成"衰败"景象的原因所在。

由是观之,乡村建设运动某种程度上是要解决工业化给中国农村带来的冲击。如此这般,乡村建设派又是如何应对的呢?

毫无疑问,他们首先是重新强调"三农"问题的重要性,并将其上升到国家富强、民族振兴的高度,与此同时,躬身实践,掀起了一场乡村建设运动。乡村建设运动着眼于乡村政治、经济、文化等方面的改善与进步。如同我们指出的,其间传统文明与现代文明、中国文明与西方文明兼容并蓄,不断地冲突与融合。但是仔细鉴别,借助西方现代文明手段改造中国传统习惯,借助中国传统文化载体移植西方现代文明确是一个基本的原则。

就全国范围而言,这一种估计也是准确的。晏阳初早年毕业于香港大学,后赴英、美等国留学,他的乡村建设"并不满足于仅仅教人们阅读","还想帮助农民实现农业现代化,引进先进的农业方法和提高中国农民的生产效率"。[②]农业的现代化、先进的农业方法自然不能从传统中求得。李紫翔批评"它是以'中国五千年的历史,五千年的习俗为敌'

---

① 罗荣渠:《现代化新论——世界与中国的现代化进程》,商务印书馆 2004 年版,第 294 - 295 页。
② 晏阳初:《有文化的中国新农民》,载《晏阳初全集》第 1 卷,湖南教育出版社 1989 年版,第 143 页。

的"。"对于西洋文化是无条件的崇拜,并且欲以西洋的精神技术和物质的帮助,造成中国农村所谓'现代化'、'科学化'"①。言论虽夸张却不无道理,定县和传教士及美国学术团体的联系、定县下乡博士的海外背景、定县乡村建设的方法,无不显示其对西方现代文明的青睐。

作为乡村建设运动的另一个著名代表,即便是被陈序经批判为"孔家店式"的山东乡村建设研究院的工作也是求助于西方的"团体组织"与"科学技术","与西洋文明接气,而引科学技术团体组织于中国",②"中学为体西学为用"。不过他们将其与中国文化中的合理因素嫁接了起来。现代西方工业文明借助中国传统文化的载体登堂入室,实现了中国化而已。"那些被梁漱溟视为中国文化对立物的西方文化的因素又恰恰被他认为是西方物质成功的原因,并且对于乡村建设也是必要的"。虽然梁漱溟的乡村建设"目的是建设一个避免都市政治经济控制的社会",但他"仍然要到都市的银行去寻求资本"。③ 他的改造乡村中国的法子也没有最终摆脱西方现代文明的影响,也难怪他不反对中国的工业化了。不过,在他看来,中国的工业化不应该是欧美从商业发达工业的老路,而是促兴农业以引发工业,"先农而后工,农业工业结合为均宜的发展"④。

乡村建设的内容进一步表明,"乡村建设运动在使农业和工业达到合理的建设乡村和城市,泯除畸形的发展"⑤。其本质上就是对中国传统农业现代转型的应对,是一个用西方工业文明改造、扶助中国传统农村的过程,是一个用现代工业文明消除城乡对立的过程。

回头审视中国的近代转型,由于诸多因素的制约,中国从一开始面

---

① 李紫翔:《中国农村运动的理论与实际》,载千家驹、李紫翔编著《中国乡村建设批判》,生活·读书·新知三联书店 2012 年版,第 34 页。
② 梁漱溟:《乡村建设理论》,载《梁漱溟全集》第 2 卷,山东人民出版社 1990 年版,第 481 页。
③ [美]艾恺:《最后的儒家——梁漱溟与中国现代化的两难》,王宗昱、冀建中译,江苏人民出版社 2003 年版,第 199-200 页。
④ 梁漱溟:《乡村建设理论》,载《梁漱溟全集》第 2 卷,山东人民出版社 1990 年版,第 557 页。
⑤ 晏阳初:《乡村建设运动共同信念初草》,转引自许光友《乡村建设与统筹城乡发展》,载《北碚文史资料》第 18 辑,第 245 页。

对工业文明就选择了对农业、农村、农民的漠视甚至剥夺。随着工业化的启动,资源急剧向城市集中,农村、农业、农民不仅受到国家政权的剥夺,而且成为市场化、城市化的受损者,导致"三农"问题日益突出。"在二十世纪初,社会上层人物的都市化具有特殊意义。他们迁居城市意味着不仅住在城里,而且关心城市,这样甚至使他们对农村问题更加漠然视之。在科举废除之后,要取得上层人物的身份就是进新式学校。这些学校首先办在城里,而且费用高昂,这就使得富户豪门不能再资助乡村学堂了。城镇面临帝国主义的威胁更直接,所以这里的社会上层人士更关心军队现代化以及工商业的发展,很少留心组织民团和发展农业。那些仍然拥有土地的人则通过租栈、总管和收租人同佃农打交道。官员中因朝廷命令夺情而使丁忧守制的惯例逐渐形同虚文,也使长期留滞家乡成为不可能,因为长期守制在过去往往加强了官员与其祖业的联系。城市的上层人士便这样逐渐地与乡村隔膜起来,因此就整个动向来说,城市的上层社会与乡村社会是志趣各异的"①。城市与农村分别作为两种文明的集散地从一开始就被人为对立起来。也就是从这个时候起,城里的精英们便开始用"农民"这样一个从日语中借用来的词汇来标定农村的人口,当他们在使用这个词来称谓村里的人时,隐含的意义也常常是负面和贬义的,实际上是用来指谓村里人的"落后"和"愚昧"。② 中国的"三农"问题也就出现了。

在近代中国,面对汹涌而来的西方列强,中国何去何从?"要救国,只有维新,要维新,只有学外国"。在民族危机日益加深的情况下,后发现代化国家走西方的工业化道路,实现传统社会的现代转型,有其历史的必然性。但是,中国是一个传统农业大国,国情的不同决定了中国不

① [美]费正清:《剑桥中国晚清史》下卷,中国社会科学院历史研究所编译室译,中国社会科学出版社1993年版,第3页。
② 赵旭东:《农民公民与意识形态——由三十年代的平民教育所想到的》,载《社会科学论坛》1999年第7—8期。

能完全照搬西方的工业化道路。因此,中国照搬西方工业化道路,"除了明着暗着直接间接地破坏乡村之外,并不见有都市的兴起和工业的发达"①,反而因为学走以都市为本的路而把乡村破坏了,动摇了国之根本。

正是在这样的情况下,以梁漱溟为代表的乡村建设派"认取自家精神,寻取自家的路走"②,掀起了一场轰轰烈烈的乡村建设运动,意图探索出一条不同于西方的现代化道路。他们主张重视"三农","复兴农村",但是"复兴农村"绝不等同于恢复旧农业旧农村,而是谋求农村的进步,"所有进步的技术,没有不是科学化的,没有不是工业化的"。③ 乡村建设派从来没有完全反对学习西方,从来没有完全反对在中国发展工业,从来没有完全否定中国的工业化。

被批评为"孔家店式"、定性为封建复古主义④的梁漱溟就指出:"(中国)这次所遇见的西洋人就很厉害了,他的文化既与中国不同,同时他的程度也很高,可以做中国文化的敌手;不但可以做敌手,简直是敌不过他了。那么,既然敌不过,就用不着讲许多道理,只有跟着他去学。""世界各国都已进步,世界又已大交通,我们民族所处的环境已变,我们就不得不改变自己去学他们以求应付他们。"⑤他还说:"中国学西洋如果真能顺利地摹仿成功为工业国家都市文明,像日本那样,那也没有什么不可。"⑥"假令中国也像日本一样,成功了近代的工业国家,走上了一条新路,则乡村虽毁也不成大问题。"⑦

不仅如此,如前所言,乡村建设派主张"要让乡村进步那就得接受外

---

① 梁漱溟:《乡村建设大意》,载《梁漱溟全集》第1卷,山东人民出版社1989年版,第609页。
② 梁漱溟:《中国民族自救运动之最后觉悟》,载《梁漱溟全集》第5卷,山东人民出版社1992年版,第110页。
③ 梁漱溟:《乡村建设理论》,载《梁漱溟全集》第2卷,山东人民出版社1990年版,第508页。
④ 参见陈序经《乡村建设运动》,大东书局1946年版,第27页。
⑤ 梁漱溟:《乡村建设大意》,载《梁漱溟全集》第1卷,山东人民出版社1989年版,第607页。
⑥ 梁漱溟:《乡村建设大意》,载《梁漱溟全集》第1卷,山东人民出版社1989年版,第609页。
⑦ 梁漱溟:《乡村建设理论》,载《梁漱溟全集》第2卷,山东人民出版社1990年版,第152-153页。

面新的科学技术，新的知识方法，绝不能深闭固拒"①，自觉地用现代工业文明去关照"三农"，引导"三农"的良性发展。他们设想，"工业向乡村分散，农业工业相结合，都市乡村化，乡村都市化"。他们计划，"一个大工业中心孕有许多小工业中心，小工业中心更孕有许多更小工业中心，如此一层一层地相联，直至渗入最小社会细胞的农村为止"②。他们希望实验出一种制度，"依靠它使乡村工业能够经济而有效地进行下去而不使工人脱离农业"③。

我们不得不承认，乡村建设派对"三农"问题的关注是对中国之前发展道路的纠偏。他们认识到了在中国这样一个农业大国，实现现代转型必须重视解决"三农"问题，注意现代化进程中的工业与农业、城市与乡村、生产与消费之间的协调问题，以工业文明扶助"三农"发展，以农业发展推促工业发展，力求探索一条超越西方工业化模式、适合中国国情的工业化道路，避免此前工业化过程中所出现的工业剥削农业、城市掠夺乡村的弊端。他们的乡村建设实验不是把"三农"问题作为中国工业化进程的对立面，而是要争取两者的协调发展、相互促进。这一点正是乡村建设派的高明之处，也是他们留给我们的深思之处。

当然，如果放宽视野，将对乡村建设运动研究的关注扩及以张謇、荣氏家族为代表的无锡实业家，我们会发现，在"整个动向"之外，中国不是没有另开一条新路的尝试。城市与农村分别作为两种文明的集散地并不一定要从一开始就对立起来。中国的工业化道路完全有可能从一开始就走上一条具有中国特色的道路——兴办实业，以农补工、以工促农，中国的农工商具有协调发展的可能性。对农工商之间的这种关系，早在 1897 年张謇就进行了精辟论述。他指出："立国之本不在兵

① 梁漱溟：《我的一段心事》，载《梁漱溟全集》第 5 卷，山东人民出版社 1992 年版，第 539 页。
② 梁漱溟：《乡村建设理论》，载《梁漱溟全集》第 2 卷，山东人民出版社 1990 年版，第 511－512 页。
③ 晏阳初：《定县的乡村建设实验》，载《晏阳初全集》第 1 卷，湖南教育出版社 1989 年版，第 269 页。

也,立国之本不在商也,在乎工与农,而农为尤要"①。"无工商则农围塞"②,"工固农商之枢纽矣"③,"不商则农无输产之功"④。从其所办实业来看,都与农业相关。荣氏兄弟创办的企业主要集中面粉、纺织两业,其原料麦、棉皆取于农业,其市场亦以农村为最大。而实业成功的他们又将大量的精力投入乡村建设中,致力于乡村教育、改良农业、解决农村人口就业、改进风气、慈善公益事业等。在他们的经营下,南通"全县没有一个乞丐",成为世人津津乐道的"模范县"。无锡众多的"事业迷",造就了民族资本的发达,推动了农业的发展,促进了农民的现代化,推进了乡村建设,造就了"以实业雄视东南"的"小上海"。

以张謇及荣氏家族为代表的无锡实业家们的实践告诉我们,近代工业的发展未必都以破坏传统经济为前提,近代工业可以与传统手工业、农业协调发展。中国的城乡未必一定对立、工农未必要相互分离。在中国,农业与工商业相互依存、不可分割。"无农不稳,无工不富,无商不活,无智不进"⑤。工商业与农业的相互协调完全可以避免农村危机的出现,可以解决后发现代化国家从传统农业社会向近代工业社会转型中面临的诸多问题。

或许,当时的中国多一些张謇、荣氏家族这样的人,梁漱溟便无须发出那种感慨,20世纪二三十年代的中国农村将是另外一番景象。但是,历史没有假设。世界历史发展的经验告诉我们,作为一个后发现代化国家,政府在现代化进程中的作用不可替代。从未有过一个国家,政府只是一个旁观者,仅靠民间组织来推动就解决了城乡矛盾,实现了现代化。

---

① 张謇:《请兴农会奏》,载《张謇全集》第2卷,江苏古籍出版社1994年版,第13页。
② 张謇:《记论舜为实业政治家》,载《张謇全集》第5卷(上),江苏古籍出版社1994年版,第151页。
③ 张謇:《通州资生铁冶公司集股启并章程》,载《张謇全集》第3卷,江苏古籍出版社1994年版,第733页。
④ 张謇:《论商会议》,载《张謇全集》第2卷,江苏古籍出版社1994年版,第11页。
⑤ 费孝通:《中国乡村考察报告:志在富民》,上海人民出版社2004年版,第94页。

张謇等人的理念与实践从来就没有上升到国家意志的高度。因此,就"整个动向"而言,城乡对立不可避免,中国需要一场乡村建设运动来引发人们的重新思考。

不幸的是,民族危机再一次分散了人们的注意力,中国在"整个动向"上继续沿老路前行。不堪重负的农民最终选择了革命,以自己的行动颠覆了整个政府的错误选择。然而,革命后的中国农民依然是现代化的牺牲者,中国工业化的原始积累依然依靠对农村、农民和农业的剥夺。二元对立竟然堂而皇之地制度化,城乡的鸿沟继续拉大了,以至于在乡村建设运动已经过去多年的 21 世纪,有人惊呼"现在农民真苦,农村真穷,农业真危险"[①],有人高喊"我们还需要乡村建设"。

我们还需要怎样的乡村建设运动?从张謇到梁漱溟的实践告诉我们,中国的现代化离不开农业、农村、农民问题的解决。在中国,"三农"问题的解决需要以梁漱溟为代表的现代工业文明的关照、反哺,但是,现代科学技术、现代思想文化、现代政治组织毕竟都是现代工业化进程的派生物,它们背后掩藏着工业化这一根本动力。张謇等人的模式才是根本之路——近代工业可以与传统经济相互利用、协调发展。中国应该转变观念,走城乡统筹、工农结合的发展道路,以工业带动农业的发展,以工业文明的积极成果关照"三农",实现非农化。

(朱庆葆)

---

① 黄广明、李思德:《乡党委书记含泪上书,国务院领导动情批复》,载《南方周末》2000 年 8 月 24 日。